基于大数据挖掘的
服刑人员再犯罪预测

马国富 著

中国政法大学出版社

2018·北京

图书在版编目（ＣＩＰ）数据

基于大数据挖掘的服刑人员再犯罪预测/马国富著. —北京：中国政法大学出版社，2018.11

ISBN 978-7-5620-8730-4

Ⅰ.①基… Ⅱ.①马… Ⅲ.①信息技术—应用—监狱—管理—研究 Ⅳ.①D916.7-39

中国版本图书馆 CIP 数据核字(2018)第 267787 号

出 版 者　　中国政法大学出版社

地　　　址　　北京市海淀区西土城路 25 号

邮寄地址　　北京 100088 信箱 8034 分箱　邮编 100088

网　　　址　　http://www.cuplpress.com（网络实名：中国政法大学出版社）

电　　　话　　010-58908285（总编室）58908433（编辑部）58908334（邮购部）

承　　　印　　固安华明印业有限公司

开　　　本　　880mm×1230mm　1/32

印　　　张　　12.5

字　　　数　　356 千字

版　　　次　　2018 年 11 月第 1 版

印　　　次　　2018 年 11 月第 1 次印刷

定　　　价　　46.00

　　监狱作为国家的刑罚执行机关，是维护社会稳定的重要力量，监管安全是监狱各项工作的基础，也是实现刑罚执行目的的前提条件。目前，监狱提出了各种管理方法，制定了各种管理制度来规范监管，以确保监管安全。近年来，按照国家、司法部和各省的有关部署，经过各级司法行政机关的共同努力，监狱信息化建设工作已取得了很大的进展，但各地监狱信息化应用的总体水平仍然相对较低，信息技术在监管安全中的应用有待进一步提升。随着云计算、物联网、智能化视频监控等新型 IT 技术在监狱中的深入应用，监狱网络、信息资源库、应用软件、应用服务器、视频监控系统、无线传感器网络、基于无线定位的电子腕带和 RFID 等组成的物联网智能安防监控等系统所产生的数据呈爆炸式增长，并且数据量从线性级到指数级增长。数据已经成为一种新的资产，而大数据将产生新的价值，监狱系统正面临着"大数据""大系统"的管理和维护问题。通过到有代表性的监狱进行调研，我们发现，各地区的监狱信息化建设取得了很大进展。监狱建立了大数据中心，实现对各业务数据的整合和集中存储，但是对海量数据的分析、挖掘还处于初级阶段，监狱系统基本上实现了业务的数据化，监狱急需实现数据的业务化。以大数据为引领，围绕"政治改造、监管改造、教育改造、文化改造、劳动改造"新格局,将物联网、云计算、移动互联等信息技术与监管改造工作深度融合,对监狱各类信息进行实时、精确、全面地感知、整合和分析,全方位支撑监狱民警执法、风险管控、教育改造、队伍建设、综合保障等方面智慧化发展,实现监狱管理精细化、指挥调度立体化、安全防控精准化、刑罚执行智能化、教育矫治科学化、综合办公无纸化,助推监管改造工作在新时代实现新发展。

在对服刑人员再犯罪概念进行精确界定的基础上,利用大数据挖掘技术从监狱信息化资源库、安防监控等系统及服刑人员的日常行为中收集服刑人员的相关数据,建立监狱大数据收集的规范化流程,并对收集的数据进行数据清洗、数据集成、隐私数据脱敏、数据变换和数据规约等数据预处理操作;从预处理后的数据中提取和选择涉及服刑人员危险性和再犯罪的相关特征,建立训练集和测试集,然后基于不同监狱内应用场景和数据类型使用聚类、关联、分类和回归算法进行交叉验证训练数据,建立基于大数据的服刑人员再犯罪预测模型,获取规律性知识和洞察来对监狱服刑人员的再犯罪进行模式识别和预测,服刑人员再犯罪的识别与预测将日益基于数据分析做出,而不是像过去更多凭借经验和直觉。

本书由马国富编写大纲,并撰写各章节内容。课题组成员王子贤、马胜利、刘恒志曾到浙江省乔司监狱、浙江省女子监狱、浙江省金华监狱进行实地调研、座谈,并和浙江警官职业学院相关教师就服刑人员再犯罪预测进行学术交流,之后他们给撰写本书提供了很好的建议;课题组成员汪玉红收集服刑人员改造质量、服刑人员计分考核等相关资料,并对服刑人员计分考核在监狱中存在的问题进行了研究,为本书的撰写提供了很好的参考。

本书主要是利用大数据技术对服刑人员再犯罪进行预测,但是大数据技术也可运用于监狱的五大改造等方面,为构建"数字法治、智慧司法"信息化体系,形成"大平台共享、大系统共治、大数据慧治"的信息化新格局提供帮助和参考。在编写过程中参考了大量著作、论文和电子文献，并到浙江、江西、北京、河北、江苏、广西、云南、内蒙古、贵州等地监狱进行了实地调研和座谈，在此向所有文献资料的作者及提供调研帮助的监狱表示由衷的感谢。另受到时间、经费等多方面因素的制约，书中存在的不妥之处还请同行专家及学者批评指正。

本书是 2014 年度教育部人文社会科学研究规划基金项目（项目批准号：14YJAZH055）的最终成果，并得到相关资助，在此表示感谢。

马国富

2018 年 11 月 7 日

第1章

服刑人员再犯罪预测

1.1 服刑人员再犯罪概述

近年来，再犯罪现象日益突出，犯罪主体呈现职业化、系列化、团伙化，再犯罪手段更为成熟隐蔽、反侦察能力更为强大、再犯罪造成的社会危害性也更加严重，给社会的安全稳定带来了巨大的负面影响。目前，监狱信息化逐步实现了从数量扩展到质量提升，云计算、物联网、大数据等新型 IT 在监狱中的深度应用实现了"人防、物防、技防"的深度融合。利用大数据对涉及服刑人员的所有数据进行收集、分析，建立基于大数据挖掘的服刑人员再犯罪预测模型，从而实现对服刑人员再犯罪的识别、预测和重点监控，重塑监管改造工作的新范式。利用大数据技术可实现对服刑人员的个性化改造和精准化预测，增强对服刑人员教育改造的预见性、针对性和实效性，提升监狱科学管理的信度和效度，为新时期监狱从底线安全观向治本安全观转变提供保障。

1.1.1 再犯罪概念的界定

科学、准确地界定再犯罪的内涵与外延，是研究再犯罪现象的基本前提。反思与重构再犯罪的概念，首先需要对已有的概念界定做出系统而全面的梳理。界定再犯罪的目的是为了构建再犯罪的预测、预警机制，有效预防、减少和控制再犯罪的发生，实现从"底线安全观"向"治本安全观"的转变，切实提高服刑人员的改造质量。再犯罪又称为重新犯罪，英语一般用"recidivism"，《高阶英汉双解词典》解释为屡教不改的服刑人员、惯犯、累犯。[1] 将累犯定义为因为先前的犯罪而被宣判有罪后由于犯了新罪再次被定罪的人[2]。在刑法学、犯罪学、监狱行刑学等学科分类的基础上，我们对现有的具有代表性的再犯罪概念归纳整理如下。

1. 基于刑法学角度界定的再犯罪

基于刑法学的角度对再犯罪进行界定的主要目的是为司法实践中的定罪量刑提供参考，张广智等学者认为[3]：再犯罪又称重新犯罪，是指由于触犯刑法被判刑，在服刑结束或被释放回归社会后又因犯罪被判刑的行为。隗甫杰等学者认为[4]：再犯罪是指犯罪前科人员"二次犯罪"乃至累次犯罪的重复犯罪。综上所述，广义的再犯罪既包括行为人接受处罚后的狱外犯罪，又包括服刑人员在监狱内再犯罪；而狭义的再犯罪主要是指行为人刑满释放后的再犯罪。

2. 基于犯罪学角度界定的再犯罪

基于犯罪学的角度对再犯罪进行界定的主要目的是预防和控制再犯罪，周路等学者认为[5]：解除劳动教养或刑罚执行完毕的人员，在任何时间再实施刑法规定的犯罪行为并接受刑罚处罚的为重新犯罪；郑祥认为[6]：重新犯罪是指有犯罪前科，即在此次被判刑前，

---

[1] Georgia Zara, David P. Farrington, *Criminal Recidivism Explanation, Prediction and Prevention*, New York: Routledge, 2016.

[2] 笔者译。文献原文为：recidivism is the official criminal involvement (based on criminal records) of a person who, after having been convicted for a previous offence, commits a new crime for which they incur another conviction. p. 5.

[3] 参见张广智、向静："对当前刑满释放人员再犯罪的调查分析"，载《法制与社会》2010 年第 22 期。

[4] 隗甫杰、梁兵、刘伟："论当前再犯罪特点及刑侦工作对策"，载《北京警察学院学报》2015 年第 1 期。

[5] 参见周路、刘文成、王志强：《当代实证犯罪学新编——犯罪规律研究》，人民法院出版社 2004 年版。

[6] 郑祥："防治重新犯罪与构建和谐社会——重新犯罪现状与对策的实证研究"，载《吉林公安高等专科学校学报》2007 年第 6 期。

曾经因为犯罪行为受到过劳教或司法处分判刑的行为。综上所述，广义的再犯罪既包括刑满释放人员的再犯罪和正在服刑期间的服刑人员犯罪，又包括经公安机关处理的正在进行劳动教养或已经解除劳动教养的人员的犯罪行为；而狭义的重新犯罪是指已经解除劳动教养和刑满释放人员实施的再犯罪行为。相比较于刑法学，犯罪学不仅包括曾经判刑入狱的服刑人员也包括被劳动教养的人员，2013年11月，十八届三中全会通过《中共中央关于全面深化改革若干重大问题的决定》，废止了劳动教养制度。

3. 基于监狱行刑学角度界定的再犯罪

基于犯罪学的角度对再犯罪进行界定的主要目的是：使用刑法规定的标准计量再犯罪率，衡量服刑人员改造质量，提高服刑人员改造质量。由于不同时期的刑法对重新犯罪内容的规定有所不同，导致重新犯罪的概念也不同。白正春学者等认为[1]：重新犯罪是指触犯刑事法律并受到刑罚处罚，回归社会后又重新故意实施犯罪活动，依法应当追究其刑事责任的行为。

江华锋[2]综合刑法学、犯罪学、社会学等学科的观点将重新犯罪定义为行为主体受过刑罚之宣告后，在再社会化期间或结束后，再次有意识实施侵犯其他主体合法权益，依法应当被追究法律责任并需要采取社会防范和控制措施的犯罪行为。这一界定主要包含了重新犯罪的性质、主体、主观条件、客观条件、场域、目的等六大因素。重新犯罪的性质因素是指：重新犯罪必须是具有前后两次或两次以上反社会性、刑事违法性、社会危害性的独立的犯罪行为，是犯罪的刑事违法性和社会危害性的统一。重新犯罪的主体因素是指：受过刑罚宣告之后再犯罪的自然人，不包括法人、非法人单位等。受过刑罚之宣告的人包括：在监狱、少管所、看守所服刑人员，被判处管制、宣告缓刑、假释或暂予监外执行的社区服刑人员，被单独判处罚金、没收

---

〔1〕　白正春、杨冰川："论和谐社会视野下重新犯罪问题及对策"，载《南方论刊》2010年第12期。

〔2〕　江华锋："我国重新犯罪概念的再界定"，载《学海》2017年第3期。

财产、剥夺政治权利人员，免于刑事处罚人员，附条件不起诉对象以及被收容教养对象。重新犯罪的主观条件因素包括罪过形式和人格因素两部分。罪过形式主要指判断犯罪的主观情况，无论首次犯罪是否故意，只要第二次及以后犯罪为故意犯罪，就属于重新犯罪；人格因素主要指人身危险性。重新犯罪的客观条件因素包括罪次条件、时间条件两个部分。其中，罪次条件是指行为人进行了前后两次或两次以上的独立犯罪，即：不论是在前罪的刑罚执行完毕或者赦免以后，抑或发生在刑罚执行期间，只要再进行犯罪就属于重新犯罪；时间条件是指确定初犯与再犯之间的时间间隔，前罪和后罪之间没有时间间隔限制，只要是前罪刑罚宣告之后的任何时间的再犯罪，都属于重新犯罪。重新犯罪的场域因素是指重新犯罪的空间场所，可能是监狱、少管所及看守所，也可能是社区以及其他社会场所。重新犯罪的目的因素是指对重新犯罪有一个统一、准确、全面的认识，进而形成统一衡量服刑人员改造质量的计量标准，从而构建再犯罪预测、预警及控制机制，有效预防、减少和控制再犯罪的发生。

曾赟从规范意义和统计意义两个角度对再犯罪的定义进行了界定[1]。规范意义上的定义主要是依据法律辞典的解释，主要分为客观事实和主观心理两个层面。以《牛津法律大辞典》为代表的一类辞典从再犯罪事实的角度进行界定，将再犯罪定义为被释放的囚犯再次犯罪，并被重新定罪。从上我们可以得出：如果某人犯罪被判刑入狱后，因再次犯罪被定罪，不论该罪被处以何种刑罚，则均被认为属于再犯罪。以《布莱克斯通法律辞典》为代表的一类辞典从再犯罪的心理结构角度进行界定，将再犯罪定义为一种重新陷入犯罪活动或犯罪行为的倾向。从上我们可以得出：一个曾经犯罪被判刑入狱的人再次陷入犯罪倾向的被认为是再犯罪，显然从法律角度上来看是站不住脚的，这个很大程度上属于再犯罪预防的范畴，可以利用大数据技术来实施再犯罪的预测和预警，这是监狱现在及未来一段时间内亟需开展

---

[1] 曾赟："论再犯罪危险的审查判断标准"，载《清华法学》2012 年第 1 期。

的工作。再犯罪统计意义上的定义主要是指相关机构发布的通知和文件上的指标。新西兰矫正局的调查统计报告〔1〕中将再犯罪定义为：因犯罪被判刑入狱或社区矫正释放后再次犯被判刑入狱或社区矫正的犯罪行为。我国政法系统发布的通知和公文中一般把再犯罪称为重新犯罪，最早出现于 1950 年 3 月 13 日司法部发布的《关于假释人犯重新犯罪如何撤销假释问题的批复》，之后最高法、最高检、公安部、司法部陆续出台的公文都以重新犯罪进行界定〔2〕。从上我们可以看出我国政法机关采用刑法中关于重新犯罪的规定来界定再犯罪。1985 年 1 月司法部在其发布的《关于刑满释放、解除劳教人员重新犯罪、违法问题的几点意见》中将再犯罪界定为：原犯普通罪的，刑满释放或赦免以后，在三年以内再犯应判处刑罚的为重新犯罪；原犯反革命罪刑罚执行完毕或者赦免以后，在任何时候再犯反革命罪的，或者三年以内再犯其他普通刑事罪而被判处刑罚的都是重新犯罪。此后，我国司法部门未发布关于再犯罪调查的具体意见。

　　法律规定什么样的行为是犯罪，会随着社会的发展而变化，在同一国家，有的行为在某一历史时期被认为是犯罪，但在另外一个时期就不被认为是犯罪。所以，应当历史地看待再犯罪概念中的犯罪界定。综合已有再犯罪概念的各种观点，从客观上看，所犯的前罪与后罪都必须构成犯罪，本书所指的犯罪主要指的是违反我国当前刑法规定的犯罪，而再犯者既包括行为人接受处罚后的狱外再犯罪，又包括服刑人员在监狱内的再犯罪。

---

　　〔1〕　Reconviction Patterns of Released Prisoners, "A 36-months Follow-up Analysis", *Arul Nadesu Strategic Analysis Team Policy Development Department of Corrections*, 2007.

　　〔2〕　1955 年 9 月 29 日公安部下发的《关于刑满留场就业人员逃跑及重新犯罪的处理问题的批复》，1956 年 7 月 5 日最高人民检察院在《关于处理劳动改造队加、减刑等法律程序的通知》，1956 年 9 月 4 日司法部在《关于劳改刑期届满前或届满后留场重新犯罪如何确定其罪名的函》，1963 年 7 月 29 日最高人民法院、最高人民检察院，公安部联合下发的《关于监外执行的罪犯重新犯罪是否履行逮捕手续的批复》，1963 年 11 月 7 日公安部《关于严防刑满释放分子重新犯罪的通知》，1979 年 9 月 24 日最高人民法院下发的《关于留场（厂）就业人员重新犯罪后在劳改机关禁闭审查日期应否折抵刑期的批复》等文件中都使用了重新犯罪这一概念。

1.1.2　再犯罪危险的界定

英文法学著作中将再犯罪危险分为"danger"和"dangerousness"，前者译为"危险"，强调"行为的危险"；而后者译为"危险性"，强调的是"行为人的危险"，即人身危险性，特指实施犯罪的可能。根据法律规定和法律词典解释，可从两个不同层面对"危险"的定义进行描述：法律规定层面是基于行为属性，被定义为将对他人身体造成伤害的可能。一种行为之所以认为是危险的，主要在于行为本身有可能会导致人身伤害。法律词典解释是基于危险的客观事实层面，它被认为是一种导致危害、损失、痛苦或其他否定结果的外在表现或威胁。从理论上区分：危险主要是指行为的可能性，危险性主要是指行为人的心理倾向性。但是不论是对危险还是危险性的概念解释中的伤害对象都指的是人的身体或精神，而其他伤害却未包括其中，故其范围过于狭窄。我们因此又不能完全按照上述关于对危险或危险性的解释来界定我国的再犯罪危险概念，因为上述概念中危险或危险性属性之考量未吸纳风险社会中风险概念之新特征，故其难以应对一种不可预测和不可理性计算的新风险。而在刑事司法实践中，危险性的测量需要根据危险行为指标进行评估，危险行为的测量也包括对行为人的心理倾向性进行评估。英国内政部与健康安全局曾将危险性定义为：一种引起严重的身体伤害（Injury）或持续的精神伤害（Harm）的倾向[1]。美国司法精神病学家亨利·科舟（Herry L. Kozol）将危险性定义为：对他人强加的一种严重身体伤害的潜在可能性[2]。危险性也因此被理解为一种攻击性。《中华人民共和国刑法修正案（八）》中关于缓刑和假释要求中的"没有再犯罪的危险"和《中华人民共和国刑法修正案（九）》中职务犯罪限制从事相关职业要求中的"预

---

〔1〕　Dr Kevin Corbett, Tristen Westwood, "Dangerous and severe personality disorder: A psychiatric manifestation of the risk society", *Critical Public Health*, 2005.

〔2〕　Kozol, Boucher, Garofalo, "The Diagnosis and Treatment of Dangerousness", *Crime & Delinquency*, 18 (1972).

防再犯罪"既包括行为人的危险也包括行为人的危险性。这是因为：对于行为人再犯罪危险的审查判断，我们既需要从客观方面来评估行为的危险，也需要从主观方面来评估行为人的危险性。我国学者一般将行为人的危险表述为行为人的危险性，然而危险性是一个相对比较抽象的概念，很难对其进行预测，但是刑事司法领域中的许多定论又需要认定行为人的危险性。曾赟[1]以攻击性与破坏性相结合、危险与风险相结合两个原则为基础，将再犯罪危险定义为：因犯罪被处以监禁刑或社区矫正，再犯被处以监禁刑或社区矫正的犯罪的风险。这是广义上的再犯罪危险的定义，因为运用攻击性和破坏性相结合的原则，可以将其他损害纳入再犯罪危险性评估，不仅包括因违反社会规范而被责罚的行为，还包括对人的身体或精神造成的可能伤害或对财产造成的可能损害的行为；运用危险和风险相结合的原则，可在再犯罪危险性评估中对可能的风险因素进行重点评估，实现基于风险视角下的危险性概率计算。本书对再犯罪危险的定义依此为参照，主要是指曾经因犯罪判刑入狱后再犯被判刑入狱或进入社区矫正的犯罪的风险。

为提高服刑人员的教育改造质量，提升监管安全水平，减少狱内安全事件的发生率和降低再犯罪率，许多学者和监狱从业人员开始研究个体，特别是特定服刑人员是否具有人身危险性、危险性的类别以及危险性程度量化等问题，通过随机抽样选择样本，然后利用统计学方法提取特征，制定量表进行再犯罪预测或危险性评估，并基于量表开发了许多服刑人员危险性评估系统，在一定程度上可实现对服刑人员的危险性进行量化。然而，量表测评本身具有其局限性，一方面，如果量表没有进行信度和效度的检验，其准确性很难保证。即使进行了效度和信度检验，一套量表一旦制定出来就相对固定了，变成通用的了，然而和犯罪行为相关的因素会随着社会环境、地理区域、犯罪类型等的变化而变化，因此量表的信、效度会随着时空的转换而变得

---

[1]　参见曾赟："论再犯罪危险的审查判断标准"，载《清华法学》2012 年第 1 期。

越来越低。另一方面，抽样调查本身具有登记性误差和代表性误差，所谓登记性误差是指由犯人人为主观因素造成的误差，而代表性误差是指不论随机抽样多么科学，总是不能代替所有目标对象，因此从样本空间提取出来的特征总是和实际有一定的误差。然而在大数据时代，我们可以通过收集全部服刑人员的结构化、半结构化、非结构化数据，包括静态属性和动态行为数据；然后利用统计方法、数据挖掘、数据可视化等大数据相关技术提取服刑人员危险性特征，建立服刑人员危险性识别与动态预测模型；再然后利用机器学习等技术根据后期测试结果不断修订、优化模型，提高精度，使其成为一个循环反馈环路，从而建立一套服刑人员危险性识别与动态预测体系。该体系一方面针对的是所有服刑人员，避免了抽样调查随机性带来的误差；另一方面该体系收集的是每个服刑人员的静态属性和动态行为数据，可提供个性化、精准化的危险性识别和预测，避免了模型随时空的转换而信、效度降低的可能〔1〕。

1.1.3 服刑人员再犯罪现状

本书的服刑人员再犯罪指的是监狱服刑人员在监狱、社区或社会其他场所因再次犯罪被判处有期徒刑及其以上的现象。文献〔2〕认为当前中国的各监狱几乎都存在再犯罪的服刑人员，根据不完全统计〔3〕，目前中国监狱的在押服刑人员中，再犯罪的服刑人员平均占到了17%以上，甚至有不少服刑人员是"三进宫"或"四进宫"。司法部统计数据表明：虽然当今中国再犯罪率居于世界中等水平，但是在重大的暴力性犯罪案件中，再犯罪的比例竟然达到了70%。郑百宇

---

〔1〕 参见马国富、王子贤、马胜利："基于大数据的服刑人员危险性预测"，载《河北大学学报（自然科学版）》2016年第6期。

〔2〕 任杰："刑满释放人员再犯罪问题研究"，载《法制博览》2014年第11期。

〔3〕 由于再犯罪发生的区域、人员关押政策的不同，服刑人员再次入监可能会到不同省份的不同监狱。然而，由于全国监狱服刑人员数据库没有实现全国联网，因此无法在给定的时间段内对全国的服刑人员进行完全统计。

等人〔1〕对我国某省的几所监狱做过调查，刑满释放人员再犯罪的服刑人员在监狱中所占比例高达 17%，甚至有一些人员曾经多次犯罪而被判刑入狱。笔者主要将服刑人员再犯罪的地域分成监狱内实施再犯罪和回归社会实施再犯罪两个层次。

1. 监狱内再犯罪特点

（1）不同地域之间的群体性斗殴事件。由于监狱中的服刑人员较多、人际关系复杂，经常是因为某个人或某几个人之间的矛盾引发地域性群体斗殴事件。

（2）服刑人员与监狱警察的矛盾。监狱警察在执法过程中由于疏忽或照顾不周而忽视了某些服刑人员，就有可能造成监狱警察和服刑人员的矛盾，进而引发某些服刑人员想找机会报复的心理，从而导致监狱内的破坏监管秩序和故意伤害行为。

（3）暴力行为频发。一些服刑人员性格暴力，在监狱内因为日常琐事和其他服刑人员发生口角，进而演变成打架斗殴，造成人身伤害。

（4）自杀案件时有发生。一些服刑人员由于刑期长看不到未来的希望或者由于家庭变故造成精神支柱倒塌或者由于身患重病无法承受痛苦而选择自杀，甚至有个别服刑人员因为报复监狱警察而对其要挟选择自杀的。

2. 服刑人员回归社会再犯罪特点

（1）服刑人员重大暴力犯罪突出。近年来，服刑人员再犯罪以盗窃、抢劫、强奸、故意伤害、杀人等犯罪案件为主，造成重大案件频发的团伙性、爆发性犯罪效应，犯罪性质及其社会危害性严重。由于服刑人员的原有恶习未改，不安于正常社会工作、生活秩序，且因入狱造成的对社会及其相关人员怀有的仇视心理，往往由于社会矛盾纠纷、琐事引发他们的极端报复行为，最终导致临时起意性或突发性、暴力性的重大犯罪案件发生，造成极端恶劣的社会影响。同时，由于

---

〔1〕 郑百字、曲淑华：“刑满释放人员再犯罪问题分析”，载《法制与社会》2014 年第 5 期。

服刑人员的犯罪前科经历、顽抗心理形成的反侦察意识也给案件的侦破带来了很大挑战，重新步入社会的服刑人员是可能会形成极端行为的高危险性人群。

（2）服刑人员侵犯财产案件危害严重。服刑人员刑满释放后不能很快融入社会正常职业生涯，始终不就业或就业后也选择辞职，以不劳而获的心理重新实施盗窃犯罪。一方面，这类犯罪越来越呈现职业化、跨地区作案、流窜性特点。由于执法人员在案发前难以掌握该类人员相关情况，案发后他们迅速流窜到其他地区，造成频发的个案，累积成大量带有突出的特殊类型的跨地域性、多种手段性的系列侵犯财产案件，给社会造成巨大的危害和广泛的影响；另一方面，服刑人员往往选择其狱友或熟悉的同伙使用熟悉的犯罪手段实施职业化、规模性侵犯财产犯罪，作案成功率高、侵犯财产数量大、危害严重。重新步入社会的服刑人员可能会形成危害严重的系列侵犯财产案件高危人群。

（3）服刑人员再犯罪趋向低龄化。一方面，中国城镇化造成大量人员外出务工，而他们的孩子由于缺乏家庭关爱和教育，很多孩子退学走向社会，由于缺乏谋生的手段走上犯罪道路，出狱后得不到家人的理解，往往再犯罪；另一方面，一些退学学生、劣迹生、被教育处理学生混入社会，进入犯罪团伙，特别是被判刑释放后，再次实施犯罪，造成高危人群不断蔓延的带动性犯罪效应。徐如红[1]研究发现：服刑人员再犯罪在主体构成上特点明显，青壮年是重新犯罪的主体，初中以下文化程度占绝大多数，无业人员和农民占绝大多数。

1.1.4 服刑人员再犯罪原因分析

《中华人民共和国监狱法》（2012年修正本）第3条规定："监狱对罪犯实行惩罚和改造相结合、教育和劳动相结合的原则，将罪犯改

---

[1] 徐如红："2007～2011年杭州市刑释解教人员重新犯罪情况调查研究"，电子科技大学2012年硕士学位论文。

造成为守法公民。"2017 年 9 月 11 日，司法部部长、党组书记张军在广东深圳调研司法行政工作。张军强调[1]，要深入贯彻落实习近平总书记系列重要讲话精神和治国理政新理念新思想新战略，在司法行政实际工作中贯彻"四个意识"、坚定"四个自信"，推进落实治本安全观。他指出，监狱不是动物园，关住不跑是底线要求，不是最终目标。说到底，治本安全观就是落实《中华人民共和国监狱法》第 3 条的规定，就是改造服刑人员，不仅确保监狱内的安全，出了监狱也要安全，不再危害社会，减少重新犯罪，这是党和政府赋予监狱的神圣职责。他强调，底线与治本并不矛盾，守住了底线才能治本，治本能更好地守住底线。对服刑人员再犯罪原因分析包括以下几个方面[2]。

1. 个人主观因素

首先，根据"艾森克人格分析"，一些服刑人员属于偏执型和反社会人格型，加上他们特殊的成长经历造成了他们对社会的仇视和敌对心理，因此，这些服刑人员回归社会后多数会因受到外界刺激而再次犯罪。其次，有一部分服刑人员思想堕落、好逸恶劳、贪图享受，这些人根深蒂固的思想根本不可能在监狱服刑期间被改造和矫正。回归社会后，这些服刑人员在性格、思想的驱使下，再加上生活技能缺乏导致的就业困难，从而引发盗窃、抢劫等侵犯财产犯罪。

2. 社会环境因素

首先，服刑人员回归社会后，由于长时间不与社会接触，在适应社会生活方面存在这样和那样的问题。尤其是父母去世或妻离子散或者家人对其失望不管不问，甚至指责抱怨其丢人，从而造成服刑人员心灰意冷，没有了家庭亲人的关心，服刑人员很大程度上会自暴自弃，走上再犯罪的道路。其次，现实中，大部分社会民众对于刑满释放的服刑人员抱有冷漠、歧视与疏远、敌视的态度，即使一些

---

[1] 唐荣："推进落实治本安全观不断创新提升公共法律服务水平"，载 http://www.pacq.gov.cn/gcsy/2017/0912/75680.html，最后访问日期：2017 年 10 月 15 日。

[2] 参见靳琳琳："刑满释放人员再犯罪问题分析及对策"，载《河南警察学院学报》2012年第 6 期。

单位和民众表示不会歧视刑满释放的原服刑人员，但实际上，可供这些人员选择的工作途径和机会也非常有限，再加上社会世俗的压力使得他们难以很好地融入社会，容易造成他们的自暴自弃，再次进行犯罪。

3. 制度因素

首先，从法律上来看，《中华人民共和国监狱法》经 1994 年 12 月 29 日第八届全国人大常委会第 11 次会议通过，2012 年 10 月 26 日第十一届全国人大常委会第 29 次会议通过关于修改《中华人民共和国监狱法》的决定，总计七章七十八条，涉及教育改造的条文只有十三条，导致许多教育改造活动缺乏法律的支持，也没有出台相关的法律细则，法律方面的滞后使得监狱服刑人员的教育改造难以适应新时代的工作需要。其次，监狱是服刑人员教育改造的重要场所，其主要任务除了对服刑人员进行劳动改造外，更重要的是对服刑人员进行思想转化、矫正恶习、增长技能和促进服刑人员身心健康的教育改造。而目前，由于监狱仍未得到国家财政的全面保障，所以监狱把大部分时间都用在劳动改造、产生经济效益上了，对服刑人员的心理矫治、思想改造、技能培训的工作做得相对较少，从而影响了教育改造的质量和效果，在提高服刑人员的融入社会能力方面非常有限。再次，虽然我国现行的对于刑满释放人员的安置帮教工作是在政府组织与引导下进行的，且相关部门和社会力量都参与其中。但是诸如《安置帮教工作制度》等条文内容简单，缺乏可操作性。这对于刑满释放人员的帮扶、管理和教育效果不好，尽管一些地方出台了相应的政策，但却难以落实，尤其是经济条件比较差的地区更是如此，再加上对刑满释放人员的生活与就业的解决措施缺乏，刑满释放人员很大程度上难以重新融入社会。再次，多年来监狱自身的封闭等特点造成监狱警察人才交流较少，监狱监管人员自身素质较低，基层警力缺乏，客观上影响了对服刑人员的教育改造质量。

4. 其他原因

我们知道：在一个相对封闭的环境里，人与人之间容易形成相互依赖的心理，不自觉的产生一定的凝聚力。一些本质不坏的服刑人员在监狱与其他服刑人员长期的共同生活下，极有可能被一些本质恶劣的服刑人员所感染、同化。同时，也有可能一些服刑人员在监狱里进行犯罪理念、犯罪手段的互相交流，共同设计犯罪计划，从而这些服刑人员之间互相建立起一种特殊的"感情"。一旦他们步入社会受到一些挫折和打击后，很有可能会再次唤起在监狱所形成的心理依赖，进而连接那时的特殊感情，从而形成一个个新的团伙实施各种再犯罪，监狱内的这种"交叉感染"现象形成了人员差异交往的趋恶性。

1.1.5 服刑人员再犯罪防控新机制

服刑人员再犯罪是关系到国家繁荣昌盛、社会和谐稳定、人民安居乐业的一个重大问题，相较于初次犯罪，服刑人员再犯罪的危害性更大。理清了服刑人员再犯罪的特点，明确了再犯罪因素包括个人因素、社会因素、制度因素和其他方面的原因后，我们就应该有针对性地提出相应的解决对策和建议，做到有的放矢，从而从根本上预防和降低服刑人员的再犯罪。

1. 监狱层面

（1）思想方面。目前，一些监狱服刑人员思想教育内容过度强调思想信念的统一性、标准化，没有认识到服刑人员的个体差异。思想教育内容和方法脱离服刑人员思想实际和社会实际，往往把上级的通知、指令作为思想政治教育的内容，没有自主性、针对性地开展思想教育。只有根据服刑人员的个体差异和不同时期的思想表现，在集体思想教育的基础上开展个性化教育、因材施教，才能使服刑人员形成正确的世界观、人生观和价值观。为贯彻司法部提出的"治本安全观"，激发服刑人员真诚悔罪、积极改造的内生动力，2017 年 12 月 29日至 12 月 31 日，安徽省 3 家示范试点监狱（马鞍山监狱、女子监狱和潜川监狱）组织首批 8 名服刑人员进行为期 3 天的离监探亲，并取得圆满成功[1]。同样，2017 年 12 月 29 日，四川省汉王山监狱试点"感恩归途"2018 年元旦离监探亲，也取得圆满成功[2]。探索创新监狱服刑人员离监探亲机制，一方面是贯彻宽严相济的刑事执行政策，实现了严格执法与人性关怀相结合、惩戒恶行与感化挽救相结合、科学管理与适度激励相结合，形成了刑罚执行的良性循环；另一方面是让服刑人员在希望中改造，推动服刑人员思想改造，从治标向治本转变，不断提升服刑人员的教育改造质量。

（2）心理方面。在服刑人员的教育改造过程中，应重视对服刑人员的心理矫治，对服刑人员的心理、意识进行矫正。尽管现在大部分监狱都配备有心理咨询师，但很多都是半路出家，专业性和系统性不强，更缺乏一套行之有效被实践所检验过的心理矫治循证体系。建议利用大数据、机器智能等信息技术建立一套心理矫治循证系统，长期对服刑人员心理特征及其后期行为进行数据采集、分析、建模，为服刑人员的心理矫治服务。

（3）职业技能培训方面。当前，在对服刑人员的职业技能培训方面，一些监狱往往立足于本监狱的实际生产情况，没有认识到服刑人员回归社会后的谋生能力。监狱对服刑人员的职业技能培训应与未来的社会需求相适合，尤其是要考虑到服刑人员刑满释放回归后所在地区的用工需求，利用网络平台开展服刑人员职业技能联合培训，有针对性地开展个性化、不同层级的职业技能培训，同时监狱应加强和政府其他相关部门合作，做好服刑人员职业技能培训的认证和后续培训工作。提高服刑人员回归社会的就业竞争力，使得服刑人员有了谋生的手段和能力，这将在很大程度上减少服刑人员的再犯罪的几率。

2. 社会层面

如果刑满释放人员走出监狱之后，却感受不到家庭的温暖以及社

---

[1] 安徽司法："3 天时间，8 名高墙内的服刑人员回家探亲"，载 https://baijiahao.baidu.com/s?id=1588632057708972936&wfr=spider&for=pc，最后访问日期：2018 年 1 月 5 日。

[2] 司法部："践行治本安全观丨一次'特殊'的归途，让服刑人员与家的距离更近了"，载 https://mp.weixin.qq.com/s/4uvIiYdCkuziMMpwkQSyVQ，最后访问日期：2018 年 1 月 6 日。

会的友爱，那么他们在监狱中接受的教育改造可能会随之土崩瓦解，重新走上再犯罪的道路。因此，在社会上要营造一种关怀友爱的氛围，家人的关心可以在很大程度上增强刑满释放人员的勇气，更加有利于他们重拾生活信心。再加上相关政府部门以及社会力量对他们给予更加具体和实实在在的帮助，不疏远、不歧视、不回避他们，给予其平等的就业机会，使他们能维持自己正常的生活需求，那么减少服刑人员的再犯罪率将是非常可行的。

目前，我国对刑满释放人员的管理主要由当地司法部门的安置帮教办公室负责，在基层主要是司法所负责，公安、法院和检察院等相关职能部门协调与配合。为减少服刑人员的再犯罪，应加强刑满释放人员的管控工作。第一，要在省级建立刑满释放人员危险性评估体系，根据等级采取相应的保教和管控措施。第二，要强化制度落实，促进救助管理规范开展。探索建立学习、回访、排查、重点帮教、档案管理等工作制度，健全完善衔接、例会、培训、信息通报、对外协调等长效工作制度，形成了高效规范管理机制。第三，强化教育帮扶，抓细抓实帮教。积极组织社会各方面力量，形成合力，发挥优势，创造良好的救助帮教环境。第四，强化工作重点，把安置落到实处。依靠全社会的力量，采取原单位接收安置、推荐社会招工招聘、政策保障、鼓励自谋职业、落实责任田、对口帮教救助等多种措施。第五，加强安置基地建设，做好过渡性安置工作。依托企业建立过渡性安置基地，对刑满释放人员开展教育培训、提供心理咨询辅导，切实帮助他们解决生活中的困难和问题。

3. 国家政策层面

在我国刑罚执行的实践当中，减刑适用较多但假释适用较少，其中原因主要是假释监督耗费大且监督难度大。一方面我们应当充分认识到假释制度的合理性，不能完全否定其优势；另一方面我们可以建立合理的机构专门负责监督的工作，包括缓刑犯、减刑犯等。由此，我们建议改革行刑制度，合理调控减刑、假释等各种手段的适用。

适当借鉴欧美等其他国家的先进理念与经验，实现相关服刑人员安置帮教制度的健全与完善。例如成立"再社会化基金会"机构，接收社会企业和个人捐款，刑满释放人员可以提出申请，经过基金会对其家庭和个人情况的综合考评后，如果合格就给予其一定的资金支持，以保障刑满释放人员能够有效地融入社会，这就避免了一些刑满释放人员因为经济问题重新犯罪。

解决好当前刑满释放人员再犯罪的问题是一个多方社会力量积极作用的结果，不能仅靠监狱一个部门解决。仅仅依靠某一方面的力量并不能够实现预防和减少刑满释放人员再犯罪的目标，但显然不同部门不同力量应当从不同层次不同角度共同向这个方向努力。我们应当充分发挥社会力量，建立合理有效的帮扶制度，矫正不良思想，教授给他们一定的谋生技能。通过标本兼治，才能有效解决刑满释放人员再犯罪问题，保障我国社会主义和谐社会的健康、稳定发展。

1.2 服刑人员危险性评估

2015年12月27日第十二届全国人民代表大会常务委员会第十八次会议通过《中华人民共和国反恐怖主义法》，其中，第30条规定："对恐怖活动罪犯和极端主义罪犯被判处徒刑以上刑罚的，监狱、看守所应当在刑满释放前根据其犯罪性质、情节和社会危害程度，服刑期间的表现，释放后对所居住社区的影响等进行社会危险性评估。进行社会危险性评估，应当听取有关基层组织和原办案机关的意见。经评估具有社会危险性的，监狱、看守所应当向罪犯服刑地的中级人民法院提出安置教育建议，并将建议书副本抄送同级人民检察院。罪犯服刑地的中级人民法院对于确有社会危险性的，应当在罪犯刑满释放前作出责令其在刑满释放后接受安置教育的决定。决定书副本应当抄送同级人民检察院。被决定安置教育的人员对决定不服的，可以向上一级人民法院申请复议。安置教育由省级人民政府组织实施。安置教育机构应当每年对被安置教育人员进行评估，对于确有悔改表现，不致再危害社会的，应当及时提出解除安置教育的意见，报决定安置教育的中级人民法院作出决定。被安置教育人员有权申请解除安置教育。"可以说，对服刑人员进行危险性评估既是我国相关法律的要求，同时，也是监狱对服刑人员进行教育改造和监管工作的需要。

1.2.1 服刑人员危险性评估定义

服刑人员危险性评估在不同的国家、地区和不同时期有不同的称谓，研究及实际操作形式也不断发展，例如人身危险性评估、适用于减刑和假释的危险性评估、社区矫正人员危险性评估等。对服刑人员进行危险性评估主要是指对服刑人员的人身危险性进行评估，进而对服刑人员未来是否有暴力、自杀、脱逃等危险性行为进行预测。目前，危险性评估技术的应用主要集中在监狱内对服刑人员进行危险性评估、监狱外服刑人员的危险性评估。将服刑人员危险性评估（Risk Assessment）定义为通过一定的技术对服刑人员重新犯罪或者实施其他犯罪行为的可能进行预测，从而为控制这些危险提供根据。[1]在对服刑人员危险性评估的概念作了梳理之后，提出服刑人员危险性评估就是利用心理学、精神病学、社会学等学科的知识，探求确定犯因性因素及其这些因素对罪犯影响的不同程度，进而对是否存在危险性及危险性大小进行科学的评估。[2]

按照危险性评估的方法，我们将服刑人员危险性评估[3]分为：临床危险性评估和基于统计的危险性评估。临床危险性评估需要一个精神病医师或一个心理学者对服刑人员进行观察，临床医生的危险性评估基于他们的专业训练、理论上的知识及与服刑人员相处的经验，其评估方式是非结构性的。基于统计的危险评估是结构的、量化的，这种方法建立在犯罪危险性及相关变量的测量基础上，如年龄、犯罪记录、行为

---

〔1〕　参见翟中东：《国际视域下的重新犯罪防治政策》，北京大学出版社 2010 年版。

〔2〕　曹允猛、刘邦惠："犯罪危险性评估问卷 LSI-R 的修订及信效度检验"，中国心理学会人格心理学分会 2013 年学术年会，具体见：http://xueshu.baidu.com/usercenter/paper/show?paperid=8954b990d64b32a75a81d22a03893fc6&site=xueshu_se。

〔3〕　北京市监狱管理局："北京成年服刑人员人员危险性评估体系初探"，载 http://www.bjjgj.gov.cn/lldt/2311.htm，最后访问日期：2018 年 1 月 5 日。

特征等，通过选择、提取危险性特征，建立模型，对服刑人员进行危险性评估。临床危险性评估方法对服刑人员危险性评估操作难度很大，因为使用临床危险性评估方法评估服刑人员危险需要由心理学家进行，而心理学家的培养需要过程，且数量少，最重要的是临床心理学家把握不住犯罪史的权重，临床心理学家可能被能把握人的性格的诈骗犯所迷惑，也可能错过重要的信息。由于临床危险性评估方法主观性过强，没有一个统一的评估标准，评估的一致性信度较低，因此在基层实务部门很难采用。监狱和社区矫正机构多采用基于统计的危险性评估方法。

1.2.2 国内服刑人员危险性评估

1. 学术界

根据服刑人员危险等级分配司法资源，既可以降低司法成本，又可以提高司法效能，其中的司法实践就是"危险管理"，而对服刑人员进行危险性评估是危险管理的重要依据，其准确程度将直接影响危险控制的效果。段晓东将危险性评估定义为通过摸底排队，了解全部服刑人员的有关动态，从而对监狱内所监管的服刑人员危险性进行分析[1]；翟中东将危险性评估定义为通过一定技术对服刑人员重新犯罪或者实施其他犯罪的可能进行预测，从而为控制这些危险提供依据。学术界，很多专家也从服刑人员的人身危险性、社会危险性、心理危险性和再犯罪等多个角度对其危险性进行评估。浙江师范大学学者曹建路利用 SPSS13.0 和 LISEL8.70 统计工具对江苏省某重刑犯监狱的 352 名服刑人员进行分析，将静态因素量表和自建动态因素量表相结合，但没有通过试验测量法进行权重赋值。上海师范大学学者徐英兰以 1830 名新收监服刑人员为研究对象编制了服刑人员狱内危险评估自评量表和他评量表，应用统计方法对量表进行信度和效度检验，相关拟合指数大于 0.8，模型拟合较好，通过量表测定给出危险等级

---

[1] 马国富、王子贤、马胜利："基于大数据的服刑人员危险性预测"，载《河北大学学报（自然科学版）》2016 年第 6 期。

和危险类型，但其特征因素的权重主要是依据经验设定。孙岳芳等学者对假释服刑人员制定了人身危险性量表，主要包括罪前人身、犯罪行为、生理状况、心理状况和罪后表现，但没有对这些量表中特征进行统计学意义上信度和效度检验。目前，对于社区矫正危险性评估又相对较少，张学霏将社区矫正中人身危险性评估分为入矫前、矫正中、解矫前三个阶段，并根据不同阶段设定不同量表，但只是进行定性叙述。由此，可以看出服刑人员危险性评估按照时空的转换可分为狱前危险性评估、狱内危险性评估、服刑人员假释危险性评估、社区矫正人员危险性评估。

综上所述，我们可以看出，早期对服刑人员的再犯罪的危险性评估主要是通过定性分析，最近几年主要是通过随机抽样选择样本，然后利用统计学方法提取特征，制定量表进行再犯罪危险性评估。然而，一方面，量表测评本身具有其局限性，如果量表没有进行信度和效度的检验，其准确性很难保证。即使进行了效度和信度检验，一套量表一旦制定出来就相对固定了，变成通用的了，然而和犯罪行为相关的因素会随着社会环境、地理区域、犯罪类型等时空的变化而变化，因此量表的信、效度会随着时空的转换而变得越来越低。另一方面，统计抽样调查本身具有登记性误差和代表性误差，登记性误差是指由服刑人员人为因素造成的误差；代表性误差是指不论随机抽样多么科学，总是不能代替所有目标对象，因此从样本空间提取出来的特征总是和实际有一定的误差。在大数据时代，我们首先收集全部服刑人员的结构化、半结构化、非结构化数据，也即静态属性和动态行为数据；然后利用统计方法、数据挖掘等相关技术提取服刑人员危险性特征，建立服刑人员危险性识别与动态预测模型；再然后利用机器学习等技术根据后期测试结果不断训练模型，提高精度，使其成为一个循环反馈环路，从而建立一套服刑人员危险性识别与动态预测体系。该模型一方面针对的是所有服刑人员，避免了抽样调查随机性带来的误差；另一方面该模型收集的是每个服刑人员的静态属性和动态行为数据，可提供个性化、精细化的危险性识别和预测，避免了模型随时空的转换而信、效度降低的可能〔1〕。

2. 实务部门

目前，我国大部分监狱出于监管安全工作的考虑，对服刑人员实施危险性评估。对服刑人员的危险性评估贯穿于服刑人员从入监到出监过程中，其程序可分为入监、改造、出监三个阶段。服刑人员入监评估就是对刚入监投入改造的服刑人员处于一个什么样的状态进行评判，它包括人身危险性评价和诊断性评价。改造阶段评估主要采用定量分析和定性分析相结合的手段对服刑人员进行危险性评估。出监阶段是对服刑人员的全面综合性复查，重点是进行服刑人员矫正行为的评估和再犯罪预测。该阶段的评估主要针对：一是服刑人员不法心理和恶习的消除程度；二是守法心理及良好行为习惯的建立程度；三是服刑人员认识自我、认识社会、就业谋生的适应程度。实际工作中，监狱对服刑人员的危险性评估主要是应用于服刑人员的分级处遇和个案管理，通过对服刑人员进行危险性评估，把服刑人员分为低、中、高三类，然后根据危险性级别不同分别关押在不同监区，并命名为低度、中度、高度戒备监区，监狱实施不同等级的教育改造和监管方式。当然，对于通过危险性评估发现的个别危险性极大的服刑人员，监狱还可以实施单独管理。

然而，受限于人力、物力的限制，大部分监狱对入监的服刑人员危险性评估次数较少，实际工作中，监区干警很多时候还是依靠主观经验来判断服刑人员的危险性，服刑人员危险性评估系统在监区干警中的影响力有待进一步提高。即使个别监狱做到对所有服刑人员一年评估一次，由于使用的危险性评估系统缺乏开放接口及受监狱危险性评估干警开发能力的限制，导致不能准确地将服刑人员危险性评估结果和服刑人员后续表现相关联，进而对服刑人员危险性评估系统进行参数修正，导致评估系统的准确性逐年降低，评估的客观性、时效性和可采用性受到影响，服刑人员危险性评估系统在监狱工作中的重要

---

〔1〕 马国富、王子贤、马胜利："基于大数据的服刑人员危险性预测"，载《河北大学学报（自然科学版）》2016年第6期。

作用没有有效发挥出来。分析原因，笔者认为：第一，现有的服刑人员危险性评估系统采用传统统计方法，基于静态量表对服刑人员进行危险性评估，没有包括服刑人员在监狱的日常表现及其动态行为数据。因此，监狱干警可能会比较重视入狱后和出狱前两个阶段的服刑人员危险性评估：对刚入狱的服刑人员进行危险性评估可为干警的后续工作提供参考；对服刑人员出狱前进行危险性评估是法律和相关制度要求的。而服刑人员在监狱的思想改造、教育改造、日常行为表现等维度数据及其变化趋势并没有实时地在现有的服刑人员危险性评估系统中动态体现，服刑人员家庭变故及其情绪变化等维度数据也没有实时体现。由此，监狱干警很多时候可能还是通过传统的主观经验来对服刑人员危险性进行判断。第二，对服刑人员的危险性评估系统需要有监狱干警在系统中人工输入，这给监狱干警工作带来额外的负担；另一方面，现有的服刑人员危险性评估系统都是独立的系统，没有和监狱现有的其他业务系统实现数据互通和共享，造成评估系统不能自动、客观采集服刑人员在监狱的动态数据。综上所述，监狱现有的服刑人员危险性评估系统自身存在的缺陷及监狱干警自身的工作能力限制导致监狱对服刑人员改造阶段的危险性评估并不能实时体现服刑人员的客观情况，服刑人员危险性评估在监狱干警日常工作中的核心作用并没有真正体现出来。

1.2.3 国外服刑人员危险性评估

1. 国外服刑人员危险性评估学科发展

国外危险性评估技术的雏形就是刑事司法领域内对服刑人员所做的情况说明和情况调查，随着国外刑事司法的发展、改革和完善，司法对于人权的保障越来越受到重视，法学、犯罪学、心理学、统计学等相关学科理论的发展，促进了危险性评估理论体系的形成[1]。

---

〔1〕 刘欣："国外特殊人员风险行为评估技术研究综述"，载《江西警察学院学报》2016 年第 1 期。

（1）经验阶段。美国南北战争结束后，一些州开始用服刑人员危险性评估工具进行刑事审判，例如纽约和曼彻斯特分别在 1876 和 1878 年通过的假释条例和缓刑条例中，都要求对服刑人员进行危险性评估。可以说，美国缓刑制度的产生和发展推动着危险性评估技术的发展，这一阶段的危险性评估主要内容是服刑人员的犯罪情况和服刑人员自身个体特征，主要依据积累的经验做出直接判断，从当时来看，这是一种司法和评估技术的进步，但缺乏科学的评估根据和学科理论支撑，也没有规范的评估工具。

（2）基于危险性因子与量表的学科理论阶段。为了提高服刑人员危险性评估的效率、准确性和广度，降低服刑人员危险性评估实际操作的难度，使更多的监狱干警也能对服刑人员进行危险性评估，研究者基于心理学、社会学、犯罪学等学科理论，从不同的角度研究影响服刑人员实施危险行为的因素，并通过测量得出评估因子，然后按照评估因子设置评估内容，制作危险性评估量表，对服刑人员进行危险性评估。美国 1984 年研究做出的审前释放危险性评估，就是先列出 11 项审前释放危险性评估因素，然后测量出 9 项评估因子，并制作成量表对释放对象进行危险性评估，此举具有高效的评估作用和显著的预测作用，成果显著〔1〕。基于危险性因子与量表对服刑人员进行危险性评估不再是基于经验积累，增加了危险性评估的科学性，基于量表的危险性评估是国外危险性评估技术的重大突破，这标志着对服刑人员进行危险性评估已经开始采用量化标准，比较而言，评估的准确性得到提高，但这个阶段的服刑人员危险性评估量表中的危险性因子多是从静态的角度和历史的角度来评估，忽视了服刑人员自身在矫正过程中的多个动态维度的变化情况。

（3）基于统计学的专业理论阶段。基于危险性因子的量表的研究与开发提高了监狱对服刑人员进行危险性评估的效率和科学性，然而，危险性因子是基于静态的、专家的经验所得，当监狱管理人员对

---

〔1〕 参见曾赟："风险评估技术在刑事司法领域中的应用"，载《刑事法评论》2013 年第 1 期。

服刑人员的过去行为史不甚了解，也不曾对服刑人员进行过动态的评估时，基于服刑人员静态的、历史的信息使用评估系统对服刑人员进行危险性评估就有可能出现错误，并且由于没有对服刑人员危险性评估量表的信度和效度进行检验，服刑人员危险性评估的准确性也受到一些人质疑。为此，研究者和专家们运用统计学知识利用随机抽样和分层抽样选择大量样本进行危险性因子分析，通过对危险性因子进行信度和效度检验选取评估价值高的危险性因子来构建服刑人员危险性评估量表，区分不同层级的危险性类别，由于该阶段的评估采用了相关理论作基础，从而提高了服刑人员危险性评估的专业化程度、系统性和准确性。

（4）基于大数据的学科理论阶段。基于统计学的抽样调查对样本的要求非常高，服刑人员危险性评估量表的建立依赖于样本的绝对随机性和绝对典型性，对样本的精确度要求较高〔1〕。多年来，研究者们已经意识到基于统计学的抽样调查本身固有的抽样误差和登记性误差。基于大数据的服刑人员危险性评估不再依赖于少量典型样本，而是所有服刑人员的所有数据；关注的数据不再只是结构化数据，也包括半结构化和非结构化数据；关注的不再只是服刑人员危险性因子与服刑人员危险性行为的因果关系，也包括与服刑人员危险性行为相关的危险性因子。当数据达到一定的规模，那么个别对象的错误信息对整体的影响便越来越小，将大数据理论应用于服刑人员危险性评估可以提高评估的准确性；基于大数据的服刑人员危险性评估不再大量分析、假设因果关系，而是直接分析海量数据间的相关性，获得数据背后的联系和规律，减少了人为因素，保证了危险性评估的客观性；服刑人员危险性评估本身具有复杂性和动态性，基于统计学的危险性评估量表只是建立在服刑人员部分数据的基础上，不能完整体现服刑人员危险性变化性规律，基于大数据的服刑人员危险性评估不再需要建立理论假设，更好地展现了服刑人员危险性的动态性。大数据评估的

---

〔1〕　张雪霏："我国社区矫正中的人身危险性评估研究"，燕山大学 2015 年硕士学位论文。

优势，更显现了现有的评估方式和模式的缺陷。在信息社会越来越发达的未来社会，我们有理由相信大数据评估将取代统计评估和临床评估，成为服刑人员危险性评估领域的主流。

可以说，国外服刑人员危险性评估技术真正系统地发展与成熟是适应刑事司法领域的结果。西方国家尤其是在美国，判决指南、假释指南、缓刑适用、审前释放决定、社区监管级别分类等都纳入对服刑人员运用危险性行为评估技术进行评估。

2. 国外服刑人员危险性评估

在国外，很早就提出了社区矫正计划，因此服刑人员危险性评估除了针对监狱的服刑人员外也应用在社区矫正的服刑人员上。美国、加拿大、日本、英国等国家在日常监督中，已经广泛使用人身危险性评估对矫正对象进行分类监督管理[1]。

（1）美国的服刑人员危险性评估。①监狱服刑人员危险性评估。监狱服刑人员危险性评估之所以在美国发展比较快，原因在于他们把危险性评估的使用与自己的司法刑事体系已经联系起来。服刑人员进入监狱后，会接受来自矫正机构使用危险性筛选工具进行的评估，被评为高危险性的服刑人员需要再作进一步的评估，来确定犯因性需求，进而设计与之相适应的矫正计划，同时也会影响到假释，而低危险性的服刑人员不需要接受矫正。宾夕法尼亚州通过使用危险性评估系统来为假释提供支持；同时，审判机构在刑期判定时也使用危险性评估工具；另外，危险性评估工具也被监狱用来预测服刑人员回归社会后的再犯罪和对公共安全危害的辅助性工具。美国犹他州量刑委员会规定："量刑应该考虑和强调具体的犯因性需求和服刑人员的需求，但是不一定完全被他们决定"。而这些是通过对服刑人员进行危险性评估得出的结果，并将结果纳入到假释中，提交给主审法官。当审判时，法官必须考虑危险性评估结果，同样，该评估结果也用来决定服刑人员的矫正类型和强度。②社区矫正人员危险性评估。自美国提出

---

〔1〕 参见林宇虹："国外社区矫正人身危险性评估的简析及其借鉴"，载《法制与经济》2007 年第 4 期。

社区矫正计划以来，系统的危险性评估技术并未运用。在 20 世纪 70 年代，危险分类的设想很大程度是出于对社区矫正管理资源有效分配的考虑。社区矫正的资源并不是无限的，矫正工作者的精力和时间都很有限，如果每一名服刑人员都平均地占用他们的时间，就不会有人得到充分的注意。社区服刑人员大部分应该说是危险性程度都比较低的服刑人员，那么就有一部分人比另一部分人更安全，矫正工作者何不把这一类相对安全系数低的对象挑选出来，给予更多的关注。这样，矫正资源就可以得到合理有效地配置。社区矫正监督的目标就是控制危险，那么资源只要分配在与危险有关的人员和项目上就好。此后，以危险性评估为分类依据的监督在美国的社区矫正中逐渐铺开。

美国最初就采用了"统计式"的危险性评估策略，包括三个阶段：①挑选较多服刑人员，通过对他们矫正情况和个人特征的考察，归纳出一些可能与危险性相关的"预测参数"，用统计学上的扬弃过程将"预测参数"精减为相关性更高的"标准参数"。②运用"预测参数"给抽样调查的服刑人员评分，根据分数把服刑人员分配在不同的小组里。评价打分方案是否实用是看能否轻易地以最少的指导和比分划分出不同重新犯罪率的小组。③试用分类方案，经过一定阶段的检验，如果这种分类相比其他方法更具有预测意义，就决定开始定期使用。

美国目前的危险评估是根据已知的服刑人员的人身特点来进行分解，然后再根据分解出的服刑人员的危险性因素来评估他们的危险性，依据实现设定好的标准计算出分数，最后将各个评估因素的分数进行加权求和得出总分，确定重犯可能性的程度（高度、中度和较低危险）。而目前"美国威斯康星危险评价工具"（The Wisconsin Risk-Assessment Instrument）是在西方国家比较有影响的危险性评估工具。这份量表是由贝尔德（Baird）、海因茨（Heinz）、贝莫斯（Bemus）在 1979 年编制的，量表包括 11 个方面的问题，每个问题有 3 种答案，不同答案有不同的得分，最后根据总分来划分服刑人员的危险性。除此之外，还有"宾夕法尼亚危险评估工具"、"印第安纳社区矫正罪犯危险评估工具"。

（2）加拿大的服刑人员危险性评估。在加拿大，社会公共安全受到广泛关注，服刑人员危险性评估技术的发展也已日趋完善，并且建立了科学的、系统的和专业性的服刑人员危险性评估体系。在加拿大，矫正局从服刑人员被缉拿归案时就开始收集服刑人员的个人信息、犯罪信息，并通过全国统一的服刑人员管理系统进行数据共享。在加拿大，基于服刑人员的特点、前科、犯罪次数等相关数据，对服刑人员进行危险性评估，结果分为高、中、低三级。加拿大服刑人员危险性评估工具在世界上具有领先地位，影响力较大的危险性评估工具是"水平评估量表"（Level of Service Inventory-Revised），简称LSI-R量表，该评估工具的最大特点是将服刑人员的静态数据和动态数据结合起来进行评估，评估的依据主要包括服刑人员的犯罪史、教育情况、就业情况、财产情况、家庭情况、住宿情况、娱乐情况、人际交往情况、使用酒精或毒品情况、情感问题、态度等几十项评估内容。

（3）日本服刑人员危险性评估。缓刑和假释监督在日本叫作"保护监督"，是为预防服刑人员违反法律和重新犯罪进行的监督，为促进服刑人员回归社会而提供的指导和帮助。在这样的宗旨下，日本在20世纪70年代对缓刑者和假释者进行再犯可能性的评估。根据再犯的可能性将缓刑和假释者分为两类，要求专门监督官监督和指导具有较高再犯危险的犯人。此外，日本于1974年就在东京和大阪的缓刑和假释机构中建立了负责监督需要严格矫正的少年犯的专门监督官特别队，对缓刑和假释者进行危险性评估。

（4）英国服刑人员危险性评估。英国在适用社区矫正时，将服刑人员人身危险性看作是一个关键性问题，并在法律中对服刑人员人身危险性的评估作了明确规定。英国《刑事法院权利法（2000）》第36条明确规定："社区刑判决的程序要求：判决前报告。"根据规定，判决前报告应当包括一般情况或数罪资料，包括一切加重或者减轻的情节。除非根据案件的情况，法院认为不必要得到判决前报告之外，在定罪之前或者量刑听证之前，法院必须获得判决前报告，并以判决前报告作为决定是否适用社区矫正的依据。

在英国，人身危险性预测包括决定是否使用社区矫正的调查报告，具体内容包括：①犯罪情况（与犯罪有关的各种主客观因素）；②犯罪人的情况；③被害人情况；④量刑建议。

但是在执行社区矫正时，仅仅依靠判决前报告是不够的，还需要对犯罪人进行系统、恰当的评估，主要通过测量影响危险性的因素——首要因素和次要因素来把握。首要因素主要包括反社会的观点、对被害人缺乏同情、缺乏自我控制、药物滥用等，这类因素与犯罪的关系密切；次要因素包括经济问题、情绪问题、住房问题、环境问题等。为此，英国研究人员根据影响人身危险性的因素制定了评价人身危险性的量表，称之为"犯罪人需要评价量表"。该量表分为 10 项内容，由进行评价的人员根据了解的情况在表格相应项目上打分，以总分判断犯罪人的人身危险性以及根据其人身危险性来决定采取何种监督等级，主要有严格监督、中等监督、宽松监督三种等级。

3. 国外服刑人员危险性评估工具的发展

国外服刑人员危险性评估的发展经历了从经验式危险性评估到精算式量表危险性评估，再到基于大数据的一整套危险性评估过程。可以说，服刑人员危险性评估工具的发展是伴随着评估技术的发展而发展起来的，服刑人员危险性评估工具的出现对于危险性评估无论是质上还是量上都有一个飞速的发展，短短几十年时间，服刑人员危险性工具就已经发展到第五代[1]，这五代评估工具的特点见表 1.1。

---

[1] 参见何川、马皑："罪犯危险性评估研究综述"，载《河北北方学院学报（社会科学版）》2014 年第 2 期。

表 1.1　国外服刑人员危险性评估工具

工具名	评估的方法	代表性工具	研究者	局限性
第一代	基于精神病学家、心理学家的观察和临床经验，通过非结构化和半结构化访谈及问卷调查，来收集服刑人员的相关信息，评估依赖于专家的意见，将服刑人员评定为"有危险"和"无危险"两种情况。	Risk-20 HCR-20	Webster Eaves Wintrup	评估缺乏系统性和客观指标，通常预测信、效度结果都很低，预测效果不好。
第二代	采取统计学的方法，基于实证研究，选取已经被证明的会影响危险性的因素作为评估指标。这一时期的特点是"精算式评定"。根据个体过去的劣迹史，如酗酒、药物滥用、犯罪史、家庭状况、童年行为等静态因素，来判断一个服刑人员的危险性。	病态人格检索表（PCL-R-2）暴力危险性评估指南（VRAG）	Hare Douglas	仅仅考虑静态因素，而忽视了动态情境的作用以及服刑人员的改造需求。
第三代	同样基于实证，但同第二代不同的是，它同时将静态因素和动态因素（如服刑人员态度、社会支持、经济状况等）作为评估指标。总结出了7个稳定的动态因素：冲动性、他人负面影响、精神病态、反社会态度、当前物质滥用情况、人际关系障碍以及对治疗的不配合。	水平评估量表（LSI-R）威斯康星危险性评估工具（WRNAI）	Douglas Skeem Baird Heinz	预测的效度依然较低，评估权重缺乏科学的依据。

续表

工具名	评估的方法	代表性工具	研究者	局限性
第四代	对暴力、再犯、拒绝出庭和社区矫治失败都分别进行评估，其中犯罪史、罪犯需求、态度、社会环境、社会化、犯罪机会、犯罪人格及社会支持都是需要评估的重要内容。在设计时考虑了诸多尚未被测量的风险因素以及影响矫治的人格因素，并与干预和监控措施系统结合起来。	COM-PAS LS/CMI	Brennan Oliver Andrews Bonta Wormith	多采取问卷形式，并且几乎没有考查神经因素。应用有待进一步完善，预测效度仍然较低。
第五代	通过脑电等生理仪器来探求犯罪人神经递质、人格等个体差异，从而对症下药、实现分类矫治。研究表明，个体在实验不同阶段受到不同神经递质的影响，心理学家可以通过爱荷华赌博实验（IGT）来对个体信息加工进行评估。	脑电等生理仪器	David &Nussbaum Van Honk	设备虽然精确度高，但价格过于昂贵，并不适于大范围推广。评估过于依赖设备和领域专家，不易广泛推广。

1.3 服刑人员再犯罪预测

危险性评估与预测再犯罪是有所区别的，危险性评估是根据服刑人员的历史数据来判断他们重新再犯罪的可能程度（高度、中度、低度危险），而服刑人员再犯罪预测是试图预测什么样的服刑人员将要重新犯罪或判断某个服刑人员是否会重新再犯罪。危险性评估主要由司法行政系统（监狱、强制隔离戒毒所、司法所等）进行，而再犯罪预测的应用领域更广，不仅包括司法行政系统，也包括检察院、法院和公安机关。Beck & Bemand（1989）通过档案分析发现，5%的犯罪人要对45%案件的发生负责；Farrington（1996）的研究也显示，在所有案件中，有将近一半是由6%的犯罪人完成的。这一现象表明，通过对高危险性服刑人员的行为进行识别和预测是可以实现再犯罪预防的[1]。

1.3.1 国外服刑人员再犯罪预测

在国外，关于重新犯罪的研究已较为成熟。国外研究人员已经开发了多个具有良好信效度的风险评估工具，有的评估工具长期应用于当地的司法部门。国外大量的关于重新犯罪的实证研究，往往对评估工具的预测效度极为关注。认可程度高的评估工具，其预测效度在实证研究中都得到了广泛的证明，可以应用于司法部门的实践工作。同时，根据评估结果对服刑人员进行合理的干预，以减少他们重新犯罪的可能性，是重新犯罪研究的重要的目的，也是当前国外关于犯罪研究的焦点之一。此外，当前国外关于重新犯罪的研究，已经发展到对不同犯罪类型的风险评估工具的开发，以及评估工具在不同性别和种族的适用性等方面[2]。

1. 美国

20世纪30年代到70年代间，美国的犯罪率一直是处于一个较为稳定的状态，然而到了20世纪70年代初，却出现了一些新的情况，主要表现在犯罪年龄的日益低龄化，组织化犯罪、恐怖类型犯罪的日益严重。为了控制日益严峻的犯罪情况，美国就逐渐开始了一个大规

---

[1] 马国富、王子贤、马胜利："基于大数据的服刑人员危险性预测"，载《河北大学学报（自然科学版）》2016年第6期。

[2] 安徽司法："3天时间，8名高墙内的服刑人员回家探亲"，载 https://baijiahao.baidu.com/s?id=1588632057708972936&wfr=spider&for=pc，最后访问日期：2018年1月5日。

模监禁的时代〔1〕。鉴于这种犯罪率、累犯率迅速扩张的情况，很多学者开始对再犯罪预测进行研究。各个理论所探讨的影响再犯罪的因素和侧重是有所不同的，他们的理论依据不一样，侧重点也当然会有或多或少差异。具体到某一种犯罪活动或者犯罪类型中，由于各种具体犯罪的构成要素不一样，依据的构成理论也不一样，他们影响再犯罪的因素也必然不尽相同。在具体实践统计过程中，即使是同样一种具体犯罪，不同的州之间由于不同的数据来源、测量方法、时间阶段等，他们的数据结论也会不尽相同。尽管如此，对再犯罪的预测也是有据可循的。对再犯罪进行预测的关键因素主要包括犯罪人的个人特征、成长背景、犯罪史、心理情况、年龄、性别等，而这些因素大致可以分为两大类，分别为动态因素和静态因素。再犯罪预测因此分类具体见表1-2。

表 1-2　再犯罪预测因子分类

类别	性质描述	预测因子
静态因素	指那些后来不容易改变的因素	年龄（青年、中年、老年）、性别（男性累犯率居高）、种族（非白种人的累犯率高）、犯罪历史（需要考虑犯罪历史的时间长短、罪行的多寡、罪行的社会危害性大小、第一次犯罪被捕时的年纪、是财产犯罪还是暴力犯罪，等等）、家庭因素（家庭成员有无犯罪历史、家庭养育模式、家庭结构形式等）、智力因素、社会经济地位的高低（一般经济地位低的人的累犯率也会相对的高于经济社会地位高的）。
动态因素	指那些随着时间推移会慢慢产生或大或小变化的因素	人格因素或者说是个人性格特征因素（在此需要考虑犯罪人性格特征中是否有反社会倾向等）、犯罪人平时的接触对象（其中是否有负面因素较多的）、社会关系（和谐与否）、社会压力程度、社会成就或者说是贡献（一般而言，社会贡献程度高的累犯率会相对的低）、是否有吸毒历史（相对而言，有吸毒史的累犯率会相对地高些）。

---

〔1〕　张盼盼："论美国的累犯制度及其对我国的启示"，华侨大学 2015 年硕士学位论文。

续表

类别	性质描述	预测因子
其他因素	其他	就业与收入状况、一些环境因素的影响，像劳动力市场的状况如何，居住地点的环境如何，潜在受害者的状况如何以及宗教因素等。

再犯罪预测需要基于再犯罪的历史数据进行分析、建模、预测。美国马里兰州犯罪控制与预防办公室在 2007 年对蒙哥马利郡矫正机构的出狱人进行再犯罪追踪调查，对这些人的再犯罪数据进行了全面分析，并在 2009 年发布了相关报告。项目中，对释放后 5 年内的再犯罪记录进行科学的统计、分析、建模。项目在分析时使用了 Kaplan – Meier 生存曲线[1]，并将再犯罪情况在二维空间进行展示，横轴代表刑满释放的天数（表示为时间维度），纵轴代表再犯罪率，可以直观地把握刑满释放人员再犯罪的总体走势[2]。

在刑法实务领域，美国的再犯罪预测最早源于 1984 年国会颁布的《判决改革法》（The Sentencing Reform Act of 1984），之后美国联邦法院根据 2011 年美国判决委员会发布的判决指南制定了判决表，该表由犯罪的严重程度和犯罪前科记录两个维度构成，这说明了被告人再犯预测的重要指标之一。渥太华大学犯罪学教授罗伯兹（Julian V. Roberts）明确指出，犯罪前科记录被证明是预测将来犯罪行为的唯一有效因素，安德鲁·凡·赫希（Andrew Von Hirsch）等指出："根据统计分析，某人再犯罪的可能性主要受到犯罪前科的影响。"美国的假释指南中也使用了再犯罪预测，并且通过量表来检测。

---

〔1〕 生存曲线通常运用于医学研究，记录某种疾病的生存率，但是该曲线在这一项目里也得到了巧妙应用。该项目的研究者将"生存"定义为刑满释放人员出狱后没有再次被捕、判刑，使用生存曲线来记录重犯人数及比率，即重新犯罪率，颇具新意。

〔2〕 王佳怡："对美国重新犯罪率研究新模式的思考"，载《犯罪与改造研究》2010 年第 5 期。

2. 欧盟

荷兰司法部研究与文献中心近年来建立了一个重新犯罪研究信息库，该信息库主要用来进一步研究欧洲国家之间的重新犯罪率。在英国、德国、瑞士、荷兰等国家，每年定期对该国的重新犯罪率进行统计与测算，并对这些数据进行再犯罪预测研究。欧盟国家进行再犯罪调查、统计与研究时涉及数据源、调查的期限、统计变量、计算方法等方面的不同〔1〕。

（1）再犯罪数据源不同。欧盟国家在进行再犯罪研究的过程中，可以使用的犯罪数据主要包括服刑人员自我报告的犯罪信息、警务机关的犯罪指控、司法警官的起诉记录、法庭判决记录、监狱监禁记录数据等。法国和芬兰 2 个国家是对在监狱监禁的服刑人员数据进行再犯罪研究；奥地利、丹麦、英国等国家再犯罪研究运用的数据是法庭上的审判记录；而德国、冰岛、爱尔兰、瑞典、瑞士、荷兰等国家的再犯罪研究数据既包括法庭上的审判记录也包括监狱的监禁记录；挪威则使用警务机关的犯罪指控数据。

（2）调查的期限不同。欧盟国家对再犯罪调查的期限存在差异。在计算、统计再犯罪率结果时，多数国家使用的调查期限的标准存在差异。比如在英国，多数研究主要是计算 2 年的再犯罪。而其他国家，比如法国、德国或奥地利，其调查的期间则可能更长。结果会导致这些国家的重新犯罪率更高。因此，如果要客观地进行国与国之间重新犯罪率比较，那么，再犯罪统计、调查的期限长度必须是一致的，而且再犯罪调查期限应该是同步的，即在一个相同的时间段内，比如 2015 年 1 月 1 日~2017 年 12 月 31 日。

（3）统计变量不同。再犯罪的调查、统计既可以针对全国的服刑人员来计算，也可以仅仅用于针对特定的犯罪人群（比如特定犯罪类型、特定刑罚类型、不同性别类型、不同年龄阶段、不同民族、不同工作情况、不同婚姻状态、不同地理区域、有无前科人群等）来计

---

〔1〕 参见郭健："欧洲国家对于重新犯罪率的研究"，载《犯罪与改造研究》2010 年第 5 期。

算。各个国家在做全国性调研时当然会存在一些差别。大多数国家根据犯罪类型和刑罚类型来统计再犯罪。但各国的犯罪类型各不相同，包括伤害罪、性犯罪、夜盗罪、抢劫罪、盗窃销赃罪、欺诈伪造罪、刑事破坏罪及毒品犯罪。经常提及的制裁与处置类型包括无条件监禁刑、社区服务、缓刑和罚金等。经常使用的统计变量包括性别、年龄、民族或出生地。在大多数研究中，再犯罪的统计变量中包括犯罪记录。并且在许多国家，还存在特殊兴趣区域的统计信息。挪威、瑞典、芬兰、丹麦和冰岛等国的研究人员认为，再犯罪数据与其他社会统计信息源（工作状况、教育、收入等）紧密相关。然而大多数研究者认为，对不同来源的数据信息进行结构性合并，存在着相当的技术性与司法性难题。英格兰和威尔士正在开发一套包括服刑人员所有相关数据的整体系统。而在一些国家，服刑人员相关数据融合还正在进行中。

（4）计算方法不同。对服刑人员的再犯罪计算，所有国家的研究者都是运用原百分比来表述再犯罪率。有的国家还提供了新的定罪数据，例如英国和荷兰的研究人员经常计算校正比率，目的在于排除对于再犯罪率的净影响。英格兰与威尔士、挪威、瑞士和北爱尔兰运用了逻辑回归（Logistic Regression）方法来分析共变量的影响。荷兰的研究者运用了共变回归（Cox-Regression）方法。爱尔兰、芬兰和冰岛还运用了生存分析方法（Survival Analysis Procedure）。一些欧洲国家已经开始运用数据库开展统计预测。英格兰与威尔士在这方面很先进，荷兰也在做同样的研发。芬兰和北爱尔兰正在运用服刑人员的数据资料进行再犯罪统计和预测。

1.3.2 国内服刑人员再犯罪预测研究

在中国，为提高监管改造的科学性和执法的公正性；为预防狱内突发事件的发生；为减刑、假释的需要；为服刑人员在社区矫正中再犯罪预测，全国很多监狱都开展了针对服刑人员的再犯罪评估与预测。司法部预防犯罪研究所于1992年出版的《中国重新犯罪研究》，定性地分析了影响刑释人员再犯的可能性因素及其动机，但由于缺少实证数据和科学手段的支持，也没有提出如何对再犯可能性进行评估。上海市监狱管理局（2003）制定了《违法犯罪可能性预测量表（修订版）》对减刑、假释、监外执行的服刑人员的危险性进行预测，但没有提出具体预测关系函数。黄兴瑞等（2004）采用判断抽样方法对浙江省 715 名（初犯 345 名，再犯 370 名）犯人进行了问卷调查，运用数理统计方法，提取出 12 项与再犯显著相关的特征，并分别制成判刑前、入狱前、服刑中、释放前四种再犯罪预测量表。但由于用初犯代替未重新犯罪者，对不同特征没有赋予不同的权重，导致"弃真"错误率超过 50%。邬庆祥（2005）对 15000 名刑释人员进行问卷调查，选择 14 个再犯特征，利用多元线性回归函数对其再犯罪进行预测。章恩友（2007）提出通过在押人员自评量表、他评量表和实验模拟 3 个主要手段建立再犯预测评估体系，通过对在押人员的掩饰倾向、个性特质的变化、社会适应水平、改造质量等方面来确定再犯罪概率。曾赟（2011）对浙江省不同类型监狱 1238 名随机在押犯样本进行调查与统计，采用多因素方差分析与二元 Logistic 回归分析，提出了 11 项服刑人员出监前重新犯罪预测因子，但没有给出预测因子与应变量（再犯罪）的函数关系。孔一等（2011）选择浙江省监狱 313 名重新犯罪人员和 288 名未重新犯罪的刑释人员分别作为实验组和对照组，利用 SPSS17.0 通过统计方法求得 λ 或 E^2 系数来选择初始预测特征，再通过合并预测特征，实现降维，但同样也没有给出预测特征和应变量的函数关系。

　　服刑人员再犯罪预测是一个系统化工程，需要服刑人员的个人基本信息（包括生理信息、家庭情况、教育情况、婚姻情况、工作情况等）、犯罪情况、监狱改造情况（心理情绪、工作技能、改造表现等）、回归社会情况等多个维度的数据，涉及社区、公安、监狱及其他司法行政机关的数据交换、集成和标准化。因此在实际实务中，还没有看到真正的应用。

　　借鉴国外做法，首先，司法系统应统一界定再犯罪率，我国应将再犯罪率界定为某一年度刑释解教人员在一定期间内又重新违法犯罪人数占同一年度刑释解教人员总数的比率，规定好统计的期限[1]。为此，可建立全国性的再犯罪工作小组，对再犯罪进行研究和发布标准，因为只有统一了标准，才能客观公正地进行再犯罪统计、分析、预测，才能对监狱、强制隔离戒毒所等司法行政机关对服刑人员的教育、改造质量进行客观、公正地评价，这是对治本安全观的量化体现。其次，司法系统应当加快推进建立全国统一的服刑人员违法犯罪数据统计、分析信息库，由专门机构统一录入犯罪信息并加以分析、挖掘研究，保证对违法犯罪情况的实时监测，并在一定范围内公开信息资料，为本地区乃至中央政法机关提供及时的刑事司法决策参考。欧洲有的国家按年度、按月、按周乃至按日公布犯罪白皮书，如果没有建立一个统一的信息库，这项工作是不可能及时开展的。人类进入大数据时代，政法系统利用大数据技术，对服刑人员历史数据进行再犯罪特征选择和特征提取，建立预测模型来对未来特定时空范围内可能发生的服刑人员再犯罪状况、结构、趋势进行预测将是未来的工作。

---

[1]　在过去很长一段时间的司法实践中，我国司法行政系统为了掌握重新犯罪情况，将刑满释放人员重新犯罪的法律标准确定为：刑满释放或赦免以后3年内再犯应判处刑罚的犯罪，即重新犯罪。参见1985年1月8日中央政法委批转的司法部《关于刑满释放、解除劳教人员重新犯罪、违法问题的几点意见》和1987年4月13日司法部《关于统一组织对提高改造质量和预防重新犯罪问题调查研究的意见》。在1997年新刑法颁布后，相关部门只是把3年改为5年，将重新犯罪概念的界定基本确定下来。这一改动顺应了刑法对于累犯规定的修正，但由3年改为5年必将导致重新犯罪率更大幅度增长的假象。事实上，对此期限并无固定标准，可以根据需要灵活设置。如果将期限设为1年、2年、3年和5年，那么相应地便分别计算出1年、2年、3年和5年内的重新犯罪率。因此，司法行政系统在定期发布违法犯罪信息时，可以设定几个固定的期限。

◀◀◀ 第2章
服刑人员再犯罪数据挖掘流程

2.1 服刑人员再犯罪数据挖掘概述

2.1.1 数据挖掘的定义

1. 数据挖掘的定义

百度百科的定义：数据挖掘（Data Mining），又译为资料探勘、数据采矿。它是数据库知识发现中的一个步骤。数据挖掘一般是指从大量的数据中通过算法搜索隐藏于其中的信息的过程。数据挖掘通常与计算机科学有关，并通过统计、在线分析处理、情报检索、机器学习、专家系统（依靠过去的经验法则）和模式识别等诸多方法来实现上述目标[1]。将数据挖掘定义为：从数据库的大量数据中挖掘出有用的信息，即从大量的、不完全的、有噪声的、模糊的、随机的实际应用数据中，发现隐含的、规律性的、人们事先未知的，但又是潜在有用的并且最终可理解的信息和知识的过程。[2]

一些人把数据挖掘和数据库中的知识发现（Knowledge‐Discovery in Databases，简称：KDD）等同，认为数据挖掘就是知识发现。而另

---

〔1〕 百度百科："数据挖掘"，载 https://baike. baidu. com/item/%E6%95%80%E6%8D%AE%E6%8C%96%E6%8E%98/216477? fr=aladdin，最后访问日期：2018 年 1 月 24 日。
〔2〕 参见王振武：《大数据挖掘与应用》，清华大学出版社 2017 年版。

一些人只是把数据挖掘看作是知识发现过程[1]的一个步骤，前者是对数据挖掘的广义定义，后者是对数据挖掘的狭义定义。然而，在产业界、研究界，数据挖掘通常用来表示整个知识发现过程，因此，我们采用广义的数据挖掘功能观点：数据挖掘是从大量的数据中挖掘有趣模式和知识的过程[2]。数据源包括数据库、数据仓库、Web、其他信息存储库和动态地流入系统的数据。

2. 大数据挖掘的定义

由于大数据存在海量、复杂、高维、多变等特点，怎样从客观原始、凌乱、无序、复杂的海量数据中挖掘出人类感兴趣的知识，迫切需要大数据理论进行指导。由于现有的数据挖掘算法大部分是基于内存的，而大数据由于数据量大是无法全部装载到计算机内存里的，因此如何改进、设计新的算法来适应大数据处理的需求，是大数据时代的研究热点之一。在大数据时代，数据挖掘的对象——数据有了新的特征，由此，大数据挖掘被赋予了新的含义，也产生了新的挖掘算法和模型。大数据挖掘是指从大数据集中寻找其规律的技术[3]。这个定义将大数据挖掘的对象扩展为大数据集，而大数据集中既包括传统关系数据库中的结构化数据，也包括半结构化和非结构化数据；大数据集中既包括历史数据，也包括实时的数据流。

2.1.2 数据挖掘的对象

数据挖掘可针对任何类型的数据，只要数据对任务目标有意义即可。对于数据挖掘的日常应用，数据挖掘的对象主要包括数据库中的数据、数据仓库中的数据、事务数据和其他类型的数据。

1. 数据库中的数据

数据库系统，也叫数据库管理系统（Database Management System），

---

[1] 知识发现过程定义为数据清理、数据集成、数据选择、数据变换、数据挖掘、模式评估、知识表示。

[2] 参见［美］韩家炜等：《数据挖掘概念与技术》，范明等译，机械工业出版社 2015 年版。

[3] 参见熊赟、朱扬勇、陈志渊：《大数据挖掘》，上海科学技术出版社 2016 年版。

它由一组内部相关的数据和一组管理和存取数据的软件程序组成。软件程序提供：定义数据库结构和数据存储、说明、管理并发、共享或分布式访问，面对系统瘫痪或未授权的访问，确保存储的信息的一致性和安全性〔1〕。

关系数据库是建立在关系数据库模型基础上的数据库，借助于集合代数等概念和方法来处理数据库中的数据，同时也是一个被组织成一组拥有描述性的表格，该形式的表格的作用的实质是装载着数据项的特殊收集体，这些表格中的数据能以许多不同的方式被存取或被重新召集而不需要重新组织数据库表格。关系数据库的定义造成元数据的一张表格或造成表格、列、范围和约束的正式描述。每个表格（有时被称为一个关系）包含用列表示的一个或更多的数据种类。每行包含一个唯一的数据实体，这些数据是被列定义的种类。当创造一个关系数据库的时候，你能定义数据列的可能值的范围和可能应用于那个数据值的进一步约束。而 SQL 语言是标准用户和应用程序到关系数据库的接口。其优势是容易扩充，且在最初的数据库创造之后，一个新的数据种类能被添加而不需要修改所有的现有应用软件。主流的关系数据库有 Oracle、Db2、SqlServer、Sybase、MySQL 等。目前，我国司法行政系统业务管理系统后台数据大部分都为关系数据库。关系数据库内容如下：

（1）表。关系数据库中的表采用二维表格来存储数据，是一种按行与列排列的具有相关信息的逻辑组，它类似于 Excel 工作表。一个数据库可以包含任意多个数据表。在用户看来，一个关系模型的逻辑结构是一张二维表，由行和列组成。这个二维表就叫关系，通俗地说，一个关系对应一张表。

（2）元组（记录）。表中的一行即为一个元组，或称为一条记录。

（3）属性。属性也叫字段。数据表中的每一列称为一个字段，表是由其包含的各种字段定义的，每个字段描述了它所含有的数据的意

---

〔1〕　参见〔美〕韩家炜等：《数据挖掘概念与技术》，范明等译，机械工业出版社 2015 年版。

义，数据表的设计实际上就是对字段的设计。创建数据表时，需要为每个字段分配一个数据类型，定义它们的数据长度和其他属性。字段可以包含各种字符、数字、甚至图形。

（4）属性值。行和列的交叉位置表示某个属性值，如"张三"就是服刑人员姓名的属性值。

（5）主码。主码也称主键或主关键字，是表中用于唯一确定一个元组的数据。关键字用来确保表中记录的唯一性，可以是一个字段或多个字段，常用作一个表的索引字段。每条记录的关键字都是不同的，因而可以唯一地标识一个记录。关键字也被称为主关键字，或简称主键。如服刑人员编号就可以作为特定表的主键。

（6）域。域也叫属性的取值范围，例如服刑人员的年龄域为0-150。

关系数据库是数据挖掘中最常见、最丰富的挖掘对象，因此也是全国司法行政系统进行数据挖掘的主要数据形式，我们监狱、强制隔离戒毒所等司法行政系统原来开发的业务管理系统后台数据库主要以Oracle、SQLserver、MySQL为主。早期，监狱或强制隔离戒毒所的业务信息管理系统只对涉及服刑人员或戒毒人员的一小部分数据进行管理，随着监狱或强制隔离戒毒所开发更多的业务信息管理系统、对业务数据的管理越来越深入以及提出对业务管理系统功能上的更高要求，监狱或强制隔离戒毒所不再仅仅是对服刑人员或戒毒人员的数据进行存储和简单查询，更希望能够利用历史数据进行非常精细化和具体的人员的集群分析、特定人员在某种场景中的数据分析，进而为监狱或强制隔离戒毒所对服刑人员或戒毒人员的监管、教育改造提供智能化决策支持。这个时候，原有的业务管理系统后台数据库的分散存储已经不能满足业务的需要，因此必须实现数据的集中存储，那么数据仓库是实现数据集中存储的方案之一。

2. 数据仓库中的数据

数据仓库，英文名称为 Data Warehouse，可简写为 DW 或 DWH。数据仓库，是为整个业务单位所有级别的决策制定过程，提供所有类型数据支持的战略集合。数据仓库是面向主题的（服刑人员危险性预测），为需要业务智能的单位，提供对业务流程改进、监视时间、成本、质量以及控制的指导。数据仓库中的数据是在对原有分散的数据库中进行数据抽取、清理的基础上经过系统加工、汇总和整理得到的，必须消除源数据中的不一致性，以保证数据仓库内的信息是关于整个业务单位的一致的全局信息。数据仓库的数据主要从历史的角度提供汇总数据进行预测，可为业务单位决策分析之用，所涉及的数据操作主要是数据查询，一旦某个数据进入数据仓库以后，一般情况下将被长期保留。也就是说数据仓库中一般有大量的查询操作，但修改和删除操作很少，通常只需要定期的加载、刷新。数据仓库中的数据通常包含历史信息，系统记录了业务单位从过去某一时点（如开始应用数据仓库的时点）到当前的各个阶段的信息，通过这些信息，可以对业务单位的发展历程和未来趋势做出定量分析和预测。数据仓库的特点是：①数据仓库是面向主题的；②数据仓库是集成的；③数据仓库具有时间相关性；④数据仓库的数据是相对稳定的。

由此，我们可以得出：数据库装的原始数据，没经过任何加工，而数据仓库是为了满足分析需要，对源数据进行了 Transform 过程。数据仓库比较流行的有：AWS Redshift，Greenplum，Hive 等。在数据仓库中可以包括若干个数据集市（Data Mart），所谓数据集市是指以某个应用为出发点而减少的局部 DW，既可以基于数据仓库建设也可以独立建设。数据仓库和数据集市的区别见表 2-1 所示。

表 2-1 数据仓库和数据集市的区别

类别	数据仓库	数据集市
数据来源	遗留系统、OLTP 系统、外部数据	数据仓库
范围	企业级	部门级或工作组级
主题	企业主题	部门或特殊的分析主题
数据粒度	最细的粒度	较粗的粒度

续表

类别	数据仓库	数据集市
数据结构	规范化结构（满足第三范式）	星型模式、雪片模式 或两者混合
历史数据	大量的历史数据	适度的历史数据
优化	处理海量数据 数据探索	便于访问和分析 快速查询
索引	高度索引	高度索引

　　一个监狱或强制隔离戒毒所可以将所有的业务管理系统后台数据库中的数据进行汇总后存放到数据仓库里，一个省的监狱管理局或戒毒局也可以将该省的所有业务管理系统后台数据库中的服刑人员数据或戒毒人员数据进行汇总后存放到数据仓库里，可以基于不同的主题（服刑人员犯罪地域趋势、服刑人员犯罪类型变化等）建立数据集市[1]。监狱常见的可以建立的数据仓库主要包括：罪犯信息库、警察职工信息库、监管改造信息库和物联信息库。

　　3. 事务数据

　　一般来说，事务数据库中的每个记录代表一个事务，例如顾客的一次网上购物、一次火车票或航班订票、一次用户在 Web 上的网页点击。通常，一个事务包含一个唯一的事务标识符（服刑人员 ID）以及一个组成事务的项的列表。事务数据库可能有一些与之相关联的附加表，包含关于事务的其他信息，如服刑人员购买的商品信息描述、服刑人员所在的监区信息等。在监狱或强制隔离戒毒所，服刑人员或戒

---

　　〔1〕　数据集市就是企业级数据仓库的一个子集，他主要面向部门级业务，并且只面向某个特定的主题。为了解决灵活性与性能之间的矛盾，数据集市就是数据仓库体系结构中增加的一种小型的部门或工作组级别的数据仓库。数据集市存储为特定用户预先计算好的数据，从而满足用户对性能的需求。数据集市可以在一定程度上缓解访问数据仓库的瓶颈。数据集市的特征包括规模小，有特定的应用，面向部门，由业务部门定义、设计和开发，业务部门管理和维护，能快速实现，提供更详细的、预先存在的、数据仓库的摘要子集，可升级到完整的数据仓库。

毒人员的每一次商品购买都属于事务数据，在教育内网进行学习的每一次网页点击也属于事务数据。

4. 其他类型的数据

传统关系数据库或数据仓库中数据一般都是结构化数据，监狱或强制隔离戒毒所数据挖掘中的其他数据还包括半结构化和非结构化的数据，例如监狱或强制隔离戒毒所干警和服刑人员或戒毒人员的语音谈话记录、监狱或强制隔离戒毒所会议记录、视频监控数据等，这些数据是监狱或强制隔离戒毒所未来进行数据挖掘的主要源泉，未来可以建设基于大数据的全业务统一数据中心架构进行再犯罪数据挖掘与分析，可以包括数据源层、数据接入层、数据存储层、数据计算层、统一分析服务层、业务应用层等〔1〕。

2.2 服刑人员再犯罪数据挖掘目标

2.2.1 数据挖掘目标的定义

监狱想要实施数据挖掘时，是因为已经积累的业务数据里有些有价值的东西，也就是说潜意识里已经有了大致的目标。这种目标在无形之中会给后续的数据挖掘过程定义一个明确的目标，但要确定目标，就必须了解数据和相关的业务知识。例如，要预测服刑人员的危险性，就必须了解服刑人员的危险性分类、危险特征等领域知识。从数据挖掘的角度来看，数据挖掘目标所需要了解的业务问题至少包含以下三个方面。

（1）有关需要解决问题的明确定义；

（2）对有关数据的了解；

（3）数据挖掘结果对业务作用效力的预测。

如果无法确定哪些问题可用数据挖掘解决，一个好的办法是参考

---

〔1〕　参见朱碧钦、吴飞、罗富财："基于大数据的全业务统一数据中心数据分析域建设研究"，载《电力信息与通信技术》2017 年第 2 期。

其他领域的成功案例。对业务问题和数据有了一定的了解后，就可以很容易地定义数据挖掘的目标，一般可以从以下两个方面定义数据挖掘的目标。

（1）数据挖掘需要解决的问题；

（2）数据挖掘完成后应当达到的效果，最好给出关键的评估指标和具体的数值。

当然在确定数据挖掘目标时，一般需要项目团队和项目发起人之间进行多次协商，最终达成一致意见，并确保双方随着项目的向前推进始终保持一致。服刑人员再犯罪预测挖掘目标可定义为表 2-2 所示。

表 2-2　服刑人员再犯罪预测模型目标

项目现状
某监狱打算预测服刑人员在监狱再犯罪情况； 最近三年来，监狱服刑人员再犯罪的比例为 2%； 监狱一线干警警力有限，应该把有限的警力用在重要的有可能再犯罪的服刑人员身上。
项目目标
开发一套服刑人员再犯罪预测模型来预测哪些服刑人员在什么时间段内最有可能实施再犯罪； 服刑人员再犯罪预测模型的预测能力应该高于监狱干警的主观判断； 服刑人员再犯罪预测模型可以以不同的犯罪类型为基础，基于一定时间段内的历史数据，构建多种预测模型。

2.2.2 数据挖掘方法

数据挖掘方法包含多种类别，主要包括关联、回归、分类、聚类等，不同的数据挖掘类别，使用的技术也有很大差别。

1. 关联

"啤酒与尿布"的故事相信大家都听说过，如果沃尔玛不是借助数据挖掘技术对大量交易数据进行关联分析，常规思路是不可能发现这一有价值的规律或模式的。百度百科将关联分析定义为：关联分析（Association Analysis）又称关联挖掘，就是在交易数据、关系数据或其他信息载体中，查找存在于项目集合或对象集合之间的频繁模式、关联性、相关性或因果结构，从而描述了一个事物中某些属性同时出现的规律和模式。关联分析常用来进行购物篮分析，因此，关联分析也可以说就是发现交易数据库中不同商品（项）之间的联系。对关联分析就是发现数据中项集之间存在的关联关系或相关关系，通常通过可信度指标来对关联关系进行度量。关联分析所发现的模式通常用关联规则或频繁项集的形式表示。

关联分析的一个典型例子是购物篮分析。该过程通过发现顾客放入其购物篮中的不同商品之间的联系，分析顾客的购买习惯。通过了解哪些商品频繁地被顾客同时购买，这种关联的发现可以帮助零售商制定营销策略。其他的应用还包括价目表设计、商品促销、商品的排放和基于购买模式的顾客划分。

可从数据库中关联分析出形如"由于某些事件的发生而引起另外一些事件的发生"之类的规则。如"67%的顾客在购买啤酒的同时也会购买尿布"，因此通过合理的啤酒和尿布的货架摆放或捆绑销售可提高超市的服务质量和效益。又如"'C 语言'课程优秀的同学，在学习'数据结构'时为优秀的可能性达 88%"，那么就可以通过强化"C 语言"的学习来提高教学效果。常用的关联分析算法见图 2-1 所示。

图 2-1　常用关联算法

2. 回归

回归分析（Regression Analysis）是确定两种或两种以上变量间相互依赖的定量关系的一种统计分析方法，运用十分广泛。回归分析按照涉及的变量的多少，分为一元回归和多元回归分析；按照因变量的多少，可分为简单回归分析和多重回归分析；按照自变量和因变量之间的关系类型，可分为线性回归分析和非线性回归分析。如果在回归分析中，只包括一个自变量和一个因变量，且二者的关系可用一条直线近似表示，这种回归分析称为一元线性回归分析。如果回归分析中包括两个或两个以上的自变量，且自变量之间存在线性相关，则称为多重线性回归分析。

在大数据分析中，回归分析是一种预测性的建模技术，它研究的是因变量（目标）和自变量（预测器）之间的关系。这种技术通常用于预测分析，时间序列模型以及发现变量之间的因果关系。例如，司机的鲁莽驾驶与道路交通事故数量之间的关系，最好的研究方法就是回归。

回归是数据挖掘中最为基础的方法，也是应用领域和应用场景最多的方法，只要是量化型问题，我们一般都会先尝试用回归方法来研究分析。例如监狱要预测服刑人员月收入和月消费的量化关系，那么就可以用回归进行分析。

3. 分类

分类分析是数据挖掘中预测建模的一种任务，用于预测离散的目标变量，相对的回归用于预测连续的目标变量，所以分类也叫类标号预测。相对于聚类来说，分类是有监督的学习，也叫有导师的学习，也就是说，训练数据中有标记信息，可以是两种类别，也可以是多种类别，分别对应于二分类和多分类。通过对训练数据的学习，建立分类模型，用于对未知的测试数据集进行分类。

分类是一个常见的问题，典型的应用就是根据事务在数据层面表现的特征，对事务进行科学的分类。分类问题在我们日常生活中就经常遇到，例如我们可以将邮件分为正常邮件和垃圾邮件，将服刑人员分为是否再犯罪两类。

分类是数据挖掘的一种非常重要的方法，分类的概念是在已有数据的基础上学会一个分类函数或构造出一个分类模型［即我们通常所说的分类器（Classifier）］。该函数或模型能够把数据库中的数据纪录映射到给定类别中的某一个，从而可以应用于数据预测。总之，分类器是数据挖掘中对样本进行分类的方法的统称，包含决策树（Decision Tree）、逻辑回归（Logistic Regressions）、K 近邻（K - Nearest Neighbor，KNN）、贝叶斯（Bayes）、支持向量机（Support Vector Machine，SVM）、神经网络（Neural Network）、集成分类（Adaboost）等算法，见图 2-2 所示。

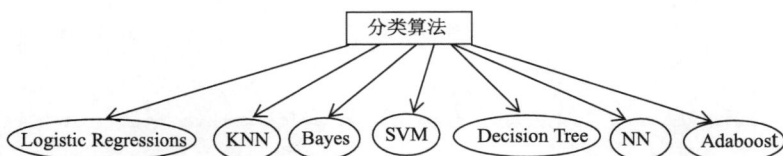

图 2-2　分类算法

4. 聚类

聚类分析（Cluster Analysis）与分类分析的不同在于，聚类所要求划分的类是未知的。聚类是将数据分类到不同的类或者簇这样的一个过程，所以同一个簇中的对象有很大的相似性，而不同簇间的对象有很大的相异性。

从统计学的观点看，聚类分析是通过数据建模简化数据的一种方法。传统的统计聚类分析方法包括系统聚类法、分解法、加入法、动态聚类法、有序样品聚类、有重叠聚类和模糊聚类等。采用 K-均值、K-中心点等算法的聚类分析工具已被加入到许多著名的统计分析软件包中，如 SPSS、SAS 等。

从机器学习的角度讲，簇相当于隐藏模式。聚类是搜索簇的无监督学习过程。与分类不同，无监督学习不依赖预先定义的类或带类标记的训练实例，需要由聚类学习算法自动确定标记，而分类学习的实例或数据对象有类别标记。聚类是观察式学习，而不是示例式的学习。

聚类分析是一种探索性的分析，在分析的过程中，人们不必事先给出一个分类的标准，聚类分析能够从样本数据出发，自动进行分类。聚类分析所使用方法的不同，常常会得到不同的结论。不同研究者对于同一组数据进行聚类分析，所得到的聚类数未必一致。

从实际应用的角度看，聚类分析是数据挖掘的主要手段之一。而且聚类能够作为一个独立的工具获得数据的分布状况，观察每一簇数据的特征，集中对特定的聚簇集合作进一步地分析。聚类分析还可以作为其他算法（如分类和定性归纳算法）的预处理步骤。聚类分析算法主要分为：

（1）划分法。使用这个基本思想的算法有：K-MEANS 算法、K-MEDOIDS 算法、CLARANS 算法。

（2）层次法。代表算法有：BIRCH 算法、CURE 算法、CHAME-LEON 算法等。

（3）密度算法。代表算法有：DBSCAN 算法、OPTICS 算法、DEN-CLUE 算法等。

（4）网格算法。代表算法有：STING 算法、CLIQUE 算法、WAVE-CLUSTER 算法。

日常生活中，可以用聚类算法进行离群点（孤立点）诊断。离群点是不符合一般数据挖掘模型的点，他们远远偏离常规的数据点。离群点可能是度量或输入错误造成的，例如人的年龄为-1 等；离群点也可能是数据客观存在的结果，这时离群点本身非常重要，例如可以找出监狱里在时间、空间上的离群点服刑人员，有可能会发现特殊的模式。离群点的探测和分析是一个有趣的数据挖掘任务。离群点诊断常用于欺诈探测等。

2.2.3 数据挖掘目标的团队构成

数据挖掘工作涉及具体的业务、数据和算法，具体工作中很难找到一个人能够全面精通这三个方面，因此团队建设非常重要。对于数据挖掘要按分工的不同配备不同角色的成员，通常来讲，数据挖掘需要一名数据分析经理、一名业务专家、至少一名数据挖掘（机器学习）专家和至少一名数据工程师，必要时，还可以配备至少一名数据可视化工程师。数据挖掘团队成员构成及主要职能见表 2-3 所示。

表 2-3　数据挖掘人员构成及职能

职位名称	主要职能
数据分析经理	1. 负责管理整个数据挖掘团队，跟踪各类项目执行情况； 2. 负责开发并持续完善各项业务的预测分析模型，确保其准确性、实用性和可靠性； 3. 理解同行业最新模型及其分析技术，结合业务现状进行模型优化； 4. 审核预测分析结果及优化解决方案； 5. 编写并完成数据分析报告，并根据预测分析结果制定行动方案。
业务专家	1. 负责一个或多个业务领域的研究工作，跟踪业务领域的管理创新和技术创新，总结提炼业务管理、信息规划、项目建设等方面的前沿管理思想和最佳实践； 2. 参与负责预测分析的业务环节，结合行业最佳实践经验和客户实际情况，制定业务层面的解决方案； 3. 擅长挖掘行业需求，数据分析，实现产品创新； 4. 整合资源，多与业务部门协作，快速达成既定任务目标； 5. 挖掘客户需求，通过开发有竞争力、客户化的预测服务解决方案引导客户。
数据挖掘专家	1. 使用数据挖掘（机器学习）方法从大规模数据中，分析与挖掘各种潜在关联，深入挖掘预测目标的潜在价值； 2. 预测相关算法的研发与实现； 3. 通过对预测技术的不断完善，推动预测项目的深化。

续表

职位名称	主要职能
数据工程师	1. 负责预测平台搭建及数据仓库建模； 2. 利用分布式计算集群实现对数据的分析、挖掘、处理、生成结果等； 3. 进行测试、部署、现场调试、维护分布式计算集群，并能解决相关问题，保障系统正常运行； 4. 制定数据采集方案、负责预测建模及算法优化； 5. 预测技术前瞻性研究与实现。
可视化工程师	1. 参与制定单位整体数据可视化方案； 2. 负责数据产品前段可视化设计与实现； 3. 与其他成员配合，参与规划与前台交互； 4. 调研数据可视化的前沿技术和开源工具； 5. 提升整体团队的数据可视化能力，增强现有数据产品的可视化展现与分析能力。

2.3 国外跨行业数据挖掘标准过程（CRISP-DM）

在日常进行数据挖掘的过程中，由于部门习惯或组织划分，存在着数据挖掘不规范的情况，从而造成重复劳动，大量资源浪费。为此，需要建议一个跨行业的数据挖掘标准，该标准应该不会受到行业、具体工具和应用场景的限制，跨行业数据挖掘标准流程（Cross-Industry Standard Process for Data Mining）于 1999 年由欧盟机构联合起草，通过近几年的发展，CRISP-DM 模型在各种 KDD 过程模型中占据领先位置，采用量达到近 60%[1]。CRISP 提供了一种开放的、自由使用的数据挖掘标准过程，使数据挖掘适应于大部分单位的应用场景

〔1〕 Cios K. J. , Kurgan L. A. , "Trends in Data Mining and Knowledge Discovery", *Advanced Information and Knowledge Processing*, 2005.

求解策略。

按照 CRISP-DM 标准，一个数据挖掘项目的生命周期包括六个阶段，具体见图 2-3 所示〔1〕。

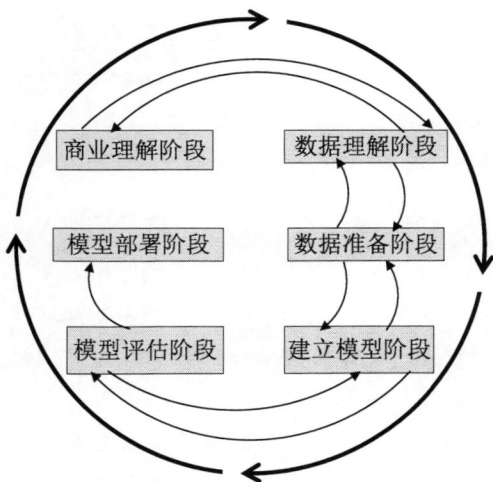

图 2-3　CRISP-DM 过程图

由于该标准中六个阶段的顺序是自适应的，所以后一个阶段通常依赖于前一个阶段的输出结果。当然，模型也是可以迭代的，如图 2-3 中的外圈，当针对特定的商业或问题域的解决产生更为深入的问题时，后面的问题可以使用与之前类似的通用过程进行解决，从而实现将过去的项目中学到的经验输入到新的问题中，CRISP-DM 标准具体的六个阶段如下。

2.3.1 商业理解阶段

理解项目的目标和从商业的角度理解需求，同时将这个知识转化

---

〔1〕　参见 ［美］ Daniel T. Larose，Chantal D. Larose：《数据挖掘与预测分析》，王念滨、宋敏、裴大茗译，清华大学出版社 2017 年版。

为数据挖掘问题的定义和完成目标的初步计划。商业理解阶段数据流程图见图 2-4 所示。

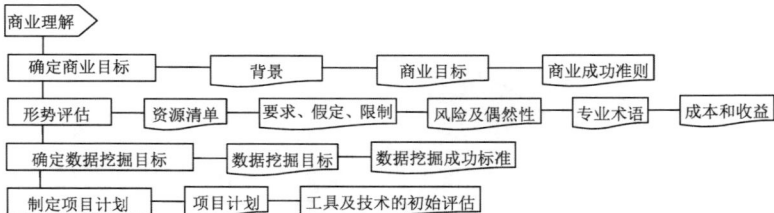

图 2-4　商业理解阶段数据流程图

1. 确定商业目标（Determine Business Objectives）

（1）任务（Task）。本阶段的任务就是确定商业目标，数据分析师的首要目标是从商业的角度来全面理解客户真正想要完成什么？通常客户会有许多竞争目标和必须适当平衡的约束。数据分析师的任务就是在开始时就揭示可能影响项目结果的重要因素。挖掘的真正意图和需求，明确要达到的商业目标，并将其转化为数据挖掘主题。

（2）输出结果（Outputs）。背景（Background）：在项目开始时，记录关于商业单位的商业已知信息，也就是掌握商业单位的背景。商业目标（Business objectives）：一个单位的商业目标除了主要目标外，通常还包括解决其他相关商业目标。商业成功标准（Business Success Criteria）：为了评估一个数据挖掘项目是否成功，通常还需要从商业观点来描述项目成功或者失败的标准。一般是具体的，能够被客观地衡量。

2. 形式评估（Assess Situation）

（1）任务（Task）。形势评估的任务涵盖了关于所有资源、约束、假设和在决定数据目标及项目计划中应该给予考虑的其他因素，是在确定商业目标的基础上扩充细节。

（2）输出结果（Outputs）。资源清单（Inventory of Resources）：列出项目资源，包括：人员（商业专家、数据专家、技术支持人员、数据挖掘人员)、数据（固定的提取，能够使用现场数据库或者实际运营的数据)、计算资源（硬件平台）和软件（数据挖掘工具和其他相关软件)。要求（Requirements)：列出项目的所有要求，包括关于完成的时间表、完成后的质量和易理解性、安全性，以及法律问题。要确保该子阶段被允许使用数据。假定（Assumptions)：列出项目所作的假设。这些假设可能是在数据挖掘过程中被检查的数据，但也有可能是项目基于商业假定而不能检查的数据，后者列出来尤其重要。限制（Constraints)：列出项目的限制条件。这些限制有可能是关于资源可得性的，也有可能是技术限制，如实际可用来建模的数据的多少等。风险和偶然性（Risks and Contingencies)：列出风险，或者可能使项目拖延或失败的事件；列出相应的偶然性计划，如果风险发生应该采取什么行动。专业术语（Terminology)：编制关于项目的术语表。这包括两个部分：①相关商业术语表——构成了项目可得到的商业理解部分。建立该表是一个很有用的"知识启发"和教育训练；②数据挖掘术语表——通过与正在讨论的商业问题有关的例子来说明。成本和收益（Costs and Benefits)：构造项目的成本收益分析，即如果该项目成功的话，将其成本与潜在的商业利润相比较。该比较应该尽可能地具体，如在一个商业情况中使用货币尺度。

3. 确定数据挖掘目标（Determine Data Mining Goals）

（1）任务（Task)。确定数据挖掘目标（Determine Data Mining Goals)：商业目标是用商业术语来阐明目的。一个数据挖掘目标则是用技术上的术语来说明项目的目的。例如，商业目标可能是"增加现有客户的销售种类"。一个数据挖掘目标便会是"考虑客户过去三年的购买、人口统计信息（年龄、工资、所在城市等）及物品的价格，预测其将会购买多少小器具"。

（2）输出结果（Outputs)。数据挖掘目标（Data Mining Goals)：描述想要得到的项目输出结果，这使得商业目标得以实现。数据挖掘成功标准（Data Mining Success Criteria)：用技术性术语定义项目成功标准，如预测准确度或者在给定程度下"提高"购买的倾向。与商业成功标准一样，用主观术语描述数据挖掘成功标准也可能是必要的，这种情况下应该标明做出主观判断的人或者人们。

4. 制定项目计划

（1）任务（Task）。制定项目计划（Produce Project Plan）：描述得以达到数据挖掘目标并从而实现商业目标的预定计划。该计划应该具体说明在项目的剩余部分中预期要实施的各个步骤，并包括对工具方法的最初选择。

（2）输出结果（Outputs）。项目计划（Project Plan）：列出项目中执行的步骤，以及持续时间、所需资源、输入、输出结果和从属。尽可能使得数据挖掘过程中大量的反复十分清楚，如建模和评估词语的重复。

作为项目计划的一部分，分析时间表与风险之间的关联也是极为重要的。把项目中这些分析的结果清楚地表达出来，尤其是如果风险发生，理想上地还能明确表示出采取行动和建议。

注：项目计划包含每一个阶段的详细计划。如，在评估阶段决定使用什么样的评估策略。

从某种意义上而言，项目计划是一个动态的文件。在每个阶段结束时，有必要对进程和所完成的内容做一回顾，并推荐相应的更新项目计划。这些回顾的具体检查要点也是项目计划的部分。

工具方法的初始评估（Initial Assessment of Tools and Techniques）：在第一阶段末尾，也需要对工具和方法进行最初的评估。比如说，可以挑选一种支持流程各个不同阶段多种方法的数据挖掘工具。在流程的早期就评估工具方法是很重要的，因为工具与方法的选择很可能影响到整个项目。

2.3.2 数据理解阶段

数据理解阶段数据流程图见图 2-5 所示。

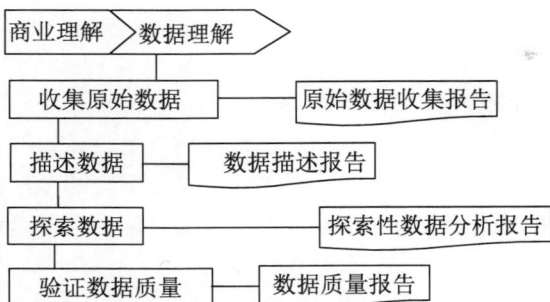

图 2-5　数据理解阶段数据流程图

1. 收集原始数据（Collect Initial Data）

（1）任务（Task）。收集原始数据（Collect Initial Data）：获取（或者是有权使用）列在项目资源清单内的数据。如果对于数据理解是必须的话，这一原始收集包括数据装载。例如，如果你使用一种明确的工具来进行数据理解，那么原始收集对把数据装载到该工具中具有重大意义。这一努力很可能通向初始数据的准备阶段。

注：如果你得到的是多个数据源，那么还需要另外的整合，可在此处进行，或者在后面的数据准备阶段进行。

（2）输出结果（Outputs）。原始数据收集报告（Initial Data Collection Report）：列出得到的数据集（单个或多个），以及它们在项目中的位置，用于取得它们的方法和遇到的任何问题。记录遇到的问题和任何解决方法，以助于该项目未来的重复实施或日后相似项目的完成。

2. 描述数据（Describe Data）

（1）任务（Task）。描述数据（Describe Data）：检查已获数据和结果，描述数据的总体特征。

（2）输出结果（Outputs）。数据描述报告（Data Description Report）：描述已经获得的数据，包括：数据的格式、数据的数量（如每个表格中记录和属性的数量）、属性的特性和被探索数据的其他表面特征。最后确认，获得的数据是否满足相关的要求。

3. 探索数据（Explore Data）

（1）任务（Task）。探索数据（Explore Data）：该任务主要是处理数据挖掘的问题，即可通过查询、可视化和报告说明的问题。这些问题包括：关键属性的分布，如一个预测任务的目标属性；一对或几个属性之间的关系；简单汇总的结果；重要亚群体的属性；简单的统计分析。这些分析可能直接指向数据挖掘的目标；也可能有助于提炼数据描述和质量报告，并实现进一步分析所需的转换和其他数据准备。

（2）输出结果（Outputs）。探索性数据分析报告（Data Exploration Report）：描述该任务的结果，包括最初的发现或假设，以及它们对项目剩余部分的影响。如果适当的话，还包括图表，用以指出数据的特征或者为进一步的检查指向须引起注意的数据子集。

4. 检验数据质量（Verify Data Quality）

（1）任务（Task）。检验数据质量（Verify Data Quality）：检验数据的质量，列出如下的问题：

①数据是否完整（它是否覆盖了所有需要的案例）？

②它是否正确或是否包含错误，如果存在错误它们有什么共同之处？

③数据中是否有缺失值？如果有的话，它们怎样表示，在哪发生，而且有什么共同？

（2）输出结果（Outputs）。数据质量报告（Data Quality Report）：列出数据质量检验的结果；如果存在质量问题，写出可能的解决方法。数据质量问题的解决方法通常在很大程度上依赖于对数据和商业问题二者的了解。

最后，提取数据，分析数据中潜藏的信息和知识提出拟用数据加以验证的假设。

2.3.3 数据准备阶段

数据准备是将前面找到的数据进行变换、组合，建立数据挖掘工具软件要求格式和内容的宽表。数据准备阶段要从原始数据中形成作为建模分析对象的最终数据集，数据准备阶段数据流程图见图 2-6 所示。

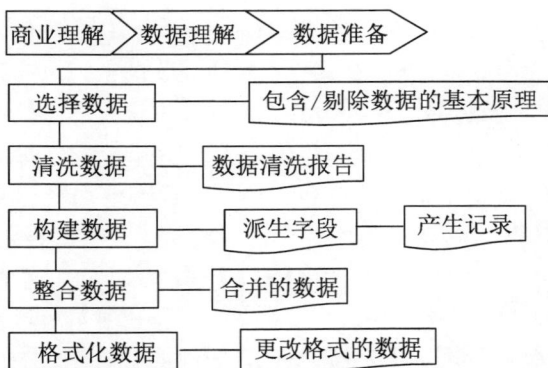

图 2-6　数据准备阶段数据流程图

1. 选择数据（Select Data）

（1）任务（Task）。选择数据（Select Data）：决定用来分析的数据。选择标准包括与数据挖掘目标的相关性、质量和技术的限制，如对数据容量或数据类型的限制。注意数据选择包括表格中属性和记录（行）的选择。

（2）输出结果（Outputs）。包含/剔除数据的基本原理（Rationale for Inclusion/exclusion）：列出被包含和剔除的数据及做出这些决定的原因。

2. 清洗数据（Clean Data）

（1）任务（Task）。清洗数据（Clean Data）：将数据质量提高到所选分析技术要求的水平。这包括选择数据清洗的子集，插入适当的默认值或者通过更加复杂的技术，如建模来估计缺失值，并进行填充。

（2）输出结果（Outputs）。数据清洗报告（Data Cleaning Report）：

描述采用什么决定和行动来说明在数据理解阶段的数据质量检验任务中报告的数据质量问题。出于清洗目的和对分析结果的可能影响，应该考虑初级的转换。

3. 构建数据（Construct Data）

（1）任务（Task）。构建数据（Construct Data）：该任务包括构建数据的准备操作，如生成派生属性、生成完整的新记录或者已存属性的转换值。

（2）输出结果（Outputs）。派生字段（Derived Attributes）：派生字段是从同一条记录中一个或多个已存字段构建而来的新字段。例如：面积＝长度＊宽度。

产生记录（Generated Records）：描述完全新记录的产生。如：产生在上一年未作任何购买的客户的记录。虽然在原始数据中增加这些记录是不合理的，但出于建模的目的，明确地显示某些客户没有做任何购买的事实是有意义的。

4. 整合数据（Integrate Data）

（1）任务（Task）。整合数据（Integrate Data）：有些方法可对多个表格或者多条记录合并信息，从而建立新记录或新值。

（2）输出结果（Outputs）。合并的数据（Merged Data）：合并表格是指把含有相同对象、不同信息的两个或多个表格连接起来。如：一家零售连锁店有一个表格是关于每个商店的一般特征（如：房屋面积，商场类型），另一个表格是关于总结后的销售数据（如：利润，与上年相比销售的百分比变化），还有一个表格则是关于周围环境的人口统计信息。每个表格都包括每家店的一条记录。然后，通过从原表格中合并字段，这些表格便可以合并在一起得到一个新的表格——其中每个商店都有一条记录。数据整合同时也包括汇总。汇总指的是通过把多条记录或多个表格的信息归纳在一起从而计算新值的操作。比如说，把一个每笔购买都有一条记录的客户购买表转换成一个每个客户一条记录的新表格，新表格的字段有购买次数、平均购买总额、用信用卡支付的订单比例以及促销下购买的物品比例等。

5. 格式化数据（Format Data）

（1）任务（Task）。格式化数据（Format Data）：格式化转换是指根据建模的要求，对数据主要进行语法上的修改，而不改变其意思。

（2）输出结果（Outputs）。更改格式的数据（Reformatted Data）：一些工具对属性的顺序有要求，如第一个字段是每条记录唯一的标识符，或者最后一个字段要是模型预测的结果字段。

在数据集中改变记录的顺序也是重要的。也许建模工具会要求记录按照结果属性的值排序。一种常见的情况是数据集的记录按照某种方式进行最初排序，而运算法则需要它们是以一种随机的顺序排列的。例如，当使用神经网络时，记录通常最好是以随机的顺序出现，当然有些工具是自动完成该过程的，不需用户进行操作。

此外，为了满足具体建模工具的要求，有时候会做一些纯粹句法上的改变。如：从以逗号分隔的数据文件的内部文本字段中删除逗号，削减所有 32 位字符及以下的数值。

2.3.4 建模阶段

建立模型是应用软件工具，选择合适的建模方法，处理准备好的数据宽表，找出数据中隐藏的规律。在建立模型阶段，将选择和使用各种建模方法，并将模型参数进行优化。对同样的业务问题和数据准备，可能有多种数据挖掘技术方法可供选用，此时可优选提升度高、置信度高、简单而易于总结业务政策和建议的数据挖掘技术方法。在建模过程中，还可能会发现一些潜在的数据问题，要求回到数据准备阶段。建立模型阶段的具体工作包括：选择合适的建模技术、进行检验设计、建立模型和模型评价。数据建模阶段的数据流程图见图 2-7 所示。

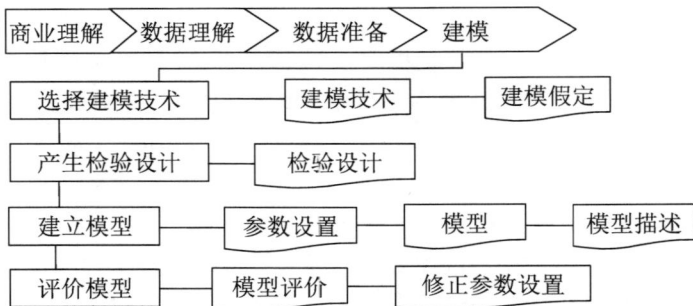

图 2-7　建模阶段数据流程图

1. 选择建模技术（Select Modeling Technique）

（1）任务（Task）。选择建模技术（Select Modeling Technique）：建模的第一步是选择实际使用的建模技术。因为你很可能已经在商业理解中，选择了一种工具，所以该任务指的是明确的建模技术，如 C4.5 建立的决策树或神经网络。如果运用多种技术，应分别用每种技术实施该技术。

（2）输出结果（Outputs）。建模技术（Modeling Technique）：记录将要使用的实际建模技术。建模假定（Modeling Assumptions）：许多建模技术对数据作了明确的假定，如：所有属性同分布，不允许有缺失值，分类属性必须是符号的，等等。记录所作的全部假定。

2. 产生检验设计（Generate Test Design）

（1）任务（Task）。产生检验设计（Generate Test Design）：在我们实际建立一个模型之前，需要产生一个程序或机制来检验模型的质量和有效性。例如，在有监督的数据挖掘任务中如分类，常用错误率作为数据挖掘模型的质量测量值。因此，我们通常把数据集分为训练集和检验集，在训练集上建立模型并在单独的检验集上估计其质量。

（2）输出结果（Outputs）。检验设计（Test Design）：写出训练、检验和评估模型的已定计划。该计划的一个主要部分是决定怎样把可得的数据集分割为训练集、检验集和确认集。

3. 建立模型（Build Model）

（1）任务（Task）。建立模型（Build Model）：在准备好的数据集上运行建模工具，建立一个或多个模型。

（2）输出结果（Outputs）。参数设置（Parameter Settings）：在任何建模工具中，通常都有许多参数可被调整。列出参数和它们的选择值，以及参数设定决定的基本原理。模型（Models）：这些模型是指由建模工具产生的实际模型，而非一个报告。模型描述（Model Description）：描述结果模型。在模型解释的基础上做出报告并记录在理解它们的意义时会遇到的任何困难。

4. 模型评价（Assess Model）

（1）任务（Task）。评价模型（Assess Model）：数据挖掘项目师根据其行业知识、数据挖掘成功标准和想要的检验设计来解释模型。该任务将影响到后来的评估阶段。因为数据挖掘项目师要判断建模运用的成功，并更专业的技术，他可能会与商业分析师，以及行业专家从商业角度来讨论数据挖掘结果。而且，该任务仅仅只考虑模型，而评估阶段还会考虑项目过程中产生的其他所有结论。

数据挖掘项目师努力将模型排序。他根据评价标准来评估模型，他也尽可能地考虑商业目标和商业成功标准。在大多数数据挖掘项目中，数据挖掘项目师会多次使用某种技术，或者用不同的技术来得到数据挖掘结果。在该任务中，他也会根据评价标准比较所有结论。

（2）输出结果（Outputs）。模型评价（Model Assessment）：总结任务的结论，列出所产生模型的质量（如准确性），并互相比较以对它们的质量进行排序。修正参数设置（Revised Parameter Settings）：根据模型评估，修正参数设定，并为在建模任务中的下一次运行建模任务调整参数。迭代建模和评估直至你确实认为你已经发现最好的模型。记录下所有这些修正和评估。

2.3.5 模型评估阶段

在将建模阶段发布的一个或多个模型部署到现场进行使用前，必须对模型的质量和效果开展评估，模型评估是要从业务角度和统计角度进行模型结论的评估。要求检查建模的整个过程，确认模型是否完成设定的目标，以确保模型没有重大错误，并检查是否遗漏重要的业务问题。当模型评估阶段结束时，应对数据挖掘结果的发布计划达成一致，即做出有关是否使用数据挖掘结果的决定。模型评估阶段的数据流程图见图 2-8 所示。

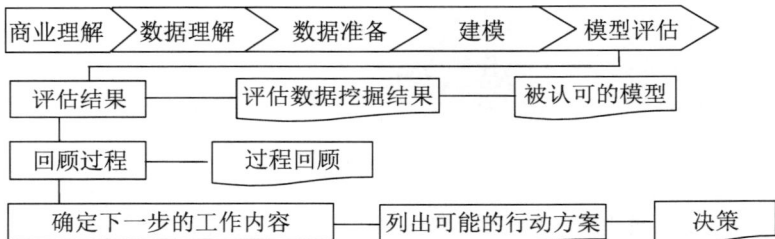

图 2-8　模型评估阶段的数据流程图

1. 评估结果（Evaluate Results）

（1）任务（Task）。评估结果（Evaluate Results）：之前的评价步骤主要是处理诸如模型的准确性和通用性之类的因素。该步骤则是评估模型达到商业目标的程度，并找出是否存在某个商业原因使得模型不够完善。另一个内容是在时间和预算限制允许下在实际的检验应用上测试模型。而且，结果评估还包括评定产生的其他数据挖掘结论，包含与最初商业目标密切相关的模型和所有其他并不密切相关但可能为今后的方向揭露额外挑战、信息或提示的发现。

（2）输出结果（Outputs）。评估数据挖掘结果（Assessment of Data Mining Results）：根据商业成功标准总结评估结论，包括一个最后陈述，项目是否已经达到最初的商业目标。被认可的模型（Approved Models）：在根据商业成功标准进行模型评估后，满足所选定标准的模型即为被认可的模型。

2. 回顾过程（Review Process）

（1）任务（Task）。回顾过程（Review Process）：此时，结果模型通常有希望地显示为令人满意的或满足商业需要。现在很适合对数据挖掘过程进行一次全面的回顾，从而决定是否存在重要的因素或任务由于某些原因而被忽视。这种回顾也包括质量保证问题，如：我们是否正确地建立了模型？我们是否只使用了我们被允许使用并在未来分析可得到的属性？

（2）输出结果（Outputs）。过程的回顾（Review of Process）：总结回顾过程和被遗漏及应该重复的重要步骤。

3. 确定下一步的工作内容（Determine Next Steps）

（1）任务（Task）。确定下一步的工作内容（Determine Next Steps）：根据评估结果和过程回顾，决定后面如何进行下去。需要决定是完成该项目并在适当的时候进行发布，还是开始进一步的反复或建立新的数据挖掘项目。该任务包括对剩余资源和影响决策的预算的分析。

（2）输出结果（Outputs）。列出可能的行动方案（List of Possible Actions）：列出潜在的进一步行动和采用及反对每个选择的原因。决策（Decision）：描述怎样根据基本原理继续进行下去的决定。

2.3.6 模型发布阶段

模型发布又称为模型部署，建立模型本身并不是数据挖掘的目标，虽然模型使数据背后隐藏的信息和知识显现出来，但数据挖掘的根本目标是将信息和知识以某种方式组织和呈现出来，并用来改善运营和提高效率。当然，在实际的数据挖掘工作中，根据不同的企业业务需求，模型发布的具体工作可能简单到提交数据挖掘报告，也可能复杂到将模型集成到企业的核心运营系统中去。模型发布阶段的数据流程图见图 2-9 所示。

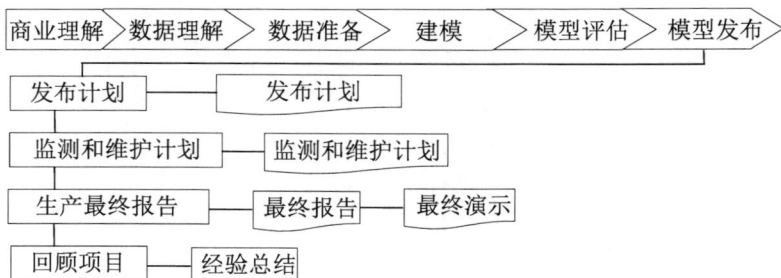

图 2-9　模型发布阶段的数据流程图

1. 发布计划（Plan Deployment）

（1）任务（Task）。发布计划（Plan Deployment）：为了将数据挖掘结果发布到商业应用中，该任务包括评估结果和发布策略的结论。如果明确指定一个一般的程序来建立相关的模型，那么此处要记录下该程序以便后面的发布。

（2）输出结果（Outputs）。发布计划（Deployment Plan）：总结发布策略，包括必要的步骤和怎样实施这些步骤。

2. 监测和维护计划（Plan Monitoring and Maintenance）

（1）任务（Task）。监测和维护计划（Plan Monitoring and Maintenance）：如果数据挖掘结果已经成为日常业务和其环境的一部分，模型监测和维护便是十分重要的事情。仔细地准备维护策略将有助于避免不必要地长期误用数据挖掘结果。为了监测数据挖掘结果的发布，项目需要制定一个关于监测过程的详细计划。该计划要考虑发布的具体类型。

（2）输出结果（Outputs）。监测和维护计划（Monitoring and Maintenance Plan）：总结监测和维护策略，包括必要的步骤和怎样实施这些步骤。

3. 生成最终报告（Produce Final Report）

（1）任务（Task）。生成最终报告（Produce Final Report）：在项目的末尾，领导者和其工作组写出一个最终报告。该报告依赖于发布计划，可能只是项目及其经验的总结（如果它们还未被作为一种持续的行动记录），或者它可能是数据挖掘结果的最后综合性演示。

（2）输出结果（Outputs）。最终报告（Final Report）：这是数据挖掘过程的最终书面报告。它包括以前所有陈述，并总结和组织结论。最终演示（Final Presentation）：在项目总结时常常会举行一个会议，此时会向客户口头演示结论。

4. 回顾项目（Review Project）

（1）任务（Task）。回顾项目（Review Project）：评估项目进行过程中什么是正确的，什么是错误的，哪些做得较好，哪些还需要完善。

（2）输出结果（Outputs）。经验总结（Experience Documentation）：概括项目中得到的重要经验。例如，在相似情况中选择最为适合的数据挖掘技术时的缺陷、令人误解的方法或提示都是这块内容的一部分。在理想化的项目中，经验总结文件也涵盖了在项目阶段及其任务中个别项目人员所写的任何报告。

CRISP-DM 数据挖掘过程将结果部署，写出数据挖掘报告作为一次挖掘任务的结束。通常用于建立模型的数据一般来源于信息系统，模型部署以后应该作用于信息系统，从而完成对新数据的分析。然后对利用模型产生的结果进行监视，对于实证发现模型失效的数据，应作为对该模型修正建立新模型的重要学习数据，因为修正前的模型是不符合此数据，从而实现对模型的修正，完成真正意义的挖掘循环。对于一个商业理解，结果部署不是结束，应该将部署后形成的数据，根据数据理解过程的规范，作为新的数据进入数据准备阶段，完成挖掘模型的不断修正。因此修正后的数据挖掘流程应该增加从结果部署到数据理解的连线[1]。改进的数据挖掘流程如图 2-10 所示。

---

〔1〕 高武奇、康凤举、钟联炯："数据挖掘的流程改进和模型应用"，载《微电子学与计算机》2011 年第 7 期。

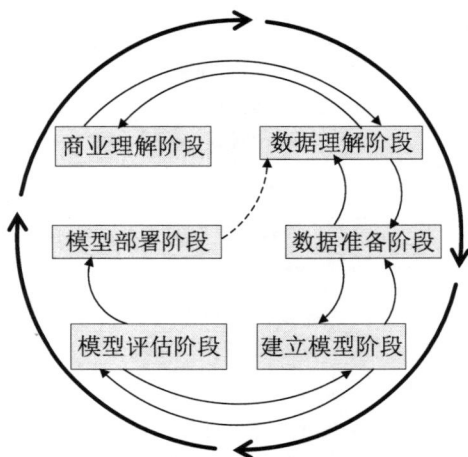

图 2-10 修正后的 CRISP-DM 数据挖掘流程

2.4 国内数据挖掘预测流程

完整实施一个数据挖掘项目需要一个团队，其中，不仅包括数据科学家，还包括业务专家、数据库专家、算法专家和系统专家。在这个团队中，数据科学家的核心角色是设计出一个将业务、数据、算法串联起来的闭环体系，其他团队成员将基于数据科学家设计的蓝图的数据解决方案转换为解决业务问题的智能系统。数据挖掘的步骤会随不同领域的应用而有所变化，每一种数据挖掘技术也会有各自的特性和使用步骤，针对不同问题和需求所制定的数据挖掘过程也会存在差异。此外，数据的完整程度、专业人员支持的程度等都会对建立数据挖掘过程有所影响。这些因素造成了数据挖掘在各不同领域中的运用、规划，以及流程的差异性，即使同一产业，也会因为分析技术和专业知识的涉入程度不同而不同，因此对于数据挖掘过程的系统化、标准化就显得格外重要。如此一来，不仅可以较容易地跨领域应用，也可以结合不同的专业知识，发挥数据挖掘的真正精神。常规的数据挖掘包括六个基本步骤，分别为：定义问题、准备数据、选择模型、建立模型、评估模型、部署模型。

2.4.1 定义问题

根据经验，80%以上的数据挖掘项目失败在问题定义这个环节，我们经常看到，客户的问题是："我有这么多数据，到底怎么用？这个业务问题，数据模型能发挥作用吗，还是人工解决更有效？"要想回答这些问题，需要具备抽象的能力，将那些看似零散的业务问题抽象为通用的数据挖掘问题；还需要具备出色的沟通能力，能将复杂晦涩的机器逻辑转化为简单、清晰的通俗逻辑。以监狱系统为例，不同的业务场景往往对模型的需求是截然不同的。对于服刑人员减刑和假释，数据模型可以起到参考作用，但主要还需要由人民法院审批；而对于服刑人员在监狱的危险性评估、分级处遇、个性化的教育改造和安全监管等问题，数据模型可以发挥举足轻重的作用，监狱没有大量的警力针对每一个服刑人员进行一对一的教育改造和安全监管。在监狱大数据应用中，数据模型的可解释性可能远大于预测的准确性，我们可能不能因为某个犯人具有高度危险性，即使他的刑期到了也不让他出狱。监狱数据模型的最大价值就是从大量原始的数据中缩小范围，提供可解释的关键数据，而这些关键数据可能就是出现安全问题的证据。

该步骤包括分析业务需求，定义问题的范围，定义计算模型所使用的度量，以及定义数据挖掘项目的特定目标。这些任务转换为下列问题：

（1）您在查找什么？您要尝试找到什么类型的关系？

（2）您要尝试解决的问题是否反映了业务策略或流程？

（3）您要通过数据挖掘模型进行预测，还是仅仅查找受关注的模式和关联？

（4）您要尝试预测哪个结果或属性？

（5）您具有什么类型的数据以及每列中包含什么类型的信息？或

者如果有多个表，则表如何关联？您是否需要执行任何清除、聚合或处理以使数据可用？

（6）数据如何分布？数据是否具有季节性性质？数据是否可以准确反映业务流程？

若要回答这些问题，可能必须进行数据可用性研究，必须调查业务用户对可用数据的需求。如果数据不支持用户的需求，则还必须重新定义项目。此外，还需要考虑如何将模型结果纳入用于度量业务进度的关键绩效指标（KPI）。

2.4.2 准备数据

当确定预测主题后，就要进行数据收集了：从现实世界中收集（捕获、记录）原始数据的过程就是将业务数据化的过程。数据可能被作为记录存储在数据库中，而更多的数据是存储在表格、文本文件、图片、音频和视频文件中。数据自身带有时间属性、空间属性等。数据挖掘并不是将所有的数据全部盲目地放进模式中进行分析，海量数据可以增加发现模式或规律的机会，但相对地，也会产生更多无用的信息或噪声，影响数据处理的效能与结果的准确性。因此，在收集数据后不能直接使用，需要经过一连串基本的数据准备后，再进行后续数据分析，满足算法的要求。数据收集的原则[1]如下：

（1）全面覆盖。收集的数据应尽量全面，越是全面的数据越容易从中挖掘到具有重要意义的数据特征；如果数据不够全面，那么后续所做的数据分析将非常有限，预测的精确度也会受到影响。

（2）质量较好。收集的数据只有达到了数据分析的最基本要求才可以使用，一般数据集中的缺失值不应该超过30%，数据集中的噪声也应该进行光滑处理。

（3）周期一致。收集数据要按照周期进行收集，每一个周期内的数据相对完整，如果周期内有太多间断性缺失数据，这样的数据是有

---

〔1〕 参见游皓麟：《R语言预测实战》，电子工业出版社2016年版。

问题的，一般不建议使用。基于同一个周期的数据能够反映该周期内相关事物的作用与关系，有助于挖掘潜在规律。

（4）粒度对称。粒度可以理解为事物的层次，比如地图的分辨率，省级地图、市级地图、县级地图，这种从省到县的变化就是粒度变小的过程。在收集数据时，要让数据粒度对称，否则，数据没有办法整合在一起，也没有可比性，可以通过数据转换成为粒度对称的数据。

（5）持续性产生数据。用于建立模型的数据在预测时仍然可以持续提供，这样就可以将预测工作进行下去。

（6）数据整合。收集的原始数据是混乱的，周期、粒度和时间可能不一致，为此，在数据分析、挖掘之前，需要对数据进行整合，通常按照时间、周期、粒度、对象等维度进行数据整合。

巧妇难为无米之炊，要想进行数据挖掘，就必须非常关注原始数据源，而不是别人加工后的数据，只有通过原始数据的复杂加工处理，我们才能获得真正有价值的信息，因此在该步骤中，数据科学家必须具有数据预处理的能力，包括数据采样、数据清理、数据集成、数据变换、数据规约、特征选择、特征提取等。有经验的数据科学家需要凭借业务经验、自觉和逻辑推理提炼出大量具有预测意义的"数据特征"，同时，可以将数据特征的抽取方式总结成一套算法体系，让计算机去自动提取特征。而数据科学家负责设计特征抽取机制，借助经验与算法的协作，来不断丰富原始数据到关键数据的提炼机制。

数据准备的目的是进一步了解数据，并过滤不当数据以确认数据格式和特性。数据的问题可分为质与量两类：数据的质是指数据的时间性和空间性；数据的量是指在训练数据建立模型时可以将数据分为训练组和测试组。数据准备的形式和条件，则根据分析模式与搜集的数据源不同而有所区别。数据准备包括数据探索、数据预处理。数据探索主要包括：数据质量分析、数据特征分析等；数据预处理主要包括：数据采样、数据清理、数据集成、数据变换、数据规约、特征选择、特征提取等，详细的数据准备方式可参见第 3 章。数据预处理如下：

（1）数据采样：包括加权采样、随机采样、分层采样。

（2）数据清理：包括填充缺失值、光滑噪声数据、数据清理过程。

（3）数据集成：将多个数据源中的数据结合存放在一致的数据库中。不同来源的数据可能因属性定义或单位定义的差异，而使相同数据被误认为是不同数据，因此必须重新检查，将相同数据放在一起。另外，也可以使用相关分析检测出冗余的属性，避免重复。数据集成主要包括实体识别、冗余属性识别、元组重复等。

（4）数据变换：将数据转换成适合数据挖掘模型适用的形式，主要包括数据脱敏、简单函数变换、规范化（标准化）、连续属性离散化、属性构造、小波变换。

（5）数据归约：数据的维度会影响数据挖掘模型的建立，通常，高维度的数据计算较复杂，花费的时间也较多，因此，数据科学家必须判断是否要进行数据归约，以降低数据维度，但同时应尽可能保留数据的完整性，以权衡信息的保存与处理效率，主要包括属性归约、数值归约、维度归约。

（6）特征选择：包括直接法、单元法、多元法等。

（7）特征提取：包括主成分分析等。

数据准备往往是数据挖掘流程中最费力、最繁琐的，同时又是最容易被团队轻视的，通常，至少50%的团队时间都花在了这个阶段，如果不能获取到足够高质量的数据，团队可能无法进行数据挖掘流程中的后续阶段〔1〕。一些团队和领导者急于开始分析数据、建立模型，很有可能当他们发现数据无法与想要执行的模型兼容时，他们不得不返回到该阶段。在数据准备阶段，团队需要建立一个强大的用于探索数据的非生产环境，一般是一个分析沙箱（通常也称为工作区），以便于在不干扰到运行数据库的前提下探索数据。数据挖掘团队应该

---

〔1〕〔美〕EMC Education Services：《数据科学与大数据分析》，曹逾、刘文苗、李枫林译，人民邮电出版社 2016 年版。

在分析沙箱中用运营数据的拷贝进行分析，而不是直接使用单位的运行数据库进行分析。

当准备分析沙箱时，最好能收集所有数据放入沙箱，因为团队成员在进行大数据分析时需要访问大量的不同种类的数据，这些数据可能包括汇总的聚合数据、结构化数据、原始数据以及谈话记录、语音和视频等非结构化数据。沙箱可能会很大，可以根据项目的不同有所变化，一个有用的准则是沙箱至少应该是原始数据集的 5~10 倍大小，部分原因在于项目中数据的多份拷贝可能被分别用来创建或存储特定的数据表以便进行特定的数据分析。这种全部收集数据的方式和许多 IT 部门提倡的方式不同，IT 部门通常只会为特定目的提供特定数据段的访问，他们的原则是提供最少的数据，让团队实现目标即可。而数据挖掘团队则想拿到所有数据，因为数据挖掘项目通常混合了目的驱动型分析和测试各种想法的实验性方法。由于在数据访问和数据使用上有不同的考量，数据挖掘团队[1]与 IT 部门的合作至关重要，一定要共同明确需要完成什么样的目标，并且目标一致。

2.4.3 选择模型

数据是进行预测的基础，在完成数据准备以后，需要选择应用到数据上的候选模型，分析数据中表现的规律，进一步提取特征建立模型进行预测。

对于不同的数据选择的方法也会有所不同，根据项目的目标可以进行数据分类、数据聚类和发现数据之间的关联关系。对于维度单一、数据量少的数据不会采用像深度学习这样的方法，否则就是用牛刀杀鸡了。

---

〔1〕　我们高兴地看到我国个别监狱，例如江西省赣州监狱已经将数据分析从信息科独立出来，成立独立的数据分析科，每月定期对单位的各种业务进行数据分析，并将结果呈报给监狱领导，同时也作为绩效考核的一部分，我们期待有更多监狱开设数据分析部门进行数据分析，也期待能尽早能对服刑人员的教育改造和安全监管进行数据分析、智能化预测等，为监狱进行个性化教育改造和安全监管提供决策支持。

本阶段可以考虑以下活动：

①评估数据集的结构。数据集的结构是决定后续阶段使用的工具和分析技术的一个重要因素。例如，分析监狱信息管理系统后台数据库中的数据和分析文本数据、语音数据需要使用不同的工具和方法。常见的数据集结构是数据库中的结构化数据。

②确保数据分析技术能够使得团队达成业务目标，验证或否定工作假设。

③确定使用单个模型〔1〕还是一系列集成模型技术作为分析工作流的一部分。

在模型选择阶段，团队的主要目标是基于项目的最终目标来选择一种分析技术或者一系列集成模型。基于给定的数据和目标，可以评估是否有相识的、现成的可用方法，还是需要创建新的方法。通过学习别人在不同的垂直行业和领域解决类似问题的方法，团队经常可以获得许多灵感。数据挖掘通常试图通过一组规则和条件来构建模仿现实世界场景中的某种事件或行为的模型，这些规则和条件一般为数据分类、数据聚类或关联规则等类别，根据这些模型类别，团队可以过滤出匹配问题域的可行的模型进行预测给定的问题。

团队在处理大数据时需要额外考虑采用何种合适的技术处理结构化数据、非结构化数据或混合数据。例如，可以使用 MapReduce 并行处理海量的数据。通常使用统计软件（R、SAS、MATLAB 等）建立初始模型，尽管这些软件工具为数据挖掘和机器学习算法而设计，当时将这些模型应用到非常大的数据集时，这些工具可能会有局限性。

选择模型主要是指从某个模型类中挑选最好的模型，在模型选择阶段，常见的指标有 AIC 准则、BIC 准则、CV 值、结构风险上界等比较普适的准则。通常我们选择模型，主要关注的是模型的预测能力，也即模型的泛化能力，表示在新的、独立的测试数据上的预测能力。我们一般重点考虑两个条件：

---

〔1〕 本书中的模型是一种泛指，是对现实的一种抽象，是指一个公式或者一套规则，它是随着具体问题的不同而发生变化。

①预测误差（基于约束条件和验证集）尽可能小；

②模型维数尽可能小。

选择模型也即选择对应的预测算法，目前可以用于预测的算法有很多种，根据各种模型在实现过程中的人工监督（干预）程序，将这些模型分为有监督模型和无监督模型，按照类别可分为：关联、回归、聚类、预测和诊断等六大类模型，常见的具体算法有线性回归、决策树、随机森林、支持向量机等。通常，根据算法的可理解性、算法的性能、算法对数据的要求来选择合适的算法。例如，线性回归、逻辑回归、决策树等这类算法。理解起来形象直观，容易解释，因此前期选择这类算法来说明可实现性以及实现的大致过程。而像支持向量机、神经网络等算法，一般当作黑箱使用，他们的内部逻辑不易理解、计算成本也高，但是这类算法精确度较高，所以一般在算法改进的后期会选择这类算法。在这个阶段，需要建立分析模型的通用方法论，对要使用的变量和技术有深刻的理解，以及有关分析流程的描述。一旦决定了要尝试的模型类型，而且已经具备了足够的知识来细化分析计划，团队就可以进入到建立模型阶段了。

2.4.4 构建模型

通常将得到的数据集分成 2~3 个，即训练集（Train Set）、验证集（Validation Set）和测试集（Test Set），划分比例可以人为设定，例如 8:1:1，数据集的划分见图 2-11 所示。

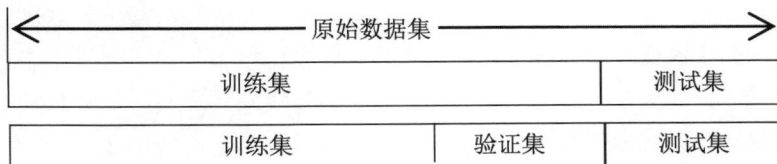

图 2-11 数据集划分

那么为什么要进行数据划分呢？简而言之，为了防止过度拟合。

如果我们把所有数据都用来训练模型的话，建立的模型自然是最契合这些数据的，测试表现也好。但换了其他数据集测试这个模型效果可能就没那么好了。在构建模型阶段，团队需要对上一个阶段选好的模型进行训练，当然，选择模型阶段也可以和构建模型阶段重叠，并且在实践中可能在这两个阶段间来回反复，直到确定建立最终模型。另外，构建模型时也需要计算成本，如果计算时间太长，在有的场景下是不能接受的，需要更换计算成本较低的算法，当然可以采用并行思路进行，但是时间也是受到限制的。因此，通常在构建模型时，还需要考虑到工程上的优化问题。

对原始数据集进行划分是为了能够选出效果最好、泛化能力最佳的模型。有了模型后，训练集用来建立模型，也即确定模型参数；验证集用来对训练出的模型调整参数，进而优化模型；测试集用来评估已建立的模型对未知数据进行预测的精确度，也即测试训练好的模型的泛化能力或推广能力。实际应用中，一般将数据集分为训练集和测试集，在训练集上使用选择的算法，训练模型；在测试集上使用得到的模型来校验模型。数据集的划分必须遵守：

①训练集中数据必须足够多，一般至少大于总数据集的 50%；

②训练集、测试集必须从完整的原始数据集汇中均匀取样。

均匀取样的目的是减少训练集、测试集与完整数据集之间的偏差，但却不容易做到。一般的做法是随机取样，当样本为全样本时便可达到均匀取样的效果。当样本数据不是全样本时，为实现均匀取样，可采用分层取样（即在随机取样时必须确保在训练集和测试集中每个类各自应用的比例）。然而分层取样智能为防范训练集和测试集数据的样本代表性不一致提供一个基本的安全措施，一个减少由于旁置法取样而引起的任何偏差的更为通用的做法是：用不同的随机样本重复进行多次训练和测试，通常称为交叉验证。

1. 用训练集训练模型

用训练集进行训练建立模型的目的是找出数据中所包含的预测模式，现今的数据挖掘工具在建模过程中已经为用户提供了友好的操作界面，基本上建模这一阶段在数据挖掘过程汇总所占时间并不多。如果时间允许，可以对同一个建模训练集建立不同的模型，这样可以建立更有效、准确的预测模型。

在建立模型的过程中，首先需要用历史数据训练模型，进而构建预测模型，然后应用于预测新的数据，从而得到预测结果。模型的建立是数据挖掘的核心，在这一步要确定具体的数据挖掘模型（算法），并用这个模型原型训练出模型的参数，得到具体的模型形式，模型建立的操作流程具体见图 2-12 所示。

我们可以根据得到的模型和对模型的预期结果修改参数，再用同样的算法建立新的模型，甚至可以采用其他算法建立模型。在数据挖掘中，要根据不同的业务问题采用效果更好的模型，在没有行业经验的情况下，最好用不同的方法（算法或参数）建立几个模型，从中选择最好的。通过上面的处理，就会得到一系列的分析结果和模式，他们是对目标问题多侧面的描述，这时需要对他们进行验证和评价，从而得到合理的、完备的决策信息。

图 2-12　预测模型生成过程

在训练模型的过程中，我们可以选择多种不同的数据挖掘技术，根据数据挖掘的目的以及数据的特点选择数据挖掘的算法。训练模型的好坏取决于所选择的算法和使用的工具，有些工具可以生成许多不同的模型，而且自动从中选择出最好的模型，而有些工具是交互式，用户可以自己选出最好的预测模型。常用的数据挖掘软件工具如下所示。

（1）商业工具：SAS Enterprise Miner 允许用户在大量数据上运行预测性和描述性模型。它可以与其他大型数据存储相通，能与许多工具配合使用，适合企业级计算和分析；

IBM SPSS Modeler 通过 GUI 探索和分析数据；

MATLAB 提供了一种高级语言来运行各种数据分析、算法和数据探索；

Alpine Miner 为用户提供了 GUI 前段来开发分析工作流程，并在后端与大数据工具和平台进行交互；

Statistica 和 Mathematica 是颇受欢迎且评价很高的数据挖掘和分析工具。

（2）免费或开源工具：

R 和 PL/R，R 用在模型选择和训练，PL/R 是一种过程性语言，用于 R 和 PostgreSQL 的交互；

Octava 用于计算机建模的一款免费软件，能实现部分 MATLAB 的功能。因为免费，它被用于许多大学的机器学习教学中；

Weka 是一个带有分析工作台的免费数据挖掘软件；

Python 是一种编程语言，提供了机器学习和分析工具包，例如，Scikit-Learn，Numpy，Scipy，Panda 和相关的数据可视化（例如 Matplotlib 等）。

2. 交叉验证

交叉验证（Cross Validation，CV）是用来验证模型性能的一种统计分析方法，其基本思想是在某种意义下将原始数据进行分组，一部分作为训练集，另一部分作为验证集。首先用选择算法对训练集进行模型训练，再利用验证集来验证训练得到的模型，以此来评价模型的性能。交叉验证在实际应用中非常普遍，适应性非常广[1]。交叉验证用于防止模型过拟合，有时亦称循环估计，是一种统计学上将数据样本切割成较小子集的实用方法。交叉验证一般要尽量满足：

①训练集的比例要足够多，一般大于一半；

②训练集和测试集要均匀抽样。

在模型训练过程中对模型进行验证，所以模型的验证一般也认为

---

〔1〕 参见周英、卓金武、卞月青：《大数据挖掘系统方法与实例分析》，机械工业出版社 2016 年版。

隶属于模型的建立过程。在实际进行模型验证时，通常使用交叉验证方法进行模型验证。交叉验证主要包括：简单交叉验证、k 折交叉验证、留一法等。

（1）简单交叉验证。简单交叉验证（Hold-Out Cross Validation）是指：将原始数据随机分为两组，一组作为训练集，一组作为验证集，利用训练集训练，建立模型，然后利用验证集验证模型，记录最后的准确率为此模型的性能指标。一般来说，原本数据的 5%~33% 被选做验证数据。此种方法的好处在于处理简单，只需随机把原始数据分为两组即可，由于测试集和训练集是分开的，就避免了过拟合的现象。其实严格来说简单交叉验证并不能算是交叉验证，因为这种方法没有达到交叉的思想，由于是随机地将原始数据分组，所以最后验证集准确率的高低与原始数据的分组有很大的关系，所以这种方法得到的结果其实并不具有说服性。

（2）K 折交叉验证。K 折交叉验证，初始将原始数据分成 K 个（一般是均分）子集，将每个子集数据分别做一次验证集，其余的 K-1 个子集数据作为训练集，交叉训练、验证重复 K 次，这样会得到 K 个模型，用这 K 个模型最终的验证集的准确率的平均数作为选出的模型的 K 折交叉验证模型的性能指标。K 一般大于等于 2，实际操作时一般从 3 开始取，只有在原始数据集合数据量小的时候才会尝试取 2。采用分层 10 折交叉验证是最常用的，为什么是 10 次？使用大量的数据集，采用不同的数据挖掘技术，经过大量的实验表明 10 折正是获得最好的准确率的恰当选择，在实践中被认为是标准的方法。实验表明采用分层技术能使结果稍有改进，因此当数据集数量有限时，分层 10 折交叉验证法被当作标准评估技术。为了得到可靠的模型，单次的 10 折交叉验证恐怕还不够，标准的程序是重复 10 次 10 折交叉验证，然后取其平均值，可见，构建一个好的模型是一项计算密集型的任务[1]。一次 K 折交叉验证的具体步骤如下：

---

〔1〕 参见［新西兰］威滕、弗兰克:《数据挖掘：实用机器学习工具与技术（原书第三版）》，机械工业出版社 2014 年版。

①将全部训练集 S 分成 k 个不相交的子集，假设 S 中的训练样例个数为 m，那么每一个子集有 m/k 个训练样例，相应的子集称作 $\{S_1, S_2, \ldots, S_k\}$。

②每次从模型集合 M 中选择出一个 M_i，然后在训练子集中选择出 k−1 个 $\{S_1, S_2, S_{j-1}, S_{j+1}, \ldots, S_k\}$ （也就是每次只留下一个 S_j），使用这 k−1 个子集训练 M_i 后，得到假设函数 h_{ij}（j 从 1 到 k），最后使用剩下的一个 S_j 作验证，得到一次验证错误率 e_{i1}。

③对于步骤 2 中选出的模型 M_i 进行 K 次模型训练和验证，由于我们每次留下一个 S_j（j 从 1 到 k），因此会得到 k 个经验错误率 e_{ij}，那么对于这个选出的 M_i，它的经验错误率就是这 k 个验证错误率的平均 $E_i = \sum_{j=1}^{k} e_{ij}$。

④选出平均经验错误率最小的 M_i，然后使用全部的 S 再做一次训练，得到最后的 h_i。

K 折交叉验证可以有效地避免过学习以及欠学习状态的发生，最后得到的结果也比较具有说服性。

（3）留一法。留一法就是每次只留下一个样本做测试集，其他样本做训练集，如果有 M 个样本，则需要训练 M 次，测试 M 次。优点：每次使用尽可能多的数据进行训练（只有一个实例用于验证），从而能够得到更准确的模型。这个方法具有确定性，因为采样是确定的，因而最后的误差估计也是确定的。缺点：计算成本较高，需要 M 次训练和预测，对于大数据集来说，通常不可行（速度太慢了），反而可以在小数据集上得到尽可能正确的估计。因为确定了采样方式（每次除去 1 个），因此不能进行分层（让数据呈现一定的比例），所以对数据集的某算法误差估计可能存在问题。这里举个例子：想象一个完全随机的数据集，含有数量相等的两个类，面对一个随机数据，所能给出的最好的预测方式是预测它属于多数类，其真实误差率为 50%。但在留一法中，与测试数据相反的类才是多数类，因此每次预测都是错的，也就是误差率高达 100%。

3. 成功建立预测模型的注意要点

数据挖掘中的建模是针对特定问题的特定对象的，是为了特定的数据挖掘目的做出的假设，选择适当算法建立模型，利用模型解释特定的对象和预测对象的未来状况。对于预测模型而言，当预测结果与实际结果相一致时，我们才能说建立的模型时有效的。由此，建立模型要注意以下三点。

（1）预测模型的时间范围。在建模阶段，需要关注训练模型的时间间隔和模型产生结果的这两个时间范围，在训练模型的时间间隔里，是用历史数据进行建模的，生成的结果是已知的。在模型产生预测结果的阶段，输入数据是近期已知的，但输出的预测结果是未知的，模型的作用是对特定问题对象的未知状况作出预测，例如对服刑人员的后期危险性进行预测。

（2）模型的使用有效期。在建立预测模型的时候，还需要考虑模型的使用有效期问题，即模型使用有效期和模型预测有效期。

模型使用有效期是指在业务环境、技术手段、客户基础等相对稳定的条件下，可以继续使用之前建立的预测模型，但是，随着时间的流逝，这些条件可能会发生变化，因此，必须用新的数据构建新的模型，而不能再使用之前建立的模型进行预测。例如，当前我国监狱普遍使用的服刑人员危险性评估系统中的模型建立的数据不是本监狱里的服刑人员数据，即使使用的是本监狱的服刑人员数据，由于不能定期更新，也超出了评估系统中模型的使用有效期。

模型预测有效期是指预测结果应该在特定的时间内有效，例如预测监狱服刑人员购买生活用品时，在不同的季节，应该使用不同的模型。

（3）建立预测模型的假设。为什么可以用预测模型来预测现实生活中特定对象的未来状况呢？原因在于预测模型的成功应用依赖于以下三个假设。

假设 1：历史为未来的写照

应用预测模式的一个假设是：历史是未来的写照。例如，如果我们知道了监狱已发生的安全事件中相关服刑人员之前的一些特征，便可以判断将来具有这些特征的服刑人员也很有可能出现类似安全事件。这样，监狱便可以在服刑人员出现安全事件之前对这些服刑人员采取相应的措施以避免再次出现安全事件。

但是，在应用预测模型进行预测时，待解决的问题和之前的服刑人员的客观情况要一致，例如不能把因犯抢劫罪而入狱的服刑人员的数据所建立的预测模型用来预测职务犯罪的服刑人员的危险性。

假设2：数据是可以获得的

只有在获得正确可用的数据前提下，才有可能构建出成功的预测模型。获得正确可用的数据看起来很简单，但是在现实生活中，有些数据不容易获得，即使获得了也不是客观真实的。例如，目前，一些监狱由于技术能力的原因，信息化的建设和日常运营很大程度上完全依赖于外面的公司，前期没有进行顶层设计，没有建立统一的数据接口，导致监狱不同的业务信息管理系统使用不同的独立数据库，从而造成数据重复录入，数据不一致，形成数据孤岛。由于不能集中使用数据，如果使用原始数据，必须要经过软件开发公司的同意。

假设3：数据中包含我们的预期目标

如果用预测模型进行预测，那么用于训练模型的数据中应该包含预测目标。只有在预测目标不发生变化的情况下，得出的结果才会更加准确。在进行预测时，需要注意的是数据的匹配问题，例如不同地区不同时间段内的数据不应该混合使用。

数据挖掘相信规律就隐藏在客观数据中。数据挖掘的目的就是要让数据说话，数据不会撒谎。数据挖掘过程是先做数据收集、数据预处理，再作数据挖掘和知识解释。数据挖掘的思想和挖掘过程都体现了"实事求是"的原则，或者说"实事求是"涵盖了数据挖掘的全过程："实事"指实证化，即客观存在的数据；"求"指挖掘和解释的过程；"是"指潜藏于数据中的规律或模式；将"实事求是"应用于司法行政系统，尤其是监狱系统，就是一个循证矫正的过程。

2.4.5 评估与优化模型

在将模型部署到生产环境之前，需要评估模型的性能。此外，在生成模型时，通常需要使用不同配置创建多个模型，并对所有这些模型进行测试评估，以便查看哪个模型为人们的问题和数据生成较佳结果。模型评估是指将模型输出的结果与现实生活中的结果进行对比，从而进一步评估模型。通过模型的预测情况与现实生活中真实发生的情况进行比较，看看模型预测的结果是否真的发生了。例如预测某个服刑人员具有高度危险性，可能会发生自杀，那么在一个给定的周期内是否发生这样的事情。一般来说，任何模型的定量预测都不可能完全的准确，模型的分类预测可通过概率来衡量，所以对预测的误差要辩证地认识。预测的过程实际上人们根据已掌握的客观规律，对客观事物运动、变化的认识进行不断修正和不断逼近的过程。

要保证模型预测结果的有效性，对预测模型进行评估时需要遵循如下原则[1]：

（1）合理性。预测模型时对实际事物发展规律的模拟，因此，预测模型应和被模拟的事物发展规律相一致，并且符合逻辑；否则，预测模型不合理，应需要改进或优化。

（2）预测能力。建立模型时为了进行预测，模型是否具有预测能力是选择模型的主要标准。模型的预测能力主要表现在以下两个方面：

第一，模型能否说明所要预测期间事物的发展情况。一般模型都是利用历史数据训练建立起来的，他们反映的是事物发展的历史规律。如果后期，各种因素发生了变化，那么有可能会使历史规律不再延续下去，必然会对模型的预测能力造成很大影响。

第二，预测模型的误差范围。利用预测模型进行预测一般要确定预测结果的置信区间。当用于训练模型的历史数据方差较大时，将会

---

〔1〕　参见蒋盛益：《商务数据挖掘与应用案例分析》，电子工业出版社 2014 年版。

导致预测结果的置信区间过宽，必然会影响模型的预测能力。当预测的置信区间超过 20% 时，模型的预测能力将会受到很大影响。

（3）稳定性。如果一个预测模型能在较长时间内准确地反映预测对象的发展变化情况，那么，相对来说该模型就比较稳定。模型的稳定性还表现在其参数和预测能力是否受到训练数据变换等因素的影响。如果一个模型无论是用以 2010 年为起始数据训练，还是用 2013 年为起始数据训练，其参数和预测能力都不会受到较大影响，或者在外部条件发生变化的情况下，模型仍然具有较强的预测能力，这说明该模型具有较高的稳定性。反之，说明该模型的稳定性较低。稳定性越高的预测模型，抗干扰性越强，使用的时间越长，是我们优选的模型。

（4）简单性。当多个模型的预测能力相差不大时，形式简单、容易使用的模型是优选的模型。

模型评估是对数据挖掘过程进行一次全面的回顾，从而确定是否存在由于某些原因而被忽视的重要的因素或任务，该阶段的关键目的就是确定是否还存在一些重要的业务问题仍未得到充分的考虑。模型的评估使用的数据集时是参与训练模型的新数据集（也即测试数据集），通过使用新数据进行测试，可以得到比较准确的结果。模型评估使用的测试数据集中同样既包括输入的特征也包括输出的结果，在评估时，把测试集中特征输入模型，将模型的预测结果与测试集中已有的结果进行比较。如果模型评估中发现模型不够好，可能需要对模型进行优化，还需要返回到前面的步骤重新进行相应调整。要判断模型是否好，需要通过评估指标进行判断。评估模型好坏的指标有多种，不同类模型的评估指标不同，模型的评估指标主要包括回归模型的评估指标和分类模型的评估指标[1]。

---

〔1〕 回归模型是一种研究因变量（目标或结果）和自变量之间定量关系的预测性建模技术，最终的结果是一个连续性变量；分类模型是一种研究因变量（目标或结果）和自变量之间定性关系的预测性建模技术，通常称为分类，是一个离散变量。

1. 回归模型的评估

回归模型预测的结果为数值型，可以是整数或实数等。相比较于分类模型，回归并没有简单地概念说明预测是否准确。一个数值型的预测结果通常不能说绝对正确，但可以说接近或者远离真实值。这也是由正确值的性质决定的，因为我们通常认为，数值测量是从带有不确定性的分布汇总取得的，这种不确定性称为误差（Error）。回归分析中对于线下回归模型存在三类基本的统计检验：模型的拟合优度检验、模型整体显著性检验和单变量（或单参数）显著性检验。拟合优度检验是完全依赖样本的检验，它是由样本出发，检验样本回归直线对样本点的拟合效果的优劣，通俗地说，就是用于检验样本回归直线对所有样本点的综合代表性的好坏程度；模型整体显著性检验是一种联合检验，它检验所有的自变量整体上对被解释的因变量的影响是否显著；单变量的显著性检验则是检验某单个解释自变量对被解释因变量有无显著的影响作用。给定一个包含 k 个自变量的线性回归模型如下：

$$y = \beta_0 + \beta_1 x_1 + \beta_2 x_2 + \ldots + \beta_k x_k + \varepsilon$$

通常，回归模型的拟合优度检验通常主要包括残差平方和（Sum of Squares for Error，简称 SSE）、平均绝对误差（Mean Absolute Error，简称 MAE）、均方误差（Mean Square Error，简称 MSE）、均方根误差（Root Mean Square Error，简称 RMSE）、决定系数 R^2（Coefficient of Determination），模型的拟合优度检验最终使用调整的决定系数 R_{adj}^2（Degree-of-freedom Adjusted Coefficient of Determination），其大小对拟合效果的优劣性进行判定；而整体显著性检验和单变量显著性检验则分别使用 F 检验和 t 检验方法。

假设，回归模型为：$y = f(x)$，x 为自变量，y 为因变量，f 为预测模型（预测函数），y_i 为每一个自变量 x_i 对应的实际值；$\hat{y}i$ 为每一个自变量 x_i 对应的预测估计值，n 为样本数，e_i 为每一个自变量的实际值与预测值的差值，$\bar{y}$ 代表平均值。则有：

（1）模型的拟合优度检验：

①残差平方和（SSE）

$$SSE = \sum_{i=1}^{n} (\hat{y}_i - y_i)^2$$

该公式计算的是预测数据和原始数据对应点的误差的平方和，SSE 越接近于 0，说明模型选择和拟合越好，数据预测也越成功。接下来的 MAE、MSE 和 RMSE 因为和 SSE 是同出一宗，所以效果一致。

②平均绝对误差（MAE）

$$MAE = \frac{1}{n} \sum_{i=1}^{n} |\hat{y}_i - y_i| = \frac{1}{n} \sum_{i=1}^{n} |e_i|$$

该公式计算的是预测数据和原始数据对应点的误差的绝对值的平均值。

③均方误差（MSE）

$$MSE = \frac{1}{n} \sum_{i=1}^{n} (\hat{y}_i - y_i)^2$$

该公式计算的是预测数据和原始数据对应点误差的平方和的均值，也就是 SSE/n，和 SSE 没有太大的区别。

④均方根误差（RMSE）

$$RMSE = \sqrt{\frac{1}{n} \sum_{i=1}^{n} (\hat{y}_i - y_i)^2} = \sqrt{MSE}$$

RMSE，也叫回归系统的拟合标准差，是 MSE 的平方根，是指计算预测值与真实值之间差异的平方的平均值的平方根，计算平均值的方式与预测值高于还是低于真实值没有关系，因为绝对值或平方可以避免正负抵消。以上评估指标都对异常点比较敏感，如果有一个点的值非常大，那么最终的误差值也较大。所以说平均绝对误差、均方误差、均方根误差是非鲁棒的[1]。所以需要使用其他指标，例如 R 平方。

---

[1] 鲁棒是 Robust 的音译，也就是健壮和强壮的意思。鲁棒性（robustness）就是模型的稳定性或健壮性，它是指该性能指标在模型自身扰动下保持不变的能力，简单说就是结果对参数不敏感。

⑤决定系数（R^2）

R^2 称为决定系数（Coefficient of Determination）V[1]，有的参考资料上翻译为判定系数，也称为拟合优度，最常用来对回归模型进行模型评估，反映了自变量通过回归模型解释应变量的变化的比例或说明解释变量 x 对因变量 y 的解释程度，用来描述线性、非线性或者两个及两个以上自变量相关关系的评估指标，公式如下：

$$R^2 = 1 - \frac{\sum_{i=1}^{n}(\hat{y}_i - y_i)^2}{\sum_{i=1}^{n}(y_i - \bar{y})^2} = 1 - \frac{SSE}{SST} = \frac{SST - SSE}{SST} = \frac{SSR}{SST}$$

其中，$SST = \sum_{i=1}^{n}(y_i - \bar{y})^2$，$SSR = \sum_{i=1}^{n}(\hat{y}_i - \bar{y})^2$，$SSE = \sum_{i=1}^{n}(\hat{y}_i - y_i)^2$

SST（Sum of Squares for Total）是指原始数据和原始数据均值之差的平方和，表示为总离差平方和；SSR（Sum of Squares for Regression）指的是预测数据与原始数据均值之差的平方和，表示为回归平方和；SSE（Sum of Squares for Error）计算的是预测数据和原始数据对应点的误差的平方和，表示为残差平方和。由于不同的书命名不同，则有以下对应关系：

回归平方和：SSR（Sum of Squares Forregression）= ESS（Explained Sum of Squares）

残差平方和：SSE（Sum of Squares for Error）= RSS（Residual Sum of Squares）

总离差平方和：SST（Sum of Squares Fortotal）= TSS（Total Sum of Squares）

$$SSE + SSR = SST \quad RSS + ESS = TSS$$

R^2 代表回归平方和占总平方和的比例，由于，回归平方和和总平方和都是和原始数据的均值之差进行比较，并且进行了比例运算，因

---

[1] R 称为相关系数（coefficient of correlation），它是用来衡量两个变量之间的相关程度（线性和非线性）的指标，当为线性相关时指的是皮尔森相关系数 $\rho_{x,y}$，R 的取值范围位于 [-1, 1] 之间。

此 R^2 对异常点不敏感，鲁棒性较强。R^2 的取值范围位于 $[0, 1]$ 之间，用来衡量模型的拟合优度，R^2 越大越表示回归平方和占总平方和的比例越大，实际值 y_i 与拟合估计值 $\hat{y}_i$ 越靠近，表明回归线与各观测点越接近，用自变量 x 对因变量 y 的解释程度越高，自变量引起的变动占总变动的百分比也越高，观测点在回归线附近也越密集，回归的拟合程度就越好。因此我们希望 R^2 越大越好，一般大于 0.4。R^2 做了两个事情：对所有观测进行残差聚合和归一化。但是也不能因为大就完全认为回归效果好，还要结合其他的参数，因为 R^2 的值可能因为其他非回归预测效果好的原因导致值变大。显然 $R^2 \leqslant 1$，自变量个数的增加（两个以上）将影响因变量中被回归方程所解释的变异比例，即会影响决定系数 R^2 的大小。当增加自变量时，会使残差平方和减少，从而 R^2 增大。因此，为避免增加自变量而高估 R^2，提出了用样本量 n 和自变量的个数 k 去调整 R^2，从而计算调整的多重决定系数 R^2。

⑥调整的决定系数 R^2

$$R_{adj}^2 = 1 - \left[\frac{(1 - R^2)(n - 1)}{n - k - 1} \right]$$

其中，n 为样本个数，k 为变量个数。R_{adj}^2 同时考虑了样本量和自变量的个数的影响，使得 R_{adj}^2 小于 R^2 而且 R_{adj}^2 不会由于回归中自变量个数的增加而越来越接近 1，因此在多元回归模型评估中，通常用调整的多重判定系数来评估模型的拟合效果。

（2）模型的整体显著性检验。模型的整体显著性检验主要使用 F 检验，F 检验就是通过构建服从 F 分布的统计量来完成对所有解释变量联合起来（在整体上）对被解释的因变量是否存在影响作用，它是线性约束检验的一种特殊形式，其检验统计量可表示为：

$$F = \frac{(SSR)/k}{SSE/(n - k - 1)}$$

其中，上述公式中的符号和前文相同。当检验统计量 $F > F_{1-\alpha}$（k，n-k-1），即认为因变量 y 与自变量 x_1，x_2，...，x_k 之间有显著的线性相关关系；否则认为因变量 y 与自变量 x_1，x_2，...，x_k 之间线性相关关系不显著。其中，α 表示显著性水平，一般取值为 0.05，当对显著性要求较高时，也可以让 α = 0.01 或 0.001；k 为自变量个数，n 为样本数。

用 SAS、SPSS 等专业统计软件进行假设检验，在假设检验中常见到 P 值（P-Value，Probability，Pr），P 值是进行检验决策的另一个依据。P 值即概率，反映某一事件发生的可能性大小。统计学根据显著性检验方法所得到的 P 值，一般以 P < 0.05 为有统计学差异，P < 0.01 为有显著统计学差异，P < 0.001 为有极其显著的统计学差异。其含义是样本间的差异由抽样误差所致的概率小于 0.05、0.01、0.001。实际上，P 值不能赋予数据任何重要性，只能说明某事件发生的几率。在实际统计学中进行显著性判断时，规则为：若 $P < \alpha$，则说明因变量 y 与自变量 x_1，x_2，…，x_k 之间有显著的线性相关关系。

（3）单变量显著性检验。t 检验是通过构造服从 t 分布的检验统计量来完成的假设检验。在线性回归模型的检验中，t 统计量的形式一般为：

$$t = \frac{\hat{\beta}_i - \beta_i}{se(\hat{\beta}_i)}$$

公式中，$\hat{\beta}i$ 为 βi 的预测值，$se(\beta i)$ 为 βi 的样本标准差。t 服从自由度为 $n - k - 1$ 的 t 分布。在线性回归模型中，t 检验最常用的功能是检验单个解释自变量对被解释因变量是否存在显著的影响作用，即检验（偏）回归系数是否为零，也就是通常所说的单参数显著性检验；t 检验还常用于检验（偏）回归系数是否大于、等于或小于某一给定值，以考察参数取值特征；在约束性检验中，t 检验可以用以诊断模型中的参数是否相等。

2. 分类模型的评估

分类模型最简单的性能评估就是计算正确结果的比例，即用预测模型预测出的正确样本数占样本总数的比例称为准确率（Accuracy）；分类错误的样本数占样本总数的比例称为错误率（Error Rate）。更一般是把分类模型的实际预测输出与样本的真实输出之间的差异称为误差，预测模型在训练集上的误差称为训练误差，在测试集上的误差称为泛化误差，理想的模型评价是选择泛化误差最小的模型。对分类模型的评估从二分类模型评估开始，也称为二元分类。

（1）混淆矩阵及其评估指标。错误率虽常用，但并不能满足所有任务需求，查准率（Precision，也称精度）和查全率（Recall，也称召回率）是更为适用的度量指标，对于不平衡数据[1]也可使用灵敏率（Sensitivity，也称真正例率）、特效率（Specificity，也称真反例率）和整体准确率（Accuracy）来度量，它们是通过混淆矩阵来表示的，二分类模型的混淆矩阵是一个 2 * 2 矩阵，如表 2-4 所示[2]。

其中，TP（True Positive）代表真正例，也叫正阳性，表示为被分类模型正确分类为正例的正例数据；FP（False Positive）代表假正例，也叫假阳性，表示被分类模型错误分类为正例的反例数据，有时也称为第一类错误；FN（False Negative）代表假反例，也叫假阴性，表示为被分类模型错误分类为反例数据的正例数据，有时也称为第二类错误；TN（True Negative,）代表真反例，也叫正阴性，表示被分类模型正确分类为反例的反例数据。

表 2-4　二分类模型的混淆矩阵

实际结果		预测的结果		合　计
		正　例	反　例	
	正例	真正例（True Positive，TP）	假反例（False Negative，FN）	TP+FN＝实际为正例的记录数
	反例	假正例（False Positive，FP）	真反例（True Negative，TN）	FP+TN＝实际为反例的记录数
合　计		TP+FP＝预测为正例的记录数	FN+TN＝预测为反例的记录数	所有样本记录数

---

〔1〕　所谓不平衡数据是指：感兴趣的主类是稀少的，即数据集的分布反映反例显著地占多数，而正例占少数。例如在监狱服刑人员中，自杀的占少数。

〔2〕　马国富、王子贤、马胜利："机器学习模型在预测服刑人员再犯罪危险性中的效用分析"，载《河北大学学报（自然科学版）》2017 年第 4 期。

在实际评估中，正例表示为要预测的目标，例如在预测服刑人员是否具有危险性中，正例表示具有危险性；在预测服刑人员是否具有自杀行为时，正例表示自杀。则有以下公式：

①准确率。模型的准确率，即模型预测正确的个数/数据集总记录数，是分类模型评估的重要指标之一。公式为：

$$\text{Accuracy} = \frac{TP + TN}{TP + FN + FP + TN}$$

一般情况下，模型的精确度越高，说明模型的预测效果越好。

②误分类率（Error Rate）。

$$\text{Er} = \frac{FP + FN}{TP + FN + FP + TN}$$

模型错误预测的正例和反例的和占总样本数的比值，误分类率越少，说明模型的预测效果越准确。

③命中率（Precision 或 Positive Predictive Value，简称 PPV）。命中率也叫查准率，阳性预测值。是指在模型预测为正例的样本中，真正为正例的样本所占的比例。例如可表示在模型预测出的所有自杀人员中，真正自杀的服刑人员的比值。公式为：

$$\text{Precision} = \frac{TP}{TP + FP}$$

一般情况下，查准率越高，说明模型的效果越好。在一些软件中用 PV+（命中率，Positive Predicted Value）表示正例的命中率。

④阴性预测值（Negative Predictive Value，简称 NPV）。阴性预测值也叫反例的命中率。模型正确预测为反例的样本数占模型预测为反例的样本数比值，也即在模型预测为反例的样本中，真正为反例的样本所占的比例。公式为：

$$\text{NPV} = \frac{TN}{FN + TN}$$

一般情况下，NPV 越高，说明的模型的效果越好。在一些软件中用 PV−表示为反例的命中率。

⑤错误发现率（False Discovery Rate，简称 FDR）。错误发现率，

表示在模型预测为正例的样本中，真正的反例的样本所占的比例。公式为：

$$FDR = \frac{FP}{TP + FP}$$

一般情况下，错误发现率越小，说明模型的效果越好。

⑥错误遗漏率（False Omission Rate，简称 FOR）。错误遗漏率，表示在模型错误预测为反例的样本占模型预测为反例的比值。即评价模型"遗漏"掉的正类的多少。公式为：

$$FOR = \frac{FN}{FN + TN}$$

一般情况下，错误遗漏率越小，模型的效果越好。

⑦覆盖率（Recall 或 True Positive Rate，简称 TPR）。覆盖率也叫查全率、召回率、真正率或灵敏率（Sensitivity），是分类模型评估的重要指标之一，表示的是模型正确预测为正例的样本数量占总的样本正例的比值，也即正例的覆盖率。公式为：

$$Recall = Sensitivity = \frac{TP}{TP + FN}$$

一般情况下，Recall 越高，说明有更多的正例样本被模型预测正确，模型的效果越好。例如可表示模型能正确预测出的自杀人员数量占所有自杀服刑人员的比值。

⑧假正率（Fall-out 或 False Positive Rate，简称 FPR）。假正率也叫错误接受率（False Acceptance Rate）或误报率，表示的是，模型错误预测为正例的反例样本占反例样本数量的比值。公式为：

$$Fall\text{-}out = \frac{FP}{FP + TN}$$

一般情况下，假正率越低，说明模型的效果越好。

⑨假反率（False Negative Rate，简称 FNR）。假反率又叫缺失率（Miss Rate）、拒真率或错误拒绝率（False Rejection Rate），模型错误预测为反例的正例样本占样本正例的比值；也即在所有正例样本中，有多少被错误识别为反例了。公式为：

$$\text{FNR} = \frac{FN}{FN + TP}$$

缺失值越小，说明模型的效果越好。

⑩特效率（Specificity）。特效率也叫真反率（True Negative Rate，简称 TNR）或反例的覆盖率，是分类模型评估的重要指标之一。模型正确预测为反例的样本占样本反例的比值，也即在总的反例样本中，模型正确预测为反例的样本数量占的比值。公式为：

$$\text{TNR} = \frac{TN}{FP + TN}$$

一般情况下，真反率越高，说明的模型的效果越好。

二元分类问题混淆矩阵结构可以很容易地推广到多元分类问题。对于存在 n 个类别的分类问题，混淆矩阵是个 n×n 的情形分析表，每一列对应分类模型判断的一个类别，而每一行对应一个真实的类别。

以上这些都属于静态的指标，当正反样本不平衡时它会存在着严重的问题。极端情况下比如正反样本比例为 1∶99（这在有些领域并不少见，例如监狱服刑人员自杀的比例可能还低于这个比例），那么一个基准分类模型只要把所有样本都判为反例，它就拥有了 99% 的精确度，但这时的评价指标是不具有参考价值的。另外就是，现代分类模型很多都不是简单地给出一个 0 或 1 的分类判定，实际工作中，很多分类模型为预测的应变量产生一个实值或概率预测值，然后将这个预测值与一个分类阈值（例如 0.5）进行比较，若大于阈值则分为正例，否则为反例，比如贝叶斯分类器输出的分类概率。对于这些分类器，当你取不同阈值，就可以得到不同的分类结果及分类器评价指标，依此人们又发明出来 ROC 曲线以及 AUC（曲线包围面积）指标来衡量分类器的总体可信度。

（2）P-R 曲线。一般情况，查准率高时，查全率偏低；而查全率高时，查准率偏低。为此，以查准率（Precision，简称 P）为纵轴、查全率（Recall，简称 R）为横轴作图，将各模型的查准率和查全率

值画到图上，得到查准率–查全率曲线，简称 P–R 曲线[1]。P 和 R
公式如下：

$$查准率（Precision）= P = \frac{TP}{TP + FP}$$

$$查全率（Recall）= R = \frac{TP}{TP + FN}$$

　　P–R 曲线在分类、检索等领域有着广泛的使用，来表现分类/检
索的性能。如果是分类器的话，通过调整分类阈值，可以得到不同的
P–R 值，从而可以得到一条曲线（纵坐标为 P，横坐标为 R）。通常
随着分类阈值从大到小变化，查准率减小，查全率增加。比较两个分
类器好坏时，显然是查得又准又全的比较好，也就是的 PR 曲线越往
坐标（1，1）的位置靠近越好。P–R 图直观的显示出分类模型在数据
总体上的查全率、查准率，在进行比较时，若一个模型的 P–R 曲线被
另一个完全包住，则可断言后者优于前者，如图 2–13 所示。A 优于
C；如果两个学习器的 P–R 曲线发生了交叉，如 A 和 B，则难以一般
性的断言两者孰优孰劣，只能在具体的 P 或 R 条件下进行比较。然
而，在很多情形下，人们往往仍希望把学习器 A 和 B 比个高低，这时
一个比较合理的判断依据是比较曲线下面积的大小，它在一定程度上
表征了学习器在 P 和 R 上取得相对"双高"的比例，但这个值不太容
易估算，因此人们设计了一些综合考虑 P 和 R 的度量。平衡点
（BEP）就是这样一个度量，是 P = R 时的取值，基于 BEP，可任务 A
优于 B。在不同的阈值下得到不同的 Precision、Recall，从而得到不同
的 x 轴和 y 轴的值，即一系列的点，将这些点在 P–R 图中依次连接起
来就得到了 P–R 图。

〔1〕　参见周志华：《机器学习》，清华大学出版社 2016 年版。

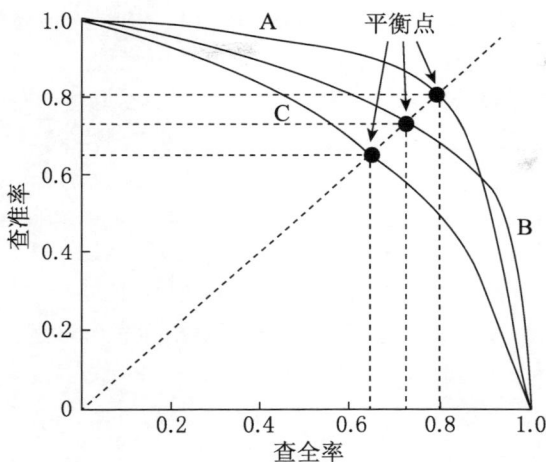

图 2-13　P-R 曲线

以上两个指标用来判断分类模型，但是有时候模型没有单纯的谁比谁好，这时选择好的模型要根据具体的应用场景而定。下面是五个场景：

①地震的预测。对于地震的预测，我们希望的是查全率 Recall 更高，也就是说每次地震我们都希望预测出来。这个时候我们可以牺牲查准率 Precision。情愿发出 1000 次警报，把 10 次地震都预测正确了；也不要预测 10 次，对了 8 次，漏了两次。

②服刑人员危险性评估。对于服刑人员的危险性评估和地震的预测是同样道理，我们希望把所有想要自杀的服刑人员都预测出来，在这种情况下，我们希望的是查全率 Recall 更高，可以牺牲查准率 Precision，也即我们情愿预测了 50 个服刑人员要自杀，其中包括真正要自杀的 5 个服刑人员；也不要预测出 4 个服刑人员要自杀，漏掉一个想要自杀的服刑人员。

③追踪逃犯。在逃犯信息检索系统中，更希望尽量可能少漏掉逃犯，此时查全率 Recall 比较重要。

④嫌疑人定罪。基于不错怪一个好人的原则，对于嫌疑人的定罪我们希望是非常准确的，即不能把一个好人定罪为一个罪犯。即使有

时候放过了一些罪犯（查全率 Recall 较低），按照这种规则，那么查准率 Precision 一定要高，而查全率 Recall 可以牺牲。

⑤商品推荐系统。商品推荐系统中，为了尽可能少打扰用户，更希望推荐的内容确实是用户比较感兴趣的，此时精准率（查准率）比较重要。

（3）F1-Score。F1 值是查准率和查全率的调和均值，即：

$$F1 = \frac{2PR}{P + R} = \frac{2 \times TP}{2 \times TP + FP + FN}$$

F1 相当于查准率和查全率的综合评价指标。当对查准率 Precision 和查全率 Recall 的重视程度不同时，则有一般的形式为：

$$F_{\beta} = \frac{(1 + \beta^2) \times P \times R}{\beta^2 \times P + R}$$

其中，β>1 查全率 Recall 有更大的影响，0<β<1 查准率 Precision 有更大影响，β=1 时退化为 F1。

（4）ROC 曲线和 AUC。既然已经这么多评价标准，为什么还要使用 ROC（Receiver Operating Characteristic）曲线呢？因为 ROC 曲线有个很好的特性：当测试集中的正反例样本的分布变化的时候，ROC 曲线能够保持不变。在实际的数据集中经常会出现正反例不平衡（Class Imbalance）现象，即反例样本比正例样本多很多（或者相反），而且测试数据中的正反例样本的分布也可能随着时间变化。ROC 曲线最初源于 20 世纪 70 年代的信号检测理论，是反映敏感性（真正例率）和特异性（假正例率）连续变量的综合指标，是用构图法揭示敏感性和特异性的相互关系，它通过将连续变量设定出多个不同的临界值，从而计算出一系列敏感性和特异性，再以敏感性为纵坐标、1-特异性为横坐标绘制成曲线，也即 ROC 曲线描述的是分类混淆矩阵中 FPR-TPR 两个量之间的相对变化情况。ROC 曲线以真正例率（True Positive Rate，简称 TPR）为纵轴，以假正例率（False Positive Rate，简称 FPR）为横轴作图，两者分别定义如下：

$$真正例率（True Positive Rate） = TPR = \frac{TP}{TP + FN}$$

$$假正例率（False\ Positive\ Rate）= FPR = \frac{FP}{FP + TN}$$

在不同的阈值下得到不同的 TPR 和 FPR，从而得到不同的 x 轴和 y 轴的值，即一系列的点，将这些点在 ROC 图中依次连接起来就得到了 ROC 图，ROC 曲线见图 2-14 所示。

对图 2-14 分析如下：

①接下来我们考虑 ROC 曲线图中的四个点和一条线。横轴是 FPR，纵轴是 TPR 也叫 Recall。分类模型中每个阈值的识别结果对应一个点（FPR，TPR）。第一个点，（0，1），即 FPR = 0，TPR = 1，这意味着 FN = 0，并且 FP = 0，这是一个完美的分类器，它将所有的样本都正确分类。第二个点，（1，0），即 FPR = 1，TPR = 0，这意味着 TN = 0，并且 TP = 0，类似地分析可以发现这是一个最糟糕的分类器，因为它成功避开了所有的正确答案。第三个点，（0，0），即 FPR = TPR = 0，即 FP = TP = 0，可以发现该分类模型预测所有的样本都为反例样本，此时阈值最大 = 1。类似的，第四个点（1，1），即 FPR = TPR = 1，即 FN = TN = 0，分类器实际上预测所有的样本都为正样本，此时阈值最小 = 0。经过以上的分析，我们可以断言，ROC 曲线越接近左上角，该分类器的性能越好。随着阈值从最大变化到最小，TPR 和 FPR 都逐渐增大。遍历所有的阈值便可以得到 ROC 曲线。

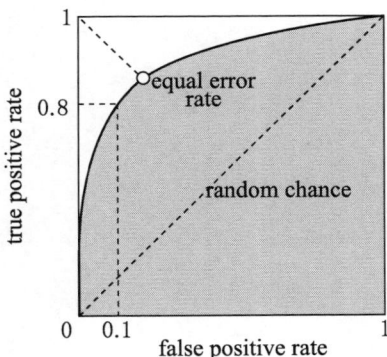

图 2-14 ROC 曲线

②一个好的分类模型应尽可能位于图像的左上角，也即第一个点
(0, 1)。主对角线 [连接点 (0, 0) 和 (1, 1)] 上的所有模型正
确率和错误率各一半 (TPR 恒等于 FPR)，即模型预测结果为正确和
错误各占 50%。因此，主对角线右下的点预测结果最差，ROC 曲线越
靠拢 (0, 1) 点，越偏离 45 度对角线 (主对角线左上) 模型的预测
效果越好。三条 ROC 曲线比较见图 2-15 所示，在 0.26 处取一条直
线。那么，在同样的低 FPR = 0.26 的情况下，红色分类器得到更高的
TPR。也就表明，ROC 越往上，分类器效果越好。

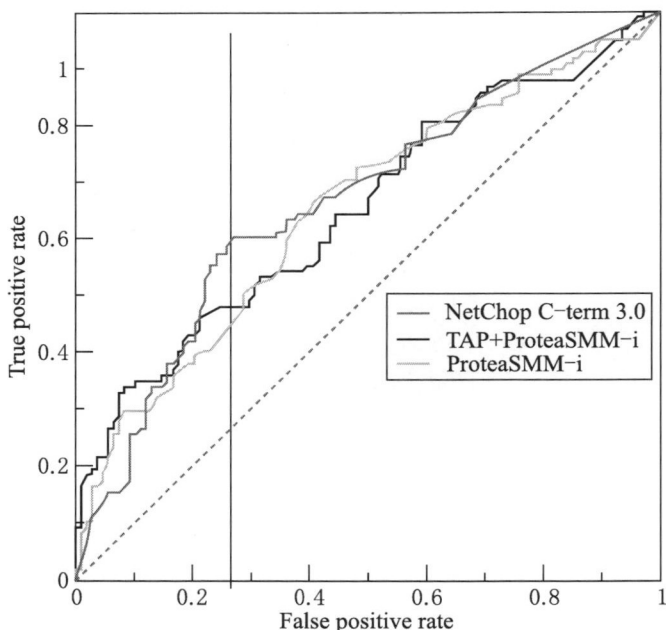

图 2-15 ROC 曲线比较

③用 ROC 曲线来表示分类器的性能很直观好用。可是，人们总是
希望能有一个数值来标志分类模型的好坏。于是 AUC (Area Under the
Curve) 就出现了。顾名思义，AUC 的值就是处于 ROC 曲线下方的那

部分面积的大小。通常，AUC 的值介于 0.5 到 1.0 之间，较大的 AUC 代表了较好的性能。

AUC＝1，是完美分类器，采用这个预测模型时，不管设定什么阈值都能得出完美预测。绝大多数预测的场合，不存在完美分类器；

0.5＜AUC＜1，优于随机猜测。这个分类器（模型）妥善设定阈值的话，能有预测价值；

AUC＝0.5，跟随机猜测一样（例：丢铜板），模型没有预测价值；

AUC＜0.5，比随机猜测还差，但只要总是反预测而行，就优于随机猜测。

④P-R 曲线和 ROC 曲线的关系。P-R 曲线和 ROC 曲线是两个不同的评价指标和计算方式，一般情况下，检索用前者，分类、识别等用后者。在 ROC 空间，ROC 曲线越凸向左上方向效果越好。与 ROC 曲线左上凸不同的是，P-R 曲线是右上凸效果越好。

ROC 和 P-R 曲线都被用于评估数据挖掘算法对一个给定数据集的分类性能，每个数据集都包含固定数目的正样本和反样本。而 ROC 曲线和 P-R 曲线之间有着很深的关系[1]。

定理 1：对于一个给定的包含正反样本的数据集，ROC 空间和 P-R 空间存在一一对应的关系，也就是说，如果 Recall 不等于 0，二者包含完全一致的混淆矩阵。我们可以将 ROC 曲线转化为 P-R 曲线，反之亦然。

定理 2：对于一个给定数目的正反样本数据集，一条曲线在 ROC 空间中比另一条曲线有优势，当且仅当第一条曲线在 P-R 空间中也比第二条曲线有优势。（这里的"一条曲线比其他曲线有优势"是指其他曲线的所有部分与这条曲线重合或在这条曲线之下。）

ROC 和 P-R 的效果比较如下：

①ROC 比 P-R 效果好。对于同一份数据不同的模型来说，由于 ROC 同时考虑了两个类别上的准确率，效果比 P-R 要好；P-R 由于

---

[1]　Davis J., Goadrich M., "The Relationship Between Precision-Recall and ROC Curves", *Proceedings of the International Conference on Machine Learning*, New York: ACM Press, 2006.

仅考虑正样本，如果分布失衡，容易造成某个模型的 P-R 很高，但其实是被样本量大的那个类别"带偏"了。

②P-R 比 ROC 效果好。对于同一份数据同一个的模型来说（就只有一个模型，一个 ROC，一个 P-R），因为 ROC 对类分布不敏感，就容易造成一个看似比较高的 AUC 对应的分类效果实际上并不好；而 P-R 就会波动非常大，以一个很"激烈"的方式表现出效果的不好。

某个模型 AUC 本身值的大小其实是不重要的，重要的是跟其他模型在同一份数据集上的 AUC 的大小关系，相对较大的那个更好。而 PRC 由于波动剧烈，即使不同模型在不同数据集上，也能看出一定的效果。

如果二元分类器输出的是对正样本的一个分类概率值，当取不同阈值时会得到不同的混淆矩阵，对应于 ROC 曲线上的一个点。那么 ROC 曲线就反映了 FPR 与 TPR 之间权衡的情况，通俗地来说，即在 TPR 随着 FPR 递增的情况下，谁增长得更快，快多少的问题。TPR 增长得越快，曲线越往上曲，AUC 就越大，反映了模型的分类性能就越好。当正负样本不平衡时，这种模型评价方式比起一般的精确度评价方式的好处尤其显著。对分类模型进行评价时，若一个模型的 ROC 曲线被另一个模型的 ROC 曲线完全包住，则后者的预测性能要优于前者；若 2 个模型的 ROC 曲线发生交叉，则比较合理的依据是比较 ROC 曲线下的面积，即 AUC。当正反样本数据差距不大的情况下，ROC 和 P-R 曲线的趋势差不多，但当反样本数据很多时，两者截然不同，ROC 曲线要优于 P-R 曲线，AUC 能很好描述模型整体性能的高低。因此在后面的分类模型评价中，我们主要以 ROC 曲线及其 AUC 作为评价指标。

在对模型评估完成后，需要对模型进行优化，主要包括选用更优的参数（即参数优化）、调整建模特征等方法。一般来讲，对特征的调整，主要是通过对已有特征进行变换或概念分层等操作。常见的特征变换方法就是进行标准化，让所有特征的权重相对均衡，另外进行对数变换会改变特征的分布，用一些对分布有要求的算法会比较好。

所谓概念分层及时把连续变量离散化或把离散变量进一步合并组合。另外，对模型参数的优化调整，典型的情况是：随着算法复杂度的增加，调整参数就越多，算法就越难以理解，按照标准调整参数的难度递增的顺序将常见的分类算法罗列如下：

①逻辑回归。

②K 近邻算法：平均的近邻数目。

③决策树：划分标准、树的最大深度、划分需要的最少样本数。

④核函数 SVM：核函数类型、核函数系数、惩罚参数。

⑤随机森林：树的数目、每个节点要划分的特征数、划分标准、划分需要的最少样本数。

⑥Boosting 算法：树的数目、学习率、树的最大深度、划分标准、划分需要的最少样本。

对每个调整参数选择适当的值比较困难是因为：算法要完全依赖于具体的问题和现实数据，一个算法对于一个问题工作的好，但不一定适合下一个问题。依靠启发式和经验法则的默认参数设置会导致较差的预测结果。严格地调整参数选择，对于保证模型的预测效果是非常重要的。实际中可以将两个或两个以上算法进行组合，甚至通过构建一组基分类器（包括决策树、Bayes、神经网络、支持向量机等分类器），最后通过投票来实现分类，从而提高分类准确率和模型的稳定性[1]。

2.4.6 部署模型

模型的部署是一般数据挖掘过程的最后一步，是集中体现数据挖掘成果的一步，也即将通过评估、优化的模型部署到实际的业务系统中，来挖掘业务数据中的模式和规律为业务决策服务。

一般而言，完成模型的构建并不意味着项目的结束。通常，模型

---

〔1〕 马国富、王子贤、马胜利："基于大数据的服刑人员危险性预测"，载《河北大学学报（自然科学版）》2016 年第 6 期。

的部署有两种方法：第一，提供给业务分析人员做参考，有数据分析人员通过查看和分析这个模型的预测结果后提供决策建议；第二，把模型部署到实际的业务系统中。在模型部署后，要不断地监控模型的预测效果，并不断地改进之。

第3章

服刑人员再犯罪预测数据准备

数据挖掘的基础是数据，所以准备足够、丰富、高质量的数据对数据挖掘的结果至关重要。数据准备也是数据挖掘中耗时最多的环节，数据准备、报考数据的收集和数据的质量分析。

3.1 服刑人员再犯罪数据的收集

3.1.1 认识数据

数据是数据挖掘的基础，因此我们首先要认识数据，从数据挖掘的角度认识数据，我们更加关注数据的属性和质量。

1. 数据的定义

数据是指对客观事件进行记录并可以鉴别的符号，是对客观事物的性质、状态以及相互关系等进行记载的物理符号或这些物理符号的组合[1]。它是可识别的、抽象的符号。数据可以是连续的值，比如声音、图像，称为模拟数据。也可以是离散的，如符号、文字，称为数字数据。在计算机系统中，数据以二进制信息单元 0 和 1 的形式表示。

数据不仅指狭义上的数字，还可以是具有一定意义的文字、字母、数字符号的组合、图形、图像、视频、音频等，也是客观事物的属性、数量、位置及其相互关系的抽象表示。例如，"0、1、2..."

---

[1] 参见王珊、萨师煊：《数据库系统概论（第5版）》，高等教育出版社2014年版。

"阴、雨、下降、气温""学生的档案记录、货物的运输情况"等都是数据。数据经过加工后就成为信息。

在计算机科学中，数据的定义是指所有能输入到计算机并被计算机程序处理的符号的介质的总称，是用于输入电子计算机进行处理，具有一定意义的数字、字母、符号和模拟量等的通称。

在数据科学中，各种符号（如字符、数字等）的组合、语音、图形、图像、动画、视频、多媒体和富媒体等统称为数据[1]。数据是一个相对来说，比较抽象的概念，因此我们需要对其进行认真辨析，尤其是注意以下三点。

（1）数据与数字之间存在区别和联系。数字只是用来记数的符号，数是用数字来表示的，可用一个或几个数字来表示。例如：3既是一个数字，又可以表示一个数；317是一个数，它是由三个数字1、3、7组成的。数字是单纯的，而数除了用数字表示，还可以用一些符号表示，如：字母、点或线。数用数字表示，没有数字，就不能反映出数量；离开数去谈数字，数字就失去意义，仅仅是一个符号。综上所述，数字仅仅是数据的一种表现形式，是一种符号。

（2）数据与数值之间存在联系与区别。数值是数据的一种存在形式。除了数值，数据还包括文字、图像、图形、音频、视频等其他多种类型。

（3）数据（Data）、信息（Information）、知识（Knowledge）和智慧（Wisdom）（简称DIKW）等概念之间存在一定的区别与联系。数据、信息、知识、智慧的金字塔层次体系见图3-1所示。从图3-1可以看出，从数据到智慧的认知转变过程，同时也是从认知部分到理解整体、从描述过去（现在）到预测未来的过程。数据、信息、知识、智慧的DIKW层次体系之间的联系与区别如下[2]，[3]。

---

〔1〕 参见朝乐门：《数据科学》，清华大学出版社2016年版。

〔2〕 刘峰："什么是数据、信息、知识和智慧"，载 http://www.360doc.com/content/15/0828/01/14075207_495375928.shtml，最后访问日期：2018年2月21日。

〔3〕 DIKW："数据、信息、知识、智慧的金字塔层次体系"，载 http://www.ciotimes.com/ProCase/85417.html，最后访问日期：2018年2月21日。

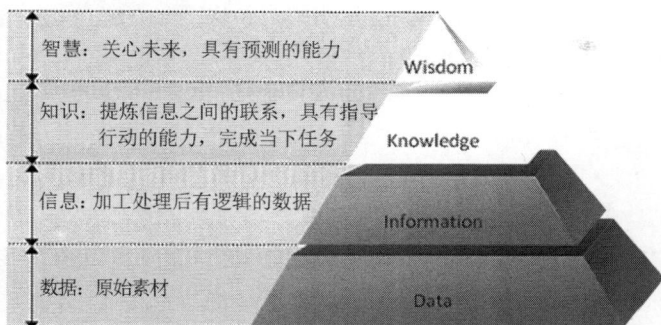

图 3-1　数据、信息、知识、智慧（DIKW）的金字塔层次体系

①数据的涵义。数据是数字、文字、图像、图形、视频、音频、符号等，它还是最原始的素材，未被加工、解释、没有回答特定问题，本身不代表任何潜在的意义。由此我们可以看出，数据是一种抽象表示，由于没有针对具体事务，不具有逻辑性。

②信息的涵义。信息必然来源于数据并高于数据。我们知道 50米、300 吨等数据是没有联系的、孤立的，只有当这些数据用来描述一个客观事物和客观事物的关系，形成有逻辑的数据，他们才能被称为信息。除此之外，信息事实上还包括有一个非常重要的特性——时效性。例如新闻说北京气温 9 摄氏度，这个信息对我们是无意义的，它必须加上今天或明天北京气温 9 摄氏度。再例如通告说，在会议室三楼开会，这个信息也是无意义的，它必须告诉我们是哪天的几点钟在会议室三楼开会。注意信息的时效性对于我们使用和传递信息有重要的意义，它提醒我们失去信息的时效性，信息就不是完整的信息，甚至会变成毫无意义的数据。所以我们认为信息是具有时效性的、有一定含义的、有逻辑的、经过加工处理的、对决策有价值的数据。当我们通过某种方式对数据进行组织和分析，数据的意义才显现出来，从而演变为信息。

③知识的涵义。信息虽给出了数据中一些有一定意义的东西，但它的价值往往会在时间效用失效后开始衰减，只有通过人们的参与对信息进行归纳、演绎、比较等手段进行挖掘，使其有价值的部分沉淀

下来，并于已存在的人类知识体系相结合，这部分有价值的信息就转变成知识。例如，北京 7 月 1 日，气温为 30 摄氏度；在 12 月 1 日气温为 3 摄氏度。这些信息一般会在时效性消失后，变得没有价值，但当人们对这些信息进行归纳和对比就会发现北京每年的 7 月气温会比较高，12 月气温比较低，于是总结出一年有春夏秋冬四个季节。因此我们认为知识不是信息的简单累积，而是从相关信息中过滤、提炼、加工而得到的有用资料，知识将信息与信息在行动中的应用之间建立有意义的联系，他体现了信息的本质、原则和经验。此外，知识基于推理和分析，可以产生新的知识。知识来源于信息，但又不是信息的子集，它是经过"理解"后，加入了以往的经验，关联了具体情境的、可以指导"如何"行动的信息。

④智慧的涵义。因此我们认为智慧是人类基于已有的知识，主要表现为收集、加工、应用、传播知识的能力，以及对事物发展的前瞻性看法。在知识的基础之上，通过经验、阅历、见识的累积，而形成的对事物的深刻认知、远见，体现为一种卓越的判断力。这种能力运用的结果是将信息的有价值部分挖掘出来并使之成为已有知识架构的一部分。例如，我们根据北京近几年来的冬天温度预测今年的冬天温度，从而有针对性地部署冬季取暖情况。

从图 3-1 整体来看，知识的演进层次，可以双向演进。从噪音中分拣出来数据，转化为信息，升级为知识，升华为智慧。这样一个过程，是信息的管理和分类过程，让信息从庞大无序到分类有序，各取所需。这就是一个知识管理的过程。反过来，随着信息生产与传播手段的极大丰富，知识生产的过程其实也是一个不断衰退的过程，从智慧传播为知识，从知识普及为信息，从信息变为记录的数据。

综上所述，在当今海量数据、信息爆炸时代下，知识起到去伪存真、去粗存精的作用。知识使信息变得有用，可以在具体工作环境中，对于特定接收者解决"如何"开展工作的问题，提高工作的效率和质量。同时，知识的积累和应用，对于启迪智慧，引领未来起到了非常重要的作用。

最后，有一点需要补充说明的是，数据、信息、知识依赖于语境、依赖于接收者本身，三者之间的区别并非泾渭分明。某个经过加工的数据对某个人来说是信息，而对另外一个人来说则可能是数据；一个系统或一次处理所输出的信息，可能是另一个系统或另一次处理的原始数据。同时，在某个语境下是知识的内容，在另外的语境中，可能就是信息，甚至是无意义的数据。因此，在进行数据、信息与知识的研究与应用时，要与特定语境（即人、任务等）进行结合才有意义。

2. 数据分类

数据的种类很多，按性质分为：

（1）定位的，如各种坐标数据；

（2）定性的，如表示事物属性的数据（居民地、河流、道路等）；

（3）定量的，反映事物数量特征的数据，如长度、面积、体积等几何量或重量、速度等物理量；

（4）定时的，反映事物时间特性的数据，如年、月、日、时、分、秒等。

按表现形式分为：

（1）数字数据，如各种统计或量测数据；

（2）模拟数据，由连续函数组成，又分为图形数据（如点、线、面）、符号数据、文字数据和图像数据等。

按记录方式分为：

地图、表格、影像、磁带、纸带。

按数字化方式分为：

矢量数据、格网数据等。

在数据挖掘中，数据的选择、类型、数量、采集方法、详细程度、可信度等，取决于系统应用目标、功能、结构和数据处理、管理与分析的要求。

3. 数据的属性

数据集有数据对象组成，一个数据对象代表一个实体。例如，在监狱管理信息库、罪犯信息库中，数据对象主要是服刑人员、监狱干警等。属性（Attribute）是一个数据字段，表示数据的一个特征。在文献中，通常属性、维度（Dimension）、特征（Feature）和变量（Variable）可以互换使用。术语"维度"一般用在数据仓库中；术语"特征"一般用在机器学习领域；术语"变量"一般用在统计学领域；术语"属性"一般用在数据挖掘和数据库中。当数据对象存放到数据库中后，数据对象也被称为数据元组，每一行称为数据元组；每一列称为数据对象的属性。例如，描述服刑人员对象的属性可能包括 Prisoner_ ID、Name、Address 等。一个属性的类型由该属性可能的值的集合决定，属性的描述有多种方法，在数据挖掘领域，一般将属性分为定性和定量，对应于不同的处理方法。给定属性的观测值称为观测，用来描述一个数据对象的一组属性称为属性向量或特征向量。数据的属性类型见表 3-1 所示。

表 3-1 属性的不同类型

属性类型		描述	例子	操作
定性的（分类的）	标称	标称属性的值仅仅只是不同的类别，即标称属性值只提供足够的信息用于区分数据对象（＝或≠）	性别、受教育程度、婚姻状况、籍贯等	众数、熵、列联相关
	序数	序数属性的值只提供足够的信息确定对象的次序（<，>）	｛好，较好，最好，一般，差｝培训成绩	中位数、百分位
定量的（数值的）	区间	对于区间属性，值之间的差异是有意义的，即存在测量单位（+，-）	出生日期、身体温度	均值、标准差、皮尔逊相关系数
	比率	对于比率变量，差和比率都是有意义的（＊，／）	年龄、长度	几何平均数，百分比变差

标称属性（Nominal Attribute）〔1〕的值是一些符号或事物的名称，每个值代表某种类别、编码或状态，因此标称属性又被看作是分类的。这些值可能不需要有意义的排序，在计算机科学中，这些值也被看作是枚举的。尽管，标称属性是一些符号或事物的名称，但是标称属性也可以用数表示这些符号或名称。例如，Prisoner Education（服刑人员学历）= {小学、初中、高中、大专、本科、研究生} = {1，2，3，4，5，6}。尽管，标称属性可以取整数值，但是也不能把它视为数值属性，因为标称属性并不具有有意义的次序，并且不是定量的。当标称属性的值只有两个时又称为二元属性或布尔属性，当这两种属性值具有同等价值并且携带相同的权重时，我们说这个二元属性是对称的，即属性的哪个值应用哪个编码并无偏好。例如，Prisoner_gender（服刑人员性别）= {男，女} = {0，1} = {1，0}，我们用指定编码 0 表示男，1 表示女或用 1 表示男，0 表示女。反之，这个二元属性是非对称的，即状态的结果不是同等重要的。例如，服刑人员再犯罪的结果，通常我们将用 1 表示最重要的结果（通常是稀有的）——再犯罪；而用编码 0 表示不再犯罪；再例如艾滋病病毒化验的阳性和阴性结果，通常我们将用 1 表示最重要的结果（通常是稀有的）——HIV 阳性；而用编码 0 表示 HIV 阴性。

当定性属性的值具有有意义的排序时，我们称为序数属性，但是序数属性值之间的差是未知的。例如，教师的职称包括：助教、讲师、副教授、教授，这些值具有有意义的先后次序，但是我们不能说教授比副教授大多少。在监狱里，对服刑人员进行危险性评估级别为：普管级、严管级、危险级；危险性种类为：积极类、稳定类、消极类、顽固类、危险类，同样，这些值只具有先后次序，但不能说，上一级比下一级多多少。一般，序数属性用于记录不能客观度量的主观质量评估，通常可应用于等级评定调查。例如，调查服刑人员对监狱整体的满意程度可有如下序数类别：0—很不满意，1—不太满意，

〔1〕　参见［美］韩家炜等：《数据挖掘概念与技术》，范明等译，机械工业出版社 2015 年版。

2——一般，3—满意，4—很满意。现实中，可以通过把定量数据离散化，划分为有限个有序类别而转换为序数属性。序数属性的中心趋势可以用它的中位数表示，但不能定义均值。

数值属性是定量的，即它是可以度量的量，用整数或实数值表示，可分为区间标度和比率标度。区间标度属性用相等的单位尺度度量，区间属性的值有序，并且运行进行比较和定量计算值之间的差。例如，出生的年份，2010 年和 2018 年相差 8 年，但是我们不能说 2018 年是 2010 年的多少倍。再例如，某服刑人员的身体温度为 31℃ 比另外一个服刑人员的身体温度 28℃ 多 3℃，但不能说 10℃ 比 5℃ 高 2 倍。由于区间属性是数值的，除了集中趋势度量外，还可以计算它的均值和分散趋势等。

比率属性是具有固有零点的数值属性，也就是说，我们可以说一个值是另一个值的几倍。当然，比率属性也是有序的，我们可以计算值之间的差，也能计算均值、中位数和众数等。例如服刑人员张三每年的收入 4000 元是服刑人员李四每年收入 2000 元的 2 倍；服刑人员王五每年的亲情回见平均次数 8 是服刑人员赵六每年的亲情回见平均次数 2 的 4 倍。

在机器学习领域，又把数据的属性分为离散型和连续型。离散属性是指属性的值是有限或无限可数的，可以具有数值型的值，可以用整数表示；否则，即为连续属性，通常定量属性和连续属性可以互换使用。

4. 数据的维度

数据的维度分为三维，分别对应：加工程度、抽象程度和结构化程度[1]，具体见图 3-2 所示。

---

[1] 参见朝乐门：《数据科学》，清华大学出版社 2016 年版。

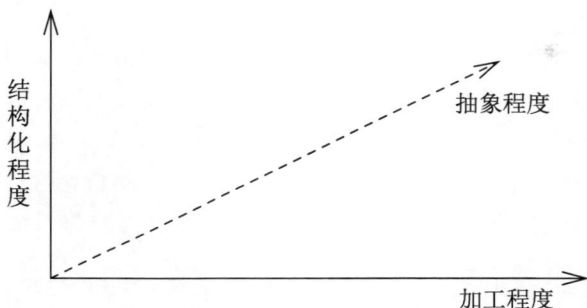

图 3-2　数据的维度

（1）从数据的加工程度来看，可以分为：零次数据、一次数据、二次数据、三次数据，见图 3-3 所示。

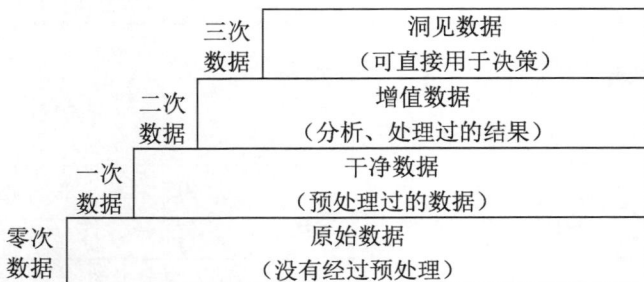

图 3-3　数据的加工程度

数据的加工程度对于数据挖掘中的流程设计和活动选择具有重要的意义，数据挖掘团队可以根据数据的加工程度来判断是否需要进行数据预处理。

①零次数据：原始或备份数据。零次数据中往往存在缺失值、数据噪声、错误或虚假数据等数据质量问题。

②一次数据：对零次数据进行初步预处理（主要包括数据清洗、变换、集成等）后得到的"干净数据"。

③二次数据：对一次数据进行深度处理或分析后（主要包括数据

脱敏、规约、标注等）得到的"增值数据"。

④三次数据：对一次或二次数据进行洞察分析（主要包括统计分析、数据挖掘、机器学习、可视化分析等）后得到的，可以直接用于决策支持的"洞见数据"。

（2）从数据的结构化程度来看，可以分为：结构化数据、半结构化数据和非结构化数据三种。它们的联系与区别见表3-2所示。

表3-2　结构化数据、半结构化数据和非结构化数据的联系与区别

类型	含义	本质	例子
结构化数据	可以用关系数据库存储和管理的表数据	先有结构，后有数据	例如：监狱管理信息库、罪犯信息库、警察信息库中的表数据
半结构化数据	经过一定转换处理后，可用关系数据库存储和管理的表数据	现有数据，后有结构	例如，网站中的html、xml等文件
非结构化数据	无法用关系数据库存储和管理的表数据	没有统一结构的数据	音频数据、视频数据等文件

①结构化数据：以"先有结构，后有数据"的方式生成的数据，通常，我们所说的结构化数据是指关系数据库中存储和管理的数据。而在关系数据库中，需要先定义数据结构（主要包括表结构、字段的定义、完整性约束等），然后再严格按照事先定义好的数据结构对数据进行处理。

②半结构化数据：介于结构化和非结构化之间的数据，数据的结构与内容耦合度高，需要进行一定的转换处理后可发现其结构。主要包括：html、xml等文件。

③非结构化数据：没有统一结构的数据，在没有定义结构的情况下存储和管理数据。通常不能再关系型数据库中存储和管理，主要包

括：音频、视频、图像、图形、文本等数据。

目前，在监狱、强制隔离戒毒所等司法行政机关，绝大部分数据属于非结构化数据，但受限于技术条件，当前数据挖掘的主要对象还是结构化数据。

（3）从数据的抽象程度来看，可分为：数据、元数据、数据对象三个层次。

①数据：是指对客观事件进行记录并可以鉴别的符号。例如，专著《基于大数据挖掘的服刑人员再犯罪预测》的内容。

②元数据：数据的数据，可以是数据内容的描述信息等。例如，专著《基于大数据挖掘的服刑人员再犯罪预测》的元数据有：作者、出版社、出版日期、页数、印数、字数等。

③数据对象：对数据内容和元数据进行封装或关联后得到更高层次的数据集，这属于面向对象的抽象思想。

3.1.2 大数据

1. 大数据的发展历程

2008 年，《Nature》出版了 "Big Data" 专刊[1]，计算社区联盟（Computing Community Consortium）发布了 "大数据计算：在商务、科学和社会领域创建革命性突破（Big Data Computing：Creating Revolutionary Breakthroughs in Commerce，Science，and Society）" 报告[2]，它使人们的思维不仅局限于数据处理的机器，并提出：大数据真正重要的是新用途和新见解，而非数据本身，此组织可以说是最早提出大数据概念的机构。

---

〔1〕　Nature："Big Data"，http://www.nature.com/news/specials/bigdata/index.html，最后访问日期：2018 年 2 月 22 日。

〔2〕　Bryant RE, Katz RH, Lazowska ED："Big‑Data computing：Creating revolutionary breakthroughs in commerce, science and society"，http:// www.era.org/ccc/docs/init/Big_Data.pdf，最后访问日期：2018 年 2 月 22 日。

2009 年〔1〕，印度政府建立了用于身份识别管理的生物识别数据库；联合国全球脉冲项目已研究了对如何利用手机和社交网站的数据源来分析预测从螺旋价格到疾病暴发之类的问题；美国政府通过启动 Data. gov 网站的方式进一步开放了数据的大门，这个网站向公众提供各种各样的政府数据。该网站的超过 4.45 万量数据集被用于保证一些网站和智能手机应用程序来跟踪从航班到产品召回再到特定区域内失业率的信息，这一行动激发了从肯尼亚到英国范围内的政府们相继推出类似举措；欧洲一些领先的研究型图书馆和科技信息研究机构建立了伙伴关系致力于改善在互联网上获取科学数据的简易性。

2010 年，肯尼斯·库克尔（Kenneth Cukier）在《经济学人》上发表了长达 14 页的大数据专题报告"数据，无所不在的数据"。库克尔在报告中提到："世界上有着无法想象的巨量数字信息，并以极快的速度增长。从经济界到科学界，从政府部门到艺术领域，很多方面都已经感受到了这种巨量信息的影响。"科学家和计算机工程师已经为这个现象创造了一个新词汇："大数据"。库克尔也因此成为最早洞见大数据时代趋势的数据科学家之一。

2011 年，*Science* 推出专刊"Dealing with Data"〔2〕，重点研究大数据的科学问题；全球知名咨询公司麦肯锡（McKinsey）发布了一份关于大数据的详尽报告——"大数据：创新、竞争和生产力的下一个新领域（Big Data：The Next Frontier for Innovation，Competition，and Productivity）"，大数据开始备受关注，这也是专业机构第一次全面介绍和展望大数据。报告指出，大数据已经渗透到当今每一个行业和业务职能领域，成为重要的生产因素。人们对于海量数据的挖掘和运用，预示着新一波生产率增长和消费者盈余浪潮的到来。报告还提到，"大数据"源于数据生产和收集的能力和速度的大幅提升——由

---

〔1〕 "大数据的发展历程：2005－2014"，载 http://www.forestry.gov.cn/portal/xxb/s/2519/content-709605.html，最后访问日期：2018 年 2 月 22 日。

〔2〕 Science："Special Online Collection：Dealing with Data"，http://www.sciencemag.org/site/special/data/，最后访问日期：2018 年 2 月 22 日。

于越来越多的人、设备和传感器通过数字网络连接起来，产生、传送、分享和访问数据的能力也得到彻底变革。12 月，工信部发布的物联网十二五规划中，把信息处理技术作为 4 项关键技术创新工程之一被提出来，其中包括了海量数据存储、数据挖掘、图像视频智能分析，这都是大数据的重要组成部分。

2012 年，在 1 月瑞士达沃斯召开的世界经济论坛上，大数据是主题之一，会上发布的报告"大数据、大影响：国际发展新的可能性（Big Data, Big Impact：New Possibilities for International Development）"〔1〕宣称，数据已经成为一种新的经济资产类别，就像货币或黄金一样。3 月，美国联邦政府在白宫网站发布了"大数据研究和发展倡议（Big Data Research and Development Initiative）"〔2〕，这一倡议标志着大数据已经成为重要的时代特征。3 月，奥巴马政府宣布 2 亿美元投资大数据领域〔3〕，是大数据技术从商业行为上升到国家科技战略的分水岭，在次日的电话会议中，政府对数据的定义"未来的新石油"，大数据技术领域的竞争，事关国家安全和未来。并表示，国家层面的竞争力将部分体现为一国拥有数据的规模、活性以及解释、运用的能力；国家数字主权体现对数据的占有和控制。数字主权将是继边防、海防、空防之后，另一个大国间博弈的空间。4 月，美国软件公司 Splunk 在纳斯达克成功上市，成为第一家上市的大数据处理公司。鉴于美国经济持续低迷、股市持续震荡的大背景，Splunk 首日的突出交易表现尤其令人们印象深刻，首日即暴涨了一倍多。Splunk 是一家领先的提供大数据监测和分析服务的软件提供商，成立于 2003 年。Splunk 成功上市促进了资本市场对大数据的关注，同时也促使 IT 厂商

---

〔1〕 World Economic Forum："Big Data, Big Impact：New Possibilities for International Development"，http：//www3. weforum. org/docs/WEF-TC-MFS-BigDataBigImpact_ Briefing_ 2012. pdf，最后访问日期：2018 年 2 月 22 日。

〔2〕 "Big Data Research and Development Initiative"，http：//www. whitehouse. gov/sites/default/files/omb/egov/digital-government/digital-government-strategy. pdf，最后访问日期：2018 年 2 月 22 日。

〔3〕 "Obama Administration Unveils ＄200M Big Data R&D Initiative"，http：//escience. washington. edu/what-we-do/obama-big-data-initiative，最后访问日期：2015 年 2 月 2 日。

加快大数据布局。5月，联邦政府发布"数字政府战略（Digital Government Strategy）"〔1〕，致力于为公众提供更好的"数字化"服务，围绕数据进行的一系列措施在美国政府全面推进，大数据对美国政府的影响逐步显现。7月，联合国在纽约发布了一份关于大数据政务的白皮书，总结了各国政府如何利用大数据更好地服务和保护人民。这份白皮书举例说明在一个数据生态系统中，个人、公共部门和私人部门各自的角色、动机和需求。例如通过对价格关注和更好地服务的渴望，个人提供数据和众包信息，并对隐私和退出权力提出需求；公共部门出于改善服务，提升效益的目的，提供了诸如统计数据、设备信息，健康指标及税务和消费信息等，并对隐私和退出权力提出需求；私人部门出于提升客户认知和预测趋势目的，提供汇总数据、消费和使用信息，并对敏感数据所有权和商业模式更加关注。白皮书还指出，人们如今可以使用的极大丰富的数据资源，包括旧数据和新数据，对社会人口进行前所未有的实时分析。联合国还以爱尔兰和美国的社交网络活跃度增长可以作为失业率上升的早期征兆为例，表明政府如果能合理分析所掌握的数据资源，将能"与数俱进"，快速应变。7月，为挖掘大数据的价值，阿里巴巴集团在管理层设立"首席数据官"一职，负责全面推进"数据分享平台"战略，并推出大型的数据分享平台——"聚石塔"，为天猫、淘宝平台上的电商及电商服务商等提供数据云服务。随后，阿里巴巴董事局主席马云在2012年网商大会上发表演讲，称从2013年1月1日起将转型重塑平台、金融和数据三大业务。马云强调："假如我们有一个数据预报台，就像为企业装上了一个GPS和雷达，你们出海将会更有把握。"因此，阿里巴巴集团希望通过分享和挖掘海量数据，为国家和中小企业提供价值。此举是国内企业最早把大数据提升到企业管理层高度的一次重大里程碑，阿里巴巴也是最早提出通过数据进行企业数据化运营的企业。

2014年，4月，世界经济论坛以"大数据的回报与风险"主题发

---

〔1〕 "Digital Government Strategy"，http://www.whitehouse.gov/blog/2012/03129/big-data-big-deal，最后访问日期：2018年2月22日。

布了《全球信息技术报告（第 13 版）》。报告认为，在未来几年中针对各种信息通信技术的政策甚至会显得更加重要。全球大数据产业的日趋活跃，技术演进和应用创新的加速发展，使各国政府逐渐认识到大数据在推动经济发展、改善公共服务、增进人民福祉乃至保障国家安全方面的重大意义。5 月，美国白宫发布了 2014 年全球"大数据"白皮书的研究报告《大数据：抓住机遇、守护价值》。报告鼓励使用数据以推动社会进步，特别是在市场与现有的机构并未以其他方式来支持这种进步的领域；同时，也需要相应的框架、结构与研究，来帮助保护美国人对于保护个人隐私、确保公平或是防止歧视的坚定信仰。

2. 大数据的定义和特征

（1）大数据的技术属性。大数据本身是一个比较抽象的概念，但从字面上看，它表示数据规模的大，但是仅从数据量上无法看出大数据和"海量数据（Massive Data）""超大规模数据（Very Large Data）"等概念的区别。对于大数据的定义目前没有一个公认的定义，大多数定义侧重大数据的特征。

2008 年 9 月美国《自然》杂志刊登了一个名为"Big Data"的专辑，首次提出大数据（Big Data）概念。大数据，或称巨量资料，是指由数量巨大、结构复杂、类型众多的数据所构成的数据集合，必须通过特殊化处理分析才能形成有规律、可预测的信息服务能力。

麦肯锡在其报告"大数据：创新、竞争和生产力的下一个新领域"中给出的大数据定义是：大数据指的是大小超出常规的数据库工具获取、存储、管理和分析能力的数据集。该定义是一个可变的定义，即不定义一个特定数字的 TB[1]才叫大数据，这是因为符合大数据标准的数据集容量会随着技术及行业的发展而变化。

Amazon 的大数据科学家 John Rauser 给出了一个简单的定义：大数据是任何超过了一台计算机处理能力的数据量。这个定义同样是一

---

〔1〕 最小的基本单位是 bit，按顺序给出所有单位：bit、Byte、KB、MB、GB、TB、PB、EB、ZB、YB、BB、NB、DB。除了 bit 外，其他单位相邻上下单位之间都是 1024 倍的关系。

个非常宽泛的定义，对大数据的理解也不够全面和深刻。

维基百科中对大数据定义：巨量资料（Big Data），或称大数据，指的是所涉及的资料量规模巨大到无法通过目前主流软件工具，在合理时间内达到撷取、管理、处理并整理成为帮助企业经营决策更积极目的的资讯。

百度百科对大数据的定义是：大数据（Big Data），指无法在一定时间范围内用常规软件工具进行捕捉、管理和处理的数据集合，是需要新处理模式才能具有更强的决策力、洞察发现力和流程优化能力的海量、高增长率和多样化的信息资产。

研究机构 Gartner 给出了这样的定义[1]：大数据是需要新处理模式才能具有更强的决策力、洞察发现力和流程优化能力的海量、高增长率和多样化的信息资产。这也是一个描述性的定义，在对数据描述的基础上加入了处理此类数据的一些特征，用这些特征来描述大数据。

IBM 认为[2]，可以用四个特征相结合来定义大数据：数据量（Volume）、种类（Variety）、速度（Velocity）、真实性（Veracity），即用 4V 或 V4，也即大容量、种类丰富、极快速度、真实而准确的数据。

大数据（Big Data，Mega Data），或称巨量资料，指的是需要新处理模式才能具有更强的决策力、洞察发现力和流程优化能力的海量、高增长率和多样化的信息资产。[3]

计算社区联盟在其"大数据计算：在商务、科学和社会领域创建革命性突破"报告中，提出了大数据的 3V 定义，认为大数据需要满足 3 个特点：规模性（Volume）、多样性（Variety）、高速性（Veloci-

---

[1] Gartner："Gartner IT Glossary-Big Data"，https：//www. gartner. com/it-glossary/bigdata，最后访问日期：2013 年 9 月。

[2] 金小鹿："驯服大数据的 4 个 V"，载《中国计算机报》2012 年第 7 期。

[3] Berwick H.："The 'four Vs' of Big Data：Implementing Information Infrastructure Symposium"，http：//www. computerworld. com. au/article/396198/iiis_four_vs-big-data/，最后访问日期：2018 年 2 月 22 日。

ty）。国际数据公司（International Data Corporation，IDC）认为大数据还应当具有价值性（Value）[1]。海量化数据（Volume）是指数据体量巨大及规模完整性。随着数据加工处理技术的提高，网络宽带的成倍增加以及社交网络技术的迅速发展，使得数据产生量和存储量成倍增长，数据规模从 TB 级别跃升到 PB 级别。多样化结构（Variety）是指数据类型繁多。随着物联网、社交网络、智能终端等的普及和应用，网络日志、视频、图片、地理位置信息等非结构化数据所占比例越来越大。高速化处理（Velocity）是指主要表现为数据流的处理速度快。数据规模的无限扩张既对高速化处理提出了新的要求，也为其带来了新的机遇，大数据的高速化处理要求具有时间敏感性和决策性的分析，要求能在第一时间抓住重要事件发生的信息。这一点也是大数据和传统的数据挖掘技术不同的本质区别所在。低密度价值（Value）是指体现出的是大数据运用的真实意义。数据规模大并不意味着价值高，相反，这些数据间更多表现为稀缺性、不确定性和多样性[2]。

2014 年，IBM 发布了"践行大数据承诺：大数据项目的实施应用（Realizing the Promise of Big Data：Implementing Big Data Projects）"白皮书，在该报告中进一步扩展了大数据的特征，首次提出将大数据的特性由 4V 扩展为"Vs"。"Vs"在大数据已有特征的基础上，增加了数据粘度（Viscosity），主要用来衡量数据流间的关联性（Resistance to Flow of Data）；数据易变性（Variability），主要衡量数据流的变化率；数据有效性（Volatility），主要表明数据有效性的期限和存储的期限时长。我们认为，未来随着大数据技术的发展成熟，以及人们对大数据应用的深入，大数据的"Vs"特征将会不断变化和拓展，大数据的"Vs"特征见表 3-3 所示。

---

〔1〕 参见杨旭、汤海京、丁刚毅：《数据科学导论》，北京理工大学出版社 2014 年版。
〔2〕 参见孟小峰、慈祥："大数据管理：概念、技术与挑战"，载《计算机研究与发展》2013 年第 1 期。

表 3-3　大数据的"Vs"特征

Vs	特征	描述
Volume	海量化数据	衡量数据的规模
Velocity	高速度处理	衡量数据的处理速度
Variety	多样化结构	衡量数据的类型
Viscosity	强关联数据	衡量数据流间的关联性
Variability	易变化数据	衡量数据流的变化率
Veracity	精确化数据	衡量数据的确定性
Volatility	数据有效性	表明数据有效性及存储的期限
……		

（2）大数据的社会属性。任何事物都具有物理和社会两类属性特征。无论是最初的"4V"还是 IBM 修正后的"Vs"理论，我们认为它们都属于大数据的技术属性，是大数据所具有的区别于其他事物的特征，更多关注的是大数据的物理属性。这时的大数据被贴上的是"技术"标签。事实上，现在我们所谈到的大数据概念，其范畴已经远远超过了技术领域，而是被赋予了更丰富的社会属性。在看待大数据时，要建立全面、系统的大数据意识，要看到大数据在创造社会价值、变革行为方式等社会属性方面的"大"，而不仅仅只是其物理属性方面的"大"。

艾伯特-拉斯洛·巴拉巴西在《爆发：大数据时代预见未来的新思维》一书中指出，"大数据，更强的流动能力，社会化增强；每个人都是自媒体，个性化增强；更大范围的连接，网络化增强"；涂子沛在《大数据：正在到来的数据革命》一书中指出，"大数据时代是一个更开放的社会、一个权力更分散的社会、一个网状的大社会"。综合以上观点来看，我们认为，大数据只有与人发生了关系，展示了人类行为的规律性，才真正具有了意义。大数据应该具有它的社会属性，大数据社会属性是指大数据受社会影响所衍生出来的属性。

事实上，我们认为，大数据发展到今天，其内涵已经不仅仅局限于技术维度，而是在演变过程中不断扩展，进而形成了一个语义更加丰富、维度更加多元的综合性的概念，主要可以从以下几个方面理解。

大数据是一种技术。大数据的主要特点为数据量大（Volume）、数据类别复杂（Variety）、数据处理速度快（Velocity）和数据真实性高（Veracity），合起来被称为"4V"。大数据中的数据量非常巨大，达到了 PB 级别，在这庞大的数据之中不仅仅包括结构化数据（如数字、符号等数据），还包括非结构化数据（如文本、图像、声音、视频等数据）。这使得大数据的存储、管理和处理很难利用传统的关系型数据库去完成。在大数据之中，有价值的信息往往深藏其中。这就需要利用可视化分析、数据挖掘算法、预测性分析能力、语义引擎和数据质量管理（Data Quality Management）等技术对海量数据进行快速处理并获取有价值的信息，这个获取信息的过程就是大数据技术。

大数据是一种能力。大数据是一种寻找确切意思的能力，在大量数据当中寻找到背后隐藏的意义，发现事先未能想到的关系、有意思的联系的能力；大数据是一种能较准确判断事物发展趋势的能力，大数据通过对行为数据、物理数据等的分析，可以找出数据之间微妙的关联关系，然后利用这些关系找到事物发展的规律，进而预测未来；大数据是一种能带来创新的能力，大数据通过对数据的整合，将看似不相关的数据进行"重组"和分析，挖掘数据的潜在价值，进而实现数据创新，这种创新有可能创新某种产品，也可能带来产业的转型。

大数据是一种思维。大数据是一种以"开放共享"为核心价值观的思维方式，在大数据时代强调从信息公开到开放数据，从开放数据到开放数据接口，随着数据开放共享程度的提高，社会的开放共享程度也在提高。2014 年 4 月 24 日，百度宣布开放全球首个大数据引擎，将这一大数据引擎向外界开放，为其提供大数据存储、分析及挖掘的技术能力。

大数据是一个时代。大数据时代是一个以数据为基本元素的时代，是一个以数据为战略资产的时代，在大数据时代只要你掌握了数据就拥有了核心竞争力。在大数据时代，每个个体都是一个数据"源"，每个个体都可以发声。大数据时代是一个更开放的社会、一个权力更分散的社会、一个网状的大社会，它让社会朝着更加个性化、民主化、自由化、开放化的方向发展〔1〕。

大数据技术的战略意义不在于掌握庞大的数据信息，而在于对这些含有意义的数据进行专业化处理。换言之，如果把大数据比作一种产业，那么这种产业实现盈利的关键，在于提高对数据的"加工能力"，通过"加工"实现数据的"增值"。

从技术上看，大数据与云计算的关系就像一枚硬币的正反面一样密不可分。大数据必然无法用单台的计算机进行处理，必须采用分布式架构。它的特色在于对海量数据进行分布式数据挖掘，但它必须依托云计算的分布式处理、分布式数据库和云存储、虚拟化技术。

随着云时代的来临，大数据（Big Data）也吸引了越来越多的关注。《著云台》的分析师团队认为，大数据（Big Data）通常用来形容一个公司创造的大量非结构化数据和半结构化数据，这些数据在下载到关系型数据库用于分析时会花费过多时间和金钱。大数据分析常和云计算联系到一起，因为实时的大型数据集分析需要像 MapReduce 一样的框架来向数十、数百或甚至数千的电脑分配工作。大数据需要特殊的技术，以有效地处理大量的容忍经过时间内的数据。适用于大数据的技术，包括大规模并行处理（MPP）数据库、数据挖掘电网、分布式文件系统、分布式数据库、云计算平台、互联网和可扩展的存储系统。

3. 大数据的结构类型

数据量大是大数据的一致特征，由于数据自身的负责性，大数据的处理主要在大规模并行处理环境中进行。大数据具有多种形式，主要包括结构化数据、半结构化数据、非结构化数据三种形式。

（1）结构化数据。结构化数据一般指存储在数据库中，具有一定逻辑结构和物理结构的数据，最为常见的是存储在关系数据库中的数据。对于结构化数据，任何一列的数据不可以再细分，任何一列的数据类型相同，且只有一种数据类型。结构化数据的数据模型主要是二

---

〔1〕 刘叶婷、唐斯斯："大数据对政府治理的影响及挑战"，载《电子政务》2014 年第 6 期。

维表（关系型），结构化数据是先有结构，再有数据。结合到典型场景中更容易理解，比如企业 ERP、财务系统、医疗 HIS 数据库、教育一卡通、政府行政审批系统和其他信息管理系统所使用的数据库等。监狱十个应用系统（即监狱安全防范和应急指挥系统、监管及执法管理系统、教育改造系统、生活保障及医疗卫生系统、警察管理系统、生产管理与劳动改造系统、监狱建设与保障系统、狱务公开系统、办公自动化和决策支持系统）的后台数据库中的数据属于结构化数据。

（2）半结构化数据。所谓半结构化数据有两层含义，一种是指在物理层上缺少结构的数据，另一种是指在逻辑层上缺少结构的数据。有一些结构化数据，为用于 Web 页面的显示而与 html 语言的标记符号嵌在一起，构成了物理上的半结构化数据。Internet 中有大量丰富的数据，这些数据多存在于 html 文件中，没有严格的结构及类型定义，这些都是逻辑层半结构化的数据。Internet 上的数据与传统数据库中的数据不同，传统的数据库都有一定的数据模型，可以根据模型来具体描述特定的数据，而 Internet 上的数据非常复杂，没有特定的模型描述，每一站点的数据都各自独立设计，并且数据本身具有自述性和动态可变性，因而，Internet 上的数据具有一定的结构性，但因自述层次的存在，是一种非完全结构化的数据，这也被称为半结构化数据。因此，半结构化数据是自描述、数据结构和内容混杂在一起。半结构化数据的数据模型主要包括基于图的描述形式、基于树的描述形式、基于逻辑的描述形式、基于关系的描述形式以及基于对象的描述形式，半结构化数据是先有数据，再有结构。半结构化数据主要来源有 3 方面：

①在 WWW 等对存储数据无严格模式限制的情形下，常见的有 HTML、XML 和 SGML 文件；

②在电子邮件、电子商务、文献检索和病历处理中，存在着大量结构和内容均不固定的数据；

③异构信息源集成情形下，由于信息源上的互操作要存取的信息源范围很广，包括各类数据库、知识库、电子图书馆和文件系统等。

半结构数据的特点主要有：

①隐含的模式信息。虽然具有一定的结构，但结构和数据混合在一起，没有显式的模式定义。例如 HMTL 文件是一个典型。

②不规则的结构。一个数据集合可能由异构的元素组成，或用不同类型的数据表示相同的信息。

③没有严格的类型约束。由于没有一个预先定义的模式以及数据在结构上的不规则性，导致缺乏对数据的严格约束。

监狱半结构化数据主要包括：

①监狱网站上的数据；②监狱各服务器上的日志；③监狱服刑人员病例数据。

（3）非结构化数据。非结构化数据包括所有格式的办公文档、文本、图片、图像、音频、视频信息，非结构化数据从内容上没有统一的结构，数据是以原生态形式（Raw Data）保存的，因此计算机无法直接理解和处理。为了对不同类型的非结构化数据进行处理，所采用的基本思路是对这些非结构化数据进行描述，基于描述性信息实现对非结构化数据内容的管理和操作。对于非结构化数据的描述，目前有 3 类[1]：基于关键字的语义描述、基于底层特征的描述、基于概念的语义描述。一个非结构化数据可以由基本属性、语义特征、底层特征以及原始数据 4 个部分构成，而且 4 个部分的数据之间存在各种联系。

①基本属性：所有非结构化数据都具有的一般属性，这些属性不涉及数据的语义，包括名称、类型、创建者、创建时间等。

②语义特征：以文字表达的非结构化数据特有的语义属性，包括作者创作意图、数据主题说明、底层特征含义等语义要素。

③底层特征：通过各种专用处理技术（如图像、语音、视频等处理技术）获得的非结构化数据特性，例如对图像数据而言，有颜色、纹理、形状等。

④原始数据：非结构化数据的原生态文件。

实际上，大多数的大数据都是非结构化或半结构化的，不同数据

---

[1] 李未、郎波："一种非结构化数据车的四面体数据模型"，载《中国科学：信息科学》2010 年第 8 期。

结构类型的数据变化趋势见表 3-4 所示。未来非结构化数据、半结构化数据、结构化数据的增长幅度将呈现金字塔式增长。结构化数据、半结构数据、非结构数据见图 3-4、3-5、3-6 所示。

实际上，日常业务管理系统中，上述数据类型有可能混合在一起。例如一个关系数据库管理系统保存着一个软件支持呼叫中心的通话日志[1]，在该系统中，有典型的结构化数据，比如有日期/时间戳、机器类型、问题类型、操作系统，这些是在线支持人员通过图形用户界面上的下拉式菜单输入的。另外，还有非结构化数据或半结构数据，比如自由形式的通话日志信息，这些可能来自包含问题的电子邮件或者技术问题和解决方案的实际通话描述，而最重要的信息通常隐藏在这里。

监狱非结构化数据主要包括：

①监狱日常开会记录；

②监狱干警和服刑人员的谈话记录；

③亲情会见等录音数据；

④监狱视频监控。

表 3-4　大数据结构变化趋势

大数据类型	特征	增长速度	举例
结构化数据	包括预定义的数据类型、格式和结构化的数据	快	事务性数据和联机分析处理
半结构数据	具有可识别的模式，并可以解析的文本数据文件	较快	自描述和具有定义模型的 XML 数据文件
非结构化数据	没有固定结构的数据，通常保存为不同类型的文件	非常快	各种文本文档、图像、音频、视频数据

---

〔1〕　参见周宝曜、范承工、刘伟：《大数据：战略·技术·实践》，电子工业出版社 2013 年版。

考试成绩表			
学号	课程编号	课程名称	成绩
2010010001	A01	C#	63
2010010002	A01	C#	59
2010010003	A01	C#	79

图 3-4　结构化数据

```
<!DOCTYPE html PUBLIC "-//W3C//DTD XHTML 1.0 Transitional//EN"
"http://www.w3.org/TR/xhtml1/DTD/xhtml1-transitional.dtd">
<html xmlns="http://www.w3.org/1999/xhtml">
<head>
    <meta http-equiv="content-type" content="text/html; charset=UTF-8" />
    <title>中国知网</title>
    <meta name="keywords" content="中国知网,数字出版,知识发现,知识服务,数字图书馆,学术文献,期刊,博士论文
,硕士论文,会议论文,报纸,年鉴,统计数据,专利,科技成果,标准,法规,古籍,工具书,引文,图片搜索,外文文献" />
    <meta name="description" content="中国知网知识发现网络平台—面向海内外读者提供中国学术文献、外文文
献、学位论文、报纸、会议、年鉴、工具书等各类资源统一检索、统一导航、在线阅读和下载服务。涵盖基础科学、文史哲、工程科
技、社会科学、农业、经济与管理科学、医药卫生、信息技术等十大领域。" />
    <link rel="stylesheet" type="text/css"
href="http://piccache.cnki.net/index/css/min/KDNindex.min.css?v=D59787997F3B8FCE" />
    <script src="http://piccache.cnki.net/index/script/jquery-1.4.2.min.js"
type="text/javascript"></script>
    <script type="text/javascript" src="http://piccache.cnki.net/index/script/gb.DefaultPage.min.js?
v=D59787997F3B8FCE "></script>
</head>
```

图 3-5　半结构数据

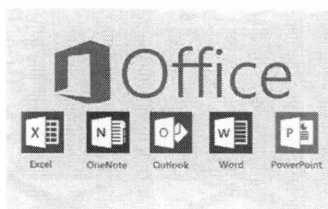

图 3-6　非结构化数据

4. 大数据发展的高级形态（块数据）

（1）点数据。点数据是离散的孤立数据，它也是大数据的初始来源。点数据的价值随时间的推移而下降，而数据聚合的价值却在逐渐增加。例如 2017 年 8 月 26 日一个用户从网上购买了一部手机，这个

交易数据对用户本人、电商、物流公司来说都有很高的价值，可以保证交易的顺利完成，但当货物送达用户手中后，用户、电商和物流公司可能不会再关注本次交易数据，此时交易数据的个体性价值大大降低。但如果 6 个月后，电商将无数条类似的交易数据进行汇集、分析、挖掘，获取数据背后隐藏的信息，就可以明确下一步的发展布局和战略。

（2）条数据。将某个行业、领域内的点数据进行整合就形成了条数据，条数据实现了特定领域、行业内纵深数据的集合。条数据造成特定行业、领域内的数据单一、封闭，进而造成信息孤岛、数据垄断和预测时的以偏概全等负面影响。目前，人们讨论的数据几乎都是"条数据"，即某个行业和领域呈链条状串起来的数据。未来，大数据发展的趋势是"块数据"，即条数据在"块"上的汇聚和融合。

（3）块数据。块数据是在一个物理空间或者行政区域内形成的涉及人、事、物等各类数据的综合，相当于将各类"条数据"解构、交叉、融合。在块数据集合过程中，包含了数据空间的填充、空间数据的重构、集合过程的组构，及组构过程中的集合，同时还有新数据的汇集和原有数据组合后的衍生数据。通过块数据的应用，可以挖掘出数据更高、更多的价值。例如，一个百货商场每天卖出许许多多的商品，每个商品有从原材料到加工成商品的生产过程的数据，也有品牌设计、广告营销和销售数量的销售数据，以及产品售后服务、商户反馈等服务数据，这些都是以产品为中心的"条数据"，而百货商场销售的商品种类、数量，男女老少在商场的购物、娱乐情况，天气、公交和停车场对商场经营情况的影响等，这些数据可以称为块数据。这个"块"是指这个商场，商场这个物理空间产生的数据总和就是商场的块数据。而一个数据的变化会带动其他数据发生改变，比如，当商场的影院播放一部聚集人气的影片时，商场的其他产品销量也会上升，这一过程又会衍生出新的数据。这个例子也充分说明了块数据的强活性，即随时随地都在进行数据更新。

因此，块数据的商业价值就在于通过对块数据的挖掘、分析，我们能够实现对事物规律的精准定位，甚至能够发现以往未能发现的新规律。可以毫不夸张地说，在这个时代，得"块"者得天下。

可以说块数据是具有高度关联性的各类数据在特定平台上的持续聚合，块数据实现数据跨行业、跨部门的集聚融合，数据关联性与其价值大小呈正相关的关系。块数据是大数据发展的高级形态，是大数据时代的解决方案。

大数据通过人的思维来观察和解释数据，而块数据则是运用数据的思维去观察和解释人的行为。

块数据的主体是人，通过以人为原点记录静态数据、意识数据、行为数据，推动人类行为和数据的交互影响以及人类自身的进步。与条数据相比，块数据的四个特征更为明显，即数据容量大、数据类型多、处理速度快、商业价值高。有人说，块数据的解决是"数据孤岛"和统一平台标准问题，但其实更多的是以"互联网思维"构建一个面向未来的数据平台，这给创新发展带来新的驱动力，将会推动产业彻底变革和再造。

块数据的一个典型应用是与区块链的融合创新。块数据是建立"绳网结构"的基础，块数据为区块链的应用提供了丰富的数据，而区块链则在块数据背后形成了一个跨企业、跨组织、跨个体的从事经济社会活动的信任体系，二者的结合将为推动经济的变革与社会的进步提供极具颠覆性的解决方案。块数据与区块链的融合创新，是实现协同共享模式的最佳技术手段。

块数据的融合并不仅限于某个特定的区域、场景和部门，而是打破了时空的限制，实现了自然要素和人文因素的融合。当块数据与区块链进一步融合创新，人类将实现又一次跃升，迈向共享社会。块数据在城市中的应用，表现在建成一个生活便捷化、经济绿色化、治理精细化、政务协同化的块数据城市，在一个坚实和立体的数据防护体系下，辖区群众的安全感和幸福指数能够获得更大程度的提升。

在未来的块数据城市里，人类的每一个行踪和行为都会得到效率最大化的配置，整个社会的运转效率将得到极大的提升。

3.1.3 服刑人员再犯罪预测的数据源

良好的数据源是数据挖掘成功的重要保证，那么哪些数据可以作为数据源呢？广义上来说，所有与业务问题相关的结构化数据、半结构化数据和非结构化数据都是可以作为数据源的。但是，在数据挖掘实践中，不可能把所有的数据都拿来进行数据挖掘，而是选择与数据挖掘目标相关的数据作为数据挖掘项目的数据源。

目前，全国大部分监狱和强制隔离戒毒所的业务信息系统的后台数据库没有集中在一起，为了进行数据挖掘，可以把这些系统中的数据集成到数据仓库〔1〕中，然后再根据不同的数据挖掘项目建立不同的数据集市。数据仓库是决策支持系统（DSS）和联机分析应用数据源的结构化数据环境。数据仓库研究和解决从数据库中获取信息的问题。数据仓库的特征在于面向主题、集成性、稳定性和时变性。数据仓库将来自多个不同数据源的数据预先集成，并集中存储在数据仓库中供直接查询和分析。数据仓库为集成的不同种数据库提供了分布式处理大数据的能力。通过对数据库中的数据进行复制、预处理、集成、注释和汇总，并重新组织到一个语义一致的数据存储中。在数据仓库中进行的操作并不影响原有数据库。关于数据仓库和数据集市的设计与部署不是本书的重点，因此这里简略，详细内容可参看脚注〔2〕〔3〕。

要进行数据挖掘，就必须有数据源，国内常见的公开数据源如下。

---

〔1〕　数据仓库，英文名称为 Data Warehouse，可简写为 DW 或 DWH。数据仓库，是为企业所有级别的决策制定过程，提供所有类型数据支持的战略集合。它是单个数据存储，出于分析性报告和决策支持目的而创建。为需要业务智能的企业，提供指导业务流程改进、监视时间、成本、质量以及控制。

〔2〕　王雪迎：《Hadoop 构建数据仓库实践》，清华大学出版社 2017 年版。

〔3〕　参见阿里巴巴数据技术及产品部：《大数据之路：阿里巴巴大数据实践》，电子工业出版社 2017 年版。

1. 国家相关部门统计信息

主要包括央行、银监会、证监会、国家统计局、政府网、互联网络信息中心发布的数据统计信息。

（1）中国人民银行。网址为：http://www.pbc.gov.cn/diaocha-tongjisi/116219/index.html. 主要包括社会融资规模、金融统计数据、货币统计、金融机构信贷收支统计、金融市场统计、企业商品价格指数，等等，数据权威且容易查找，实用性强。

（2）中国银行业监督管理委员会。网址为：http://www.pbc.gov.cn/jinrongshichangsi/147160/147171/index.html. 主要包括银行业的数据统计，包括资产负债规模、主要监管数据等。

（3）国内各类型银行业金融机构。网址为：http://www.cbrc.gov.cn/chinese/jrjg/index.html. 主要包括政策性银行、国有商业银行、股份制银行、城商行、农商行、农信社、信托、财务公司，等等。

（4）中国证券监督管理委员会。网址为：http://www.csrc.gov.cn/pub/newsite/sjtj/. 主要包括证券市场、期货市场相关数据，每天更新快报，并有周报、月报等定期更新。

（5）中国国家统计局。网址为：http://www.stats.gov.cn/tjsj/. 主要包括国家经济宏观数据，社会发展、民生相关重要数据及信息，非常全面，且定期发布统计出版刊物，实用性强。

（6）国家数据。网址为：http://data.stats.gov.cn/index.html. 数据源来自国家统计局，但排版更清晰简洁，包括国计民生各个方面的月度数据、季度数据、年度数据、各地区数据、部门数据以及国际数据。

（7）数据_中国政府网。网址为：http://www.gov.cn/shuju/. 主要包括 CPI、GDP、PPI、工业生产增长指数、固定资产投资、社会消费品零售总额、粮食产量等的指数统计，只列出了主要数据，数据来源于国家统计局，点击会跳转至统计局的国家数据网站。查找起来比较简洁清晰，适合需要快速获取这些基础数据的人群。

（8）中国经济数据库。网址为：http://www.ceicdata.com/zh-hans/

countries/china. 中国经济数据库收编了 300 000 多天时间序列数据，数据内容涵盖宏观经济数据、行业经济数据和地区经济数据，可以按照需求进行下载、访问、组织、输出等操作。

（9）中国互联网络信息中心 CNNIC。网址为：http://www.cnnic.cn/. 主要包括互联网发展相关基础数据，相对第三方机构的互联网数据而言，数据更宏观且权威。

2. 第三方机构统计数据

主要包括 199it、统计网、数据堂、淘宝指数、百度指数等发布的数据统计信息或研究报告。

（1）199it 互联网数据统计。网址为：http://www.199it.com/. 主要针对互联网专题的数据统计，侧重于网罗各种互联网相关报告，数据权威性一般，但大部分报告质量很高，启发性和可读性非常强。

（2）中国统计网_数据分析。网址为：http://www.itongji.cn/analysis/. 主要侧重于数据分析。

（3）数据堂。网址为：http://www.datatang.com/. 主要包括智能交通数据、电子商务数据、人脸识别数据、智能安防数据、语音识别数据、智能行车数据、智能教育数据等。

（4）淘宝指数。网址为：http://shu.taobao.com/. 淘宝指数是淘宝官方的免费的数据分享平台，于 2011 年年底上线，通过它，用户可以窥探淘宝购物数据，了解淘宝购物趋势。而且产品不仅仅针对淘宝卖家，还包括淘宝买家及广大的第三方用户。它同时承诺将永久免费服务，成为阿里巴巴旗下一个强大精准的数据产品。

（5）百度指数。网址为：http://index.baidu.com/. 百度指数（Baidu Index）是以百度海量网民行为数据为基础的数据分享平台，是当前互联网乃至整个数据时代最重要的统计分析平台之一，自发布之日便成为众多企业营销决策的重要依据。"世界很复杂，百度更懂你"，百度指数能够告诉用户：某个关键词在百度的搜索规模有多大，一段时间内的涨跌态势以及相关的新闻舆论变化，关注这些词的网民是什么样的，分布在哪里，同时还搜了哪些相关的词，帮助用户优化数字营销活动方案。

百度指数的主要功能模块有：基于单个词的趋势研究（包含整体趋势、PC 趋势还有移动趋势）、需求图谱、舆情管家、人群画像；基于行业的整体趋势、地域分布、人群属性、搜索时间特征。

3. 数据分析挖掘比赛网站

（1）KDD CUP 竞赛。网址为：http://www. kdd. org/kdd2018/. 详细内容参考网站。

（2）Kaggle 竞赛。网址为：https：//www. kaggle. com/datasets. 详细内容参考网站。

（3）DataCastle(以下简称 DC)。网址为:http://www. dcjingsai. com/common/cmptIndex. html. DataCastle 竞赛是中国最大的数据科学竞赛平台，致力于通过最优秀的数据科学家的力量解决复杂的大数据问题。通过来自不同行业、各种规模的公司、组织在平台上发布数据及问题，以众包的方式，获得科学的最优的数据结果和解决方案。DC 拥有来自全国各地的高校学子、大数据领域研究学者、企业技术精英，为不同的行业、各种规模的公司与组织提供科学的最优的数据结果及解决方案。参赛者除了获得奖金和经验外，还可以通过平台相互学习，提升自身能力，在竞赛中收获知识、财富、名誉和乐趣。详细内容参考网站。

（4）阿里云天池大数据竞赛。网址为：https://tianchi. aliyun. com/datalab/index. htm? spm = 5176. 100066. 5610778. 16. 3d65d780wcuPRo. 详细内容参考网站。

（5）CCF 大数据竞赛。网址为：http://www. datafountain. cn/#/competitions. 详细内容参考网站。

4. 科研及学术论文网站

UCI 是最经典的，不过也比较古老，网址为：http://archive. ics. uci. edu/ml/datasets. html. 再有就是看具体做的内容，然后看相关学者都用什么数据集，一般而言，数据都可以通过论文中的信息或者是作者主页上的信息下载到。

监狱或强制隔离戒赌所等司法行政系统由于涉及相关矫正人员的敏感数据，因此，目前在国内没有开放。因此，要想进行数据挖掘，就必须和基层实务部门合作。受限于监狱现有技术和人力，目前，个别监狱建立了单独的数据分析中心，对单位的业务及日常管理工作进行数据分析，为监狱领导提供决策支持。但是，由于现有的应用系统一般都不是监狱自己开发的，因此，无法直接对数据库进行操作，通常，都是先导出 Excel 文件，然后再对 Excel 文件进行简单的数据分析，操作比较原始，数据分析也比较简单，技术手段比较单一。某监狱从服刑人员危险性评估系统导出的 Excel 文件截图见图 3-7 所示。某监狱 2014 年 7 月至 2016 年 5 月，14 个业务考核模块（财务管理未产生数据）产生记事考核共计 14 036 条。其中奖分记事 2 776 条，奖 4 665 分；扣分记事 11 260 条，扣 13 954. 7 分。该监狱各业务考核模块数据如表 3-5 所示。某监狱指挥中心 2017 年上半年工作考核数据可视化分析见图 3-8 所示。

出生	罪名	入监日期	刑期	刑期止	测试日期	危险结果
1948-3-19 0:00	故意杀人	1999-6-7 0:00	16_04_00	2020-2-23 0:00	2016-6-25 15:43	中度危险组（三级，脱逃、行凶危险）
1948-3-19 0:00	故意杀人	1999-6-7 0:00	16_04_00	2020-2-23 0:00	2015-5-18 15:19	低度危险组（四级）
1969-12-30 0:00	故意杀人	2005-9-30 0:00	13_3_20	2023-7-11 0:00	2016-5-30 15:34	高度危险组（二级，脱逃、行凶危险）
1969-12-30 0:00	故意杀人	2005-9-30 0:00	13_3_20	2023-7-11 0:00	2015-6-5 14:21	高度危险组（二级，脱逃、行凶危险）
1985-9-10 0:00	参加黑社会性质	2008-6-2 0:00	11_6_31	2018-4-27 0:00	2016-6-17 14:25	中度危险组（三级，脱逃、行凶危险）
1985-9-10 0:00	参加黑社会性质	2008-6-2 0:00	11_6_31	2018-4-27 0:00	2015-6-10 9:10	中度危险组（三级，脱逃、行凶危险）
1985-5-2 0:00	参加黑社会性质	2008-6-2 0:00	10_11_0	2017-10-30 0:00	2016-7-30 11:11	中度危险组（三级，脱逃、行凶危险）
1985-5-2 0:00	参加黑社会性质	2008-6-2 0:00	10_11_0	2017-10-30 0:00	2015-5-29 13:28	中度危险组（三级，脱逃、行凶危险）
1975-9-6 0:00	盗窃	2009-3-6 0:00	__	2016-4-20 0:00	2016-6-19 18:59	低度危险组（四级）
1975-9-6 0:00	盗窃	2009-3-6 0:00	__	2016-4-20 0:00	2015-5-13 16:12	低度危险组（四级）
1974-10-14 0:00	盗窃	2009-3-6 0:00	9_2_30	2017-12-10 0:00	2016-6-2 8:56	中度危险组（三级，脱逃、行凶危险）
1974-10-14 0:00	盗窃	2009-3-6 0:00	9_2_30	2017-12-10 0:00	2015-6-10 9:59	低度危险组（四级）
1974-10-14 0:00	盗窃	2009-3-6 0:00	9_2_30	2017-12-10 0:00	2015-5-24 9:36	低度危险组（四级）
1990-1-2 0:00	故意杀人	2009-4-16 0:00	__	2029-7-5 0:00	2016-6-9 0:00	高度危险组（二级，脱逃、行凶危险）
1990-1-2 0:00	故意杀人	2009-4-16 0:00	__	2029-7-5 0:00	2015-6-2 11:28	高度危险组（二级，脱逃、行凶危险）
1974-12-26 0:00	抢劫	1997-11-27 0:00	15_01_10	2015-10-7 0:00	2015-6-6 17:53	中度危险组（三级，脱逃、行凶危险）
1973-12-15 0:00	参加黑社会性质	2009-10-25 0:00	17_0_31	2024-1-27 0:00	2016-6-13 15:05	高度危险组（二级，脱逃、行凶危险）
1973-12-15 0:00	参加黑社会性质	2009-10-25 0:00	17_0_31	2024-1-27 0:00	2015-5-29 9:29	中度危险组（三级，脱逃、行凶危险）
1977-10-12 0:00	诈骗	2010-3-9 0:00	9_1_31	2018-2-3 0:00	2016-7-30 11:17	低度危险组（四级）
1977-10-12 0:00	诈骗	2010-3-9 0:00	9_1_31	2018-2-3 0:00	2015-6-3 19:07	低度危险组（四级）
1978-4-13 0:00	抢劫	2011-11-10 0:00	无期		2015-5-28 15:38	极高危险组（一级，脱逃、行凶危险）
1957-3-23 0:00	抢劫、脱逃、盗	2012-1-4 0:00	死缓		2015-6-5 15:14	极高危险组（一级，脱逃、行凶危险）
1991-10-7 0:00	故意杀人	2011-10-21 0:00	死缓		2015-6-5 15:08	极高危险组（一级，脱逃、行凶危险）
1986-8-16 0:00	抢劫	2012-1-6 0:00	死缓		2015-6-5 15:11	极高危险组（一级，脱逃、行凶危险）
1972-7-8 0:00	绑架	2012-5-30 0:00	9995_0_0	1900-1-1 0:00	2016-5-29 9:12	极高危险组（一级，脱逃、行凶危险）

图 3-7　监狱服刑人员危险性评估系统导出 Excel 文件截图

表 3-5 各业务考核模块数据截图

序号	考核业务类别	记事条数	考核业务量占比（%）	奖分记事条数	奖分分值	扣分记事条数	扣分分值
1	绩效考核	3 083	21.96%	2 138	3 603.3	945	1 985.8
2	政工业务	2 329	16.59%	90	87.9	2 239	3 017.6
3	生活卫生	1 879	13.39%	92	198.5	1 787	1 907
4	狱政管理	1 655	11.79%	62	102.3	1 593	1 978.5
5	劳动改造	1 400	9.97%	22	29	1 378	1 542
6	教育改造	871	6.21%	82	125	789	901
7	狱侦管理	860	6.13%	5	25	855	876.3
8	公司管理	740	5.27%	285	494	455	475
9	后勤保障	659	4.70%	0	0	659	656.5
10	刑罚执行	309	2.20%	0	0	309	371
11	科室督查	119	0.85%	0	0	119	112
12	固定资产	70	0.50%	0	0	70	70
13	纪检监察	31	0.22%	0	0	31	31
14	改造评估	31	0.22%	0	0	31	31
	合计	14 036	100%	2 776	4 665	11 260	13 954.7

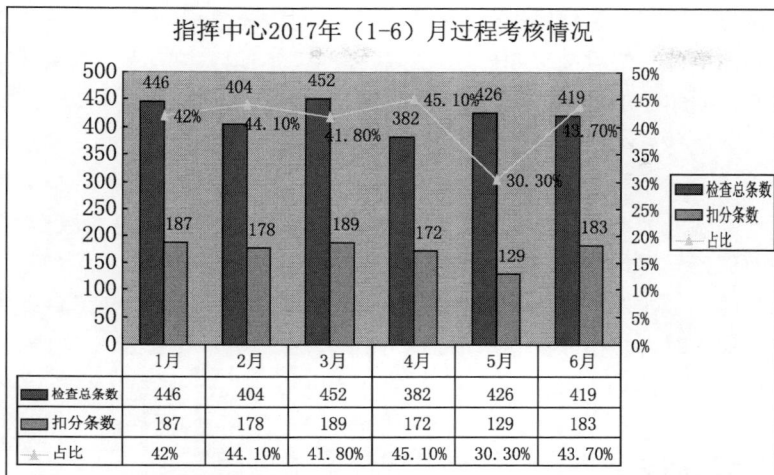

图 3-8　某监狱指挥中心 2017 年上半年工作考核数据可视化分析

3.1.4 大数据时代下的服刑人员再犯罪数据抽样

在收集数据过程中，绝大多数情况下，并不采取普查的方式获取总体中所有样本的数据信息，而是以各类抽样方法抽取其中若干代表性样本来进行数据获取和分析。在获得待分析数据集后，需要再次通过抽样技术选取出训练集和测试集，以便比较选择出最优的挖掘算法。抽样数据方式简单来说是指通过抽样技术选出数据符合分析模型要求或算法要求的方式，具体的抽样方法如下。

1. 概率抽样方法

（1）简单随机抽样（Simple Random Sampling），也叫纯随机抽样。从总体 N 个单位中随机地抽取 n 个单位作为样本，使得每一个容量为样本都有相同的概率被抽中。特点是：每个样本单位被抽中的概率相等，样本的每个单位完全独立，彼此间无一定的关联性和排斥性。简单随机抽样是其他各种抽样形式的基础。通常只是在总体单位之间差异程度较小和数目较少时，才采用这种方法。

（2）系统抽样（Systematic Sampling），也称等距抽样。将总体中的所有单位按一定顺序排列，在规定的范围内随机地抽取一个单位作为初始单位，然后按事先规定好的规则确定其他样本单位。先从数字1到k之间随机抽取一个数字r作为初始单位，以后依次取r+k、r+2k单位。这种方法操作简便，可提高估计的精度。

（3）分层抽样（Stratified Sampling）。将抽样单位按某种特征或某种规则划分为不同的层，然后从不同的层中独立、随机地抽取样本。从而保证样本的结构与总体的结构比较相近，从而提高估计的精度。

（4）整群抽样（Cluster Sampling）。将总体中若干个单位合并为组，抽样时直接抽取群，然后对中选群中的所有单位全部实施调查。抽样时只需群的抽样框，可简化工作量，缺点是估计的精度较差。[1]

2. 非概率抽样方法

（1）方便抽样（Convenience Sampling）。调查者以自己方便的方式抽取偶然得到的样本，最典型的方便抽样是"街头拦人法"。方便抽样的优点是易于实施、代价较小；缺点是样本代表性差、有很大的偶然性。

（2）定额抽样（Quota Sampling）。调查者先将总体按某种特征划分成不同的组，然后在配额内以主观判断选定样本作为研究对象。定额抽样和分层抽样的相同之处是对总体进行分组，不同之处是分层抽样按概率原则在层内抽选样本，而定额抽样选取样本是主观的。定额抽样的优点是能够缩小抽样范围，减少抽样成本，缺点是确定额度困难，需多次探索。

（3）判断抽样（Judgement Sampling）。研究人员根据调查目的和主观经验，从总体中选择最具代表性的样本。判断抽样的优点是可以用于总体难以确定的研究对象，缺点是受研究人员的主观倾向性影响大，一旦主观判断失误，则易引起较大的抽样偏差。

（4）滚雪球抽样（Snowball Sampling）。先选取若干符合特征的样

---

〔1〕 王珊、萨师煊：《数据库系统概论（第5版）》，高等教育出版社2014年版。

本构成最初的调查对象，然后依靠他们提供新的调查对象，随着调查的推进，样本如同滚雪球般由小变大。滚雪球抽样方法的优点是能够很方便地找到被调查者，用于探索性研究，缺点是样本之间必须存在联系且愿意保持和提供这种联系。

那么大数据下的数据分析与挖掘工作是否还需要抽样？——结论：具体看情况！是否抽样看需求。

抽样工作在数据获取较少或处理大量数据比较困难的时代非常流行，主要有以下几方面背景：

（1）数据计算资源不足。计算机软硬件的限制是导致抽样产生的基本原因之一，尤其是在数据密集的生物、科学工程等领域，不抽样往往无法对海量数据进行计算。

（2）数据采集限制。很多时候抽样从数据采集端便已经开始，例如做社会调查必须采用抽样方法进行研究，因为根本无法以所有人群做调查。

（3）时效性要求。抽样带来的以局部反应全局的思路，如果方法正确，可以以极小的数据计算量来实现对整体数据的统计分析，在时效性上会大大增强。

如果存在上述条件限制或有类似强制性要求，那么抽样工作仍然必不可少。但是在当前数据化运营的大背景下，数据计算资源充足、数据采集端可以采集更多的数据并且可以通过多种方式满足时效性的要求，抽样工作是否就没有必要了？其实不是的，即使上述限制条件都满足，还有很多场景依然需要通过抽样方法来解决具体问题：

（1）通过抽样来实现快速的概念验证。数据工作中可能会包括创新性或常识性项目，对于这类项目进行快速验证、迭代和交付结论往往是概念验证的关键，通过抽样方法带来的不仅是计算效率的提升，还有前期数据准备、数据预处理、算法实现等各个方面的开发，以及服务器、硬件的配套方案的部署等内容的可行性、简单化和可操作性。

（2）通过抽样来解决样本不均衡问题。为了解决样本类别分布不均衡的问题，我们可以通过欠抽样、过抽样以及组合/集成的方法解决不均衡的问题，这个过程就用到了抽样方法。例如，在对监狱服刑人员再犯罪进行预测过程中，有可能实施再犯罪的监狱服刑人员的比例相对来说是比较小的，可能 100 个服刑人员中，只有 2 个有可能实施再犯罪，这显然是分类类别不均衡。

（3）无法实现对全部样本覆盖的数据化运营场景。典型场景包括市场研究、客户线下调研分析、产品品质检验、用户电话满意度调查等，这些场景下无法实现对所有样本的采集、分析、处理和建模。

（4）定性分析的工作需要。在定性分析工作中，通常不需要定量分析时的完整假设、精确数据和复杂统计分析过程，更多的是采用访问、观察和文献法收集资料并通过主观理解和定性分析找到问题答案，该过程中主要依靠人自身的能力而非密集的计算机能力来完成研究工作。如果不使用抽样方法，那么定性分析将很难完成。

综上所述，大数据分析和抽样并不矛盾。分布式（Map-Reduce 等）和实时处理（流计算、内存计算）的发展，让大规模数据分析成为可能。但从效率和成本的角度考虑，适当和合理的抽样也是有必要的。大数据抽样与否，其实这并不是个问题，关键在于我们是否有足够的资源去实现大数据分析，就像两个极端，而我们总是要找到一个平衡。

3.2 读取数据

数据分析师需要从多种输入格式中加载数据到相关的数据分析软件（SPSS、SAS、R 或 Python 中），尽管不同的软件本身有其自有的原生的数据格式，但是通用性更强的数据集常常还是以文本格式存在，主要包括 CSV、XLS、JSON、XML 等格式，当然数据库中的数据也是重要的数据源。

3.2.1 从 CSV 文件中读取数据

逗号分隔值（Comma-Separated Values，CSV，有时也称为字符分隔值，因为分隔字符也可以不是逗号），其文件以纯文本形式存储表格数据（数字和文本）。纯文本意味着该文件是一个字符序列，不含必须像二进制数字那样被解读的数据。CSV 文件由任意数目的记录组成，记录间以某种换行符分隔；每条记录由字段组成，字段间的分隔符是其他字符或字符串，最常见的是逗号或制表符。通常，所有记录都有完全相同的字段序列。

1. 用法

CSV 是一种通用的、相对简单的文件格式，被用户、商业和科学领域广泛应用。最广泛的应用是在程序之间转换表格数据，而这些程序本身是在不兼容的格式上进行操作的（往往是私有的或无规范的格式）。因为大量程序都支持某种 CSV 变体，至少是作为一种可选择的输入/输出格式。例如，一个用户可能需要交换信息，从一个以私有格式存储数据的数据库程序，到一个数据格式完全不同的电子表格。最可能的情况是，该数据库程序可以导出数据为"CSV"文件，然后被导出的 CSV 文件可以被电子表格程序导入。

CSV 文件并不是一种单一的、定义明确的格式（尽管 RFC 4180 有一个被通常使用的定义）。因此在实践中，术语 CSV 泛指具有以下特征的任何文件：

（1）文本，使用某个字符集，比如 ASCII、Unicode、EBCDIC 或 GB2312。

（2）由记录组成（典型的是每行一条记录）。

（3）条记录被分隔符分隔为字段（典型分隔符有逗号、分号或制表符；有时分隔符可以包括可选的空格）。

（4）每条记录都有同样的字段序列。

在这些常规的约束条件下，存在着许多 CSV 变体，故 CSV 文件并不完全互通。然而，这些变异非常小，并且有许多应用程序允许用户预览文件（这是可行的，因为它是纯文本），然后指定分隔符、转义规则等。如果一个特定 CSV 文件的变异过大，超出了特定接收程序的支持范围，那么可行的做法往往是人工检查并编辑文件，或通过简单的程序来修复问题。因此在实践中，使用 CSV 文件还是非常方便的。

2. 规则

（1）开头不留空，以行为单位。

（2）可含或不含列名，含列名则居文件第一行。

（3）一行数据不跨行，无空行。

（4）以半角逗号（即,）作分隔符，列为空也要表达其存在。

（5）列内容如存在半角引号（即"），替换成半角双引号（""）转义，即用半角双引号（即""）将该字段值包含起来。

（6）文件读写时引号和逗号操作规则互逆。

（7）内码格式不限，可为 ASCII、Unicode 或者其他。

（8）不支持特殊字符。

3. 实例

某设备型号及相关信息见表 3-6 所示。

表 3-6　某设备型号及其相关信息

年	制造商	型号	说明	价值
1997	Ford	E350	ac，abs，moon	3 000.00
1999	Chevy	Venture "Extended Edition"		4 900.00
1999	Chevy	Venture "Extended Edition，Very Large"		5 000.00
1996	Jeep	Grand Cherokee	MUST SELL! air，moon roof，loaded	4 799.00

将表 3-6 转换为 CSV 格式如下：

年，制造商，型号，说明，价值

1997，Ford，E350，"ac，abs，moon"，3 000.00

1999，Chevy，"Venture ""Extended Edition"""，""，4 900.00

1999，Chevy，"Venture ""Extended Edition，Very Large"""，""，5 000.00

1996，Jeep，Grand Cherokee，"MUST SELL! air，moon roof，Loadel"，4 799.00

以上这个 CSV 的例子说明了：

（1）含逗号、双引号，或是换行符的字段必须放在引号内。

（2）字段内部的引号必须在其前面增加一个引号来实现文字引号的转码。

（3）分隔符逗号前后的空格可能不会被修剪掉，这是 RFC 4180 的要求。

（4）元素中的换行符将被保留下来

4. 解析 CSV 文件

目前，Python 已经成为数据挖掘、机器学习等领域最通用的语言之一，又因为它是开源软件，有许多库支持，因此本书开发环境中以 Python 语言为例来对各种文件格式进行解析，由于本书不是编程方面的专著，所以下面对常见的解析方式进行简略概述，详细内容，见脚注文献〔1〕〔2〕。

（1）通过 CSV 模块解析 CSV 文件。

首先，我们需要导入 CSV 模块：

Import csv

接下来打开 CSV 格式文件，然后应用函数 csv. reader（）来解析文件：

with open（filename）as f：

〔1〕　参见［美］奎斯塔：《实用数据分析》，机械工业出版社 2015 年版。

〔2〕　参见［爱尔兰］Igor Milovanovic：《Python 数据可视化编程实战》，人民邮电出版社 2015 年版。

data＝csv. reader （f）

（2）使用 NumPy 解析 CSV 文件。

首先，导入 numpy 库，然后使用 loadtxt （） 函数可以方便地读取 CSV 文件，自动切分字段，并将数据载入 NumPy 数组，尤其是大数据文件：

Import numpy as np

temp＝np. loadtxt （"file. csv"，dtype＝np. int，delimiter='，'）

（3）使用解析 CSV 文件。

首先，导入 pandas 库，然后使用 read_ csv （） 函数可以方便地读取 CSV 文件：

import pandas as pd

names1880＝pd. read_ csv （"file. csv"）

3. 2. 2 从 Microsoft Excel 文件中读取数据

1. 格式

XLS （Microsoft Office 2003 及以前版本） 和 XLSX （Microsoft Office 2007 以后版本） 是 Microsoft Excel 工作表，是一种非常常用的电子表格格式。XLS 或 XLSX 文件可以使用 Microsoft Excel 打开，另外微软为那些没有安装 Excel 的用户开发了专门的查看器 Excel Viewer。使用 Microsoft Excel 可以将 XLS 或 XLSX 格式的表格转换为多种格式：XML 表格、XML 数据、网页、使用制表符分割的文本文件 （＊. txt）、使用逗号分隔的文本文件 （＊. csv） 等。

虽然，Microsoft Excel 支持一些可视化及数据分析，但是，如果需要更加灵活和强大的可视化效果及数据分析，则需要把 Microsoft Excel 文件导入到 Python 等专业的数据分析软件中。从 Excel 文件导入数据的通常做法是：把数据从 Excel 中导出为 CSV 格式的文件，然后再用上一节提供的 CSV 文件处理方式进行数据导入。但是，如果想在数据分析与挖掘流程中自动地对大量文件进行数据导入，那么手动把每个 Excel 文件转换成 CSV 文件的做法就不太合适了。

2. 导入 Excel 文件

在 Python 中要想自己导入 Excel 文件，需要读和写导入软件包，读和写的操作是通过不同的模块实现的，而且和平台无关（可以使用 Windows 平台，也可以使用 Linux 等平台）导入。Excel 文件读取库 – xlrd 模块，用于直接读取 Excel 文件，但是只能读取。若写入，需要用 xlwt 模型，意为：Excel 文件写入库，可以实现指定表单、指定单元格的读取。

（1）读取 Excel 文件：

import xlrd

file = "inputFile"

wb = xlrd. open_ workbook （filename = file）

（2）写入 Excel 文件：

import xlwt

workbook = xlwt. Workbook （encoding = ' ascii'）

worksheet = workbook. add_ sheet （' My Worksheet'）

worksheet. write （0, 0, label = ' Row 0, Column 0 Value'）

workbook. save （' Excel_ Workbook. xls'）

3. 2. 3 从 XML 文件中读取数据

1. 格 式

我们在进行数据分析时，可能需要从网站上抽取信息，另外很多数据提供者也同时提供 XML 和 JSON 格式的数据。XML（Extensible Markup Language）是可扩展的标记语言，XML 是互联网数据传输的重要工具，它可以跨越互联网任何的平台，不受编程语言和操作系统的限制，可以说它是一个拥有互联网最高级别通行证的数据携带者。XML 是当前处理结构化文档信息中相当给力的技术，XML 有助于在服务器之间穿梭结构化数据，这使得开发人员更加得心应手地控制数据的存储和传输。XML 用于标记电子文件使其具有结构性的标记语言，可以用来标记数据、定义数据类型，是一种允许用户对自己的标记语言进行定义的源语言。XML 是标准通用标记语言（SGML）的子集，非常适合 Web 传输。XML 提供统一的方法来描述和交换独立于应用程序或供应商的结构化数据。具体格式如下：

```
<? xml version = "1. 0" encoding = "utf-8" standalone = "no"? >
<students>
<student number = "1001">
    <name>zhangSan</name>
    <age>23</age>
    <sex>male</sex>
</student>
<student number = "1002">
    <name>liSi</name>
    <age>32</age>
    <sex>female</sex>
</student>
<student number = "1003">
    <name>wangWu</name>
    <age>55</age>
    <sex>male</sex>
</student>
</students>
```

2. 导入 XML 文件

首先，通过 XML 模块导入 ElementTree 目标，其次，打开 XML 文件，通过 ElementTree. pares（）函数对 XML 文件进行解析。

```
From xml. etree import ElementTree
With open （"fllename. xml"） as f：
Data = ElementTree. parse （f）
```

3.2.4 从 JSON 数据源读取数据

1. 格式

JSON（JavaScript Object Notation）是一种轻量级的数据交换格式，易于人阅读和编写，同时也易于机器解析和生成。它基于 JavaScript Programming Language，Standard ECMA-262 3rd Edition – December 1999 的一个子集。JSON 采用完全独立于语言的文本格式，但是也使用了类似于 C 语言家族的习惯（包括 C，C++，C#，Java，JavaScript，Perl，Python 等）。这些特性使 JSON 成为理想的数据交换语言。JSON 具有以下这些形式：

对象是一个无序的"'名称/值'对"集合。一个对象以"｛"（左括号）开始，"｝"（右括号）结束。每个"名称"后跟一个"："（冒号）；"'名称/值'对"之间使用"，"（逗号）分隔。您可以使用以下 JSON 形式来表示 User 对象：

｛"UserID"：16，"Name"："zhang san"，"Email"："zhangshan@ hotmail. com"｝；

2. 导入 JSON 文件

import json

With open （"filename. json"） as f：

Data = json. loads （f. read （））

3.2.5 从数据库文件中读取数据

目前，在监狱中，常见的数据库管理系统主要有：SQL Server、Oracle、MySQL 等，本书以 MySQL 为例介绍在 Python 中读取 MySQL 数据库文件的方法如下：

import pandas as pd

import pymysql

##加上字符集参数，防止中文乱码

dbconn = pymysql. connect （

```
host = " * * * * * * * * * * ",
database = "Prisoner",
user = "police_ test",
password = " * * * * * * ",
port = 3306,
charset = ' utf8'
)
#sql 语句
sqlcmd = "select col_ name, col_ type, col_ desc from itf_ datadic_
dtl_ d limit 10"
#利用 pandas 模块导入 mysql 数据
a = pd. read_ sql (sqlcmd, dbconn)
#取前 5 行数据
b = a. head ()
print (b)
```

3.3 服刑人员再犯罪数据质量分析

IT 界正在被云计算、社交计算和移动计算这三个相关联且百年一遇的技术趋势重塑，这些大趋势正在改变数据世界，刺激数据爆炸式增长——更大数量、更广泛的数据种类、更高速度和更多商业价值。数据是企业数据中心的重要资产，获取并维护高质量数据，对高效的 IT 和业务运营至关重要。

数据量越来越大，有价值的信息获取难度就越大。获取不到有用的信息，就不能继而进行数据挖掘和数据分析。但有许多因素会导致这些"数据资产"的贬值，比如数据的冗余和重复导致信息的不可识别、不可信，信息时效性不强，精确度不够；结构或非结构数据整合有困难；人员变动引发的影响；数据标准不统一，相关规范不完善造成对数据理解的不充分等等。

在之前的 BI（Business Intelligence，商业智能）时代，很多企业进行了巨大的 BI 项目投入，但依然不能逃脱项目失败的惨痛教训，其最根本的原因，就是用于商业智能分析的数据源头不能提供高质量的数据。那么在大数据时代到来之时，如何从海量数据中获取高质量的信息则成为大数据应用成败的关键因素之一。

数据质量分析是数据挖掘中数据准备过程的重要一环，是数据预处理的前提，也是数据挖掘分析结论有效性和准确性的基础。如果原始数据存在质量问题，将影响数据挖掘算法的效率与数据预测结果的准确性。另外，如果原始数据的形态不符合目标算法的要求，后续处理方法将无法直接在原始数据上进行。狭义的数据质量，即传统的数据质量，指的是数据的精确性，通常用数据采集的误差来衡量。而广义上的数据质量，指数据对特定用户的满意程度，因为同样的数据，在不同时期（数据产生、数据消费等阶段），针对不同用户可能表现出不同数据质量[1]。数据时代，数据质量的优劣直接决定着商业决策和行动的成败，这使得认真分析和研究数据质量评价指标和评价方法显得尤为重要。因此，在对服刑人员数据进行分析与挖掘之前，对原始数据进行质量分析是非常必要的。

3.3.1 数据质量分析指标

数据质量指标可以用三个基本指标进行描述，分别为：正确性、完整性和一致性。所谓正确性（Accuracy），是指数据是否真实、无误地反映客观实体属性的真实状态，表达数据值与实体属性真实值的符合程度，强调数据所表达的含义与它代表的客观实体属性的含义是否具有相同、相近（即正确）的语义；所谓完整性（Completeness），是衡量实体状态被完全映射的程度，表现为数据的形式、内容等是否完备、满足要求，更多强调数据外在的形式和表示是否完全。正确性和完整性关系密切。一般地，越是正确的数据完整性越好，越是完整的

---

〔1〕　张胜："数据质量评价指标和评价方法浅析"，载《科技信息》2014 年第 2 期。

数据正确性也越好。但是，正确的数据可以完整，也可以不完整，反之错误的数据可以完整或不完整，正确性较完整性更重要〔1〕。所谓一致性（Consistency），是指数据内容之间是否存在自相矛盾现象。当同一个数据对象被多次或多角度记录时，可能导致数据的不一致性。除了正确性、完整性和一致性这些基本分析指标之外，数据质量指标还包括形式化程度、时效性、自描述性等。

3.3.2 数据质量基本理论

对数据质量进行判断，需要掌握数据质量基本理论，主要包括统计学规律、语言学规律、数据连续性理论、数据鉴别技术等〔2〕。

1. 数据的统计学规律

数据的统计学规律主要包括第一数字定律和小概率原理。

（1）第一数字定律。第一数字定律主要由 Frank Benford 对人口出生率、死亡率、物理和化学尝试、素数等各种现象进行统计分析后发现：数字 1~9 遵循某种规律，描述的是自然数 1~9 的使用频率，公式为：

$$P(d) = \log10(d+1) - \log10(d) = \log10(\frac{d+1}{d}) = \log10(1 + \frac{1}{d})$$

其中，$d \in \{1, 2, 3, 4, 5, 6, 7, 8, 9\}$，数字 1~9 的频率从高到低依次减小，具体频率见表 3-7 和图 3-9 所示。

表 3-7　数字频率

数字 d	1	2	3	4	5	6	7	8	9
频率（%）	30.10	17.60	12.50	9.70	7.90	6.70	5.80	5.10	4.60

第一数字定律满足成立需要满足如下条件：

---

〔1〕　陈卫东、张维明："属性粒度数据质量模型及其评价指标研究"，载《计算机科学》2010 年第 5 期。

〔2〕　参见朝乐门：《数据科学》，清华大学出版社 2016 年版。

➤ 数据不能经过人为修饰；

➤ 数据不能是规律排序的，比如发票编号、身份证号等。

特别提醒：第一数字定律只能发现数据质量中的"可疑现象"，但不能肯定数据质量确实有问题。在对数据进行质量分析时，需要结合领域知识、机器学习等方法综合对数据质量进行分析。

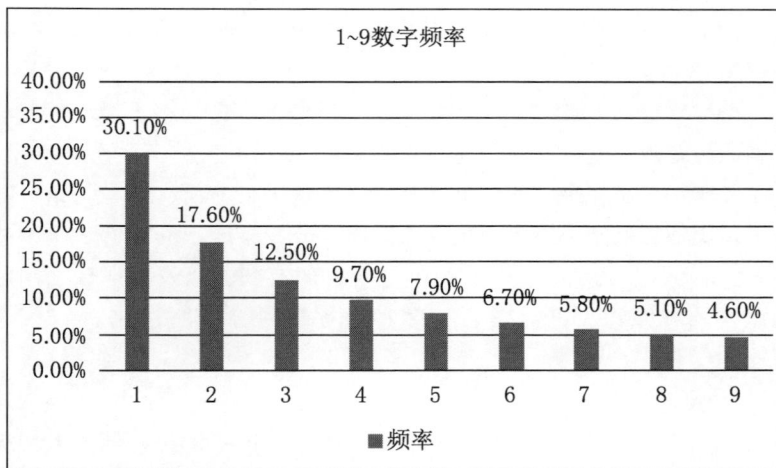

图 3-9　数字频率

（2）小概率原理。一个事件如果发生的概率很小的话，那么它在一次试验中几乎是不可能发生的，但在多次重复试验中几乎是必然发生的，数学上称之为小概率原理。统计学上，把小概率事件在一次实验中看成是实际不可能发生的事件，一般认为等于或小于 0.05 或 0.01 的概率为小概率。

小概率事件在我们的生活中随处可见，它涉及生活的各个方面，掌握它很有现实意义。虽然它发生的概率很小，但它迟早会发生。虽然小概率事件有好有坏，但我们只要掌握了小概率事件的原理，在生活中就可以趋利避害，科学地选择好的小概率事件，避开不好的小概率事件。《黑天鹅》一书，核心的思想就是小概率事件不可忽视。标准差反映的是分布对期望的平均偏差，但决定我们生死的不是反映平均波动程度的标准差，而是最大不利偏差，或者说是最大回撤。

识别小概率事件的方法如下：

（1）箱线图法：处于内围之外的点即为异常点；

（2）控制图法：处于控制限之外的点即为异常点；

（3）置信区间法：处于置信区间之外的点即为异常点；

（4）预测区间法：在采用回归方程预测时，处于预测区间之外的点即为异常点；

（5）蒙特卡洛模拟：模拟结果中处于概率分布两端小概率区域的点即为异常点。

基于小概率原理，我们可以对数据质量进行分析。但是与第一数字定律类似，基于小概率原理的数据质量分析只能帮助我们识别一些"可能有问题"的数据，这些数据是否真的有问题以及存在什么问题均需要领域知识、机器学习等多种数据质量评价方法来进行综合研究。

2. 语言学规律

每个自然语言都有其自身的语言学特征，这些语言特征为人们提供了数据质量分析的重要依据。频率特征分析基于如下原理：在任何一种书面语言中，不同的字母或字母组合出现的频率各不相同。而且，对于以这种语言书写的任意一段文本，都具有大致相同的特征字母分布。比如，在英语中，字母 E 出现的频率很高，而 X 则出现得较少。类似地，ST、NG、TH，以及 QU 等双字母组合出现的频率非常高，NZ、QJ 组合则极少。英语中出现频率最高的 12 个字母可以简记为"ETAOIN SHRDLU"。Algoritmy 网站经过科学研究，得出了字母频率统计表。此外，美国康奈尔大学数学探索项目（Math Explorer's Project）在统计 40000 个单词后得到了大同小异的另一表。牛津大学出版社分析简明牛津词典的词条后也得出百分比稍有不同的一表。

3. 数据连续性理论

数据连续性是指由数据的可关联性、可溯源性、可理解性及其内在联系组成的一整套数据保护措施，其目的是保障数据的可用性、可信性和可控性，降低数据的失用、失信和失控的风险[1]。可关联性是在空间维度上刻画数据连续性，是指不同数据对象之间的连续性。它是保障数据可用性的重要前提，代表了数据是否具备支持开放关联和跨域存取的能力，进而避免数据资源的碎片化。因此，研究数据可关联性的意义在于降低数据的"失用"风险。可溯源性是在时间维度上刻画数据连续性，是指同一个数据对象的历史版本之间的连续性。它是保障数据可信性的重要前提，代表了数据是否具备支持证据链管理、可信度评估以及预测分析的能力。因此，研究数据可溯源性的意义在于降低数据的"失信"风险。可理解性是在内容维度上刻画数据连续性，是指数据与其产生、管理和维护的主体（包括人与计算机）之间的连续性。它是降低数据的可控性的重要前提，代表了数据是否具备自描述和自包含信息。因此，研究数据可理解性的意义在于降低数据的"失控"风险。

在大数据时代，数据的传播、阅读和利用行为呈现了碎片化趋势，日常中，我们得到的数据往往是碎片化的数据，要进行数据挖掘，就必须进行数据的集成，为此，需要进行如下操作：

（1）将碎片化数据横向关联到其他相关数据碎片；

（2）将当前版本的碎片化数据纵向关联到历史版本的碎片化数据；

（3）将每个碎片化数据与其他相关主体（主要是指人、硬件设备、软件应用及其服务等）进行关联。

4. 数据鉴别

随着信息技术的发展，数据的规模正在高速增长，然而，在数据最不断增长的同时，由于信息获取过程中的疏漏，信息传播过程中的丢失等原因，数据中普遍存在质量问题。这些数据质量问题将导致严重的计算偏差，甚至造成灾难性的后果。因此，迫切需要对数据的质

---

[1]　朝乐门："数据连续性：未来跨学科研究的重要课题"，载《情报学报》2016 年第 3 期。

量进行评估，并针对数据质量问题采取相应的措施〔1〕。

数据的完整性鉴别主要包括：

▶ 数据自身的鉴别，即鉴别数据本身的完整性，判断数据是否被篡改、重放等；

▶ 数据操作主体的鉴别，即发送者的身份鉴别。

（1）数据自身的完整性鉴别。数据的完整性鉴别可使用哈希函数。哈希函数也叫 Hash 函数，也叫散列函数，就是把任意长度的输入数据，通过散列算法，变换成固定长度的输出，该输出就是哈希值或散列值。这种转换是一种压缩映射，也就是，散列值的空间通常远小于输入的空间，不同的输入散列成不同的输出，而不可能从散列值来确定唯一的输入值。简单地说，就是一种将任意长度的消息压缩到某一固定长度的消息摘要的函数。Hash 函数的值是一个固定长度的哈希值，可用 H（M）表示，其中 M 为输入的数据，H（）为哈希函数，哈希值也叫数据的短"指纹"。目前常用的 Hash 函数主要有两个系列：MD 和 SHA 系列。MD 系列主要包括 MD2、MD4、MD5，不幸的是这一系列的 Hash 函数都已经被证实是不够安全的了，我国山东大学教授王小云就是因为在有限的时间内成功地破解了 MD4 和 MD5 算法而扬名海内外。SHA 系列包含 SHA1 和 SHA2（SAH256、SHA384、SHA512）系列。其中 256、384、512 都是指其输出的位长度。经过长时间的测试和软硬件的不断提升，SHA1 已经不再被当成是能经得住考验的选择了。目前大多数应用场景下，推荐使用 SHA256 以上的算法。

哈希函数具有如下性质：

▶ 抗碰撞性：对于任意两个不同的数据块，其 Hash 值不同，形式化为：H（M1）≠H（M2）；

▶ 抗修改性：对数据 M 进行任何一点修改变成 M'，则他们的哈希值不同，形式为：H（M）≠H（M'）；

---

〔1〕 刘永楠等："数据完整性的评估方法"，载《计算机研究与发展》2013 年第 S1 期。

➤ 单向性：即无法通过 H（M）推导出原始数据 M，形式 H（M） M。

使用一个散列函数可以很直观地检测出数据在传输时发生的错误。在数据的发送方，对将要发送的数据应用散列函数，并将计算的结果同原始数据一同发送。在数据的接收方，同样的散列函数被再一次应用到接收到的数据上。如果两次散列函数计算出来的结果不一致，那么就说明数据在传输的过程中某些地方有错误了。哈希函数对数据进行完整性鉴别步骤如下：

①发送方 A 对原始数据使用哈希算法计算哈希值，即 H（M）；

②发送方 A 将原始数据和哈希值组合后发送给接收方，即 M+H（M）；

③接收方 B 使用和发送方相同的哈希算法对收到的数据 M，计算哈希值，即 H'（M）；

④接收方 B 将收到的 H（M）和自己计算的 H'（M）进行比较，如果这两个哈希值相同，则数据是完整的，否则，数据的完整性被破坏。

上述步骤是通用步骤，但是实际上是不安全的，也即不可行。如果某个恶意第三方截获这个报文，便可伪造报文，也计算一个哈希值，并将原始数据及其哈希值发送给接收方，接收方收到伪造的数据后，按照上述步骤③和④进行验证，将不能发现这个数据是伪造的，会误认为是发送方 A 发送的。为此，发送方需要对哈希值进行加密，我们称之为安全的数据完整性鉴别，步骤如下：

①发送方 A 对原始数据使用哈希算法计算哈希值，即：M -> H（M）；

②发送方 A 用密钥 K 对原始数据的哈希值进行加密，生成报文鉴别码 MAC（Message Authentication Code），即：$MAC = E_K（H（M））$；

③发送方 A 将原始数据 M 和报文鉴别码 MAC 组合后发给接收方 B，即：$M + E_K（H（M））$；

④接收方 B 对收到的报文鉴别码 MAC 进行解密为 H（M），然后

再使用和发送方相同的哈希算法对收到的数据 M，计算哈希值，即 H'（M）即：$D_K（E_K（H（M）））= H（M）$

$M->H'（M）$；

⑤接收方 B 将收到的 H（M）和自己计算的 H'（M）进行比较，如果这两个哈希值相同，则数据是完整的，否则，数据的完整性被破坏。即：$H（M）= H'（M）$？

现在有很多不同的 MAC 标准，最常用的是 HMAC，他可以和 SHA 使用。

（2）数据操作主体的鉴别。数据自身的完整性鉴别主要是为保证发送方和接收方之间的数据传输数据不被恶意的第三方篡改，但并不能保证双方自身身份的相互欺骗或抵赖。例如 A 可以抵赖没有发生数据给 B 或者 B 伪造 A 发送数据。因此，需要使用数字签名实现对双方身份的相互鉴别。

数字签名（又称公钥数字签名、电子签章）是一种类似写在纸上的普通的物理签名，但是使用了公钥加密领域的技术实现，用于鉴别数字信息的方法。一套数字签名通常定义两种互补的运算，一个用于签名，另一个用于验证。数字签名，就是只有信息的发送者才能产生的别人无法伪造的一段数字串，这段数字串同时也是对信息的发送者发送信息真实性的一个有效证明。数字签名是非对称密钥加密技术与数字摘要技术的应用。数字签名必须满足以下三点功能。

➤ 接受者能够核实发送者对数据的签名，其他人无法伪造对数据的签名；

➤ 接受者确信所收到的数据和发送者发送的数据完全一样，没有被篡改；

➤ 发送者事后不能抵赖对数据的签名，这叫作不可否认性。

目前，通常采用公钥加密算法来实施数字签名，具体步骤如下：

①发送方 A 用自己的私钥 SKA 对要发送给接收方 B 的数据 M 进行数字签名（D 运算），即：$D_{SKA}（M）$

②发送方 A 把签名后的数据发送给 B；

③接收方 B 收到 A 发送来的带有数字签名的数据后，用发送方 A 的公钥 PKA 进行 E 运算，核实数字签名，还原出原始数据 M，即：$E_{PKA}（D_{SKA}（M））=M$

上述过程满足了数字签名的三个功能。首先，如果接收方 B 能用 A 的公钥 PKA 核实签名，则证明这个数据是 A 签名的，完成报文鉴别功能；然后，如果有其他人篡改数据，伪造签名，则 B 用 A 的公钥进行 E 运算，就会得到不可读的数据，从而判断出这个数据被篡改，完成报文的完整性鉴别；最后，如果 A 要抵赖曾发送给 B 的数字签名，则 B 可把收到的数据 M 和数字签名 $D_{SKA}（M）$ 出示给进行公证的第三者，第三者如果能用 A 的公钥 PKA 进行 E 运算，得到的数据和 M 一样，则就可以证明这个签名就是 A 发送的，完成不可否认的功能。

但上述过程只完成了对数据的签名，而没有对数据进行加密，如果有恶意的第三方截获了 A 签名的数据，则可以用 A 的公钥核实签名，获得原始数据 M，从而实施重放攻击。为此具有加密性的数字签名步骤如下：

①发送方 A 用自己的私钥 SKA 对要发送给接收方 B 的数据 M 进行数字签名（D 运算），即：$D_{SKA}（M）$

②发送方 A 用接收方 B 的公钥 PKB 对数字签名进行 E 运算加密，即：$E_{PKB}（D_{SKA}（M））$

③发送方 A 把加密后的数字签名发送给 B；

④接收方 B 对收到 A 发送来的加密的数字签名用自己的私钥 SKB 进行解密后，用 A 的公钥 PKA 运行 E 运算，核实数字签名，即：$D_{SKB}（E_{PKB}（D_{SKA}（M）））=D_{SKA}（M）$，$E_{PKA}（D_{SKA}（M））=M$。

在上述对数据 M 自身的完整性鉴别和对数据操作主体的身份鉴别（数字签名）中，都没有对 M 进行加密，则数据 M 有可能泄密。为此，实际工作中，需要把上述两个过程综合起来，对数据 M 的加密和完整性保护步骤如下：

①发送方 A 对原始数据 M 使用哈希算法计算哈希值，即：M->H（M）

②发送方 A 用自己的私钥 SKA 对原始数据 M 的哈希值进行身份认证（数字签名），生成报文鉴别码 MAC，即：$MAC = D_{SKA}$（H（M））

③发送方 A 用生成的一次性对称密钥 K 对原始数据 M 和报文鉴别码 MAC（即 D_{SKA}（H（M）））进行加密，即：E_K（D_{SKA}（H（M）+M）

④发送方 A 用接收方 B 的公钥 PKB 对 A 生成的一次秘钥 K 进行加密，即：E_{PKB}（K）

⑤发送方 A 将上述步骤③和④生成的数据组合发送给 B，即：E_K（D_{SKA}（H（M））+M）+E_{PKB}（K）

⑥接收方 B 收到上述步骤④发送来的数据组合后，用自己的私钥 SKB 对一次性密钥 K 进行解密，还原出密钥 K，即：D_{SKB}（E_{PKB}（K））= K

⑦接收方 B 再用还原出的秘钥 K 对加密的原始数据 M 和报文鉴别码进行解密，还原出原始数据 M 和报文鉴别码，即：D_K（E_K（D_{SKA}（H（M）+M））= D_{SKA}（H（M）+M）

⑧接收方 B 用发送方 A 的公钥 PKA 对报文鉴别码 MAC 进行核实签名，还原出数据 M 的哈希值 H（M），即：E_{PKA}（D_{SKA}（H（M）））= H（M）

⑨接收方 B 对上述步骤⑦解密的原始数据 M，用和发送方 A 相同的哈希算法计算哈希值为 H'（M），即：M->H'（M）

⑩接收方 B 将上述步骤⑧核实签名后的原始数据的哈希值 H（M）和自己重新生成的哈希值 H'（M）进行比较，如果两个哈希值相同，则原始数据 M 完整，否则被篡改。即：H（M）= H'（M）?

3.3.3 数据质量分析

数据质量分析的主要任务是检查原始数据中是否存在脏数据。脏数据一般是指不符合要求，以及不能直接进行相应分析的数据。在常见的数据挖掘工作中，脏数据包括：缺失值、异常值、不一致的值，和重复数据及含有特殊符号（如#、￥、＊）的数据。接下来，我们主要对数据中的缺失值、异常值和一致性进行分析[1]。

1. 缺失值分析

数据的缺失主要包括记录的缺失和记录中某个字段信息的缺失，两者都会造成分析结果的不准确。以下从缺失值产生的原因及影响等方面展开分析。

缺失值一般由以下几个原因产生：

➤ 有些信息暂时无法获取，或者获取信息的代价太大；

➤ 有些信息是被遗漏的。可能是因为输入时认为不重要、忘记填写或对数据理解错误等一些人为原因而遗漏，也可能是由于数据采集设备的故障、存储介质的故障、传输媒体的故障等非人为原因而丢失；

➤ 属性值不存在。在某些情况下，缺失值并不意味着数据有错误，对一些对象来说某些属性值是不存在的，如一个未婚者的配偶姓名、一个儿童的固定收入等。

缺失值的存在，将会产生以下一些影响：

➤ 数据挖掘建模将丢失大量的有用信息；

➤ 数据挖掘模型所表现出的不确定性更加显著，模型中蕴含的规律更难把握；

➤ 包含空值的数据会使建模过程陷入混乱，导致不可靠的输出。

使用简单的统计分析，可以得到含有缺失值的属性的个数，以及每个属性的未缺失数、缺失数与缺失率等。缺失值的处理，从总体上来说分为：删除存在缺失值的记录、对可能值进行插补和不处理三种情况。

2. 异常值分析

异常值分析是检验数据是否有录入错误以及含有不合常理的数据。忽视异常值的存在是十分危险的，不加剔除地把异常值包括进数

---

〔1〕　参见张良均等：《Python 数据分析与挖掘实战》，机械工业出版社 2015 年版。

据的计算分析过程中，会给结果带来不良影响。重视异常值的出现，分析其产生的原因，常常成为发现问题进而改进决策的契机。

异常值是指样本中的个别值，其数值明显偏离其余的观测值。异常值也称为离群点，异常值分析也被称为离群点分析。

（1）简单统计量分析。可以先对变量作一个描述性统计，进而查看哪些数据是不合理的。最常用的统计量是最大值和最小值，用来判断这个变量的取值是否超出了合理的范围。例如，客户年龄的最大值为199岁，则该变量的取值存在异常。

（2）3σ 原则。如果数据服从正态分布，在 3σ 原则下，异常值被定义为一组测定值中与平均值的偏差超过三倍标准差的值。在正态分布的假设下，距离平均值 3σ 之外的值出现的概率为：$P(|x-u|>3\sigma) \leq 0.003$，属于极个别的小概率事件。如果数据不服从正态分布，也可以用远离平均值的多少倍标准差来描述。

（3）箱线图分析。箱线图提供了识别异常值的一个标准：异常值通常被定义为小于 $Q_L - 1.5IQR$ 或大于 $Q_U + 1.5IQR$ 的值。Q_L 称为下四分位数，表示全部观察值中有四分之一的数据取值比它小；Q_U 称为上四分位数，表示全部观察值中有四分之一的数据取值比它大；IQR 称为四分位数间距，是上四分位数与下四分位数之差，其间包含了全部观察值的一半。箱线图依据实际数据绘制，没有对数据作任何限制性要求（如服从某种特定的分布形式），它只是真实直观地表现数据分布的本来面貌；另外，箱线图判断异常值的标准以四分位数和四分位距为基础，四分位数具有一定的鲁棒性；多达25%的数据可以变得任意远而不会很大地扰动四分位数，所以异常值不能对这个标准施加影响。由此可见，箱线图识别异常值的结果比较客观，在识别异常值方面有一定的优越性。

3. 一致性分析

数据不一致性是指数据的矛盾性、不相容性。直接对不一致的数据进行挖掘，可能会产生与实际相违背的挖掘结果。

在数据挖掘过程中，不一致数据的产生主要发生在数据集成的过程中，这可能是由被挖掘数据来自于不同的数据源、对于重复存放的数据未能进行一致性更新造成的。例如，两张表中都存储了用户的电话号码，但在用户的电话号码发生改变时只更新了一张表中的数据，那么这两张表中就有了不一致的数据。

◀◀◀ 第4章

数据预处理

我们会通过多种渠道来获取数据，例如传统的问卷调查、网络爬虫系统或者关系数据库等。由于现实生产和实际生活以及科学研究的多样性、不确定性、复杂性等，导致采集到的原始数据总是存在这样或那样的问题，因此，在对这些数据进行分析之前通常需要进行数据预处理。

4.1 数据预处理概述

数据预处理（Data Preprocessing）是指对数据进行数据挖掘之前，先对原始数据进行必要的清洗、集成、转换、离散、规约、特征选择和提取等一系列处理工作，达到数据挖掘算法进行知识获取研究所要求的最低规范和标准[1]。数据预处理是数据挖掘的重要一环，要使挖掘方案挖掘出丰富的知识，就必须为它提供干净、准确、简洁的数据。然而实际应用系统中收集到的原始数据是"脏"的、不完全的、冗余的和模糊的，很少能直接满足数据挖掘算法的要求。在海量的实际数据中无意义的成分也很多，严重影响了数据挖掘算法的执行效率，其中的噪声干扰还会造成无效的归纳。数据预处理已经成为数据挖掘系统实现过程中的关键问题。

数据通常存在以下几方面的问题：

---

〔1〕 参见王振武：《大数据挖掘与应用》，清华大学出版社 2017 年版。

（1）杂乱性。杂乱性也叫不一致性。当原始数据是从各个实际应用系统中获取时（多种数据库、多种文件系统），由于各应用系统中的数据缺乏统一标准和定义，数据结构也有较大的差异。杂乱数据也可能是由命名约定或所用的数据代码不一致或输入字段的格式不一致而导致。因此各系统间的数据存在较大的不一致性，往往不能直接拿来使用。

（2）重复性。重复性是指对于同一个客观事物在数据库中存在其两个或两个以上完全相同的物理描述。由于应用系统实际使用中存在的一些问题，几乎所有应用系统中都存在数据的重复和信息的冗余现象。

（3）不完整性。不完整性指的是数据记录中可能会出现有些数据特征的值丢失或不确定的情况，还有可能缺失必需的数据。这是由于实际系统设计时存在的缺陷以及一些使用过程中人为因素所造成的。例如有些数据缺失只是因为输入时认为不是重要的，相关数据没有记录可能是由于理解错误，或者因为与其他记录不一致的数据可能已经删除，历史记录或修改的数据可能被忽略等。

（4）噪声。数据具有噪声也即数据不正确。噪声指的是数据具有不正确的特征值，包括错误或者偏离均值的离群值。可能的原因主要有：收集数据的设备可能出现故障、人为或计算机导致的数据输入错误、数据传输导致的错误或当用户不希望提交个人信息时可能故意向强制输入字段输入不正确的值（例如，为出生日期选择默认值"1月1日"）等。实际使用的系统中，存在大量的模糊信息，有些数据设置还具有一定的随机性质。

一个完整的数据挖掘系统必须包含数据预处理模块。它以发现任务作为目标，以领域知识作为指导，用全新的"业务模型"来组织原来的业务数据，摈弃一些与挖掘目标不相关的特征，为数据挖掘内核算法提供干净、准确、更有针对性的数据，从而减少数据挖掘内核的数据处理量，提高了数据挖掘效率，提高了知识发现的起点和知识的准确度。

数据预处理一方面是要提高数据的质量，另一方面是要让数据更好地适应特定的挖掘技术或工具。统计发现，在数据挖掘过程中，数据预处理工作量占到了整个数据挖掘项目总工作量的 60%〔1〕。数据预处理的主要内容包括数据清洗、数据集成、数据变换、数据规约、特征选择、特征提取等。

4.2 数据清洗

数据清洗从名字上也看得出，就是把"脏数据"清洗成"干净数据"，指发现并纠正数据文件中可识别的错误的最后一道程序，包括检查数据一致性，处理无效值和缺失值等。因为数据仓库中的数据是面向某一主题的数据的集合，这些数据从多个业务系统中抽取而来而且包含历史数据，这样就避免不了有的数据是错误数据、有的数据相互之间有冲突，这些错误的或有冲突的数据显然是我们不想要的，称为"脏数据"。我们要按照一定的规则把"脏数据""洗掉"，这就是数据清洗。而数据清洗的任务是过滤那些不符合要求的数据，将过滤的结果交给业务主管部门，确认是否过滤掉还是由业务单位修正之后再进行抽取。不符合要求的数据主要是有不完整的数据、错误的数据、重复的数据三大类。数据清洗的主要任务是缺失数据处理和异常数据处理。数据清洗是一个反复的过程，有时需要多轮"数据清洗"才能"清洗干净"脏数据。数据清洗分为有监督清洗和无监督清洗两类。

1. 有监督清洗

在领域专家的指导下，收集分析数据，手工去除明显的噪声数据和重复记录，填补缺值数据等清洗动作；

2. 无监督清洗

根据一定的业务规则，预先定义好数据清洗算法，由计算机自动执行算法，对数据集进行清洗，然后产生清洗报告。

一般都是先无监督清洗，产生清洗报告，再让专家根据清洗报告对清洗的结果进行人工整理。

---

〔1〕 参见张良均等：《Python 数据分析与挖掘实战》，机械工业出版社 2015 年版。

4.2.1 缺失数据处理

对于缺失数据的处理，不同的情况处理方法不同，总的来说，缺失数据处理主要包括直接删除缺失数据记录或插补缺失的数据记录两种方法。

1. 直接删除缺失的数据记录

直接删除数据记录适合缺失值数量较小（缺失数据占总数据量的比值<5%），并且是随机出现的，删除它们对整体数据影响不大的情况，则直接删除缺失数据记录是最有效的方法，也是很多统计软件（如 SPSS 和 SAS）默认的缺失值处理方法。但强烈建议清洗每做一步都备份一下，或者在小规模数据上试验成功再处理全量数据，不然删错了会追悔莫及。上述属于直接删除缺失的数据记录（数据行），当某个变量（维度或数据列）缺失值较多且对研究目标影响不大时，可以将整个变量整体删除。因此，直接删除数据既可以从样本的角度来进行，也可以从删除特征（属性）的角度来删除。

（1）删除样本。删除存在缺失数据的样本适合某些样本有多个特征存在缺失值，且存在缺失值的样本占整个数据集样本数量的比例不高的情形。

（2）删除特征（属性）。当某个特征缺失值较多时，且该特征对数据分析的目标影响不大时，可以将该特征删除。

这种方法简单且容易操作，但有很大的局限性。通过减少历史数据来换取信息的完整性，有可能丢弃了大量隐藏在这些数据记录中的信息。在一些实际场景下，数据采集的成本较高且缺失值无法避免，直接删除缺失数据记录可能会造成大量数据资源的浪费，甚至当数据集本来就包含很少的数据记录，而这个维度的信息还很重要的时候（因为缺失值如果占了 95% 以上，可以直接去掉这个维度的数据了），直接删除缺失数据可能会严重影响到数据分析结果的客观性和正确性。因此，当缺失数据所占比例较大，特别是当缺失数据属于非随机分布时，这种方法可能导致数据发生偏离，从而得出错误的结论。一些模型可以将缺失数据视作一种特殊的取值，直接运行在含有缺失值的数据上进行模型训练。

2. 插补数据记录

当缺失数据超过总体数据的5%或直接删除数据会改变数据结构时，通常需要使用插补数据记录的方法对缺失的数据进行处理。插补数据记录是指在条件允许的情况下，找到缺失值的替代值进行插补，尽可能还原真实数据。常见的方法有均值插补、回归插补、二阶插补、热平台、冷平台等单一变量插补。

（1）均值（中位数或众数）插补法。在缺失数据所属的特征十分重要或所缺失的数据量较为庞大的时候，直接删除缺失数据法就遇到了困难，因为许多有用的数据也同时被剔除。围绕着这一问题，研究者尝试了各种各样的办法。其中的一个方法是均值插补法，是指通过计算缺失值所在特征所有非缺失观测值的均值，然后使用均值来对缺失值进行插补。我们将特征的特征分为数值型（或连续型）和非数值型（离散型）来分别进行处理。如果缺失值是数值型的，就根据该特征的特征值在其他所有对象的取值的均值[1]（也叫平均数）来插补

---

[1] 数值型数据的均值可以用公式

$$\bar{x} = \frac{1}{n} \sum_{\substack{i=1}}^{n} x_i$$

该缺失的特征值；如果缺失值是非数值型的，就根据统计学中的众数[1]原理，用该特征在其他所有对象中的取值次数最多的值来插补该缺失的特征。均值替换法也是一种简便、快速的缺失数据处理方法。使用均值替换法插补缺失数据，对该特征的均值估计不会产生影响。

均值插补法会使得数据过分集中在平均值或众数上，是建立在完全随机缺失（MCAR）的假设之上的，会造成特征的方差和标准差变小。此外，由于完全忽略特征之间的相关性，均值插补法会大大弱化特征之间的相关性。在实际应用过程中，可以根据一定的辅助特征，将数据集分成多组，然后在每一个组数据上分别使用均值插补。

（2）基于模型的插补。均值插补法不能利用相关特征信息，因此会存在一定偏差，而基于模型的插补是将需要插补的特征作为因变量，其他相关特征作为自变量，通过建立分类或回归模型预测出因变量的值对缺失变量进行插补。具体为：把缺失特征作为因变量，其他相关特征作为自变量，也即：自变量为所有被选入的连续变量，因变量为存在缺失值的变量，利用他们之间的关系建立分类或回归模型来预测缺失值，以此完成缺失值插补的方法。与均值插补方法比较，该

（接上页）　</mrow>

　　</mstyle>

　</mrow>

</math>

计算而来，其中 x_i 代表每一个样本属性值。

〔1〕统计上把一组数据中出现次数最多的变量值叫作众数，用 Mo 表示，众数是一种位置平均数。众数是在一组数据中，出现次数最多的数据，是一组数据中的原数据，而不是相应的次数。如果数据属于类别数据，则通过直接观察找出频数最多的即为众数，否则可用公式计算。根据计算公式：$M_0 = \xi - 3(\xi - M_d)$ 可求众数。其中，式中 ξ 为样本均值，M_d 为中数，用皮尔逊公司计算所得众数近似于理论众数，常称为皮尔逊近似众数。众数是皮尔逊（Pearson, K.）最先提出并在生物统计学中使用的，以上是数据出自于离散型随机变量时求众数的方法，对于连续型随机变量 ξ，若概率密度函数为 f，且 f 恰有一个最大值，则此最大值称为 ξ 的众数，有时也把 f 的极大值称为众数；f 有两个以上极大值时，亦称复众数。

方法利用了数据中尽量多的信息，而且一些统计软件（如 Stata）也已经能够直接执行该功能。但该方法也有诸多弊端：第一，基于模型的插补方法需要采用模型评估方法对模型的预测性能进行评估，如果构建的模型预测性能太差，则不适合用该方法插补缺失数据；第二，基于模型的插补法将增大特征之间的相关性〔1〕。

（3）热平台和冷平台插补。匹配插补又称热平台方法，是指在非缺失数据集中找到一个与缺失值所在样本相似的样本（匹配样本），利用其中的观测值对缺失值进行插补。相对应的，冷平台方法又称条件均值插补法，是指根据相关特征将总体分层，对于任一缺失值，用该样本所在层的完全数据的均值代替。优点：简单易行，准确率较高；缺点：特征数量较多时，通常很难找到与需要插补样本完全相同的样本。但我们可以按照某些特征将数据分层，在层中对缺失值适用均值插补。

（4）拉格朗日插值法和牛顿插值法。拉格朗日插值法和牛顿插值法都属于多项式插值，拉格朗日插值法公式结构紧凑，在理论分析中很方便，但是当插值节点增减时，插值多项式就会随之变化，这在计算中是很不方便的，为了克服这一缺点，提出了牛顿插值法。牛顿插值法采用另一种构造插值多项式的方法，与拉格朗日插值法相比，具有承袭性和易于变动节点的特点。从本质上来说，两者给出的结果是一样的，即：相同次数，相同系数的多项式，只不过表示的形式不同。限于篇幅和专业性，感兴趣的读者可以参考脚注文献〔2〕。

（5）其他缺失值处理方法。缺失值处理方法有很多种，除了上述方法之外，还可以包含随机插补、哑变量方法和 EM 算法等。随机插补是在均值插补的基础上加上随机项，通过增加缺失值的随机性来改善缺失值分布过于集中的缺陷。随机插补主要包括贝叶斯 Bootstrap 方法和近似贝叶斯 Bootstrap 方法。对于离散型特征，如果存在缺失值，可以将缺失值作为一个单独的取值进行处理，这种方法称为哑变量方

〔1〕　参见欧高炎等：《数据科学导引》，高等教育出版社 2017 年版。

〔2〕　参见张良均等：《Python 数据分析与挖掘实战》，机械工业出版社 2015 年版。

法。例如，服刑人员信息历史数据集中，可以将"性别"特征的缺失值作为一个特殊的取值"未知"，表示性别未知。此时，特征"性别"的取值为"男""女""未知"。EM 算法是一种可以利用不完整的信息实现概率模型的参数估计的算法，当用 EM 算法进行缺失值插补时，缺失特征被当作隐含变量，具体可参考脚注文献〔1〕。

4.2.2 冗余数据处理

数据冗余是指同一个数据在系统中多次重复出现。在文件系统中，由于文件之间没有联系，有时一个数据在多个文件中出现；而数据库系统则克服了文件系统的这种缺陷，但仍然存在数据冗余问题。消除数据冗余的目的是为了避免更新时可能出现的问题，以便保持数据的一致性。

1. 数据冗余的成因

关系数据库中的数据冗余主要是指关系数据库中同一信息数据的重复存储，但关系数据库中为实现一些功能，有些数据冗余是必需的。关系数据库由表及附属文件组成，其表由特征定义的结构和元组（记录）组成，其特征值域有多种类型，故关系数据库的数据冗余形成的原因有表的重复、特征的重复、元组的重复、特征值的重复 4 类。有的数据冗余用于数据间建立联系、数据安全或为了数据使用的便利，是必需的数据冗余，而其余的数据冗余为非必需的数据冗余，应尽量予以消除。按特征值域集合基的特点将其分为有限类和无限类。无限类特征值偶尔重复，不是数据冗余，有限类特征值的重复由一对多或多对多的关系所致。数据冗余浪费了宝贵的资源，应尽量减少。

（1）表的重复。为了数据安全的需要制作备份表，当主表被破坏时可用此恢复数据。分布式数据库为减少数据通讯开销也常重复放表，这种数据冗余在这里是必需数据冗余，不能删除。若是因其他原因产生的非必要的重复表则应予以删除。

---

〔1〕　参见欧高炎等：《数据科学导引》，高等教育出版社 2017 年版。

（2）特征重复。有不同表的特征重复和同一表内特征重复 2 种情况：

①不同表中特征重复常用来建立表之间联系，这只需要一个公共特征，这是必需数据冗余，不能删除；各表间的多于一个的特征应当删除。如有以下 3 个表：

T1（A，B，C）；T2（A，B，D）；T3（A，C，D，E）。

其中特征 A 为三表所共有；特征 B 为 T1，T2 两张表所共有，特征 C 为 T1，T3 两张表所共有；特征 D 为 T2，T3 两张表所共有。如取 A 为公共特征：则 T1，T2 两张表中只能保留一个 B 特征；T1，T3 两张表中只能保留一个 C 特征；T2，T3 两张表中只能保留一个 D 特征。

②同一表内有相同特征内容的多个特征，若非数据安全检查的需要，应删除之。

（3）元组的重复。表内不同记录内容有时会完全相同，若非必要，应予以删除。

（4）特征值的重复。按特征值域集合基的特点可以将其分为有限类和无限类。

①无限类特征值的重复。无限类特征值是指其特征值域集合的基为无限大或者数据库记录数为同一数量级的特征值，如实数、整数、日期、各种编号。

无限类特征值偶尔也可能重复，但这只是巧合，而并非数据冗余。

②有限类特征值的重复。有限类特征值是指其特征值域集合的基小于数据库记录数至少一个数量级的特征值，如产品名、部门名、职称名、课程名。

有限类特征值的重复实际上是由一对多或多对多的关系引起的，有时可作为必需冗余数据不予以处理，这时不需建立程序就有较好的查看效果和工作效率。但当重复量很大时，也应当设法对所引起的数据冗余进行压缩，这通常要建立新表和相应的程序。

不同成因的数据冗余用不同层次上的操作来消除，具体操作如下：

➤ 消除表的重复所引起的数据冗余为磁盘文件级的操作；

➤ 特征的重复所引起的数据冗余的消除为对数据库结构修改的操作；

➤ 元组的重复所引起的数据冗余的消除由记录级的操作完成。

2. 消除冗余数据的方法

对于重复类冗余数据，一般采用过滤方法，主要包括重复过滤和条件过滤。

（1）重复过滤。重复过滤是指在从数据集中的重复数据项中选择一项记录作为代表保留在原有数据集中，步骤为：第一，查找出重复记录，判断重复记录的方法主要依据数据的具体结果本身来确定。如果是关系数据库中的表，则使用特征值的相似性进行判断；如果是图论，则依据记录之间的距离远近来判断。第二，对重复数据进行过滤可分为以下两种方法：

①直接过滤。对重复数据进行直接过滤操作，选择重复数据项其中的一项作为代表保留在目标数据项中，然后过滤掉其他冗余数据项。

②间接过滤。对重复数据项进行一定校验、调整、合并操作之后，形成一条新记录。

综上所述，间接过滤比直接过滤更为复杂，需要领域知识和领域专家的鼎力支持。

（2）条件过滤。条件过滤是根据某种条件进行过滤，如过滤年龄小于 30 岁的服刑人员。从某种意义上来说，重复过滤是条件过滤的某种特殊形式。通常，条件过滤需要对数据中一个或多个特征设置过滤条件，符合过滤条件的数据将放入目标数据集中，不符合过滤条件的数据将被过滤掉。

4.2.3 噪声数据处理

噪声是一个测量特征中的随机错误或偏差，也即：数据集中的干扰数据（对场景描述不准确的数据），主要包括错误值或偏离期望的孤立点值。噪声怎么产生的？举个例子：手机信号来自于基站发射的电磁波，有的地方比较强，有的地方比较弱。运营商的工程师会负责统计不同区域信号强弱来进行网络规划，工程师采集信号的方法就是将一个信号接收终端固定到车上，然后开车绕着基站转，信号终端就会自动采集不同区域的信号强度，生成一份数据。但是如果车在采集过程中遇到了突发事件、急刹车，就可能会对信号采集造成一定的影响，生成噪声数据。真实数据中的噪声数据永远都是存在的。但噪声数据产生的原因有很多种，如手工的误操作、机器本身存在的误差、传输过程中发生的错误，等等。

1. 噪声数据产生的原因

（1）系统误差。实验系统的组成包括：实验仪器、环境、实验的理论和方法以及实验人员。由这四种组成所引起的有规律的误差称之为系统误差。

①仪器误差：因其本身的固有缺陷、校正不完善或使用不当引起的。

②环境误差：仪器所处的外界环境如：温度、湿度、电磁场等环境的变化引发的误差。

③方法误差：由于计算公式的近似，没有完全满足理论公式所给定的条件引发的误差。

④人员误差：由测量者的个人因素造成的误差。例如：按秒表时总是超前或滞后，读数时头总是向一边偏等。

（2）随机误差。由某些偶然的、不确定的因素所造成的误差称之为随机误差。若从一次测量来看，随机误差是随机的，没有确定的规律，也不能预测。但当测量次数足够多时，随机误差遵从一定的统计分布。因此，增加测量的次数，可以明显地减少随机误差。

噪声对模型训练有什么影响呢？很多算法，特别是线性算法，都是通过迭代来获取最优解的，如果数据中含有大量的噪声数据，将会大大地影响数据的收敛速度，甚至对于训练生成模型的准确性也会有很大的副作用。

客观世界中的原始数据存在噪声是很常见的，但会影响变量真实值的反映，所以通常需要对噪声数据进行处理。在进行噪声检查后，实际操作中常用分箱、回归、计算机检查和人工检查结合等方法"光滑"数据，去掉数据中的噪声。

2. 噪声数据的处理方法

（1）分箱。用分箱法对噪声数据处理是通过对数据进行排序，利用数据"近邻"来光滑有序数据值的一种局部光滑方法，也即包括两步骤：分箱和数据平滑。

①分箱方法。分箱的方法有 3 种：等深分箱法、等宽分箱法和用户自定义区间法。

第一，等深分箱法（统一权重）

将数据集按记录行数分箱，每个箱中的记录个数相同，每个箱子中记录数称为箱子的深度。这是最简单的一种分箱方法。例如：将客户收入：800 1000 1200 1500 1500 1800 2000 2300 2500 2800 3000 3500 4000 4500 4800 5000 划分。

设定权重（箱子深度）为 4，分箱后：

箱 1：800 1000 1200 1500

箱 2：1500 1800 2000 2300

箱 3：2500 2800 3000 3500

箱 4：4000 4500 4800 5000

第二，等宽分箱法（统一区间）

使数据集在整个特征值的区间上平均分布，即每个箱子的取值区间范围相同，该常量称为箱子宽度。

设定区间范围（箱子宽度）为 1000 元人民币，分箱后：

箱 1：800 1000 1200 1500 1500 1800

箱 2：2000 2300 2500 2800 3000

箱 3：3500 4000 4500

箱 4：4800 5000

第三，用户自定义区间

用户可以根据需要自定义区间，当用户明确希望观察某些区间范围内的数据分布时，使用这种方法可以方便地帮助用户达到目的。

如将客户收入划分为 1000 元以下、1000～2000、2000～3000、3000～4000 和 4000 元以上几组，分箱后：

箱 1：800

箱 2：1000 1200 1500 1500 1800 2000

箱 3：2300 2500 2800 3000

箱 4：3500 4000

箱 5：4500 4800 5000

②数据平滑。计算每个箱中的特征值（均值、中位数、边界值）的方法主要有：

➤ 用箱均值光滑：箱子中的平均值为特征值；

➤ 用箱中位数平滑：箱子中的中位数为特征值；

➤ 用箱边界平滑：箱中的最大和最小值同样被视为边界，箱子中距离较小的边界值为特征值。

使用每个箱子中的特征值来替换（平滑）箱子中的每一个值，然后将每个箱子中的新值合并构成新的数据集。

（2）回归。回归是指通过一个函数拟合来对数据进行光滑处理。线性回归涉及找出拟合两个变量（或特征）的"最佳"直线，使得一个特征可以用来预测另一个；多元线性回归是线性回归的扩充，其中涉及的特征多于两个，并且数据拟合到一个多维曲面。使用回归，找出适合数据的数学方程式，能够帮助消除噪声。

（3）聚类。聚类（Clustering）就是将数据对象分组成为多个类或簇（Cluster），在同一个簇中的对象之间具有较高的相似度，而不同的簇间的对象差别较大。聚类分析可以用来进行孤立点挖掘，孤立点挖掘可以发现噪声数据，因为噪声本身就是孤立点。聚类分析发现孤立点的方法有：基于统计的孤立点检测、基于距离的孤立点检测和基于偏离的孤立点检测。

4.3 数据集成

在使用单位，由于开发时间或开发部门的不同，往往有多个异构的、运行在不同的软硬件平台上的信息系统同时运行，这些系统的数据源彼此独立、相互封闭，使得数据难以在系统之间交流、共享和融合，从而形成了"信息孤岛"。随着信息化应用的不断深入，企业内部、企业与外部信息交互的需求日益强烈，急切需要对已有的信息进行整合，联通"信息孤岛"，共享信息。

数据挖掘需要的数据往往分布在不同的数据库中，数据集成就是把不同来源、格式、特点、性质的数据在逻辑上或物理上合并，并存放在一个一致的数据存储中的过程。在企业数据集成领域，已经有了很多成熟的框架可以利用。目前通常采用联邦式、基于中间件模型和数据仓库等方法来构造集成的系统，这些技术在不同的着重点和应用上解决数据共享和为企业提供决策支持。

4.3.1 数据集成基本类型

数据集成的基本类型主要包括内容集成和结构集成。

1. 内容集成

当要集成的各个数据集的结构相同时，对数据集的集成属于内容集成。通常是将不同数据库中结构相同的表（也即表中的列名称或表达的含义相同）进行直接合并。做法是：假设有 n 个结构相同的表，则选择其中一个为母表，把其他 n−1 个表的数据依次拷贝到这个母表即可，如果有重复的记录则直接删除即可。

2. 结构集成

当要集成的各个数据集的结构不同时，对数据集的集成属于结构集成。数据的结构集成需要使用 SQL 将待集成的各个表进行自然连接得到结构集成后的新表，因为结构集成后的新表不一定是各个结构集成表的简单合并，有可能需要进行特征（属性）选择。结构集成后，再进行内容集成，用数据填充新表。

4.3.2 数据集成存在的问题

1. 模式集成

模式集成主要是指如何对来自多个数据源的现实世界的客观实体进行正确识别，也即实体识别。常见的问题主要有：同名异义、异名同义等问题。例如：数据源 A 中的特征 ID 和数据源 B 中特征 ID 分别描述的是服刑人员编号和生产工具编号；数据源 A 中的特征 prisoner birthday 和数据源 B 中特征 prisoner data 都是描述服刑人员出生日期的。

2. 数据冗余

数据集成经常会导致数据冗余，主要有：

➤ 同一特征多次出现；

➤ 同一特征命名不一致导致重复。

另外，如果一个特征能从其他特征中推导出来，那么这个特征也属于冗余特征。为此，可通过判断多个特征之间的相关度来进行判断。

（1）数值型特征的相关度。数值型特征 A 和 B 之间的相关度可以通过他们自己的相关系数 $r_{A,B}$ 来计算。公式如下：

$$r_{A,B} = \frac{\sum_{i=1}^{N} (a_i - \overline{A})(b_i - \overline{B})}{\sqrt{\sum_{i=1}^{N} (a_i - \overline{A})^2} \sqrt{\sum_{i=1}^{N} (b_i - \overline{A})^2}} \tag{4.1}$$

其中，N 为特征 A 和 B 的元组个数，a_i 和 b_i 分别是特征 A 和 B 中元组 i 的值，$\overline{A}$ 和 $\overline{B}$ 的分别是特征 A 和 B 的平均值。

①如果 $r_{A,B} > 0$，则特征 A 和 B 之间是正相关，即 A 随着 B 的增大而增大，减小而减小，$r_{A,B}$ 越大，则特征 A 和 B 越相关；

②如果 $r_{A,B} = 0$，则特征 A 和 B 不相关，即相互独立，这两个特征

没有关系；

③如果 $r_{A,B}<0$，则特征 A 和 B 之间是负相关，即 A 随着 B 的增大而减小，减小而增大，$r_{A,B}$ 的绝对值越大，则特征 A 和 B 越负相关。

另外，需要注意的是：相关关系并不意味着因果关系，即：A 和 B 相关，并不意味着 A 导致 B 或 B 导致 A。

（2）非数值型特征的相关度。对于非数值型（离散或分类）特征，两个特征之间的关联度可以通过 x^2 检验来判断。假设特征 A 有 m 个不同的类别：a_1，a_2，…，a_m；特征 B 有 n 个不同的类别：b_1，b_2，…，b_n。则将特征 A 和 B 的不同类别值组合成一个二维表，其中特征 A 的 m 个不同的类别值构成列，特征 B 的 n 个不同的类别值构成行。假设（a_i，b_j）表示特征 A 和 B 的分别取值事件，即：（$A=a_i$，$B=b_j$），每个可能的（a_i，b_j）联合事件都在二维表中有自己的单元。卡方检验的步骤为：

①计算公式

$$x^2 = \sum_{i=1}^{m} \sum_{j=1}^{n} \frac{(o_{ij} - e_{ij})^2}{e_{ij}} \tag{4.2}$$

其中，O_{ij} 是联合事件的观测频度（实际计数），而 e_{ij} 是的期望频度，可用如下公式计算。

$$e_{ij} = \frac{c(A = a_i) \times c(B = b_j)}{N} \tag{4.3}$$

其中，c（$A=a_i$），c（$B=b_j$）表示特征 A 和 B 分别取值为 a_i 和 b_j 时具有的元组个数。

②计算自由度 df=（m-1）（n-1）。

③依据研究者设定的置信水准，查出自由度为 df 的卡方分配临界值，比较它与第 1 步骤得出的 x^2 统计值，推论能否拒绝虚无假设。如果步骤 1 计算出来的统计值大于表的值，则可以拒绝两个独立的假设，也就是说特征 A 和 B 是相关的，越相关 x^2 值越大。

3. 数据值冲突的检测和处理

数据集成还涉及数据值冲突的检测与处理。对于现实世界的同一实体，来自不同数据源的特征值可能不同。这可能是因为表示、尺度或编码不同。例如，重量特征可能在一个系统中以公制单位存放，而在另一个系统中以英制单位存放。对于连锁旅馆，不同城市的房价不仅可能涉及不同的货币，而且可能涉及不同的服务（如免费早餐）和税收。例如，不同学校交换信息时，每个学校可能都有自己的课程计划和评分方案。一所大学可能采取学季制，开设 3 门数据库系统课程，用 $A^+ \sim F$ 评分；而另一所大学可能采用学期制，开设两门数据库课程，用 1~10 评分。很难在这两所大学之间制定精确的课程成绩变换规则，这使得信息交换非常困难[1]。

特征也可能在不同的抽象层，其中特征在一个系统中记录的抽象层可能比另一个系统中"相同的"特征低。数据集成时，将一个数据库的特征与另一个匹配，要考虑数据的结构用来保证原系统中的特征函数依赖和参照约束与目标系统中的匹配。

4.3.3 数据集成方法

数据集成方法主要包括联邦数据库系统、中间件模式和数据仓库模式[2]。

1. 联邦数据库系统

联邦数据库是早期人们采用的一种模式集成方法，模式集成是人们最早采用的数据集成方法。其基本思想是，在构建集成系统时将各数据源的数据视图集成为全局模式，使用户能够按照全局模式透明地访问各数据源的数据。全局模式描述了数据源共享数据的结构、语义及操作等。用户直接在全局模式的基础上提交请求，由数据集成系统处理这些请求，转换成各个数据源在本地数据视图基础上能够执行的请求。模式集成方法的特点是直接为用户提供透明的数据访问方法。由于用户使用的全局模式是虚拟的数据源视图，一些学者也把模式集

---

〔1〕 参见［美］韩家炜等：《数据挖掘概念与技术》，范明等译，机械工业出版社 2015 年版。

〔2〕 参见马国富、王子贤、马胜利："基于大数据的服刑人员危险性预测"，载《河北大学学报（自然科学版）》2016 年第 6 期。

成方法称为虚拟视图集成方法。模式集成要解决两个基本问题：构建全局模式与数据源数据视图间的映射关系；处理用户在全局模式基础上的查询请求。

模式集成过程需要将原来异构的数据模式作适当的转换，消除数据源间的异构性，映射成全局模式。全局模式与数据源数据视图间映射的构建方法有两种：全局视图法和局部视图法。全局视图法中的全局模式是在数据源数据视图基础上建立的。它由一系列元素组成，每个元素对应一个数据源，表示相应数据源的数据结构和操作；局部视图法先构建全局模式，数据源的数据视图则是在全局模式基础上定义，由全局模式按一定的规则推理得到。用户在全局模式基础上查询请求需要被映射成各个数据源能够执行的查询请求。

在联邦数据库中，数据源之间共享自己的一部分数据模式，形成一个联邦模式。联邦数据库系统按集成度可分为两类：采用紧密耦合联邦数据库系统和采用松散耦合联邦数据库系统。紧密耦合联邦数据库系统使用统一的全局模式，将各数据源的数据模式映射到全局数据模式上，解决了数据源间的异构性。这种方法集成度较高，用户参与少；缺点是构建一个全局数据模式的算法复杂，扩展性差。松散耦合联邦数据库系统比较特殊，没有全局模式，采用联邦模式。该方法提供统一的查询语言，将很多异构性问题交给用户自己去解决。松散耦合方法对数据的集成度不高，但其数据源的自治性强、动态性能好，集成系统不需要维护一个全局模式。

2. 中间件模式

中间件集成方法是目前比较流行的数据集成方法，中间件模式通过统一的全局数据模型来访问异构的数据库、遗留系统、Web 资源等。中间件位于异构数据源系统（数据层）和应用程序（应用层）之间，向下协调各数据源系统，向上为访问集成数据的应用提供统一数据模式和数据访问的通用接口。各数据源的应用仍然完成它们的任务，中间件系统则主要集中为异构数据源提供一个高层次检索服务。它同样使用全局数据模式，通过在中间层提供一个统一的数据逻辑视图来隐藏底层的数据细节，使得用户可以把集成数据源看为一个统一的整体。这种模型下的关键问题是如何构造这个逻辑视图并使得不同数据源之间能映射到这个中间层。

G. Wiederhold 最早给出了基于中间件的集成方法的构架。与联邦数据库不同，中间件系统不仅能够集成结构化的数据源信息，还可以集成半结构化或非结构化数据源中的信息，如 Web 信息。美国斯坦福大学 Garcia-Molina 等人在 1994 年开发了 TSIMMIS 系统，就是一个典型的中间件集成系统。

典型的基于中间件的数据集成系统主要包括中间件和封装器，其中每个数据源对应一个封装器，中间件通过封装器和各个数据源交互。用户在全局数据模式的基础上向中间件发出查询请求。中间件处理用户请求，将其转换成各个数据源能够处理的子查询请求，并对此过程进行优化，以提高查询处理的并发性，减少响应时间。封装器对特定数据源进行了封装，将其数据模型转换为系统所采用的通用模型，并提供一致的访问机制。中间件将各个子查询请求发送给封装器，由封装器来和其封装的数据源交互，执行子查询请求，并将结果返回给中间件。

中间件注重于全局查询的处理和优化，相对于联邦数据库系统的优势在于：它能够集成非数据库形式的数据源，有很好的查询性能，自治性强；中间件集成的缺点在于它通常是只读的，而联邦数据库对读写都支持。

3. 数据仓库模式

数据仓库是在企业管理和决策中面向主题的、集成的、与时间相关的和不可修改的数据集合。其中，数据被归类为广义的、功能上独立的、没有重叠的主题。这几种方法在一定程度上解决了应用之间的数据共享和互通的问题，但也存在以下的异同：联邦数据库系统主要面向多个数据库系统的集成，其中数据源有可能要映射到每一个数据模式，当集成的系统很大时，对实际开发将带来巨大的困难。

数据仓库技术则在另外一个层面上表达数据之间的共享，它主要是为了针对企业某个应用领域提出的一种数据集成方法，也就是我们在上面所提到的面向主题并为企业提供数据挖掘和决策支持的系统。

数据仓库方法是一种典型的数据复制方法。该方法将各个数据源的数据复制到同一处，即数据仓库。用户则像访问普通数据库一样直接访问数据仓库，数据仓库是在数据库已经大量存在的情况下，为了进一步挖掘数据资源和决策需要而产生的。目前，大部分数据仓库还是用关系数据库管理系统来管理的，但它绝不是所谓的"大型数据库"。数据仓库方案建设的目的是将前端查询和分析作为基础，由于有较大的冗余，所以需要的存储容量也较大。数据仓库是一个环境，而不是一件产品，提供用户用于决策支持的当前和历史数据，这些数据在传统的操作型数据库中很难或不能得到。

数据仓库技术是为了有效地把操作型数据集成到统一的环境中以提供决策型数据访问的各种技术和模块的总称。所做的一切都是为了让用户更快、更方便地查询所需要的信息，提供决策支持。简而言之，从内容和设计的原则来讲，传统的操作型数据库是面向事务设计的，数据库中通常存储在线交易数据，设计时尽量避免冗余，一般采用符合范式的规则来设计。而数据仓库是面向主题设计的，数据仓库中存储的一般是历史数据，在设计时有意引入冗余，采用反范式的方式来设计。

另一方面，从设计的目的来讲，数据库是为捕获数据而设计，而数据仓库是为分析数据而设计，它的两个基本的元素是维表和事实表。维表是看问题的角度，例如：时间、部门，维表中存放的就是这些角度的定义；事实表里放着要查询的数据，同时有维表的 ID。

4.4 隐私数据脱敏

20 世纪 90 年代中叶，美国马萨诸塞州团体保险委员会发布州政府雇员的"经过匿名化处理的"医疗数据供公共医学研究，删除了数据中所有的敏感隐私信息，例如：姓名、住址和社会安全号码。然而

1997 年，麻省理工学院博士生拉坦娅·斯威尼利用数据集中的出生日期、性别和邮编三元组信息成功破解了这份匿名数据，并找到了时任州长威廉·威尔德的医疗记录，还将该记录直接寄给了州长本人。2006 年 8 月 4 日，美国在线公司在互联网上发布了超过 65 万用户在过去三个月的搜索关键字，以供公众对搜索技术进行研究。该公司用一个随机号码来替代用户的账号实现匿名化处理。随后，《纽约时报》成功破解该数据集，这起隐私泄漏事件导致美国在线在北加州地方法院被起诉。目前，相比较于其他领域，学者对服刑人员的危险性研究之所以较少，一个很大的原因就是因为服刑人员数据的隐私性。然而在大数据时代，对监狱服刑人员的数据进行研究同样也是必要的，这有利于监狱对服刑人员危险性的识别和预测，但是数据分享会带来隐私数据被泄露的风险，因此对监狱服刑人员的隐私数据进行隐私保护成为监狱大数据研究中的必要条件，隐私保护的目标在于既要保证修改后的数据不会遭受去匿名化攻击，又要在保护隐私的同时，保留原数据的有用信息[1]。

4.4.1 隐私数据泄露类型

通常在数据库及大数据平台中，数据以结构化的格式存储，每个表有诸多行组成，每行数据有诸多列组成。根据列的数据特征，数据列通常可以分为以下几种类型：

➤ 可识别列：可确切定位某个人的列，例如：身份证号，地址以及姓名等；

➤ 半识别列：单列并不能定位个人，但是多列信息可用来潜在地识别某个人，例如：邮编号，生日及性别等。美国的一份研究论文称，仅使用邮编号，生日和性别信息即可识别 87% 的美国人；

➤ 包含用户敏感信息的列，如交易数额，疾病以及收入等；

---

〔1〕 马国富、王子贤、马胜利："基于大数据的服刑人员危险性预测"，载《河北大学学报（自然科学版）》2016 年第 6 期。

➤ 其他不包含用户敏感信息的列。

隐私数据泄露可以分为多种类型，根据不同的类型，通常可以采用不同的隐私数据泄露风险模型来衡量隐私数据泄露的风险，以及对应不同的数据脱敏算法对数据进行脱敏。一般来说，隐私数据泄露类型包括：

个人标识泄露。当数据使用人员通过任何方式确认数据表中某条数据属于某个人时，称为个人标识泄露。个人标识泄露最为严重，因为一旦发生个人标识泄露，数据使用人员就可以得到具体个人的敏感信息。

特征泄露。当数据使用人员根据其访问的数据表了解到某个人新的特征信息时，称为特征泄露。个人标识泄露肯定会导致特征泄露，但特征泄露也有可能单独发生。

成员关系泄露。当数据使用人员可以确认某个人的数据存在于数据表中时，称为成员关系泄露。成员关系泄露风险相对较小，个人标识泄露与特征泄露肯定意味着成员关系泄露，但成员关系泄露也有可能单独发生。

4. 4. 2 隐私数据脱敏概述

监狱、强制隔离戒毒所等司法行政单位信息系统后台数据库以及日常办公产生的大量数据涉及国家机密和服刑人员或戒毒人员的个人隐私，基于信息安全的需要，因此在对这些矫正数据进行数据分析和挖掘之前，需要进行脱敏处理。数据脱敏又称数据漂白、数据去隐私化或数据变形。百度百科对数据脱敏的定义为：指对某些敏感信息通过脱敏规则进行数据的变形，实现敏感隐私数据的可靠保护。这样，就可以在开发、测试和其他非生产环境以及外包环境中安全地使用脱敏后的真实数据集。生活中不乏数据脱敏的例子，比如：我们最常见的火车票、电商收货人地址都会对敏感信息做处理，甚至女同志较熟悉的美颜处理功能、有些视频中的马赛克都属于脱敏，收货地址和身份证号数据脱敏处理见图 4-1 所示。可以看到数据脱敏具有几个关键点：敏感数据、脱敏规则、脱敏架构。

1. 敏感数据

敏感数据，又称隐私数据，常见的敏感数据有：姓名、身份证号码、地址、电话号码、银行账号、邮箱地址、所属城市、邮编、密码类（如：账户查询密码、取款密码、登录密码等）、组织机构名称、营业执照号码、银行账号、交易日期、交易金额等。监狱服刑人员数据特征可以分为 4 类特征[1]：

（1）个体标识特征，可以显式表明个体身份的特征，比如姓名、身份证号码和手机号码[2]。

（2）准标识特征，攻击者可以通过与外部数据表进行链接从而获得个体隐私信息，比如性别、年龄和邮政编码。

（3）敏感特征，描述个体隐私的细节信息，需要严格保密的信息，例如：疾病和收入。

（4）与上述无关的其他特征。

随着大数据时代的到来，大数据商业价值的挖掘，用户的精准定位，大数据中蕴藏的巨大商业价值被逐步挖掘出来，但是同时也带来了巨大的挑战。个人行为（比如位置信息、消费行为、网络访问行为）、信息等都是人的隐私，也是我们所关注的一类敏感信息，在大数据价值挖掘的基础上如何保护人的隐私信息，也将是数据脱敏必须解决的难题。

---

〔1〕 参见王茜、张刚景："实现单敏感属性多样性的微聚集算法"，载《计算机工程与应用》2015 年第 11 期。

〔2〕 童云海等："隐私保护数据发布中身份保持的匿名方法"，载《软件学报》2010 年第 4 期。

图 4-1 收货地址和身份证号数据脱敏处理

2. 脱敏规则

脱敏规则，一般的脱敏规则分类为可恢复与不可恢复两类。

可恢复类，指脱敏后的数据可以通过一定的方式，可以恢复成原来的敏感数据，此类脱敏规则主要指各类加解密算法规则。

不可恢复类，指脱敏后的数据被脱敏的部分使用任何方式都不能恢复出。一般可分为替换算法和生成算法两大类。替换算法即将需要脱敏的部分使用定义好的字符或字符串替换，生成类算法则更复杂一些，要求脱敏后的数据符合逻辑规则，即是"看起来很真实的假数据"。

3. 脱敏架构

从架构的角度看，数据脱敏有 2 种常用架构：动态（On the Fly/Dynamic）数据脱敏架构和静态（Static）数据脱敏架构[1]。

（1）动态数据脱敏架构。动态数据脱敏是指数据脱敏规则应用于在将数据从源数据库（生产库）导出到目标数据库（脱敏后数据库）的过程中进行脱敏处理，或者在生产系统产生实际数据的同时，也同步产生用于其他环境的脱敏数据。这种架构有两个好处：脱敏目标库可以获得实时性很高的数据；在生产系统外不存在非脱敏数据，减少安全风险。这种架构产生的问题：脱敏处理会对生产系统产生一定的压力；脱敏策略可定制性不强，一旦投入持续生产就不能调整，否则

---

〔1〕 乔宏明、梁央："运营商面向大数据应用的数据脱敏方法探讨"，载《移动通信》2015年第 13 期。

会影响现有业务；脱敏应用会对源数据库到目标数据库链路安全和稳定性有较高要求。该架构一般都要求脱敏工具和生产库管理软件紧密耦合，限制可用工具的选择范围。

（2）静态数据脱敏架构。静态数据脱敏通过对源数据库的克隆来进行脱敏操作，形成目标数据库。脱敏规则可以在第三方实体上执行，也可以在目标数据库上执行。因为面对的是生产数据的镜像，这种架构可以根据需要调整脱敏规则，灵活性更高；脱敏工具的选择范围也更大；相对动态架构，静态架构对生产系统的压力更小。这种架构的风险是，因为涉及第三方平台或目标数据库存储源数据，安全风险会增加；此架构获取的脱敏数据实时性相对动态架构偏低。

4.4.3 服刑人员隐私数据脱敏算法

1. 隐私数据脱敏算法

将数据开放给数据分析人员，同时就引入了隐私数据泄露的风险。在限制隐私数据泄露风险在一定范围内的同时，最大化数据分析挖掘的潜力，是隐私数据脱敏技术的最终目标。目前在隐私数据脱敏领域，有一些隐私数据脱敏算法（模型）可以用来从不同角度衡量数据可能存在的隐私数据泄露风险，基础性的算法主要包括 K-匿名、L 多样性等。

（1）K-匿名算法。隐私数据脱敏的第一步是对所有可标识列进行移除或是脱敏，使得攻击者无法直接标识用户。但是攻击者还是有可能通过多个半标识列的特征值识别个人。攻击者可能通过社工或是其他包含个人信息的开放数据库来获得特定个人的半标识列特征值，并与大数据平台数据进行匹配，从而得到特定个人的敏感信息。如果攻击者知道某用户的邮编和年龄，就可以得到该用户的疾病敏感信息。为了避免这种情况的发生，通常需要对半标识列进行脱敏处理，如数据泛化等。数据泛化是将半标识列的数据替换为语义一致但更通用的数据。

为了解决数据发布中存在的隐私保护问题，最早由 Samarati P 和

Sweeney L 提出 K-匿名（K-Anonymity）技术〔1〕，并用于数据发布中保护用户的隐私。其基本思想是使同一等价类中的各个元组彼此之间无法区分，使得每条记录至少与数据表中其他k-1 条记录具有完全相同的准标识符特征值，从而达到隐私保护的目的。其中 K-匿名原则是要求所发布的数据表中的每一条记录不能区分于其他条记录。我们称不能相互区分的条记录为一个等价类。这里的不能区分只对非敏感特征项而言。一般值越大，对隐私的保护效果更好，但丢失的信息越多。服刑人员原始医疗数据表见表 4-1 所示，K-匿名后的数据表见表4-2 所示。

表 4-1　原始医疗数据

姓名	年龄	性别	家庭住址邮编	疾病名称
Andy	22	M	12000	胃溃疡
Bill	25	M	14000	消化不良
Ken	26	M	18000	肺炎
Nash	29	M	19000	支气管炎
Alice	22	F	22000	流感
Betty	29	F	24000	肺炎

表 4-2　K-匿名后的医疗数据

年龄	性别	家庭住址邮编	疾病名称
［22-25］	M	［12000-14000］	胃溃疡
［22-25］	M	［12000-14000］	消化不良
［26-29］	M	［18000-19000］	肺炎
［26-29］	M	［18000-19000］	支气管炎

---

〔1〕　李林：“基于 K-匿名技术的隐私保护研究”，杭州电子科技大学 2013 年硕士学位论文。

续表

年龄	性别	家庭住址邮编	疾病名称
[22-29]	F	[22000-24000]	流感
[22-29]	F	[22000-24000]	肺炎

表 4-1 是原始医疗数据表的部分, 表 4-2 是对表 4-1 经过匿名泛化处理后得到的表, 有多条记录的半标识列特征值相同 (年龄、邮编), 所有半标识列特征值相同的行的集合被称为等价类。显然, 表 4-2 已将个体标识特征-姓名删除, 表中等价类中的记录为 2 条, 也即, 满足 2-匿名 (K=2)。作为一个衡量隐私数据泄露风险的指标, K-匿名可用于衡量个人标识泄露的风险, 理论上来说, 对于 K-匿名数据集, 对于任意记录, 攻击者只有 1/k 的概率将该记录与具体用户关联。

(2) L-多样性算法。K-Anonymity 可用于保护个人标识泄露的风险, 但是无法保护特征泄露的风险, 所以 K-匿名后的数据仍然可能遭受攻击, 例如同质特征攻击与背景知识攻击两种方式攻击用户的特征信息。为了弥补 K-匿名模型的这一不足, M. A 等人提出 L 多样性模型[1], 该模型要求每个等价类中敏感特征值都是 L 良性表示 (L Well-Represented), 考虑了对敏感特征的约束。L-多样性定义为: 如果对于任意等价类内所有记录对应的敏感数据的集合包含 L 个 "合适" 值, 则称该等价类满足 L-多样性。如果数据集中所有等价类都满足 L-多样性, 则称该数据集满足 L-多样性。所谓 L 个 "合适" 值, 通常就是 L 个不同值或者信息熵至少为 Log L 等等。

相对于 K-匿名标准, 符合 L-多样性标准的数据集显著降低了特征数据泄露的风险。对于满足 L-多样性的数据集, 理论上, 攻击者最多只有 1/L 的概率能够特征泄露攻击, 将特定用户与其敏感信息关联起来。一般来说是通过插入干扰数据构造符合 L-多样性标准的数据

---

[1] 李林: "基于 K-匿名技术的隐私保护研究", 杭州电子科技大学 2013 年硕士学位论文。

集，但是同数据泛化一样，插入干扰数据也会导致表级别的信息丢失。同时 L-多样性标准也有不足之处。L-多样性标准无法防御特定类型的特征数据泄露，例如：倾斜攻击，如果敏感特征分布存在倾斜，L-多样性标准很有可能无法抵御特征数据泄露；相似性攻击，如果相等类的敏感特征分布满足 L-多样性，但是特征值相似或是内聚，攻击者有可能从得到很重要的信息。简单来说，对于 L-多样性相同的等价类，敏感特征值的分布信息对于保护特征泄露至关重要。L-多样性只是用来衡量等价类的不同特征值数量，并没有衡量不同特征值的分布，所以其在衡量特征泄露风险上仍有不足之处。

L-多样性标准有可能很难或是没有必要实现。例如，对于服刑人员的再犯罪预测数据，预测结果列可能为犯罪或是不犯罪。对于 10000 条记录，可能 99%的记录都是不犯罪，只有 1%是犯罪。为了生成 2-多样性的预测数据集，会丢失大量的信息，降低数据分析挖掘的价值。

2. 隐私数据脱敏算法评价

在针对特定数据集进行隐私数据脱敏的时候，对算法做出恰当的评价是非常重要的。总体来看，面向数据挖掘隐私保护算法可以从如下几个方面进行评价。

（1）有效性。一方面指算法能够最大限度地防止入侵者非法获取隐私信息，对隐私信息进行保护；另一方面指算法能够准确地数据进行处理，在对敏感信息进行保护的同时，又不影响非敏感数据以及非敏感知识的产生。

（2）复杂性。指算法的时间复杂度和空间复杂度，这是衡量算法计算效率的一条重要标准。特别地，在分布式环境下，通讯复杂性也是一个主要因素。算法设计所追求的重要目标是设计出复杂性尽可能低的算法。

（3）扩展性。指算法处理海量数据集时的能力，或是在数据量增加时，其处理效率的变化趋势。一个扩展性好的算法在数据量增大的同时，其效率的变化是相对缓慢的。算法的扩展性在一定程度上与其复杂性相关。

3. 服刑人员隐私数据脱敏

对于服刑人员个体标识信息一般可通过删除、随机数替换、哈希码替换等方法来实现数据保护。因为某些准标识特征组的取值是唯一的，为了防止攻击者通过链接攻击的方法获得个体隐私信息，对于服刑人员准标识特征可通过数据概化方法和有损连接来处理〔1〕。最早被广泛认同的隐私保护机制为 K-匿名〔2〕，它要求发布表中的每个元组都至少与其他（K-1）个元组在准标识特征上完全相同，使得其不再与任何人一一对应，然而 k-匿名存在严重一致性攻击漏洞；微软研究院的德沃柯（Dwork）等人于 2006 年提出了差分隐私模型及差分隐私的通用随机算法〔3〕：拉普拉斯机制，但该机制主要针对实数值的场合；为此，麦克雪莉（McSherry）和图沃（Tulwar）提出适用于离散值域的指数机制，也是差分隐私的经典通用算法〔4〕。差分隐私假定攻击者及时知晓了原数据中的除了某一条记录之外的所有信息，仍然能提供保护，但如此高强度的保护必然带来大量的噪声，影响数据的可用性。所以在实际应用中，也出现了一些改进差分隐私的尝试〔5〕。在利用服刑人员的静态特征和动态行为数据进行危险性识别与预测时，可根据数据的类型、安全级别、数据的精确度和隐私度的值来进行不同泛化的算法选择。数据隐私保护力度可通过平均泄漏概率比（Average Probability Rate，简称 APR）来衡量，数据精确度（泛化后数据的可用程度）可通过加权特征熵（Weighted Attributes Entropy，简

---

〔1〕 童云海等："隐私保护数据发布中身份保持的匿名方法"，载《软件学报》2010 年第 4 期。

〔2〕 Latanya Sweeney, "K-anonymity：A Model for Protecting Privacy", *International Journal of Uncertainty Fuzziness and Knowledge-Based Systems*, pp. 557~570.

〔3〕 Dwork C, Mcsherry F, Nissim K, "Calibrating Noise to Sensitivity in Private Data Analysis", *Theory of Cryptography*, pp. 265~284.

〔4〕 Mcsherry F, Talwar K, "Mechanism Design via Differential Privacy", *IEEE Symposium on Foundations of Computer Science IEEE Computer Society*, pp. 94~103.

〔5〕 Xi He, A. Machanavajjhala, B. Ding, "Blowfish Privacy：Tuning Privacy-utility Trade-offs Using Policies", pp. 1447~1458.

称 WAE）来衡量[1]。

$$APR = f(e_{min}, k) \sqrt[N]{\prod_{i=1}^{N}\left(\frac{\frac{1}{k}}{p_i}\right)} \qquad (4.4)$$

$$f(e_{min}, k) = \begin{cases} 1 & e_{min} \geq k \\ -1 & e_{min} < k \end{cases} \qquad (4.5)$$

其中，N 表示数据集 T* 中的元组数，$p_i = 1/e_i$（e_i 为第 i 个分组中的元组数）表示第 i 条元组对应个体信息的被泄漏率，k 为数据泛化处理中每个分组中的元组数，e_{min} 表示等价组中的最小元组数.

$$WAE(T*) = \frac{1}{N}\sum_{i=1}^{gcnt} I(G^i) \qquad (4.6)$$

$$I(G) = |G| \cdot \sum_{j=1}^{D} w_j \cdot \log vcntj \qquad (4.7)$$

其中，WAE（T*）定义为所有元组加权信息量的平均值，$I(G^i)$ 为等价组 G 个特征的加权信息总量，gcnt 为 T* 包含的等价组总数；| G | 表示等价组 G 的元组数，D 表示特征 A_j 的最大数，w_j 是各个特征分配的不同权重，有 $\sum w_j = 1$，vcntj 是特征 A_j（$1 \leqslant j \leqslant D$）在等价组 G 上的值 Vj 所代表的精确值个数。实验结果[2]发现数据的隐私度和精确度在总体上呈现相反的变化趋势，但在整个区间并不都是单调递减关系，段与段之间是逐渐增长或消减的，因此在选择较优的泛化隐私保护模型及算法时，我们可根据实际需要选择那些隐私度和精确度都优的点，也可选择那些隐私度或精确度单个优的点。

4.4.4 数据脱敏方法

所谓数据脱敏也即避免隐私数据泄露，是指避免使用数据的人员

---

[1] 黄灿："数据发布中隐私保护关键技术的研究"，南京航空航天大学 2010 年硕士学位论文。

[2] 黄灿："数据发布中隐私保护关键技术的研究"，南京航空航天大学 2010 年硕士学位论文。

（数据分析师，BI 工程师等）将某行数据识别为某个人的信息。数据脱敏技术通过对数据进行脱敏，如移除识别列，转换半识别列等方式，使得数据使用人员在保证可对（转换后）半识别列、敏感信息列以及其他列进行数据分析的基础上，在一定程度上保证其无法根据数据反识别用户，达到保证数据安全与最大化挖掘数据价值的平衡。具体的数据脱敏方法，主要有以下 6 种[1][2]。

1. 替代

指用伪装数据完全替换数据源中的敏感数据，一般替换用的数据都有不可逆性，以保证安全。替代是最常用的数据脱敏方法，具体操作上有常数替代（所有敏感数据都替换为唯一的常数值）、查表替代（从中间表中随机或按照特定算法选择数据进行替代）、参数化替代（以敏感数据作为输入，通过特定函数形成新的替代数据）等。具体选择的替代算法取决于效率、业务需求等因素间的平衡。替代方法能够彻底地脱敏单类数据，但往往也会使相关字段失去业务含义。对于查表替代而言，中间表的设计非常关键。

2. 混洗

主要通过对敏感数据进行跨行随机互换来打破其与本行其他数据的关联关系，从而实现脱敏。混洗可以在相当大范围内保证部分业务数据（如有效数据范围、数据统计特征等）脱敏后看起来跟原数据一致，与此同时也牺牲了一定的安全性。一般混洗方法用于大数据集合，且需要保留待脱敏数据特定特征的场景；对于小数据集，混洗形成的目标数据有可能通过其他信息被还原，在使用的时候需要特别慎重。

3. 数值变换

指对数值和日期类型的数据源，通过随机函数进行可控的调整

---

[1] 乔宏明、梁奂：“运营商面向大数据应用的数据脱敏方法探讨”，载《移动通信》2015年第 13 期。

[2] 陈天莹、陈剑锋：“大数据环境下的智能数据脱敏系统”，载《通信技术》2016 年第 7 期。

（例如：对于数值类型数据，随机增减 20%；对于日期数据，随机增减 200 天），以便在保持原始数据相关统计特征的同时，完成对具体数值的伪装。数值变换通过调整变动幅度可以有效控制目标数据的统计特征和真实度，是常用的脱敏方法。

4. 加密

指对待脱敏数据进行加密处理，使外部用户只看到无意义的加密后数据，同时在特定场景下，可以提供解密能力，使具有密钥的相关方可以获得原数据。加密的方法存在一定的安全风险（密钥泄露或加密强度不够）；加密本身需要一定的计算能力，对于大数据集来源会产生很大资源开销；一般加密后数据与原始数据格式差异较大，"真实性"较差。一般情况下，加密的数据脱敏方式应用不多。

5. 遮挡（Mask Out）

指对敏感数据的部分内容用掩饰符号（如："X、＊"）进行统一替换，从而使得敏感数据保持部分内容公开，并且保证了信息的长度不变性。这种方法可以在很大程度上脱敏的同时，保持原有数据感观，使信息持有者更易辨别，也是一种广泛使用的方法。因此我们的建议脱敏规则为：

（1）【中文姓名】只显示第一个汉字，其他隐藏为 2 个星号，比如：李＊＊。

（2）【身份证号】显示最后四位，其他隐藏。共计 18 位或者 15 位，比如：＊＊＊＊＊＊＊＊＊＊＊＊＊＊1234。

（3）【固定电话】显示后四位，其他隐藏，比如：＊＊＊＊＊＊＊3241。

（4）【手机号码】前三位，后四位，其他隐藏，比如：135＊＊＊＊6810。

（5）【地址】只显示到地区，不显示详细地址，比如：上海徐汇区漕河泾开发区＊＊＊。

（6）【电子邮箱】邮箱前缀仅显示第一个字母，前缀其他隐藏，用星号代替，@ 及后面的地址显示，比如：d＊＊@ 126. com。

（7）【银行卡号】前六位，后四位，其他用星号隐藏，每位1个星号，比如：622260＊＊＊＊＊＊＊＊＊＊1234。

（8）【密码】密码的全部字符都用＊代替，比如：＊＊＊＊＊＊。

6. 空值插入／删除

指直接删除敏感数据或将其置为 NULL 值。在条件允许的情况下，这种方法最直接。

总体而言，数据脱敏的方法有以上6个类别。在具体应用时，可以根据业务需求，结合可用计算资源情况，进行灵活选择。

4.4.5 大数据脱敏平台

用户隐私数据保护与挖掘用户数据价值是两个互相冲突的矛盾体，彻底的数据脱敏，需要抹去全部的用户标识信息，使得数据潜在的分析价值大大降低。另一方面，完全保留用户隐私数据信息，可最大化数据的分析价值，同时导致用户隐私泄露的风险无法控制。因此，大数据脱敏平台的设计目标并不是实现工具算法来完全抹去全部的用户标识信息，而是包括如下几个目标：

1. 数据泄露风险可控

首先，实现基于大数据平台的脱敏算法库，可并行、高效地按照脱敏规则对隐私数据进行脱敏。其次，基于数据脱敏的理论基础，建立用户隐私数据泄露风险的衡量模型，可定性定量地准确衡量数据可能发生泄露的风险。

2. 可管理

结合大数据平台的用户认证体系、权限管理体系，以及隐私数据不同保护级别的权限管理体系，实现对隐私数据基于审批的数据访问机制。结合公司制度、规范、法务等管理，实现在尽可能保护用户隐私数据，减少数据泄露风险的前提下，最大化保留数据分析挖掘的价值。

3. 可审计

对数据的访问要保证可回溯，可审计，当发生数据泄露时，要保证能够通过审计日志找到对应的泄露人员。

　　大数据脱敏平台的设计方向一般包括静态大数据脱敏平台和动态大数据脱敏平台，所谓静态和动态之分，主要在于脱敏的时机不同。对于静态脱敏来说，数据管理员提前对数据进行不同级别的脱敏处理，生成不同安全级别的数据，然后授予不同用户访问不同安全级别数据的权限。对于动态脱敏来说，管理员通过元数据管理不同用户访问具体数据的安全权限，在用户访问数据的时候，动态地从原始数据中按照用户权限进行脱敏处理。大数据平台脱敏技术方案是一个非常有趣的课题，目前业界还没有看到有成熟的方案，鉴于其对数据安全和数据价值的作用，非常值得深入研究，希望以后可以看到相关研究者的研究成果。

4.5 数据变换

　　数据变换（Data Transformation）也叫数据转换，是数据处理里面最常用的一项技术，广泛应用在数据分析与挖掘之中。一般来说，一个数据分析与挖掘项目通常会花 60% 甚至更多的时间在数据处理上。这也使得数据预处理技巧成为每一个数据分析师的必备功课。当原始数据不符合目标算法的要求时，需要对原始数据进行数据变换。数据变换即是将数据从一种表现形式变换为另一种表现形式的过程。常用的数据变换主要包括简单函数变换、数据规范化、数据离散化等。

4.5.1 简单函数变换

　　简单函数变换是对原始数据进行某些数学函数变换，常用的变化包括平方、开方、取对数、差分运算等。具体的简单函数变化如下：

1. 平方 $x' = x^2$

2. 开方 $x' = \sqrt{x}$

3. 对数 $x' = \log(x)$

在实际工程中，经常会有类似点击次数/浏览次数的特征，这类特征是长尾分布的，可以将其用对数函数进行压缩。特别地，在特征相除时，可以用对数压缩之后的特征相减得到。

4. 三角函数

三角函数的值在［0，1］之间，如果有需要，可以用三角函数进行变换。

5. sigmoid 函数

sigmoid 函数，也称 S 型函数，可以对数据进行有效的压缩。特别地，S 型函数在逻辑回归中起着决定性作用。

6. 差分运算

$$\nabla f(x_k) = f(x_{k+1}) = f(x_k)$$

简单的函数变换常用来将不具有正态分布的数据变换成具有正态分布的数据，在时间序列分析中，通过使用对数变换和差分运算可以将非平稳序列变换为平稳序列，例如：当特征值比较大时，通过对数变换，可以对数据进行压缩，提高数据的适用性。

4.5.2 数据标准化

数据标准化处理是数据挖掘的一项基本操作，也称为特征缩放（Feature Scaling），是将数据按比例缩放，使之落入一个特定区间。不同数据往往具有不同的量纲，会影响到数据分析的结果。为了消除数据之间的量纲影响，需要进行数据标准化处理，以解决数据指标之间的可比性问题。

原始数据经过数据标准化处理后，各指标处于同一数量级，适合进行综合对比评价。现实中，数据挖掘对象的不同特征的量纲[1]可能差异很大，数值间的差别可能很大，样本数据记录之间相似度计算

---

〔1〕 所谓量纲，简单地说，就是单位。有一些情况下，描述一个量值，必须使用单位。比如一个物体的长度，那就必须用米或者厘米等表示长度的单位，否则告诉你一个东西长度是 100，那跟没说一样，100 米还是 100 厘米？与之相对应的，有一些量值实际上是没有单位的。比如一个物体的质量是另一个物体的 10%，这个 10% 就是无量纲的。综上所述，简单来说，物理现象或物理量的度量就叫作量纲。

结果将会受到量纲大的特征的影响，从而导致对样本数据记录相似度的计算存在偏差，不进行处理可能会影响到数据分析的结果。因此，需要对特征值按照一定比例进行缩放，使之落在一个特定的区域，从而消除量纲对数据结构的影响，便于进行综合分析。特别是基于距离的挖掘方法，在建模前一定要对数据进行如 SVM、KNN、K-means、聚类等规范化处理。数据规范化处理主要有最小-最大标准化、Z-score 标准化、小数定标标准化、逻辑斯蒂标准化四种[1]。

1. 最小-最大标准化（Min-Max Normalization）

最小-最大标准化也叫 0-1 标准化或离差标准化，是对原始数据的线性变换，使数据值映射到 [0，1] 之间。假设数据中特征 x 的取值集合为 $\{x_1，x_2，…，x_n\}$，特征值 x_i 被标准化的计算公式为：

$$x_i* = \frac{x_i - x_{min}}{x_{max} - x_{min}} \tag{4.8}$$

其中，x_i 和 x_i* 为标准化处理前和处理后的特征值，x_{max} 为样本数据的最大值，x_{min} 为样本数据的最小值。$x_{max}-x_{min}$ 为极差。上述公式为抽象表示，对某个特征值序列 $x_1，x_2，…，x_n$ 进行变换的具体公式也可为：

$$y_i = \frac{x_i - \min_{1 \leq j \leq n}\{x_j\}}{\max_{1 \leq j \leq n}\{x_j\} - \min_{1 \leq j \leq n}\{x_j\}} \tag{4.9}$$

其中，x_i 为特征原有值，y_i 为变换后的特征新值，则特征新值序列 $y_1，y_2，…，y_n \in [0，1]$ 且无量纲。

进一步，如果希望将特征 x 线性映射到任意区间 [a，b]，则最小-最大标准化的公式为：

$$x_i* = \frac{b - a}{x_{max} - x_{min}}(x_i - x_{min}) + a \tag{4.10}$$

最小-最大标准化保留了原来数据中存在的关系，消除了量纲和数据取值范围影响。但是，该方法也存在缺陷，如果数据值集中且某

---

〔1〕　参见欧高炎等：《数据科学导引》，高等教育出版社 2017 年版。

个数值很多，则标准化后各值可能会接近于 0，并且相差不大；如果数据中存在离群值，标准化后的效果也较差。当将来有新数据加入并且超过目前特征值［x_{min}，x_{max}］取值范围时，会引起系统错误，需要重新确定最小和最大值。

2. Z-score 标准化（Zero-Mean Normalization）

Z-score 标准化是最为常用的标准化方法，也叫零均值规范化或标准差标准化。这种方法给予原始数据的均值（mean）和标准差（standard deviation）进行数据的标准化，经过处理的数据符合标准正态分布，即：均值为 0，标准差为 1。假设数据中特征 x 的取值集合为 $\{x_1，x_2，\dots，x_n\}$，特征值 x_i 被标准化的计算公式为：

$$x_i* = （x_i-\mu）/\sigma \tag{4.11}$$

其中 $\mu = \dfrac{1}{n}\sum\limits_{i=1}^{n} x_i$ 为特征 x 的平均值，$\sigma = \sqrt{\dfrac{1}{n}\sum\limits_{i=1}^{n}（x_i - \mu）^2}$ 为特征 x 的标准差。

经过 Z-score 标准化后的特征能够直观反映每一个取值距离平均值的标准差距离，从而理解特征的整体分布情况。特征的均值落在 0 附近，而每一个样本离 0 的距离可以解释为其值远离均值的标准差距离。当数据中出现离群值时，为了降低离群值的影响，可以将 Z-score 标准化方法总的标准差用平均绝对偏差代替。特征 x 的平均绝对偏差 S 公式为：

$$S = \dfrac{1}{n}\sum\limits_{i=1}^{n} |x_i - \mu| \tag{4.12}$$

由此，新的 Z-score 标准化公式为：

$$x_i* = （x_i-\mu）/s \tag{4.13}$$

在分类、聚类算法中，需要使用距离来度量相似性或者使用 PCA 技术进行降维的时候，Z-score 标准化表现更好。

Z-score 标准化方法适用于特征 A 的最大值和最小值未知的情况，或有超出取值范围的离群数据的情况。该种规范化方式要求原始数据的分布可以近似为高斯分布，否则规范化的效果会变得很糟糕。

3. 小数定标标准化（Decimal Scaling Normalization）

小数定标标准化通过移动某个特征值的小数点位置进行标准化，使得特征值的绝对值总是小于 1。小数点的移动位数依赖于特征值的最大绝对值。假设数据中特征 x 的取值集合为 $\{x_1, x_2, \ldots, x_n\}$，特征值 x_i 被标准化的计算公式为：

$$x_i* = \frac{x_i}{10^j} \qquad (4.14)$$

其中 j 是满足 $\max(|x_i*|) < 1$ 的最小整数，也即：$\max \{x_1*, x_2*, \ldots, x_n*\} < 1$。

例子：假设 A 的取值由 -968 到 917。A 的最大绝对值为 986。因此，我们使 j=3，即用 1000 除 A 的每个值。从而 -986 变换为 -0.986。

小数定标标准化方法适用于特征取值比较分散，尤其是特征值分布在多个数量级的情况。尽管该方法简单实用，但是也存在缺陷，如果特征值分布集中在某几个数量级上，则小数定标标准化的特征值也会集中在某几个值附近，不利于后续数据分析时的样本区分；和最小-最大标准化类似，当有新样本数据加入时，小数定标标准化方法需要重新确定小数点移动位数；此外，该方法也会受到离群值的影响。

4. 逻辑斯蒂标准化（Logistics Normalization）

逻辑斯蒂标准化利用逻辑斯蒂函数将数据中的特征值从实数域光滑映射到区间 [0, 1]，从而实现对特征值的标准化处理。逻辑斯蒂函数曲线如图 4-2 所示，该函数将特征取值的实数域映射到 [0, 1] 区间。

假设数据中特征 x 的取值集合为 $\{x_1, x_2, \ldots, x_n\}$，特征值 x_i 被标准化的计算公式为：

$$x_i* = \frac{1}{1 + e^{-x_i}} \qquad (4.15)$$

逻辑斯蒂标准化方法适用于特征值分布相对比较集中地分布于 0 两侧的情况。该方法的缺陷在于：如果特征值分散且均远离 0，那么标准化后的特征值会聚集于 0 或者 1 附近，造成原始值的分布及取值间的关系改变，因此在应用该方法之前，需要先分析该特征值的分布情况。

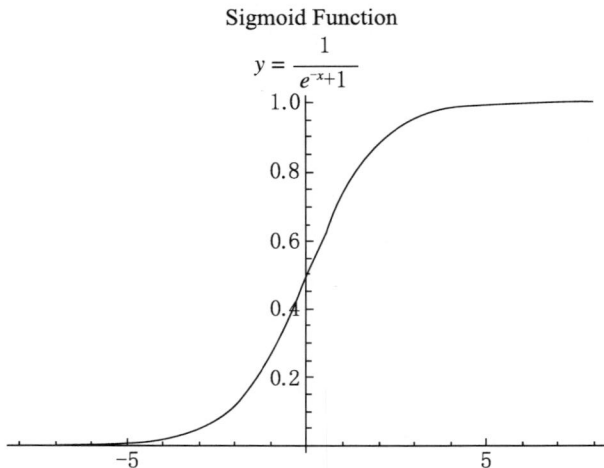

Sigmoid Function

$$y = \frac{1}{e^{-x}+1}$$

图 4-2   逻辑斯蒂函数曲线图

经过数据标准化处理，原始特征数据可以变换为无量纲化指标测评值，即各特征值都处于一个相同的数量级上，可以进行相似性等相关算法所需的计算。通常，数据标准化到同一空间后有两个好处：第一，加快了梯度下降求最优解的速度；第二，有可能提高精度，例如一些分类器需要计算样本之间的距离（如欧氏距离），例如 KNN。如果一个特征值域范围非常大，那么距离计算就主要取决于这个特征，从而与实际情况相悖（比如这时实际情况是值域范围小的特征更重要）。

4.5.3 特征离散化

根据特征的取值情况可将其分为连续型和离散型两种：连续型特征值为实数，例如天气的温度，服刑人员再犯罪率等；离散型特征值主要用类别或符号等来描述特征所代表的含义，例如服刑人员的受教育程度可以用"小学""初中""高中""大学""研究生"来描述，服刑人员的婚姻状况可以用"未婚""已婚""离异""丧偶"来描述；当然也可以用数字来对符号进行编码，例如用一个数字集合 {1，2，3，4} 来量化服刑人员的婚姻状况。

在日常生活中，问题域空间中的特征类型常常既有连续型的特征，也有离散型的特征。而针对应用场景，当确定了算法后，算法对输入的特征类型要求就确定了。例如关联规则挖掘算法只能处理输入特征为布尔型的数据，ID3 决策树算法只能处理输入特征为离散型的数据。研究表明：对于一些问题进行离散化处理能够使得部分模型产生更好的预测效果，例如在将数据集的特征离散化处理后，朴素贝叶斯算法的正确率比处理没有离散化特征的数据高出 10%[1]。

综上所述，为了提高算法的准确性，对特征数据进行离散化处理已经成为数据预处理以及特征工程中的重要一环。

1. 连续特征离散化

连续特征的离散化就是在连续特征的值域上，将值域划分为若干个离散的区间段，然后使用区间段代替在该区间段内的特征值。区间段之间的分割点称为切分点，由切分点切分出来的子区间段的个数称为元数。通俗的说，离散化是在不改变数据相对大小的条件下，对数据进行相应地缩小。一些数据挖掘算法，特别是某些分类算法，例如 ID3、Apriori 等算法要求输入的是离散（分类）特征数据，这样将连续特征变换为离散特征即为连续特征的离散化。

根据我国年龄阶段的划分，我们将服刑人员的"年龄"这个连续型特征离散化，"年龄"特征的取值范围在 [0，150] 之间，用 4 个切分点：7、18、41、66 切分为 5 个区间段如下：

童年：7>年龄≥0，也即：[0，7)

少年：18>年龄≥7，也即：[7，18)

青年：41>年龄≥18，也即：[18，41)

〔1〕　Dougherty J，Kohavi R，Sahami M，"Supervised and Unsupervised Discretization of Continuous Features"，*Twelfth International Conference on Machine Learning*，pp. 194~202.

中年：66>年龄≥41，也即：[41，66)

老年：150≥年龄≥66，也即：[66，150]

如何在数据信息损失尽可能少的情况下减少元数是连续特征离散化追求的目标，因此如何选择切分点，进而产生合理的子区间段也成为决定特征离散化成功的关键。

对连续特征进行离散化处理，一般经过以下步骤：

①对此特征进行排序。对连续型特征值进行升序或降序排列，特别是对于大数据集，排序算法的选择要有助于节省时间，提高效率，减少离散化的整个过程的时间开支及复杂度。

②切分点选择。选择某个点作为切分点，用所选取的具体的离散化方法的尺度进行衡量此切分点是否满足要求，常用的评价准则是基于信息增益或者基于统计量。

③区间段分裂或合并。若切分点满足离散化的衡量尺度，则基于选择的切分点对数据集进行分裂或合并，得到新的区间段；再选择下一个切分点，重复步骤②、③。

④判断离散是否停止。当离散算法存在停止准则时，如果满足停止准则，则不再进行离散化过程，从而得到最终的离散结果。我们可以事先设定元数 K 作为简单的停止判断标准，也可以设定复杂的判断标准函数。

连续特征离散化分为有监督和无监督两种，无监督直接根据特征本身的分布特征进行离散化处理；有监督除了自变量特征本身外，还需要参考数据集中的预测特征 y（因变量）。无监督离散化方法主要包括等宽法、等频法和基于聚类的方法等；有监督离散化方法主要包括信息增益离散化、卡方离散化等。

（1）等宽离散化。等宽离散化也叫等距离离散法。该离散法将连续特征值域均匀地分为具有相同宽度的 k 个区间，区间的个数 k 根据实际情况来决定。假设我们用 x 表示连续型特征，则离散化的区间宽度计算公式为：

$$w = \frac{x_{max} - x_{min}}{k} \tag{4.16}$$

其中，w 为子区间段宽度，x_{max}，x_{min} 分别为连续特征 x 的最大值和最小值。根据上述公式，我们即可找到（k-1）个切分点，从而获得连续特征的 k 个离散化区间。

例如，我们假定监狱服刑人员的特征"年龄"分布在 [0，90] 之间，最小值为 0，最大值为 90，我们要将其分为 k=5 部分，则每个子区间段的长度为：（90-0）/5=18，4 个切分点分别为：18、36、54、72；区间被划分为 [0，18)、[18，36)、[36，54)、[54，72)、[72，90]，每个特征值对应属于它的那个子区间段。

等宽法计算简单，但当特征值存在离群值时，会造成切分点严重偏移。例如某监狱的某个服刑人员的年龄为 150，则离群值 150 会导致 x_{max} 偏大，切分点严重偏移，切分点变成 30、60、90、120，从而造成离散后各子区间段不均衡，甚至在 [90，120) 区间段内出现无数据的极端情况。

（2）等频离散化。当特征值的分布不均匀（例如存在离群值）时，使用等宽离散化方法造成子区间段中的样本数据量可能出现严重不均衡现象。为了解决这个问题，我们可以让离散化后的每个子区间段内的样本数据量均衡，这种方法即为等频法。等频法即是将特征值域中数据均匀分为 n 等份，每份内包含的观察点数相同，即把相同数量的记录放到每个区间。根据连续型特征值的总数 n 及要切分的区间段数 k，则每个子区间段的样本数为：n/k，然后每个区间段所含的取值范围即为对应的特征离散化区间。

例如，有 20 个样本数据分别为：1，2，3，4，5，6，7，8，9，10，41，42，43，44，45，46，47，48，49，50。进行等频法离散，每个子区间段中的样本数为 4，区间段数为 5，具体见表 4-3 所示。从表 4-3 可以看出：样本数据被分为 5 个不等宽的子区间段，切分点为 4、8、42、46，保证了各区间段有相同数量的样本。然而，这样做会导致取值接近甚至相同的样本被划分到不同的区间段内，例如 8 和 9、42 和 43 被切分到两个不同区间段内。

表 4-3 等频离散数据

样本	区间	宽度
1、2、3、4	[1，4]	4
5、6、7、8	[5，8]	4
9、10、41、42	[9，42]	34
43、44、45、46	[43，46]	4
47、48、49、50	[47，50]	4

这两种方法都比较简单，易于操作，但都需要人为地规定划分区间的个数。另外，等宽法对离群点比较敏感，会不均匀地把特征值分布到各个区间；一些区间包含许多数据记录，而一些区间的数据记录数较少，从而对模型产生不良影响。等频法虽然避免了上述缺陷，但却可能将相同的数据值分到不同的区间来满足每个区间中相同的数据记录数，从而使得相邻区间段的数据具有相似的特性。

（3）聚类离散化。将相似的样本数据通过离散化切分到相同的子区间段可以很好地保持原始数据样本的信息，而聚类正是将相似的样本划分到相同的簇的方法。聚类的思想是：同一个簇中的样本高度相似，不同簇间的样本有很多的差异性，据此，可以利用聚类对连续型特征进行离散化处理。基于聚类分析的离散化处理分为三个步骤，即：

①根据连续特征值的分布情况，使用选定聚类算法对具有连续特征的样本数据进行聚类划分。

②基于聚类分析的结果和特定的策略，决定是否对簇进行进一步的划分或合并处理。可利用自顶向下的策略对划分后的每一个簇继续进行更细的子簇划分或利用自底向上的策略将相邻的相似簇合并成新的簇。

③当最终划分好簇后，确定切分点和区间数。

注：基于聚类的方法，簇的个数及簇间相似性的计算要根据聚类

算法的实际情况来决定，比如对于 K-means 算法，簇的个数可以自己决定，但对于 DBSCAN，则是由算法找寻簇的个数。如何选择簇的个数及计算簇间相似性将影响到聚类算法的效果，从而影响连续特征值的离散化效果。

（4）信息增益离散化。信息增益是特征选择中的一个重要指标，它定义为一个特征能够为预测模型带来多少信息，带来的信息越多，该特征越重要。信息增益主要含义是指期望信息或者信息上的有效减少量，根据其来确定在什么样的层次上选择什么样的变量来分类。要想理解信息增益，首先要明白信息熵。对一个特征而言，系统有它和没它时信息量将发生变化，而前后信息量的差值就是这个特征给系统带来的信息量，其实就是信息熵。信息熵是对一个事物（信息）不确定性的量化描述，也可以说是一个集合混乱程度的量化描述。对于任意一个分类预测系统，分类的结果为 y_j（$m \geq j \geq 1$，m 为分类的类别数），则有分类别 C 类的整体信息熵计算公式为：

$$H（C）= -\sum_{i=1}^{m} p(y_i)\log_2 p(y_i) \qquad (4.17)$$

其中，y_i 代表某个随机的类别或事件，$p(y_i)$ 表示发生这个随机类别或事件的概率。例如，在监狱服刑人员是否再犯罪的预测系统中，若服刑人员再犯罪为 C_1，服刑人员不再犯罪为 C_0，则该预测系统的信息熵为：

$$H（C）= -\left[p（C_1）\log_2 p（C_1）+ p（C_0）\log_2 p（C_0）\right]$$

其中，$p（C_0）$ 和 $p（C_1）$ 分别为服刑人员不再犯罪和再犯罪的概率。

信息增益是针对一个一个的特征而言的，也就是引入某个特征 X 后信息熵称为条件熵，通常根据某个给定的特征 X 划分的各个小的分类系统的信息熵加权求和，权重就是各个小系统占系统 S 的比例（各个小系统的概率）。信息熵和条件熵的差值就是信息增益，那么特征 X 的信息增益即为：

$$IG(X) = H(C) - H(C \mid X)$$

其中，H ($C|X$) 是条件熵，条件熵中 X 也是一个变量，意思是给定一个特征 X 的条件下（X 的每个值都会取），分类的类别 C 熵对 X 的期望。条件熵的计算公式为：

$$H(C|X) = \sum_{i=1}^{n} p(x_i) H(C|X = x_i)$$

$$= -\sum_{i=1}^{n} p(x_i) \sum_{j=1}^{m} p(C_j|x_i) \log p(C_j|x_i) \qquad (4.18)$$

其中，n 为特征 X 的取值数，m 为分类类别 C 的取值数。

基于信息增益的离散化方法的步骤如下：

①对连续型特征进行排序；

②把特征的每一个取值看作是候选分裂节点（或切分点），然后计算出对应的熵；接着，选择熵最小的特征取值作为分裂节点，把原来的区间划分为两个子区间段；

③对②中得到的两个子区间段递归进行划分，直到每个子区间段内特征的类别一样为止；

④合并相邻的、类的熵值为零且特征类别相同的各子区间段，并重新计算新区间段类的熵值；

⑤重复执行步骤④，直到满足终止条件（终止条件可以是限制决策树的深度或者叶子结点的个数等）。

ID3 和 C4.5 是最常用的基于信息增益来进行特征选择分类的决策树算法，基于信息增益进行特征离散化就是基于单个特征构建决策树建模，然后根据决策树模型中节点分裂的阈值对特征进行划分。

（5）卡方离散化。上述基于信息增益离散化方法采用自顶向下的划分方法，而基于卡方离散化方法则采用自底向上的合并方法。首先将特征的所有数据值列为一个单独的区间，再递归地找出最佳邻近可合并的区间，然后合并它们，进而形成较大的区间。决定是否进行相似区间段合并的标准是卡方统计量。卡方检验针对分类变量，就是统计样本的实际观测值与理论推断值之间的偏离程度：实际观测值与理论推断值之间的偏离程度决定卡方值的大小，卡方值越大，两者越不符合；卡方值越小，偏差越小，两者越趋于符合，若两个值完全相等时，卡方值就为 0，表明理论值完全符合。卡方检验是由英国统计学家 Karl Pearson 在 1900 年首次提出的，因此也被称为 Pearson χ^2，其计算公式为：

$$\chi^2 = \sum \frac{(A - E)^2}{E} = \sum_{i=1}^{k} \frac{(A_i - E_i)^2}{E_i} = \sum_{i=1}^{k} \frac{(A_i - np_i)^2}{np_i} \quad (4.19)$$

其中，A_i 为落入 i 区间段的样本个数，也即观察频数，E_i 为 i 区间段对应的期望频数，n 为总频数，p_i 为 i 区间的期望频率；E_i 等于总频数 n 乘以 i 区间段的期望频率 p_i，k 为单元格数；当 n 较大时，χ^2 统计量近似服从 $k-1$（计算 E_i 时用到的参数个数）个自由度的卡方分布。

常用的基于卡方的离散化方法是 ChiMerge 方法，其基本思想为：对于精确的离散化，相对类频率在一个区间内应当完全一致。因此，如果两个相邻的区间具有非常类似的类分布，则这两个区间可以合并；否则，它们应当保持分开。而低卡方值表明它们具有相似的类分。ChiMerge 算法用卡方统计量来决定相邻区间是否一致或者是否区别明显。如果经过验证，类别属性独立于其中一个区间，则这个区间就要被合并。ChiMerge 算法包括两部分：初始化和自底向上合并，当满足停止条件的时候，区间合并停止。步骤如下：

第一步：初始化

对要离散特征的每个取值看作是一个单独的区间段，然后按照取值大小进行排序；

第二步：自底向上合并区间，又包括两步骤：

①计算每一对相邻区间的卡方值。

②将卡方值最小的或者低于阈值（预先设定一个卡方的阈值）的一对相邻区间进行合并，阈值之上的区间保持分区间。

卡方的计算公式为：

$$\chi^2 = \sum_{i=1}^{k} \sum_{j=1}^{c} \frac{(A_{ij} - E_{ij})^2}{E_{ij}} \quad (4.20)$$

其中，A_{ij} 为第 i 个区间段内类别为 j 的样本个数，k 为要比较的区间个数，C 为类别个数，且有：

$$R_i = \sum_{j=1}^{c} A_{ij}$$

$$C_j = \sum_{i=1}^{k} A_{ij}$$

$$N = \sum_{j=1}^{c} C_j$$

$$E_{ij} = \frac{R_i \times C_j}{N}$$

其中，R_i 为第 i 个区间内的实例数量，C_j 为第 j 类的实例数量，N 为总的实例数量，E_{ij} 为 A_{ij} 的期望。

使用 ChiMerge 方法进行离散化需要先选择显著性水平，再由公式得到对应的卡方值。推荐使用 0.90、0.95、0.99 置信度，最大区间数取 10 到 15 之间。然而，该离散化方法每次迭代过程中只能合并两个区间，如果数据集中、样本量较大，则算法的开销会较大。

2. 分类特征离散化

大多数机器学习算法不能识别类别数据，要求数据必须是数值型的，故一名合格的数据挖掘分析师必须对相应转换方法有所了解。

以性别为例，性别特征具有两个选项：男或女，机器学习模型搞不懂何为"男、女"，但清楚何为"1、0"。直观的做法，将"男、女"对"1、0"进行映射，但这种做法存在一个明显的缺陷，即"0、1"具有大小可比性，而实际上 sex 只是一个标称特征，不应具有"数学"意义，故比较合理的做法是将 sex 特征拆成两个特征，"是否男"与"是否女"。由此，如果一个用户的 sex 为男，则这两个特征联合在一起可表示为（1，0），否则表示为（0，1）。

综上所述，分类数据离散化的核心就是将某个类别特征的 m 个取值转化为 m 个特征，如果具有某个特征值，则代表该特征的特征值表示为 1，其他为 0。

3. 数据离散化的原因

离散化指把连续型数据切分为若干"段",是数据分析中常用的手段。在数据挖掘中,离散化得到普遍采用。究其原因,有这样几点:

(1) 算法需要。决策树、NaiveBayes 等算法本身不能直接使用连续型变量,连续型数据只有经离散处理后才能进入算法引擎。这一点在使用具体软件时可能不明显。因为大多数数据挖掘软件内已经内建了离散化处理程序,所以从使用界面看,软件可以接纳任何形式的数据。但实际上,在运算决策树或 NaiveBayes 模型前,软件都要在后台对数据先作预处理。

(2) 离散化可以有效地克服数据中隐藏的缺陷。离散化可以使模型结果更加稳定。例如,数据中的极端值是影响模型效果的一个重要因素。极端值导致模型参数过高或过低,或导致模型被虚假现象"迷惑",把原来不存在的关系作为重要模式来学习。而离散化,尤其是等距离散,可以有效地减弱极端值和异常值的影响。

(3) 有利于对非线性关系进行诊断和描述。对连续型数据进行离散处理后,自变量和目标变量之间的关系变得清晰化。如果两者之间是非线性关系,可以重新定义离散后变量每段的取值,如采取"0,1"的形式,由一个变量派生为多个哑变量,分别确定每段和目标变量间的联系。这样做,虽然减少了模型的自由度,但可以大大提高模型的灵活度。

通过对连续型特征进行离散化,将其取值转换为有明确含义的区间,含义更加明确,从而使得数据的可解释性更强,模型更易于理解和使用。离散化后的特征取值大大减少,既减少了数据集对于存储空间的需求,也减少了模型训练所需要的计算资源,从而提高了模型训练的计算效率。

4.6 数据规约

对于中小型数据集而言,前面提到的数据挖掘准备中的预处理步骤通常足够了。但对于真正意义上的大型数据集，在应用数据挖掘技术之前，还需要执行一个中间的、额外的步骤——数据规约。目前有许多针对海量数据挖掘的解决方案，其中近似挖掘方法能得到良好的挖掘效果。近似挖掘是指在数据挖掘过程中，不直接使用待挖掘的原始数据集，而使用原始数据集的子集作为挖掘对象，以获得近似挖掘效果的方法。直接对海量数据集进行挖掘需要较长时间，且未必能获得满意的结果。其挖掘结果可能是一个复杂的模型，尽管准确度较高，但可解释性却大大降低。数据规约技术可以用来获得数据集的简化表示（简称近似子集），并且该近似子集的信息表达能力非常接近于原数据集，规模却小得多。对经过规约预处理后的数据集进行挖掘，可以产生相近的分析结果，而效率却大大提高〔1〕。数据规约是指在不影响数据的完整性和数据分析结果的正确性的前提下，通过减少数据规模的方式达到提升数据分析的效果和效率目的的技术。

数据规约的意义在于：

第一，降低噪声数据对建模的影响，提高数据建模的准确性；

第二，通过数据规约后的较小数据集可以大大缩减数据挖掘的计算、处理和存储的时间；

第三，可以有效降低数据存储的成本。

常见的数据规约主要包括维规约和数值规约〔2〕，而在进行维规约和数值规约之前，我们需要先了解维数灾难和过拟合。

4.6.1 维数灾难与过拟合

维数（也即特征数）灾难是指：随着数据维度的增加，许多数据分析变得非常困难。特别是随着维度增加，数据在它所占据的空间中越来越稀疏。对于分类，这可能意味着没有足够的数据对象来创建模型，将所有可能的对象可靠地指派到一个类。对于聚类，点之间的密

---

〔1〕 喻小光、陈维斌、陈荣鑫："一种数据规约的近似挖掘方法的实现"，载《华侨大学学报（自然科学版）》2008年第3期。

〔2〕 参见朝乐门：《数据科学》，清华大学出版社2016年版。

度和距离的定义失去了意义。结果是：对于高维数据，许多分类算法的分类准确率降低，许多聚类算法的聚类质量下降[1]。举一个分类应用的简单例子[2]，假设我们有一系列的图片，每张图片的内容可能是猫也可能是狗；我们需要构造一个分类器能够对猫、狗进行自动的分类。首先，要寻找到一些能够描述猫和狗的特征，这样我们的分类算法就可以利用这些特征去识别物体。猫和狗的皮毛颜色可能是一个很好的特征，考虑到红、绿、蓝是构成图像的三原色及它们的权重，可以设计一个分类器（假设 0.5、0.3、0.2 分别为红、绿、蓝三原色的权重）：

> If　$0.5 * red + 0.3 * green + 0.2 * blue > 0.6$：return cat；
> else return dog；

但是，使用颜色特征可能无法得到一个足够准确的分类器，如果是这样的话，我们可以加入更多的特征，比如颜色、纹理的统计信息等，如此下去，我们可能会得到上百个特征。那是不是我们的分类器性能会随着特征数量的增加而逐步提高呢？答案也许有些让人沮丧，事实上，当特征数量达到一定规模后，分类器的性能是在下降的。维度（特征数量）的增加与分类器的性能关系见图 4-3 所示。

---

[1]　参见陈封能、斯坦巴赫、库玛尔：《数据挖掘导论（完整版）》，人民邮电出版社 2011 年版。

[2]　Forever-守望："机器学习中的维数灾难"，https://blog.csdn.net/zbc1090549839/article/details/38929215，最后访问日期：2018 年 4 月 12 日。

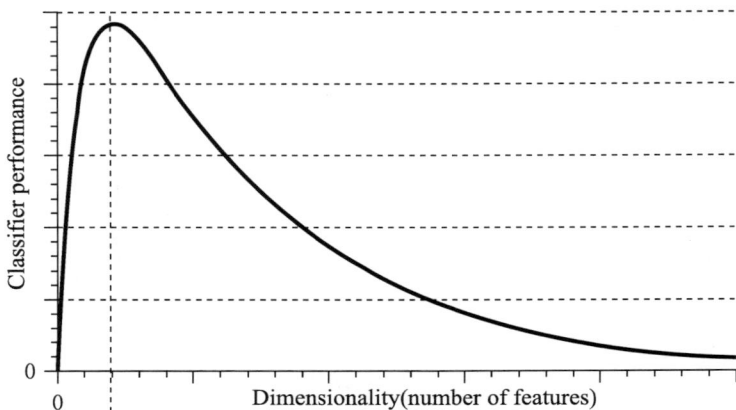

图 4-3　维数与分类器性能关系

　　从图 4-3 可以看出：随着维度的增加，分类器性能逐步上升，到达某点之后，其性能便逐渐下降。接下来，我们简要介绍这种现象发生的原因，进一步讨论如何避免维数灾难的发生。在上面这个分类的例子中，我们假设猫和狗图片的数量是有限的（实际上也确实如此，样本数量总是有限的），就假设有 10 张图片吧，接下来我们就用这仅有的 10 张图片来训练我们的分类器。首先从一个最为简单的线性分类器开始，仅仅使用单一特征（1 维），比如红色来进行训练，见图4-4 所示。

Feature 1

图 4-4　1 维特征空间及样本分布

　　单一特征的分类器，在训练集上表现并不好。接下来，我们增加一个特征，比如绿色，这样特征维数扩展到了 2 维，见图 4-5 所示。

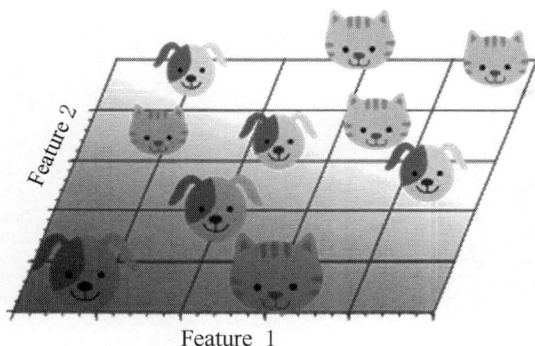

图 4-5　2 维特征空间及样本分布

　　增加一个特征后，我们依然无法找到一条简单的直线将它们有效分类。为此，我们再增加一个特征，比如蓝色，将特征扩展到 3 维特征空间，见图 4-6 所示。

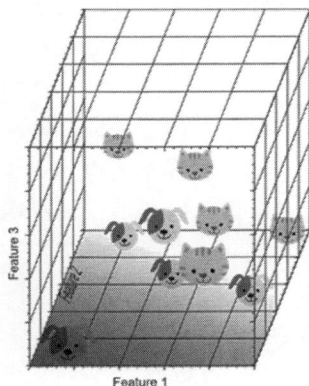

图 4-6　3 维特征空间及样本分布

　　在 3 维特征空间中，我们很容易找到一个分类平面，能够在训练集上有效地将猫和狗进行分类，见图 4-7 所示。

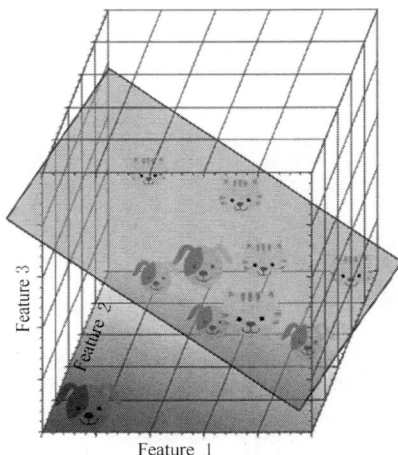

图 4-7　分类平面对 3 维特征空间进行的分类

　　从 1 维到 3 维，给我们的感觉是：维数越高，分类性能越优。然而，在图 4-3 中，我们说维数过高将导致一定的问题：具体来说，在 1 维特征空间下，我们假设一个维度的宽度为 5 个单位，这样样本密度为 10/5＝2；在 2 维特征空间下，10 个样本所分布的空间大小为 5＊5＝25，这样样本密度为 10/25＝0.4；在 3 维特征空间下，10 个样本分布的空间大小为 5＊5＊5＝125，样本密度就为 10/125＝0.08。如果我们继续增加特征数量，随着维度的增加，样本将变得越来越稀疏，在这种情况下，也更容易找到一个超平面将目标分开。然而，如果我们将高维空间向低维空间投影，高维空间隐藏的问题将会显现出来，具体见图 4-8 所示。

　　从图 4-8 我们可以看出：高维空间训练形成的分类器，相当于在低维空间的一个复杂的非线性分类器，这种分类器过多地强调了训练集的准确率，甚至于对一些错误、异常的数据也进行了学习，而正确的数据却无法覆盖整个特征空间。为此，这样得到的分类器在对新数据进行预测时将会出现错误。这种现象被称为过拟合，即：训练集上表现良好，但是对新数据缺乏泛化能力，这同时也是维数灾难的直接体现。

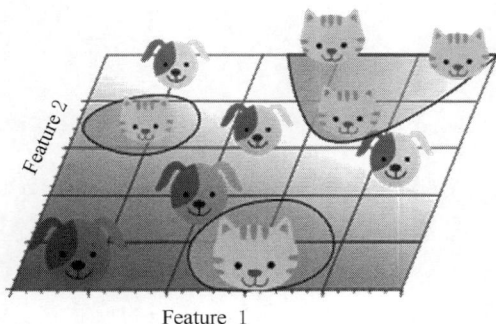

图 4-8　高维空间投影到低维空间后出现的情况

图 4-9 是用 2 个特征代替 3 个特征进行学习的分类器，从图 4-9 可以看出：一个简单的线性分类器在训练数据上的表现不如非线性分类器，但由于线性分类器的学习过程中对噪声没有非线性分类器敏感，因此对新数据具备更优的泛化能力。换句话说，通过使用更少的特征，避免了维数灾难的发生，也即避免了高维情况下的过拟合。

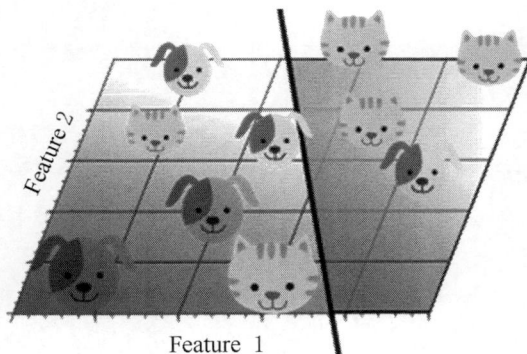

图 4-9　基于 2 维特征的线性分类器

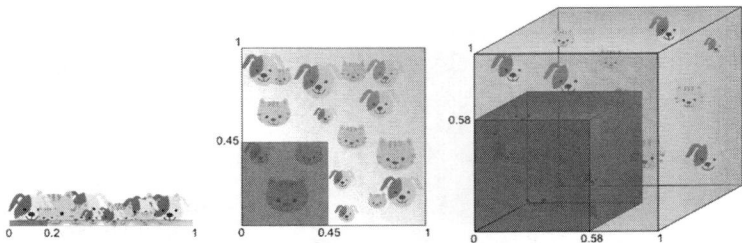

图4-10　不同维度取得相同比例样本需要的空间比较

图4-10展示了由于高维而带来的数据稀疏性问题：假设有一个特征，它的取值范围 D 在 0 到 1 之间均匀分布，并且对狗和猫来说其值都是唯一的，我们现在利用这个特征来设计分类器。如果我们的训练数据覆盖了取值范围的 20%，那么所使用的训练数据就占总样本量的 20%。而当分类器使用 2 维特征进行分类时，要想覆盖 2 维特征空间同样的面积（即取值范围的 20%），则需要在每个维度上取得 45% 的取值范围；当分类器使用 3 维特征进行分类时，要想覆盖 3 维特征空间同样的面积（即取值范围的 20%），则需要在每个维度上取得 58% 的取值范围，据此推导，当分类器的特征维度接近一定程度时，要取得同样空间范围的训练样本数量，则几乎要在每个特征维度上取得接近 100% 的取值范围，或者必须增加总样本数量，然而样本数量也总是有限的。换句话说，如果一直增加特征维数，由于样本分布越来越稀疏，如果要避免过拟合的出现，就要以指数级别增加样本数量（以特征的维数作为指数）。

从以上的例子中可以看出，维数灾难导致训练数据变得稀疏，从而带来如下问题：

①特征越多训练数据越稀疏，想要精确地估计分类器参数（分类器的决策边界）会越困难；

②维数灾难会引起特征空间中的稀疏数据不是正态分布的后果。事实上位于超立方体中的数据要比超立方体边角处的数据更加稀疏。

从图4-3我们可以看出：随着特征维数增加到较大时，分类器的性能会变差。问题是如何界定"较大",同时如何避免过拟合。遗憾的是并没有固定的规则来解决这个问题。实际上这个问题与训练样本的数量、分类边界形状的复杂性以及分类器的类型有关。如果能获取无限多的样本,就可以从无限多的特征中构造出完美的分类器。如果训练样本较少,那就要采用较少的特征训练分类器。如果 N 个样本足以覆盖单位长度的 1 维空间,那么在 2 维和 3 维空间上就需要 N^2 和 N^3 个样本才能达到与 1 维空间相同的密度分布。即训练样本的数量和特征的维数呈指数关系。

具有非线性决策边界的分类器(如神经网络、KNN、决策树)泛化能力较差,更容易过拟合。因此应该在低维度的特征空间上使用非线性分类器;而在高维度的特征空间上使用朴素贝叶斯和线性分类器。为了避免维数灾难和过拟合,在不影响数据完整性和数据分析结果的正确性的前提下,通常考虑使用维规约来减少维度特征(或属性)的数量。

4.6.2 维规约

维规约也叫属性规约或降维,就是指减少或者压缩数据特征维度数目,摒弃不重要的维度特征,尽量只用少数的关键特征来描述数据。人们总是希望看到的现象主要是由少数的关键特征造成的,找到这些关键特征也是数据分析的目的。如果数据经过规约处理得当,不影响数据重新构造且不丢失任何信息,则该数据归约是无损的维规约技术。从数学角度讲就是,对于给定 p 维的数据向量 $\mathbf{X} = \{x_1, x_2, x_3, \ldots, x_n\}$,在某种条件下,寻找一个能反映原始数据信息的较低维的表示,即 $\mathbf{S} = \{s_1, s_2, s_3, \ldots, s_m\}$,其中 $n \geq m$。维规约技术,其形式分为两种:特征选择(属性选择)和特征提取(又称维变换),前者通过选择属性子集代表原属性集来达到维规约目的,后者则通过线性或非线性方法将高维属性空间变换到低维属性空间从而达到维规约目的[1]。

---

〔1〕 许明旺、施润身:"维规约技术综述",载《计算机应用》2006 年第 10 期。

1. 特征选择

（1）特征选择概述。所谓特征选择就是从一组数量为 N 的特征中选择出一组数量为 M 的最优特征（N>M），主要包括：选择一个判断最优特征的标准、找到一个好的算法来选择出这组最优特征。特征选择的主要目的是去除特征中的无关特征和冗余特征，如图 4-11 所示。

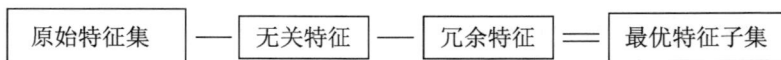

原始特征集 —— 无关特征 —— 冗余特征 ═══ 最优特征子集

图 4-11　特征选择

无关特征：指与当前学习任务无关的特征（该特征所提供的信息对当前学习任务无用），如对于罪犯数据而言，编号则是无关特征。

冗余特征：指该特征所包含的信息能从其他特征推演出来，如"面积"这个特征能通过"长"和"宽"得出，则它是冗余特征。

特征选择主要有两个功能：

①减少特征数量、降维，使模型泛化能力更强，减少过拟合；

②增强对特征和特征值之间的理解。

（2）特征选择一般过程：

①生成子集：搜索特征子集，为评价函数提供特征子集；

②评价函数：评价特征子集的好坏；

③停止准则：与评价函数相关，一般是阈值，当评价函数达到这个阈值后就可停止搜索；

④验证过程：在验证数据集上验证选出来的特征子集的有效性。

特征选择流程如图 4-12 所示。

验证过程 ◄── 选择的特征子集 ◄── 满足 停止准则 ◄── 评估

不满足

特征集 ──► 搜索策略 ──► 特征子集

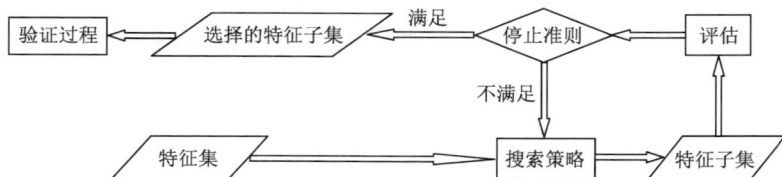

图 4-12　特征选择流程

（3）特征选择子集的搜索方法。常见的搜索策略主要有三种：

①完全搜索

也就是枚举特征集中的所有特征组合，从而选出最优的特征子集，复杂度为 $O(2^n)$，因此实际应用中几乎不采用。

②启发式搜索

启发式搜索策略主要有序列前向选择（SFS, Sequential Forward Selection）和序列后向选择（SBS, Sequential Backward Selection）等。假定原始特征集是 f，挑选出来的特征子集是 f_{sub}。序列前向搜索策略首先把特征子集 f_{sub} 初始化为空集，每一步从 $f-f_{sub}$（余下的特征集）中选择使得评价函数 $J(f_{sub}+x)$ 最优的特征 x，直至评价函数 J 无法改进，该算法便认为得到了最优的属性子集。与序列前向搜索策略相反的是，序列后向搜索策略搜索特征子集 f_{sub} 从全集开始，每次删除一个属性 x，重复该过程，直到评价函数 $J(f_{sub}-x)$ 最优。序列前向搜索策略和序列后向搜索策略的思想都为贪心思想，因此有时候容易陷入局部最优的情况中。也可把上述两种方法结合在一起称为双向搜索，此外还有决策树归纳算法等，具体内容见表 4-4 所示。

表 4-4　特征选择常用方式

特征选择方式	方式描述	方式解析
序列前向选择	从一个空特征集开始，每次从原来特征集合中选择一个当前最优的特征添加到当前特征子集中；直到无法选择出最优特征或满足一定阈值约束为止。	初始特征集：{A1, A2, A3, A4, A5, A6} { } → {A1} → {A1, A4} → {A1, A4, A6} {A1, A4, A6} 为特征选择后特征集

特征选择方式	方式描述	方式解析
序列后向选择	从一个全特征集开始,每次从当前特征集合中选择一个当前最差的特征并将其从当前特征子集中删除;直到无法选择出最差特征或满足一定阈值约束为止。	初始特征集:{A1,A2,A3,A4,A5,A6} {A1,A2,A3,A4,A5,A6}→{A1,A3,A4,A5,A6}→{A1,A4,A5,A6}→{A1,A4,A6} {A1,A4,A6}为特征选择后特征集
双向搜索	可以将逐步向前选择和向后删除结合在一起,每一步选择一个最好的特征,并在剩余特征中删除一个最差的特征;直到无法选择出最差特征或满足一定阈值约束为止。	初始特征集:{A1,A2,A3,A4,A5,A6} {}→{A1} {A2,A3,A4,A5,A6}→{A3,A4,A5,A6} {A1}→{A1,A4} {A3,A5,A6}→{A5,A6} {A1,A4}→{A1,A4,A6} {A5}→{} {A1,A4,A6}为特征选择后特征集
决策树归纳	利用决策树的归纳方法对原始数据进行分类归纳学习,获得了一个初始决策树,所有没有出现在这个决策树上的特征均可认为是无关特征,可将这些特征从原始数据集中删除,从而获得了一个较优的特征子集。	初始特征集:{A1,A2,A3,A4,A5,A6} {A1,A4,A6}为特征选择后特征集

（4）特征选择方法。特征选择主要有三种方法：

①过滤式（filter）方法。过滤式特征选择通常选择和类别相关度较大的特征或者特征子集，过滤式特征选择的研究者认为，相关度较大的特征或者特征子集在分类器上可以获得较高的准确率。过滤式特征选择的评价标准分为四种，即距离度量、信息度量、关联度度量以及一致性度量。其主要思想是：依据评价标准对每一维的特征"打分"，该分值就代表着该维特征的重要性，然后依据此分值排序。过滤式特征选择的评价标准从数据集本身的内在性质获得，与特定的学习算法无关，因此具有较好的通用性。

优点：算法的通用性强，省去了分类器的训练步骤；算法复杂性低，因而适用于大规模数据集；可以快速去除大量不相关的特征，作为特征的预筛选器非常合适。

缺点：没有考虑到特征之间的关联作用，可能把有用的关联特征误过滤掉。

过滤式特征选择算法中比较经典的有拉氏算法、SPEC 算法、Relief 算法、T-score 算法、基于最大相关最小冗余的算法等，之后很多算法在这些经典算法的基础上，针对不同的领域的数据特征进行了优化和适应性变换[1]。

②包裹式（wrapper）方法。包裹式特征选择把特征选择看作一个特征子集搜索问题，筛选各种特征子集，用模型评估效果。典型的包裹型算法为递归特征删除算法。例如，在逻辑回归中，用全量特征训练一个模型，然后根据线性模型的系数（体现相关性），删掉 5%~10% 的弱特征，观察准确率 AUC 的变化，逐步进行，直至准确率 AUC 出现大的下滑为止。

③嵌入式（embedding）方法。嵌入式特征选择有别于过滤式和包裹式，是根据模型来分析特征的重要性。在嵌入式特征选择中，特征选择算法本身作为组成部分嵌入到学习算法里。最典型的即决策

---

［1］　参见王振武：《大数据挖掘与应用》，清华大学出版社 2017 年版。

树算法，如 ID3、C4.5 以及 CART 算法等，决策树算法在树增长过程的每个递归步都必须选择一个特征，将样本集划分成较小的子集，选择特征的依据通常是划分后子节点的纯度，划分后子节点越纯，则说明划分效果越好，可见决策树生成的过程也就是特征选择的过程。

2. 特征提取

特征提取也叫维变换或特征降维，是指基于某种算法使用映射（或变换）的方法将原始数据的高维特征映射到较少的低维新数据特征上的过程。常见的特征提取算法分为线性与非线性方法。通过线性方法得到的低维数据仍可保持高维数据之间的线性关系。线性方法主要包括主成分分析法（PCA）、线性判别分析法（LDA）、局部保留投影法（LPP）等[1]。但是针对高度非线性结构的数据集合，非线性特征提取（降维）方法更能揭示数据的主特征。非线性特征提取方法主要有多维尺度分析法（MDS）、等距映射法（Isomap）[2]、局部线性嵌入法（LLE）[3]、拉普拉斯特征映射法（Laplacian Eigen-maps）[4]等。

（1）主成分分析法（PCA）。PCA 可将高维数据映射到低维空间中，它是通过协方差矩阵进行特征分解，得出数据的主成分和权值，再根据数据的权值选择具有代表性的特征向量。它用数据投影后方差的大小衡量特征代表信息量的多少，方差越大，代表携带的信息就越多。选取前 k 维方差较大的特征，投影后的数据满足方差最大化，即数据点的分布稀疏，便于分类，此种特征提取方法可最大程度接近原始数据，但其并不着重探索数据的内部结构特征。PCA 是一种无监督

---

〔1〕 刘振焘等："语音情感特征提取及其降维方法综述"，载《计算机学报》2017 年第 40 卷。

〔2〕 Zhang L, et al, "Feature Selection for Fast Speech Emotion Recognition", *International Conference on Multimedia*, 2009, pp. 753~756.

〔3〕 Huang RS, "Information Technology in an Improved Supervised Locally Linear Embedding for Recognizing Speech Emotion", *Advanced Materials Research*, pp. 375~378.

〔4〕 Yu Q, Li Y, Jia P, "Speech Emotion Recognition Using Supervised Manifold Learning Based on All-class and Pairwise-class Feature Extraction", *Conference Anthology*, *IEEE*, pp. 1~5.

的线性特征提取方法，适用于有线性关系的数据，在人脸识别和图像处理中被广泛地应用。该方法概念简单，计算方便，时间复杂度较低，特征提取后的数据保留了大部分原始数据特征，但数据维度的确定没有明确准则。

（2）线性判别分析法（LDA）。LDA又叫Fisher线性判别法，其基本原理是通过Fisher准则函数选择某一个最佳的投影方向，使得样本投影到该方向后有最大的类间区分度和最小的类内离散度，以达到抽取分类信息和类别之间最佳的可分离性。此方法的输入数据带有标签，为有监督的特征提取方法。线性判别分析法（LDA）能够保证投影后模式样本在新的空间中有最小的类内距离和最大的类间距离，即模式在该空间中有最佳的可分离性，该方法属于监督学习的算法，但是对于不满足高斯分布的样本并不适用。

（3）多维尺度分析法（MDS）。MDS降维算法可以解决非线性数据的特征提取问题，它的原理是通过输入相似程度矩阵，在低维空间中找到相对位置坐标，利用欧氏距离来计算两点之间的距离，根据距离的长短来判断相似程度。它的基本思想是保留数据之间的相似性，可以分为经典MDS、度量性MDS和非度量性MDS。多维尺度分析法是一种将多维空间的研究对象（样本或变量）简化到低维空间进行定位、分析和归类，同时又保留对象间原始关系的数据分析方法。它不仅适用于探索变量之间的潜在规律性联系，也能处理名称变量和顺序变量数据，且不要求数据满足多元正态分布假设，现已被广泛应用于各研究领域。

（4）等距映射法（Isomap）。Isomap可从原始高维特征数据中提取出低维度的、强鉴别能力的嵌入式数据特征，显著地提高了识别精度。Isomap是对MDS算法的一种改进，MDS算法适用于欧式空间，它用欧式距离来衡量两点之间的距离大小。而对于流形结构，欧氏距离不再适用，故Isomap采用测地线来计算流形中的距离。Isomap算法对非线性的高维数据具有较好的处理能力，将相距较近的点之间的测地距离用欧式距离表示，相距很远的点间的测地距离采用最短路径逼近，并最大限度地保留特征提取后的数据样本间的全局测地距离信息，该方法在保证误差最小的同时，可实现特征数据的提取，因此该方法常应用于特征数据的非线性特征提取处理。

4.6.3 数值规约

数值规约是指通过选择替代的、较小的数据来减少数据量，包括有参数方法和无参数方法两类。有参数方法是使用一个模型来评估数据，只需存放参数，而不需要存放实际数据，例如：回归和对数线性模型等。而无参数方法则需要存放实际数据，例如：直方图、聚类和抽样[1]。下面对无参数方法进行介绍。

1. 直方图

使用直方图可以近似表示数据的分布，是一种常用的数值规约形式。某个属性的直方图将该属性的数据分布划分为不相交的子集或桶，如果每个桶只代表单个属性值/频率对，则该桶称为单值桶。一般而言，桶用于表示该属性的一个连续区间。例如：某个商品的单价数据（按照四舍五入取整）排序如下：

1，1，5，5，5，5，5，8，8，10，10，10，10，12，14，14，14，15，15，15，15，15，15，18，18，18，18，18，18，18，18，20，20，20，20，20，20，20，21，21，21，21，25，25，25，25，25，28，28，30，30，30.

图 4-13 为这些数据的频率直方图。

---

〔1〕 参见〔美〕韩家炜等：《数据挖掘概念与技术》，范明等译，机械工业出版社 2015 年版。

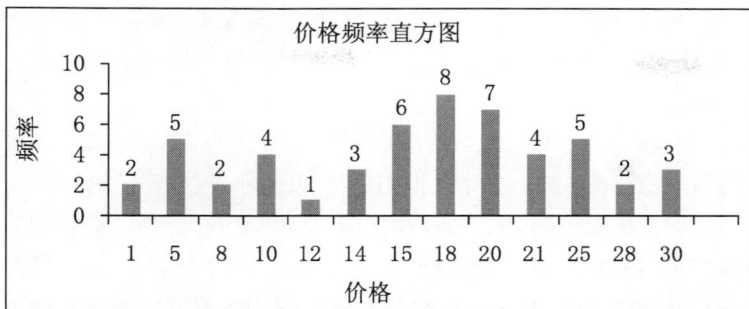

图 4-13　使用单值的价格频率直方图

为进一步压缩数据，通常让一个桶代表给定属性的一个连续值域。在图 4-14 中每个桶代表价格的一个不同的 10 美元区间。

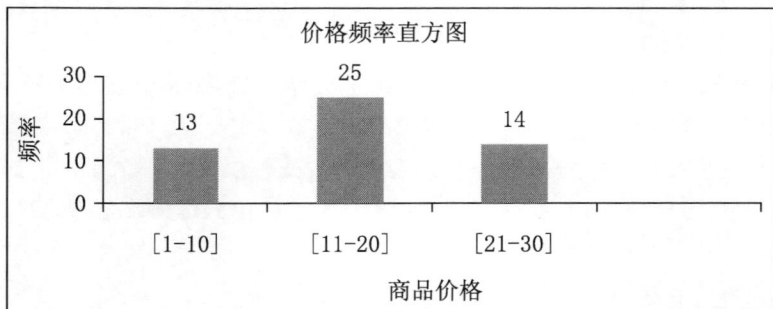

图 4-14　商品价格的等宽直方图

2. 聚类

聚类技术把数据元组（数据库表中的行）看作对象。它将对象划分为群或簇，使得在一个簇中的对象"相似"，而与其他簇中的对象"相异"。通常，相似性基于距离函数，用对象在空间中的"接近"程度定义。簇的"质量"可以用直径表示，直径是簇中两个对象的最大距离。形心距离是簇质量的另一种度量，它定义为簇中每个对象到簇形心（表示"平均对象"，或簇空间中的平均点）的平均距离。在数值规约中，用数据的簇代表替换实际数据。该技术的有效性依赖于数据的性质。相对于被污染的数据，该技术对能够组织成不同的簇的数据有效得多。

3. 抽样

抽样也是一种数据规约技术，因为它允许用较少的随机样本（子集）表示原始数据集。假定原始数据集 D 包含 N 个元组，则用于数据规约最常用的对 D 的抽样方法如下：

（1）s 个样本的无放回简单随机抽样（SRSWOR）：从 D 的 N 个元组中抽取 s 个样本（s<N），其中 D 中任意元组被抽取的概率均为 1/N，即所有元组的抽取是等可能的。

（2）s 个样本的有放回简单随机抽样（SRSWR）：该方法类似于 SRSWOR，不同之处在于当一个元组从 D 中抽取后，记录它，然后放回原处。也就是说，一个元组被抽取后，它又被放回 D 中，以便它可以被再次抽取。

（3）簇抽样：如果 D 中的元组被分组，放入 M 个互不相交的"簇"，则可以得到 s 个簇的简单随机抽样（SRS），其中 s<M。例如，数据库中元组通常一次取一页，这样每页就可以视为一个簇。例如，可以将 SRSWOR 用于页，得到元组的簇样本，由此得到数据的规约表示。也可以利用其他携带更丰富语义信息的聚类标准。例如，在空间数据库中，我们可以基于不同区域位置上的邻近程度定义簇。

（4）分层抽样：如果 D 被划分成互不相交的部分，称作"层"，则通过对每一层的 SRS 就可以得到 D 的分层抽样。特别是当数据倾斜时，分层抽样可以帮助确保样本的代表性。例如，可以依据罪犯的每个年龄组创建分层，通过 SRS 得到关于罪犯数据的一个分层抽样。这样，所包含罪犯人数最少的年龄组肯定能够被代表。

采用抽样进行数据规约的优点是，得到样本的花费正比例于样本集的大小 s，而不是数据集的大小 N。因此，抽样的复杂度可能亚线性（Sublinear）于数据的大小。其他数值规约技术至少需要完全扫描 D。对于固定的样本大小，抽样的复杂度仅随数据的维数 n 线性增加；

而在使用其他技术如直方图时，复杂度随 n 呈指数增长。用于数据规约时，抽样最常用来估计聚集查询的回答。在指定的误差范围内，可以确定（使用中心极限定理）估计一个给定的函数所需的样本大小。样本的大小 s 相对于 N 可能非常小。对于规约数据的逐步求精，抽样是一种自然选择。通过简单地增加样本大小，这样的集合可以进一步求精。

第5章

服刑人员再犯罪数据挖掘建模

5.1 服刑人员再犯罪数据挖掘概述

近年来，基于信息技术革命的强大推力，调查研究和决策工作开始呈现出鲜明的革新性特点。特别是"大数据"时代的到来正在改变着人们的思维、生产、生活、工作和学习方式。大数据时代，所有管理和决策都将由数据驱动，数据将成为企业和公共组织的重要资产。同时，只有高效地对业务领域数据进行分析和挖掘，数据资产才能产生真正的价值。数据挖掘就是运用数据库、人工智能和数理统计等多方面技术从大量的实际应用数据中提取隐含信息和知识的过程，通过高度自动化地分析领域数据，做出归纳性的推理，从中挖掘出潜在的模式，帮助决策者科学判断，减少风险，做出正确的决策。大数据弥补了传统小数据存在的缺陷，能够让组织获得更多维度、更海量、更有时效性的全样本数据。大数据通过收集、挖掘、分析海量数据并进行模型训练与优化，可以帮助组织快速提升领域的管理决策能力。通过让数据说话，实现组织基于量化模型的精细优化决策，基于数据科学方法的量化研究已经在决策中发挥着日益显著的作用，数据收集、分析和挖掘能力已经成为管理者科学决策的前提。

惩罚和改造服刑人员，预防和减少犯罪，确保监管安全稳定，维护执法公平正义是《监狱法》赋予监狱的职能，而这其中监管安全更是重中之重。当前，监狱各类业务信息管理系统和安全防范系统在监狱的应用大大提高了监狱的监管改造管理水平和工作能力，然而监狱服刑人员越狱等再犯罪案件时有发生。在百度搜索引擎里输入"越狱案件"，百度找到相关结果约 3 210 000 个，排在前几个的统计信息有：2011 年 9 月 15 日财新网公开报道 10 起重大越狱案件，报道最后总结这些越狱案件多与监狱管理漏洞有关〔1〕；2014 年 9 月 4 日中商情报网报道近年来的 7 大越狱案件〔2〕，2014 年 11 月 3 日中华网公开报道了近 7 年来的 12 期越狱案件〔3〕，2015 年环球军事网报道了中国最严重的监狱越狱案案件分析〔4〕，报道中广东省监狱管理局副局长说："这说明我们监狱在内部管理上、在隐患整治上存在漏洞。"上述只是公开报道的监狱越狱事件，监狱服刑人员再犯罪除了服刑人员越狱脱逃外，还包括集体暴乱、罪犯斗殴、袭警等突发安全事件。然而，在现有制度下，受限于监狱经费等原因，大部分省份的监狱将劳动改造、生活卫生等形成的计分作为减刑、假释的重要依据，证明服刑人员确有悔改不致危害社会，这显然会导致监狱执法的科学性受到质疑。服刑人员出于减刑、假释的需要，会有针对性地根据监狱制定的计分方式和计分细则进行最大努力获取分数，这必然会造成服刑人员改造思想的不端正和诱发功利改造思想。在实践中，普遍存在罪犯减刑前后反差很大的现象。并且一旦服刑人员脱离了监狱环境回归社会，离开了监狱监管，服刑人员的再犯罪将很难预料。很多公开场所，有很多记者或专家向司法部相关人员询问我国服刑人员的再犯罪相关问题，都没有得到一个确切的数字，主要原因还是在于服刑人员再犯罪数据没有实现集中存储和管理。

　　监狱作为国家刑罚执行机关，既是法治建设的实践之地，更是法

〔1〕　黄晨："近年 10 起重大越狱案件一览"，http：//www. caing. com/2011-09-15/100302744. html，最后访问日期：2018 年 4 月 26 日。

〔2〕　中商情报网："黑龙江嫌犯杀警越狱盘点：近年国内越狱大案件"，http：//mil. askci. com/military/2014/09/04/93322wofp. shtml，最后访问日期：2018 年 4 月 26 日。

〔3〕　王婷婷、张莹："媒体盘点近 7 年 12 起越狱案 28 名越狱犯全被抓回"，http：//news. china. com/domestic/945/20141103/18922977_ all. html，最后访问日期：2018 年 4 月 26 日。

〔4〕　环球军事网："中国最严重的监狱越狱案件分析"，http：//www. huanqiumil. com/a/40936_ 2. html，最后访问日期：2018 年 4 月 26 日。

治文明的浓缩之所。以往罪犯信息管理系统，多半基于 OLTP 系统，缺乏综合分析、辅助决策以及自动发现模式的能力；并且对其历史积累的海量信息中隐含知识的利用无能为力。新形势下，监狱的职能发生了重大变化，从而对监狱的管理水平提出了更高要求。而要想实现对服刑人员的科学性和精准性教育改造和监管，就必须更深入、更全面地掌握服刑人员的相关信息，这势必给监狱有限的警力造成更大的负担。随着监狱信息化建设在监狱的深入推进，监狱积累了大量的数据，各监狱与监狱局之间，各监狱之间，以及监狱局与其他司法部门、公安部门之间的联网越来越完善，通过网络利用这些综合的信息对罪犯的数据进行挖掘；对本地数据库中的罪犯信息、该犯在其他监狱的犯罪及改造记录、司法部门的裁决信息、公安部门的罪犯登记信息等进行整合；对罪犯犯罪机理进行分析；对改造效果进行预测；加快罪犯的改造速度，提高改造质量，为监狱管理人员提供信息决策支持，实现信息化、科学化管理。因此，利用数据分析、数据挖掘、模式识别、机器学习等大数据技术对涉及服刑人员的犯罪登记信息、审判信息、在监日常相关数据进行整合成数据集，然后进行分析、挖掘模式和规律、建立模型来对服刑人员的再犯罪危险性进行模式识别、分类和预测，从而将有限的警力用于重点服刑人员，提高服刑人员的教育改造质量和监管水平。服刑人员的危险性识别、分类、预测及由此进行的减刑和假释将日益基于服刑人员的数据分析作出，而并非基于经验和主观意图，从而提升依法治监的科学性和规范性。根据风险原则，监狱的矫正措施应重点运用于那些危险性最高的服刑人员，从而在最大限度上有效降低服刑人员的再犯罪危险性。对于刑事司法研究人员和从业人员而言，怎样利用现有数据进行高效的训练，建立适合于不同领域、不同场景、不同类别的更准确、有效的机器学习模型来对服刑人员的再犯罪危险性进行识别和预测一直是一个具有挑战性的任务。

5.2 关联规则挖掘

　　关联规则反映一个事物与其他事物之间的相互依存性和关联性，常用于实体商店或在线电商的推荐系统。通过对顾客的购买记录数据库进行关联规则挖掘，最终目的是发现顾客群体的购买习惯的内在共性，例如购买产品 A 的同时也连带购买产品 B 的概率，根据挖掘结果，调整货架的布局陈列、设计促销组合方案，实现销量的提升，最经典的应用案例莫过于：“啤酒和尿布”。

　　在一家超市里，有一个有趣的现象：尿布和啤酒赫然摆在一起出售。但是这个奇怪的举措却使尿布和啤酒的销量双双增加了。沃尔玛拥有世界上最大的数据仓库系统，为了能够准确了解顾客在其门店的购买习惯，沃尔玛对其顾客的购物行为进行购物篮分析，想知道顾客经常一起购买的商品有哪些。沃尔玛数据仓库里集中了其各门店的详细原始交易数据。在这些原始交易数据的基础上，沃尔玛利用数据挖掘方法对这些数据进行分析和挖掘。一个意外的发现是：“跟尿布一起购买最多的商品竟是啤酒。”经过大量实际调查和分析，揭示了一个隐藏在“尿布与啤酒”背后的美国人的一种行为模式：在美国，一些年轻的父亲下班后经常要到超市去买婴儿尿布，而他们中有 30%～40% 的人同时也为自己买一些啤酒。产生这一现象的原因是：美国的太太们常叮嘱她们的丈夫下班后为小孩买尿布，而丈夫们在买尿布后又随手带回了他们喜欢的啤酒〔1〕。

5.2.1 关联规则挖掘概述

　　关联规则最初是针对购物篮分析问题提出的。假设分店经理想更多地了解顾客的购物习惯，特别是想知道哪些商品顾客可能会在一次

---

　　〔1〕　百度百科：“关联规则”，http://baike. baidu. com/item/% E5% 85% B3% E8% A7% 84% E5%88%99/6319603? fr＝aladdin，最后访问日期：2018 年 4 月 29 日。

购物时同时购买。为回答该问题，可以对商店的顾客购物零售数量进行购物篮分析。该过程通过发现顾客放入"购物篮"中的不同商品之间的关联，分析顾客的购物习惯。这种关联的发现可以帮助零售商了解哪些商品频繁地被顾客同时购买，从而帮助他们开发更好的营销策略。

除了购物篮分析，关联规则还被广泛应用在通信、金融、交通、健康医疗和 Web 用户行为分析等领域。例如，在健康医疗领域，可以通过分析病人的历史诊疗记录，发现不同诊疗手段之间的关系；在交通领域，可以通过发现不同路段的拥堵关系来优化道路设计和交通管理[1]；在司法行政领域，一些强制隔离戒毒所尝试采用食疗的模式对吸毒人员进行矫治，为此，可利用关联规则挖掘，发现食谱和戒毒效果的关系；在监狱和强制隔离戒毒所，可以发现矫治人员的日常行为与他们的危险性的关系。

1993 年，Agrawal 等人在首先提出关联规则概念的同时也给出了相应的挖掘算法 AIS，但是性能较差。1994 年，他们建立了项目集格空间理论，并依据上述两个定理，提出了著名的 Apriori 算法，至今 Apriori 仍然作为关联规则挖掘的经典算法被广泛讨论，后来诸多的研究人员对关联规则的挖掘问题进行了大量的研究。

关联规则模式属于描述型模式，发现关联规则的算法属于无监督学习的方法。那么，如何从大量的数据中发现关联规则呢？为此，我们需要了解关联规则的相关概念。

定义一：项和项集

设 $I = \{i_1, i_2, \cdots, i_m\}$ 是 m 个不同的项目的集合，每个 i_k ($1 \leqslant k \leqslant m$) 称为一个项目。项目的集合 I 称为项集。其元素的个数称为项集的长度，长度为 k 的项集称为 k-项集。例如：项集 I = {面包，啤酒，蛋糕，冰淇淋，牛奶，茶叶} 的长度为 6。

---

[1] 参见欧高炎等：《数据科学导引》，高等教育出版社 2017 年版。

定义二：项集的频数和支持度

设 $I = \{i_1, i_2, \cdots, i_m\}$ 是由数据库中所有项目（商品）构成的集合，事务数据库 $T = \{t_1, t_2, \cdots, t_n\}$，其中每一个事务 t_i（$i = 1, 2, \cdots, n$）包含的项集都是 I 的子集。例如，某顾客在某个商店里一次购买了多种商品，这些购买信息在事务数据库中会生产一个唯一的标识 t_i，用于表示该用户在本次的购买活动，也即一个事务。事务数据库中包含的某个项集的事务数称为该项集的频数，项集的频数占所有交易数之比为该项集的支持度。

定义三：关联规则

关联规则就是有关联的规则，关联规则是一个蕴含式：

$$R：X \Rightarrow Y$$

其中，$X \subset I$，$Y \subset I$，并且有 $X \cap Y = \phi$，X 为规则的前提，Y 为规则的结果。关联规则反映了项集 X 在某一交易中出现时，Y 以某一概率出现的规律。关联规则可以用支持度（Support）和自信度（Confidence）来衡量。

定义四：关联规则的支持度

关联规则 R 的支持度是交易集中同时包含 X 和 Y 的交易数占所有交易数之比，即为：

Support $(X \Rightarrow Y)$ = Support $(X \cap Y)$ = P (XY) = count $(X \cap Y)$ ／ $|D|$

其中，count $(X \cap Y)$ 表示同时包含 X 和 Y 的交易事务数，D 为交易数据库 D，$|D|$ 表示 D 中所有的交易事务数。支持度反映了 X、Y 同时出现的概率。关联规则的支持度等于频繁项集的支持度。例如：某超市 2016 年有 100 万笔销售，顾客既购买可乐又购买薯片有 20 万笔，顾客既购买可乐又购买面包有 10 万笔，那可乐和薯片的关联规则的支持度是 20%，可乐和面包的支持度是 10%。

定义五：关联规则的置信度（Confidence）

关联规则 R 的置信度是指包含 X 和 Y 的交易数与包含 X 的交易数之比。即：

Confidence （X ⇒ Y） = Support （X ⇒ Y）/Support （X） = P （Y | X）

置信度反映了如果交易中包含 X，则交易包含 Y 的概率。例如：某超市 2016 年可乐购买次数 40 万笔，购买可乐又购买了薯片是 30 万笔，顾客购买可乐又购买面包有 10 万笔，则购买可乐又购买薯片的置信度是 75%，购买可乐又购买面包的置信度是 25%，这说明买可乐也会买薯片的关联性比面包强，营销上可以做一些组合策略销售。

一般来说，只有支持度和置信度较高的关联规则才是用户感兴趣的。

定义六：最小支持度和最小置信度

用户通常为了达到一定的要求，需要制定关联规则必须满足的支持度和置信度阈值。设定关联规则 R 的最小支持度和最小可信度为 min_sup 和 min_conf，前者表示关联规则的最低重要程度，后者表示关联规则必须满足的最低可靠性。

定义七：频繁项集

支持度不小于 min_sup 的项集称为频繁项集，长度为 k 的频繁项集称为 k-频繁项集。

定义八：强关联规则

规则 R 的支持度和置信度均不小于 min_sup 和 min_ conf，即：

Support （X⇒Y） ≥min_sup 且 Confidence （X⇒Y） ≥min_conf

则称关联规则 X⇒Y 为强关联规则。关联规则挖掘的目的就是找出强关联规则，从而指导商家的决策。例如：表 5-1 为顾客购买记录数据库 D，包含 6 个事务。项集 I = ｛网球，网球拍，运动鞋，羽毛球｝。考虑关联规则：网球拍⇒网球，事务 1、2、3、4、6 包含网球拍，事务 1、2、6 包含网球拍和网球，则有：Support （网球拍⇒网球） = 3/6 = 0.5，Confidence （网球拍⇒网球） = 3/5 = 0.6。若给定 min_sup = 0.5，min_conf = 0.5，则关联规则：网球拍⇒网球是强关联规则。

定义九：关联规则的提升度（Lift）

提升度表示先购买 X 对购买 Y 的概率的提升作用，用来判断规则是否有实际价值，即：

Lift＝Support（X∩Y）/Support（X）＊Support（Y）

使用规则后商品在购物车中出现的次数是否高于商品单独出现在购物车中的频率。如果大于 1 说明规则有效，小于 1 则无效。例如：可乐和薯片的关联规则的支持度是 20%，购买可乐的支持度是 3%，购买薯片的支持度是 5%，则提升度是：0.2／（0.3＊0.5）= 1.33>1，X⇒Y 规则对于商品 Y 有提升效果。

这九个定义包含了与关联规则相关的几个重要基本概念，关联规则挖掘主要有两个问题：

（1）找出交易数据库中所有大于或等于用户指定的最小支持度的频繁项集。

（2）利用频繁项集生成所需要的关联规则，根据用户设定的最小置信度筛选出强关联规则。

其中，问题（1）是关联规则挖掘算法的难点，下文介绍的 Apriori 算法和 FP-growth 算法，都是解决问题（1）的算法。

表 5-1　客户购买体育用品记录数据库

事务 ID	网球拍	网球	运动鞋	羽毛球
1	1	1	1	0
2	1	1	0	0
3	1	0	0	0
4	1	0	1	0
5	0	1	1	1
6	1	1	0	0

5.2.2 Apriori 算法

1. Apriori 算法的基本思想

关联规则的挖掘分为两步：

（1）找出所有频繁项集。这一阶段找出所有满足最小支持度的项集，找出的这些项集称为频繁项集。

（2）生成强关联规则。在上一步产生的频繁项集的基础上生成满足最小置信度的规则，产生的规则称为强关联规则。

强关联规则挖掘所花费的时间主要是在找出频繁项集上，因为找出的频繁项集往往不会很多，利用频繁项集生成规则也就不会花太多的时间，而生成频繁项集需要测试很多的备选项集，如果不加优化，所需的时间是 $O(2^N)$。Apriori 算法采用了迭代的方法，先对数据集 D 进行查找，搜索出候选 1 项集 C_1 及其对应的支持度，剪枝去掉低于最小支持度的 1 项集，得到频繁 1 项集 L_1。然后对剩下的频繁 1 项集 L_1 进行连接，得到候选的频繁 2 项集 C_2，筛选去掉低于最小支持度的候选频繁 2 项集，得到真正的频繁 2 项集 L_2，以此类推，迭代下去，直到无法找到频繁 k+1 项集为止，对应的频繁 k 项集的集合 L_k 即为算法的输出结果。Apriori 算法过程中有连接步和剪枝步。

①连接步是自连接，通过 L_{k-1} 与自身连接，原则是保证前 k−2 项相同，并按照字典顺序连接，产生候选项集 C_k。

②剪枝步，是使任一频繁项集的所有非空子集也必须是频繁的，从候选项集中过滤不频繁项集，得到频繁的 k 项集 L_k。算法示意图具体见图 5−1 所示。

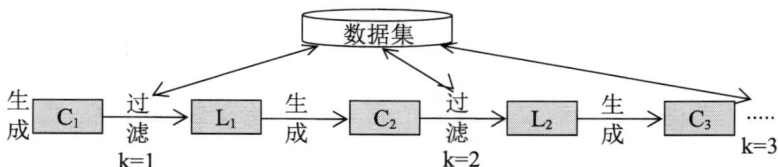

图 5−1 Apriori 算法示意图

2. Apriori 算法性质

Apriori 翻译成中文是"先验"，所以，不难想到，先验性质就是整个 Apriori 的核心。

定理 1：先验性质：频繁项集的所有非空子集也一定是频繁的。

说明：这个概念很容易理解了，比如一个项集 $\{I_1，I_2，I_3\}$ 是频繁的，那么，说明这三个项同时出现的次数是大于最小支持度计数的，所以，我们可以推知，它的任何非空子集，$\{I_1\}$，$\{I_2，I_3\}$ 等的支持度也一定比预先定义的阈值要大，故而都是频繁的。

反过来，我们可以换个角度来思考这个问题，如果一个项集 I 是频繁的，那么给这个项集再加一个项 A，则这个新的项集 $\{I \cup A\}$ 至少不会比 I 更加频繁，因为加了东西，所以项集中所有项同时出现的次数一定不会增加。进一步思考可以得到这样一个结论：如果项集 I 是非频繁的，那么无论给它增加什么项，多少项，它都不会变成频繁项集。这种特殊的性质，也叫"反单调性"。我们将这种"反单调性"换个说法，写成下面的定理 2。

定理 2：反单调性：一个项集，如果有至少一个非空子集是非频繁的，那么这个项集一定是非频繁的。

正是利用了上面的定理 1，定理 2 被设计出来，它通过逐层搜索的模式，由频繁 k−1 项集生成频繁 k 项集，从而最终得到全部的频繁项集。可见，Apriori 最核心的部件就是怎样通过频繁 k−1 项集生成频繁 k 项集。为什么要通过这种方法找频繁 k 项集呢？通过定理 1，2，我们知道：如果一个项集是频繁 k 项集，那么它的任意非空子集一定是频繁的，所以说，假如现在我们找到了全部的频繁 k−1 项集，那么频繁 k 项集则一定是由这些频繁 k−1 项集组合生成的。可以精简为下面的 2 个定理。

定理 3：任何频繁 k 项集都是由频繁 k−1 项集组合生成的。

定理 4：频繁 k 项集的所有 k−1 项子集一定全部都是频繁 k−1 项集。

3. Apriori 算法步骤

Apriori 算法的主要步骤如下：

（1）扫描数据库 D 中所有数据，产生候选 1 项集 C_1；

（2）依据最小支持度，从候选 1 项集 C_1 中过滤掉非频繁 1 项集，产生频繁 1 项集 L_1；

（3）在 k>1 的情况下，重复执行步骤（4）、（5）、（6）；

（4）由 L_k 执行连接和剪枝操作，自由产生候选的 (k+1) -项集 C_{k+1}；

（5）遍历一次数据集，计算 C_{k+1} 中的每一个项集的支持度，依据最小支持度和 Apriori 算法性质，删除支持度小于 min_sup 的 (k+1) 项集后，得到频繁 (k+1) 项集 L_{k+1}；

（6）如果 $L \neq \Phi$，则 k = k + 1，调回第（4）步；否则执行第（7）步；

（7）依据最小置信度，对于每个频繁项集 L，产生 L 的所有非空子集，进而产生强关联规则，结束。

4. Apriori 算法实例

（1）数据集。表 5-2 为一个手机评论数据集，该数据集每一列表示对应的词语在一篇评论中是否出现。

表 5-2　手机评论数据

评论编号	功能（X_1）	速度（X_2）	屏幕（X_3）	手感（X_4）	客服（X_5）
1	1	1	1	1	0
2	0	1	0	0	1
3	0	1	1	0	0
4	1	0	1	1	0
5	0	0	1	1	1

为了便于描述，我们使用特征集合取代特征向量来表示每个样

本，集合中的元素为样本中取值为 1 的所有特征。此时，样本的每一个特征 X_i 被称为项，每个样本可看做是项的集合，即项集。表 5-3 为手机评论数据的集合表现形式。

表 5-3　手机评论数据的集合表示形式

评论编号	项集
1	$\{X_1,\ X_2,\ X_3,\ X_4\}$
2	$\{X_2,\ X_5\}$
3	$\{X_2,\ X_3\}$
4	$\{X_1,\ X_3,\ X_4\}$
5	$\{X_3,\ X_4,\ X_5\}$

（2）Apriori 算法过程

对表 5-3 进行关联规则挖掘，假设支持度阈值为 0.6，置信度阈值为 0.5。由于该数据集总共有 5 条数据，则至少在 3 条数据中都出现的项集才是频繁项集。

①遍历整个数据集，计算每一个 1 项集（候选 1 项集 C_1）的支持度，见表 5-4 所示。

表 5-4　手机评论数据中候选 1 项集 C_1

C_1 项集	支持度
$\{X_1\}$	0.4
$\{X_2\}$	0.6
$\{X_3\}$	0.8
$\{X_4\}$	0.6
$\{X_5\}$	0.4

②将 C_1 中支持度小于最小支持度 min_sup（本例中为 0.6）的项

集 X_1 和 X_5 过滤掉，得到 1 项频繁项集 $L_1 = \{ \{X_2\}, \{X_3\}, \{X_4\} \}$。

③根据 L_1 生产候选 2 项集 C_2，遍历该数据集，得到每一个候选项集的支持度，见表 5-5 所示。

5-5 手机评论数据中候选 2 项集 C_2

C_2 项集	支持度
$\{X_2, X_3\}$	0.4
$\{X_2, X_4\}$	0.2
$\{X_3, X_4\}$	0.6

从表 5-5 可以看出，只有项集 $\{X_3, X_4\}$ 的支持度不小于最小支持度，因此，得到频繁 2 项集 $L_2 = \{\{X_3, X_4\}\}$。因为 L_2 中只包含一个频繁项集，因此不能再生产 C_3，L_2 是最大频繁项集，Apriori 算法结束。

④合并 L_1 和 L_2，我们得到手机评论数据中的频繁项集为：$\{ \{X_2\}, \{X_3\}, \{X_4\}, \{X_3, X_4\} \}$。

⑤由频繁项集产生强关联规则。对 L_2 生成管理规则，并计算这些规则的置信度，见表 5-6 所示。

表 5-6 基于频繁项集产生的关联规则及其置信度

基于频繁项集产生的关联规则	置信度
$X_2 \Rightarrow \{X_3, X_4\}$	Confidence $(X_2 \Rightarrow \{X_3, X_4\}) = 1/3 = 0.33$
$\{X_3, X_4\} \Rightarrow X_2$	Confidence $(\{X_3, X_4\} \Rightarrow X_2) = 1/3 = 0.33$
$X_2 \Rightarrow X_3$	Confidence $(X_2 \Rightarrow X_3) = 2/3 = 0.66$
$X_3 \Rightarrow X_2$	Confidence $(X_3 \Rightarrow X_2) = 2/4 = 0.5$
$X_2 \Rightarrow X_4$	Confidence $(X_2 \Rightarrow X_4) = 1/3 = 0.33$
$X_3 \Rightarrow X_4$	Confidence $(X_3 \Rightarrow X_4) = 3/4 = 0.75$
$X_4 \Rightarrow X_2$	Confidence $(X_4 \Rightarrow X_2) = 1/3 = 0.33$

基于频繁项集产生的关联规则	置信度
$X_4 \Rightarrow X_3$	Confidence（$X_4 \Rightarrow X_3$）= 3/3 = 1

从表 5-6 可以看出，规则 $X_2 \Rightarrow X_3$，$X_3 \Rightarrow X_2$，$X_3 \Rightarrow X_4$ 和 $X_4 \Rightarrow X_3$ 的置信度都大于 min_conf，因此这四个规则为强关联规则，算法结束。

Apriori 算法的应用非常广泛，超市的物品关联摆放、百度文库推荐相关文档、在线电子商务（例如当当、卓越、淘宝等）网站的相关推荐、银行推荐相关联业务等。但是它在运算的过程中会产生大量的候选集，特别是当数据集很大时，数据无法一次性装载入内存，遍历数据集的计算代价成为算法性能的主要瓶颈。而且 Apriori 算法的每一次迭代过程中均需要遍历数据集，因此在大规模数据集上效率较低。下一节将介绍 FP-Growth 算法，该算法避免了 Apriori 算法多次遍历数据集的缺点，一共只需要遍历 2 次数据集。

5.2.3　FP-Growth 算法

众所周知，Apriori 算法在产生频繁模式完全集前需要对数据库进行多次扫描，同时产生大量的候选频繁项集，这就使 Apriori 算法时间和空间复杂度较大。但是 Apriori 算法有一个很重要的性质：频繁项集的所有非空子集都必须也是频繁的，因此，通过该性质来压缩搜索空间。Apriori 算法在挖掘频繁模式[1]的时候性能往往低下，Jiawei Han 提出了 FP-Growth 算法[2]。该算法巧妙地将树型结构引入算法中，它采取"分而治之"策略：将提供频繁项集的数据库压缩到一棵频繁模式树（FP-Tree），然后基于大的 FP-Tree 构造小的 FP-Tree。该算法将原始的数据集进行压缩，但仍将原始数据集中的项集及其支持度等进行了存储，数据量比原始数据集大大减少。该算法和 Apriori 算法

---

〔1〕　频繁模式是指频繁地出现在数据集中的模式（如项集、子序列或者子结构）、而长频繁模式是指频繁模式中的项数较长的频繁模式。

〔2〕　杨云、罗艳霞："FP-Growth 算法的改进"，载《计算机工程与设计》2010 年第 7 期。

最大的不同有两点：

第一，不产生候选集；

第二，只需要两次遍历数据库，大大提高了效率。

FP-Growth 算法主要分为 FP-Tree 的构建和基于 FP-Tree 递归地挖掘频繁项集两个步骤。

1. FP-Growth 算法基本步骤

第一步：按照以下步骤构造 FP-Tree：

（1）先定义最小支持度 min_sup，然后遍历一遍数据集并计算各特征元素（候选 1 项集 C_1）的支持度，过滤掉那些小于最小支持度的特征元素，把剩下的特征元素按支持度从高到低排序，同时将原始数据集做修改，只保留各项集中剩下的高频率特征元素（频繁 1 项集 L_1），并且每个项集中特征元素的排列是按元素的频率高低排列的。

（2）第二次扫描，使用频繁 1 项集 L_1 中的特征元素创建频繁项头表（从上往下降序）以及 FP 树。创建 FP-Tree 的根节点，记为 T，并且标记为"null"。然后对 D 中的每个事务 Trans 执行：

选择 Trans 中的频繁项，并按照 L 中次序排序。设 Trans 排序后的事务项列表记为 [p | P]，其中 p 是第一个元素，P 是剩余元素的列表。调用 insert_tree（[p | P]，T）。该过程执行情况如下：如果 T 有子女 N 使得 N. item-name = p. item-name，则将 N 的计算增加 1；否则，创建一个新节点 N，并使它的计数设置为 1，并链接到它的父节点 T，并且通过节点链接结构将其链接到具有相同 item_name 的节点。如果 P 非空，则递归调用 insert_tree（P，N）。

第二步：根据 FP-Tree 挖掘频繁项集，该过程实现算法如下：

if（Tree 只包含单路径 P）then

for 路径 P 中节点的每个组合（记为 β）

生成模式 B∪α，其支持度 support = β 中所有节点的最小支持度；

else for each a_i 在 Tree 头部

生成模式 B = a_i∪α，其支持度 support = a_i. support；

构造 β 的条件模式基，然后构造 β 的条件 FP-tree $Tree_β$；

if $\text{Tree}_\beta \neq \Phi$ then

调用 FP-Growth（Tree_β，β）；} [1]

2. FP-Growth 算法实例

（1）数据集。表 5-7 为对发票进行统计后，获得的商品购买数据集。

表 5-7　商品购买数据集

发票编号	发票中的商品集合（项集）
1	{f, a, c, d, g, i, m, p}
2	{a, b, c, f, l, m, o}
3	{b, f, h, j, o}
4	{b, c, k, s, p}
5	{a, f, c, e, l, p, m, n}

（2）FP-Growth 算法过程。

①对表 5-7 中的数据集，遍历数据集，计算数据集中每个特征元素的支持度，并按照支持度降序排列，结果见表 5-8 所示。

表 5-8　元素及其支持度列表

元素	支持度	元素	支持度	元素	支持度	元素	支持度	元素	支持度	元素	支持度
c	4/5=0.8	b	3/5=0.6	l	2/5=0.4	e	1/5=0.2	i	1/5=0.2	k	1/5=0.2
f	4/5=0.8	m	3/5=0.6	o	2/5=0.4	g	1/5=0.2	j	1/5=0.2	s	1/5=0.2
a	3/6=0.6	p	3/5=0.6	d	1/5=0.2	h	1/5=0.2	n	1/5=0.2		

②设定支持度阈值为 0.6，过滤掉那些小于最小支持度的特征元素，把剩下的特征元素按支持度从高到低排序，同时将原始数据集做修改，只保留各项集中剩下的高频率特征元素（频繁 1 项集 L_1），并

---

〔1〕　参见〔美〕韩家炜等：《数据挖掘概念与技术》，范明等译，机械工业出版社 2015 年版。

且每个项集中特征元素的排列是按元素的频率高低排列的，对原始数据集修改见表 5-9 所示。

表 5-9　频繁 1 项集 L_1

发票编号	发票中的商品集合（项集）	发票中的商品集合（项集）-排序后的频繁项集 L_1
1	{f, a, c, d, g, i, m, p}	{c, f, a, m, p}
2	{a, b, c, f, l, m, o}	{c, f, a, b, m}
3	{b, f, h, j, o}	{f, b}
4	{b, c, k, s, p}	{c, b, p}
5	{a, f, c, e, l, p, m, n}	{c, f, a, m, p}

③创建 FP-Tree，记为 T，构建根节点，标记为"null"，创建频繁项表，将链表列设置为空，从排序好的频繁项集 L_1 中选择第一条商品交易 {c, f, a, m, p} 插入树 T 中，因为 FP-Tree 不存在特征元素，所以如图 5-2 所示。

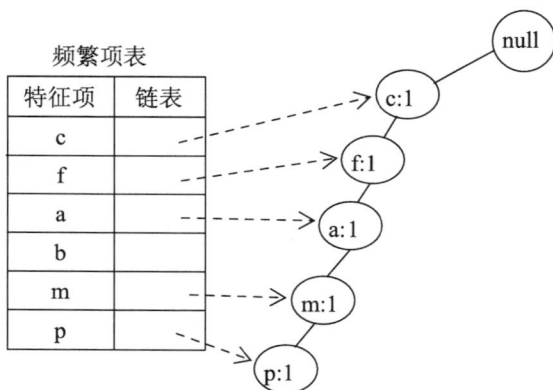

图 5-2　插入 {c, f, a, m, p} 后的树 T

向树 T 中插入第二条商品交易 {c, f, a, b, m}，由于该条交易的前缀"cfa"与第一条交易相同，因此，对应的节点可以共用，只需要将对应节点的支持度计数加 1 即可。而对应的"bm"则需要重新创建节点，并更新频繁项表对应的链接。例如，此时，FP-Tree 中有两个"m"节点，需要将它们链接起来，插入第二条交易后的 FP-Tree 见图 5-3 所示。

　　同理，插入第三、四、五条交易后的 FP-Tree 见图 5-4、5-5、5-6 所示。

　　FP-Tree 有几个特点：首先，因为很多特征项在树中共享节点，所以其大小通常远远小于原始数据集。其次，对于挖掘频繁项集需要的支持度信息已经在 FP-Tree 的每一个节点进行了存储。因此，进行频繁项挖掘时，我们可以仅仅利用 FP-Tree，从而节省了多次遍历原始数据的步骤。FP-Growth 算法优点：对于数据集只进行了两次遍历，时间上快于 Apriori 算法；FP 算法缺点：第一，实现比较困难；第二，需要构建大量的树，空间复杂度的要比 Apriori 算法高。

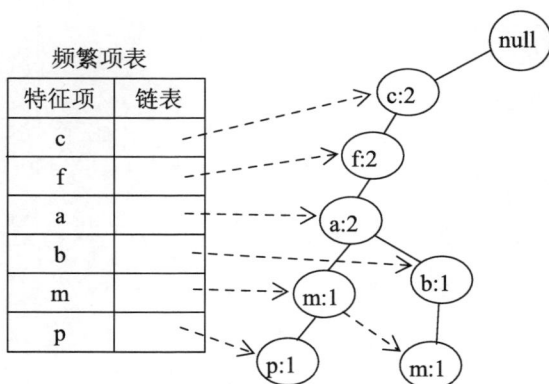

图 5-3　插入 {c，f，a，b，m} 后的树 T

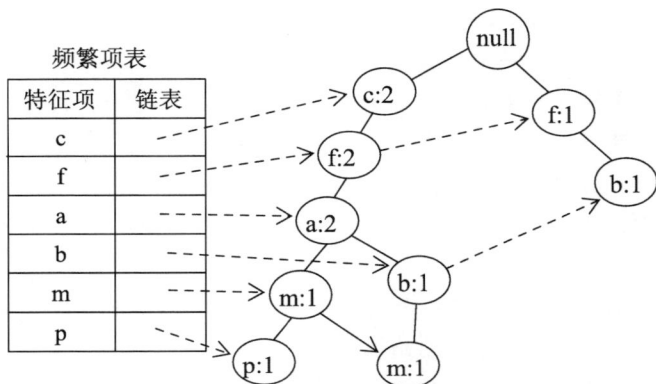

图 5-4　插入 {f，b} 后的树 T

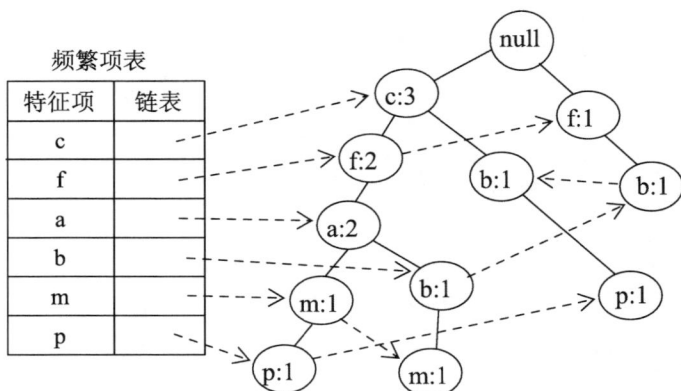

图 5-5 插入 {c，b，p} 后的树 T

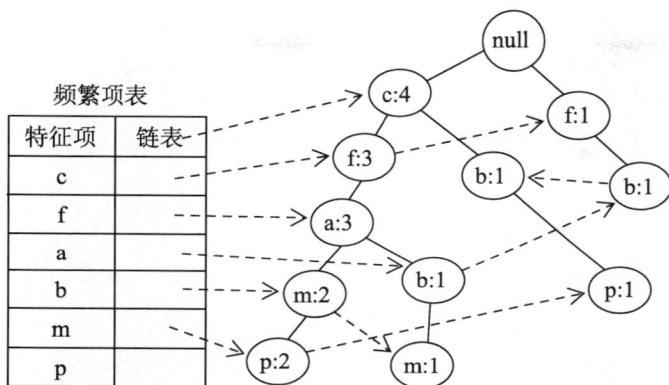

图 5-6　插入 {c, f, a, m, p} 后的树 T

④从 FP-Tree 中挖掘频繁项集分为两步：

第一步：从 FP-Tree 中获取条件模式库。

条件模式库：是从原始数据集的 FP-Tree 中投影出的子数据集，以查找每个特定元素项为结尾的路径集合，每一条路径其实都是一条前缀路径，所以称为条件模式库。简而言之，一条前缀路径就是介于所查找元素项与树根节点之间的所有内容。例如，从图 5-6 中构造以 P 为后缀的条件模式库的方法为：顺着频繁项表中 P 的链表结构依次从 FP-Tree 中找出两条路径：cfamp 和 cbp。除去 P 节点，这两条路径中节点组成了新的项集，项集的支持度设置为对应路径中 p 的支持度计数，则得到以 p 为后缀的条件模式库为：{cfam：2，cb：1}。同理，我们可以得到频繁项表中每一个特征元素的条件模式库，如表 5-10 所示。

表 5-10　商品数据的条件模式库

特征元素	条件模式库
c	{}
f	{c：3}

续表

特征元素	条件模式库
a	{cf：3}
b	{cfa：1，c：1}
m	{cfa：2，cfab：1}
p	{cfam：2，cb：1}

第二步：创建条件 FP-Tree：

基于发现的条件模式库，使用和上面相同的建树方法来构建 FP-Tree，直到条件模式库为空集时停止。然后，递归地发现频繁项集、发现条件模式库，以及发现另外的条件 FP-Tree。从表 5-10 可以看出，我们将原始数据划分成对应于某一个特征元素的条件模式库，相当于将一个大的数据集划分成了一些小数据集。例如，对 p 的条件模式库 {cfam：2，cb：1}，首先过滤掉不频繁项后为 {c：3}（支持度阈值为 0.6，原始数据的项集数为 5），则构建的的条件 FP-Tree 只包含一个根节点和 c 节点，见图 5-7 所示。

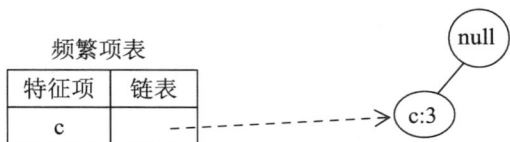

频繁项表

特征项	链表
c	- -

null

c:3

图 5-7 p 的条件 FP-Tree

同理，对 m、b、a、f、c 的条件模式库进行过滤掉不频繁项后分别为：{cfa：3}、{}、{cf：3}、{c：3}、{}。根据图5-7可以把它们的条件 FP-Tree 画出来。

基于条件 FP-Tree 可以挖掘频繁项集，当条件 FP-Tree 只有一条单独路径或以单独路径作为前缀时，可以直接通过该单独路径中的特征元素进行组合产生频繁项集。例如 m 的条件 FP-Tree 只包含一条路径 c→f→a，因此，根据该单独路径可以生成频繁项集：{cm：3，fm：

3, am：3, cfm：3, cam：3, fam：3, cfam：3}。同理 b, a, f, p, c 的频繁项集分别为：{}、{ca：3, fa：3, cfa：3}、{cf：3}、{cp：3}、{}。

⑤关联规则的生成。与 Apriori 算法一样，FP-Growth 算法生成的也是频繁项集，而不是关联规则，如果要进一步生成强关联规则，首先需要根据 FP-Growth 算法生成的频繁项集生成候选的关联规则，然后再使用预先设定好的置信度阈值进行过滤，得到强关联规则。

FP-Growth 算法首先通过遍历两次原始数据集，将原始数据集表示成一个压缩的树形数据结构 FP-Tree。后续的频繁项集挖掘直接利用 FP-Tree，而不再依赖于原始数据集。通常，FP-Tree 要比原始数据集小，因此与遍历原始数据集的 Apriori 算法相比，FP-Growth 算法往往能够获得更高的性能。其次，对 FP-Tree 的挖掘过程也是利用"分而治之"的思想，不断对构造的条件 FP-Tree 进行递归挖掘来实现。条件 FP-Tree 比初始的 FP-Tree 规模进一步缩小，这也是 FP-Growth 算法性能高效的原因。再次，与 Apriori 算法相比，FP-Growth 算法并没有生成无用的候选项集[1]。当然，FP-Growth 算法也有缺点，该算法采取增长模式的递归策略，虽然避免了无用候选项集的产生，但在挖掘频繁项集的过程中，如果项集的数据量很多，并且由原始数据集得到的 FP-Tree 的分枝很多，而且分枝长度又很长时，该算法需要构造出数量巨大的条件 FP-Tree，不仅浪费时间而且占用大量的空间，挖掘效率不高，而且采用递归算法本身效率也较低[2]。

5.3 回归分析方法

随着新型信息技术的快速发展，人类开始进入大数据时代，云计算、大数据、移动互联网、人工智能已成为大数据时代的四大主题，

---

〔1〕　参见欧高炎等：《数据科学导引》，高等教育出版社 2017 年版。

〔2〕　参见周英、卓金武、卞月青：《大数据挖掘系统方法与实例分析》，机械工业出版社 2016 年版。

正在推动着新经济的发展。在科学领域、经济领域及社会生活的方方面面，都呈现出海量数据特征，在海量数据中蕴含着人类各种行为、心理信息，如果对这些海量数据进行挖掘并加以科学分析利用，将对创造思维、创新模式、产品个性化及管理决策等都具有极高的社会价值。大数据已被誉为 21 世纪发展创造的新动力，如何有效应用大数据等新信息技术来创造价值和财富，创造未来，是我们面临的巨大机遇和挑战。大数据分析最终要实现的主要应用领域就是预测性分析，可视化分析和数据挖掘都是前期铺垫工作，只要在大数据中挖掘出信息的特点与联系，就可以建立科学的数据模型，通过模型代入新的数据，从而预测未来的数据。在问题域中，需要预测的目标特征为连续性的预测问题时就是回归问题，使用到的方法称为回归分析方法，它是一种经典的监督学习方法。例如对未来天气的预测、商品价格的预测等。

5.3.1 回归分析方法概述

回归分析方法是数据挖掘中最为基础的方法，也是应用领域和应用场景最多的方法，如果问题域中涉及量化型问题，一般都会先尝试使用回归分析方法来研究和分析。回归分析方法是指利用数据统计原理，对大量统计数据进行数学处理，并确定因变量与某些自变量的相关关系，建立一个相关性较好的回归方程（函数表达式），并加以外推，用于预测今后的因变量的变化的分析方法。根据自变量的个数可分为：一元回归分析和多元回归分析；根据因变量的个数可分为：简单回归（一个因变量）和多重回归（多个因变量，很少见）；根据因变量和自变量之间的关系类型或函数表达式可分为：线性回归分析和非线性回归分析。回归分析是一种预测性的建模技术，通常用于预测分析、时间序列模型以及发现变量之间的因果关系。例如，司机的鲁莽驾驶与道路交通事故数量之间的关系，最好的研究方法就是回归。

1. 回归分析法主要解决的问题

（1）确定变量之间是否存在相关关系，若存在，则找出数学表达式；

（2）根据一个或几个变量的值，预测或控制另一个或几个变量的值，且要估计这种控制或预测可以达到何种精确度。

2. 回归分析预测法的步骤

（1）根据预测目标，确定自变量和因变量。明确预测的具体目标，也就确定了因变量。如预测具体目标是下一年度的销售量，那么销售量 Y 就是因变量。通过市场调查和查阅资料，寻找与预测目标的相关影响因素，即自变量，并从中选出主要的影响因素。

（2）建立回归预测模型。依据自变量和因变量的历史统计资料进行计算，在此基础上建立回归分析方程（求出合理的回归系数），即回归分析预测模型。

（3）进行相关分析。回归分析是对具有因果关系的影响因素（自变量）和预测对象（因变量）所进行的数理统计分析处理。只有当自变量与因变量确实存在某种关系时，建立的回归方程才有意义。因此，作为自变量的因素与作为因变量的预测对象是否有关，相关程度如何，以及判断这种相关程度的把握性多大，就成为进行回归分析必须要解决的问题。进行相关分析，一般要求出相关关系，以相关系数的大小来判断自变量和因变量的相关的程度。

（4）检验回归预测模型，计算预测误差。回归预测模型是否可用于实际预测，取决于对回归预测模型的检验和对预测误差的计算，本阶段主要计算预测值的置信区间。回归方程只有通过各种检验，且预测误差较小，才能将回归方程作为预测模型进行预测。

（5）计算并确定预测值。利用回归预测模型计算预测值，并对预测值进行综合分析，确定最后的预测值。

3. 应用回归预测法时应注意的问题

应用回归预测法时应首先确定变量之间是否存在相关关系。如果变量之间不存在相关关系，对这些变量应用回归预测法就会得出错误的结果。正确应用回归分析预测时应注意：

（1）用定性分析判断现象之间的依存关系；

（2）避免回归预测的任意外推；

（3）应用合适的数据资料。

5.3.2 线性回归

回归分析中，又依据描述自变量与因变量之间因果关系的函数表达式是线性的还是非线性的，将其分为线性回归分析和非线性回归分析。函数表达式通过自变量指数来进行判断即可，线性就是每个自变量的指数都是一次方，也即自变量和因变量之间可拟合成直线，而非线性就是至少有一个自变量的指数是二次方或多次方，为曲线形态。

1. 一元线性回归

如果在回归分析中，只包括一个自变量（输入特征 x）和一个因变量（预测特征或输出特征 y），且二者的关系可用一条直线近似表示，这种回归称为一元线性回归，也叫简单线性回归。建立的方程称为一元线性回归方程，由自变量 x 的值来预测因变量 y 的值，这就是一元线性回归预测。一元线性回归模型为：

$$y = \beta_0 + \beta_1 x + \varepsilon \tag{5.1}$$

其中，β_0 和 β_1 为模型的未知参数，也叫回归系数；ε 为随机误差，我们假定 ε 的是零均值［$E(\varepsilon) = 0$］、同方差［$D(\varepsilon) = \sigma^2$（$\sigma > 0$）］、相互独立［$Cov(\varepsilon_i, \varepsilon_j) = 0 (i \neq j)$］且服从正态分布的；y 为因变量，x 为自变量。

对于给定的数据训练集（n 组观测值）$D = \{(x_1, y_1), \cdots, (x_n, y_n)\}$，以 (x_i, y_i) 为坐标在直角坐标系 xOy 中画出这些数据点，该图形称为数据的散点图。如果这些点大致地位于同一条直线的附近，或者说，散点图呈现线性形状，则认为 y 与 x 之间的关系符合线性关系。

对式（5.1）求均值，则有：

$$E(y_i) = \beta_0 + \beta_1 x_i \tag{5.2}$$

通常将式（5.2）称为总体的一元线性回归方程或总体回归直线，用 $E(y_i)$ 表示给定自变量 x_i 时因变量的均值或期望值。β_0 和 β_1 统称为总体回归方程的参数。其中 β_0 是总体回归方程的常数项，是总体回归直线在 y 轴上的截距；β_1 是总体回归系数，也是总体回归直线的斜率。由式（5.2）不难理解，总体回归方程描述的是 y 和 x 两个变量之间平均的数量变化关系。

在实际中，由于通常不可能把变量的全部可能取值收集齐全，总体回归方程中的参数 β_0 和 β_1 是不可能直接观测计算而得的，而是有待估计的未知参数。为此，我们需要根据样本信息来估计。若能通过适当的方法，找到两个参数 β_0 和 β_1 的估计量 $\hat{\beta}_0$ 和 $\hat{\beta}_1$，则得到估计的回归方程，也称样本回归方程。一元线性的样本回归方程也称为样本回归直线，其形式如下：

$$\hat{y}i = \hat{\beta}_0 + \hat{\beta}_1 x_i \tag{5.3}$$

（5.3）式中，$\hat{y}_i$ 是与自变量取值相对应的因变量均值的估计；$\hat{\beta}_0$ 是样本回归方程的常数项，也就是样本回归直线在 Y 轴上的截距，表示除自变量 x 以外的其他因素对因变量 y 的平均影响量；$\hat{\beta}_1$ 是样本回归系数，也即样本回归直线的斜率，表示自变量 x 每增加一个单位时因变量 y 的平均增加量。

根据样本观察数据估计出 $\hat{\beta}_0$ 和 $\hat{\beta}_1$ 的数值之后，样本回归方程（5.3）可作为预测模型，即一元线性回归预测模型。

在确定散点图呈现线性形状后，如何确定式（5.3）中的两个系数 $\hat{\beta}_0$ 和 $\hat{\beta}_1$ 呢？人们总是希望寻求一定的规则和方法，使得所估计的样本回归方程是总体回归方程的最理想的代表。最理想的回归直线应该尽可能从整体来看最接近各实际观察点，即散点图中各点到回归直线的垂直距离，即因变量的实际值 y_i 与相应的回归估计值 $\hat{y}_i$ 的离差整体来说为最小。由于离差有正有负，正负会相互抵消，通常采用观测值与对应估计值之间的残差平方和（Residual Sum of Squares）来衡量全部数据总的离差大小。我们的目标是找到一条直线使得所有样本数据尽可能落在这条直线的附近，也即这些点到该条直线的距离最短，可以用最小化残差平方和来达到该目标，从而寻找最优的参数，也即求解如下问题：

$$\min_{\beta_0, \beta_1} \text{RSS} \ (\beta_0, \beta_1) = \min_{\beta_0, \beta_1} \sum_{i=1}^{n} (y_i - \beta_1 x_i - \beta_0)^2 \qquad (5.4)$$

对目标函数 RSS (β_0, β_1) 分别对 β_0 和 β_1 求导，并令导数等于零：

$$\frac{\partial RSS}{\partial \beta_0} = \sum_{i=1}^{n} 2(y_i - \beta_1 x_i - \beta_0)(-1) = 0 \qquad (5.5)$$

$$\frac{\partial RSS}{\partial \beta_1} = \sum_{i=1}^{n} 2(y_i - \beta_1 x_i - \beta_0)(-x_i) = 0 \qquad (5.6)$$

得到最优解为：

$$\hat{\beta_1} = \frac{\sum_{i=1}^{n}(x_i - \overline{x})(y_i - \overline{y})}{\sum_{i=1}^{n}(x_i - \overline{x})^2} = \frac{\sum_{i=1}^{n} x_i y_i - n\overline{x}\,\overline{y}}{\sum_{i=1}^{n} x_i^2 - n(\overline{x})^2} \qquad \hat{\beta_0} = \overline{y} - \hat{\beta_1}\overline{x}$$

$$(5.7)$$

其中，$\overline{x} = \dfrac{1}{n}\sum\limits_{i=1}^{n} x_i$，$\overline{y} = \dfrac{1}{n}\sum\limits_{i=1}^{n} y_i$。这种方法叫作最小二乘法（Ordinary Least Square，简称 OLS），从而可以得到经验回归直线：

$$\hat{y}_i = \hat{\beta_0} + \hat{\beta_1} x_i$$

2. 多元线性回归

一元线性回归是用一个主要影响因素 x 作为自变量来解释因变量 y 的变化，在现实问题研究中，因变量的变化往往受几个重要因素的影响，此时就需要用两个或两个以上的影响因素作为自变量来解释因变量的变化，这就是多元回归亦称多重回归。当多个自变量与因变量之间是线性关系时，所进行的回归分析就是多元线性回归，也叫多重线性回归。

设 y 是可观测的随机因变量，x_1，x_2，…，x_k 为 k 个自变量，并且自变量与因变量之间为线性关系时，则多元线性回归模型为：

$$y = \beta_0 + \beta_1 x_1 + \beta_2 x_2 + \cdots + \beta_k x_k + \varepsilon \qquad (5.8)$$

其中，β_0 为常数项，β_1，β_2，…，β_k 为回归系数，β_1 为当 x_2，

x_3，…，x_k 固定时，x_1 每增加一个单位对 y 的效应，即 x_1 对 y 的偏回归系数；同理 β_2 为 x_1，x_3，…，x_k 固定时，x_2 每增加一个单位对 y 的效应，即 x_2 对 y 的偏回归系数；等等。如果两个自变量 x_1，x_2 同一个因变量 y 呈线性相关时，可用二元线性回归模型描述为：

$$y = \beta_0 + \beta_1 x_1 + \beta_2 x_2 + \varepsilon \tag{5.9}$$

建立多元线性回归模型时，为了保证回归模型具有优良的解释能力和预测效果，应首先注意自变量的选择，其准则是：

（1）自变量对因变量必须有显著的影响，并呈密切的线性相关；

（2）自变量与因变量之间的线性相关必须是真实的，而不是形式上的；

（3）自变量之间应具有一定的互斥性，即自变量之间的相关程度不应高于自变量与因变量之间的相关程度；

（4）自变量应具有完整的统计数据，其预测值容易确定。

在多元线性回归模型式（5.8）中，自变量 x_1，x_2，…，x_k 是非随机且可精确观测，随机误差 ε 代表其他随机因素对因变量 y 产生的影响。对 n 组观测值（x_{i1}，x_{i2}，…，x_{ik}；y）（i = 1, 2, …, n；n>k），自变量和因变量应满足下列式子：

$$\begin{cases} y_1 = \beta_0 + \beta_1 x_{11} + \beta_2 x_{12} + \cdots + \beta_k x_{1k} + \varepsilon_1 \\ y_2 = \beta_0 + \beta_1 x_{21} + \beta_2 x_{22} + \cdots + \beta_k x_{2k} + \varepsilon_2 \\ \qquad\qquad\qquad \cdots \\ y_n = \beta_0 + \beta_1 x_{n1} + \beta_2 x_{n2} + \cdots + \beta_k x_{nk} + \varepsilon_n \end{cases}$$

其中，ε_1，ε_2，…，ε_n 相互独立，且 $\varepsilon_i \sim N(0, \sigma^2)$（i = 1, 2, …, n），记为：

$$\mathbf{Y} = \begin{pmatrix} y_1 \\ y_2 \\ \cdots \\ y_n \end{pmatrix} \quad \mathbf{X} = \begin{pmatrix} 1 & x_{11} & x_{12} & \cdots & x_{1k} \\ 2 & x_{21} & x_{22} & \cdots & x_{2k} \\ \cdots & \cdots & \cdots & \cdots & \cdots \\ n & x_{n1} & x_{n2} & \cdots & x_{nk} \end{pmatrix} \quad \boldsymbol{\beta} = \begin{pmatrix} \beta_0 \\ \beta_1 \\ \cdots \\ \beta_k \end{pmatrix} \quad \boldsymbol{\varepsilon} = \begin{pmatrix} \varepsilon_1 \\ \varepsilon_2 \\ \cdots \\ \varepsilon_n \end{pmatrix}$$

则，模型可用矩阵形式表示为：

$$\mathbf{Y} = \mathbf{X}\boldsymbol{\beta} + \boldsymbol{\varepsilon} \tag{5.10}$$

对应的样本回归方程为：

$$Y = X\beta \tag{5.11}$$

根据公式（5.11），求其残差平方和为：

$$\text{RSS}(\beta) = ||Y - \hat{Y}||^2 = ||Y - X\beta||^2 \tag{5.12}$$

和一元线性回归类似，我们对参数 β 求偏导，并令导数为零：

$$\frac{\partial RSS}{\partial \beta} = -2X^{\text{T}}(Y - X\beta) = 0 \tag{5.13}$$

因此最优参数解为：

$$\hat{\beta} = (X^{\text{T}}X)^{-1}X^{\text{T}}Y \tag{5.14}$$

其中，X^{T} 为 X 的转置矩阵，就是将矩阵 X 的行和列互换为：

$$X^{\text{T}} = \begin{pmatrix} 1 & 2 & \cdots & n \\ x_{11} & x_{21} & \cdots & x_{n1} \\ x_{12} & x_{22} & \cdots & x_{n2} \\ \cdots & \cdots & \cdots & \cdots \\ x_{1k} & x_{2k} & \cdots & x_{nk} \end{pmatrix}$$

$(X^{\text{T}}X)^{-1}$ 为 $(X^{\text{T}}X)$ 的逆矩阵，逆矩阵定义：一个 n 阶方阵 A 称为可逆的，或非奇异的，如果存在一个 n 阶方阵 B，使得 $AB = BA = E$，E 为单位矩阵（即：对角线上的元素为 1，其他元素都为 0），并称 B 是 A 的一个逆矩阵，A 的逆矩阵记作 A^{-1}。逆矩阵的求法，可参考相关线性代数也可参考脚注文献[1]。

5.3.3 非线性回归

如果回归模型的因变量是自变量的一次以上函数形式，回归规律在图形上表现为形态各异的各种曲线，称为非线性回归。这类模型称为非线性回归模型。非线性回归分析是线性回归分析的扩展，也是传统计量经济学的结构模型法分析。在社会现实生活中，很多现象之间

---

[1] 单彩虹等："可逆矩阵的判定及其逆矩阵的求法"，载《信息系统工程》2015 年第 9 期。

的关系并不是线性关系，对这种类型现象的分析预测一般要应用非线性回归预测，通过变量代换，可以将很多的非线性回归转化为线性回归。因而，可以用线性回归方法解决非线性回归预测问题。

常用的非线性回归模型主要包括对数曲线方程（LOG）、反函数曲线方程（INV）、二次曲线方程（抛物线）（QUA）、三次曲线方程（CUB）、复合曲线方程（COM）、幂函数曲线方程（POW）、S 形曲线方程（S）、生长曲线方程（GRO）、指数曲线方程（EXP）与 Logistic 曲线方程（LGS）等非线性回归方程。对应的非线性函数主要有：

（1）抛物线函数

$$y = \beta_0 + \beta_1 x + \beta_2 x^2$$

（2）双曲线函数

$$y = \beta_0 + \beta_1 \frac{1}{x}$$

（3）幂函数

$$y = \beta_0 x_1^{\beta_1} x_2^{\beta_2} \cdots x_k^{\beta_k}$$

（4）指数函数

$$y = \beta_1 e^{\beta_i x} (a > 0)$$

（5）对数函数

$$y = \beta_0 + \beta_1 \ln x$$

（6）S 型曲线函数

$$y = \frac{1}{\beta_0 + \beta_1 e^{-x}}$$

（7）多项式方程

①倒数变换。如：对双曲线函数，设 z = 1/x，则原函数变换为如下线性形式：

$$y = \beta_0 + \beta_1 z$$

②半对数变换。例如：对对数函数进行变换，设 z = lnx，则原函数变换为：

$$y = \beta_0 + \beta_1 z$$

5.3.4 回归方法检验

对于得到的回归方程形式，通常需要进行回归效果的评价，当有几种回归结果后，还需要加以比较进而选出较优的方程。回归分析中对于线性回归模型存在三类基本的统计检验：模型的拟合优度检验、模型整体显著性检验和单变量（或单参数）显著性检验。拟合优度检验是完全依赖样本的检验，它是由样本出发，检验样本回归直线对样本点的拟合效果的优劣，通俗地说，就是用于检验样本回归直线对所有样本点的综合代表性的好坏程度；模型整体显著性检验是一种联合检验，它检验所有的自变量整体上对被解释的因变量的影响是否显著；单变量的显著性检验则是检验某单个解释自变量对被解释因变量有无显著的影响作用。模型的拟合优度检验通常是计算调整的决定系数 R^2，据其大小对拟合效果的优劣性进行判定；而整体显著性检验和单变量显著性检验则分别使用 F 检验和 t 检验方法[1]。具体可参考本书 2.4.5 评估与优化模型中的"1. 回归模型评估"中的内容。

5.4 分类方法

市场经理需要数据分析，以便帮助他来猜测具有某些特征的顾客是否会购买一台新的计算机；医学研究者希望分析乳腺癌数据，预测病人应当接受三种具体治疗方案的哪一种；银行业务中，根据贷款申请者信息判断贷款者是属于"安全"类还是"危险"类；监狱可以收集服刑人员的犯罪数据、在监狱的行为数据等预测服刑人员的危险性类别（自杀、暴力、越狱等）和是否再犯罪。这都是分类的例子。分类是指通过比较事物之间的相似性，把具有某些共同点或相似特征的事物归属于一个不确定集合的逻辑方法。分类是数据挖掘、机器学习和模式识别中一个重要的研究领域，分类是一种重要的数据挖掘技

---

[1] 刘明："线性回归模型的统计检验关系辨析"，载《统计与信息论坛》2011 年第 4 期。

术。分类的目的是根据数据集的特点构造一个分类函数或分类模型
(也常常称作分类器)，该模型能把未知类别的样本映射到给定类别中
的某一个。分类和回归都可以用于预测。和回归方法不同的是，分类
的输出是离散的类别值，而回归的输出是连续或有序值。

5.4.1 分类方法概述

分类是指把数据样本映射到一个事先定义的类中的学习过程，即
给定一组输入的属性向量及其对应的类，用基于归纳的学习算法得出
分类。分类也即是构造一个分类模型，通过对输入样本数据的属性值
进行训练，输出对应的类别，将每个样本映射到预先定义好的类别，
从而得到预测数据对象的分类标号（或离散值），分类模型形式化描
述如下：

$$f(x_{i1}, x_{i2}, x_{i3}, \cdots, x_{in}) \rightarrow y_i$$

分类模型的构造过程一般分为训练和测试两个阶段。在构造模型
之前，要求将历史数据集随机地分为训练数据集和测试数据集。在训
练阶段，通过选择某种分类算法对训练数据集进行训练，得到分类模
型。训练数据集通常由多个属性描述的一条条数据元组来组成，假定
每个元组属于一个预定义的类，由一个称作类标号属性的属性来确
定。训练数据集中的单个元组也称作训练样本，包含若干个属性
(Attribute)；此外，还包含一个预先定义好的类标签与之对应，组成
一个特征向量。一个具体样本的形式可为：$(a_1, a_2, \cdots, a_n; c)$；其
中 a_i 表示属性值，c 表示类别。由于提供了每个训练样本的类标号，
分类也被称为有指导的学习或有监督的学习。通常，模型用分类规
则、判定树或数学公式的形式提供。测试阶段，在测试数据集上使用
评估指标对模型的分类效果进行评估，如果认为模型分类效果可以接
受，就可以用该模型对未知类别的新数据元组进行分类，分类模型分
类示意图见图 5-8 所示。

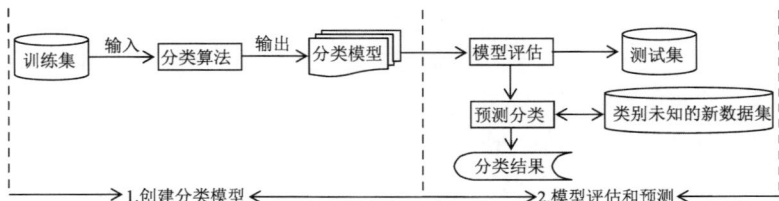

图 5-8 分类模型示意图

分类模型的测试和评估相关内容见本书 2.4.5 评估与优化模型中
"2. 分类模型的评估"。分类模型有两个主要作用：第一，描述性建
模，即作为解释性的工具，用于区分不同类中的对象；第二，预测性
建模，即用于预测未知数据元组的类标号。

常用的分类算法包括：逻辑回归算法、k 近邻算法、朴素贝叶斯
分类算法、基于支持向量机的 SVM 算法、决策树分类算法、神经网络
算法等，随后会对这些算法进行详细的介绍。

5.4.2 逻辑回归

1. 逻辑回归概述

先前所讲的线性回归主要是用于预测连续的因变量，即根据已知
的数据去预测未来的数值。例如用线性回归预测未来的房价。然而在
现实世界中，很多因变量不是连续的值而是离散值。例如邮件是否为
垃圾邮件、金融交易是否正常，肿瘤是否是良性的、服刑人员是否再
犯罪等。这些问题都是一个分类。在分类问题中，结果一般是为 0 和
1，0 称为负样本或者是负类，如良性肿瘤、没有再犯罪。1 称为正样
本或者是正类，如恶性肿瘤、再犯罪。许多人对线性回归都比较熟
悉，但知道逻辑回归的人可能就要少得多。逻辑回归又叫 Logistic（逻
辑斯蒂）回归，是一种广义的线性回归分析模型，常用于数据挖掘、
疾病自动诊断、经济预测、风险控制与评估等领域。之所以称为"回
归"，是因为它采用了回归分析的思想，然后它是用来预测分类的模
型。从大的类别上来说，逻辑回归是一种有监督的统计学习方法，主

要用于对数据样本进行分类。在线性回归模型中，输出一般是连续的，例如：$y = f(x) = \beta_0 + \beta_1 x$，对于每一个输入的 x，都有一个对应的 y 输出。模型的定义域和值域都可以是（$-\infty$，$+\infty$）。但是对于逻辑回归，输入可以是连续的（$-\infty$，$+\infty$），但输出一般是离散的，即只有有限多个输出值。例如，其值域可以只有两个值 $\{0, 1\}$，这两个值可以表示对样本的某种分类，高/低、患病/健康、阴性/阳性等，这就是最常见的二分类逻辑回归。因此，从整体上来说，通过逻辑回归模型，我们将在整个实数范围上的 x 映射到了有限个点上，这样就实现了对 x 的分类。因为每次拿过来一个 x，经过逻辑回归分析，就可以将它归入某一类 y 中。

逻辑回归的因变量可以是二分类的，也可以是多分类的，但是二分类（即输出的类别有两种）的更为常用，也更加容易解释，多分类可以使用某种方法变换成二分类处理。实际中最为常用的就是二分类的逻辑回归，主要应用于预测某种事件类别发生的概率。

逻辑回归模型的适用条件如下：

（1）因变量为二分类的分类变量或某事件的发生率，并且是数值型变量。但是需要注意，重复计数现象指标不适用于逻辑回归。

（2）残差和因变量都要服从二项分布。二项分布对应的是分类变量，所以不是正态分布，进而不是用最小二乘法，而是最大似然法来解决方程估计和检验问题。

（3）自变量和逻辑概率是线性关系。

（4）各观测对象间相互独立。

2. 逻辑回归模型

从前面的介绍，我们知道线性回归中预测的因变量 y 是连续型的，并且可以写成自变量（特征）的线性加权形式：

$$y = \omega_0 + \omega_1 x_1 + \omega_2 x_2 + \cdots + \omega_k x_k = \boldsymbol{\omega}^{\mathrm{T}} \boldsymbol{X}$$

$$\boldsymbol{\omega} = \begin{pmatrix} \omega_0 \\ \omega_i \\ \cdots \\ \omega_k \end{pmatrix} \quad \boldsymbol{X} = \begin{pmatrix} 1 \\ x_1 \\ \cdots \\ x_k \end{pmatrix}$$

其中，一般在分类模型中用 $\boldsymbol{\omega}$ 表示参数向量，和线性回归中的 $\boldsymbol{\beta}$ 具有相同的含义。k 为自变量个数（特征的维度数）。现在我们要预测二分类问题，显然线性回归不能提供解决办法，因为线性回归的预测值是连续的实数，而不是离散值。逻辑回归其实仅为在线性回归的基础上，套用了一个逻辑斯蒂（Logistic）函数，将连续型的输出映射到（0，1）之间，则逻辑斯蒂函数定义为：

$$\sigma(x) = \frac{1}{1 + e^{-x}} \tag{5.15}$$

对应的逻辑斯蒂函数曲线如图 5-9 所示。当输入的 x 很大或很小时，该函数的输出值无限接近于 1 或 0。

有了逻辑斯蒂函数，我们就可以将任意实数映射到（0，1）之间，在逻辑回归中，这个输出可以解释为样本属于正类（y=1）的概率，函数形式为：$f(x) = \boldsymbol{\omega}^T \mathbf{x}$，则在逻辑回归模型中，样本 x_i 的类别为正类（y=1）的概率定义为：

$$p(y_i = 1 \mid x_i) = \sigma(f(x_i)) = \frac{1}{1 + e^{-\boldsymbol{\omega}^T x_i}} \tag{5.16}$$

样本 x_i 的类别为负类（y=-1）的概率为：

$$p(y_i = -1 \mid x_i) = 1 - p(y_i = 1 \mid x_i) = \frac{1}{1 + e^{\boldsymbol{\omega}^T x_i}} \tag{5.17}$$

在样本 x_i 的类别为负类时，将公式（5.16）和（5.17）合并，可得：

$$p(y_i \mid x_i) = 1 - p(y_i = 1 \mid x_i) = \frac{1}{1 + e^{-y_i \boldsymbol{\omega}^T x_i}} \tag{5.18}$$

Sigmoid Function

$$y = \frac{1}{e^{-x}+1}$$

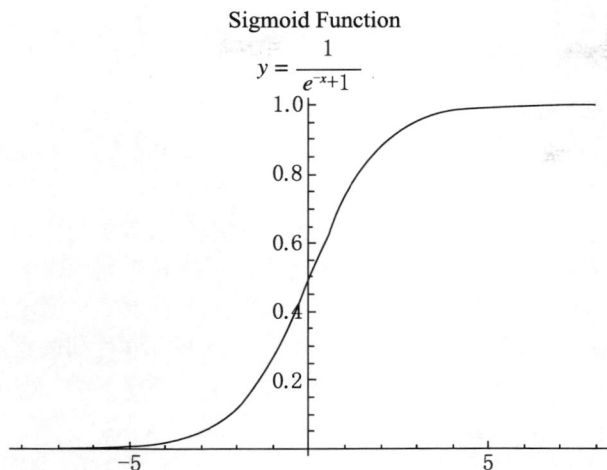

图 5-9　逻辑斯蒂函数

3. 逻辑回归的优缺点

优点：

（1）速度快，适合二分类问题，预测结果是界于 0 和 1 之间的概率。

（2）容易使用和解释，直接看到各个特征的权重。

（3）可以适用于连续型和离散型自变量，能容易地更新模型吸收新的数据。

缺点：

（1）对模型中自变量多重共线性较为敏感，例如两个高度相关自变量同时放入模型，可能导致较弱的一个自变量回归符号不符合预期，符号被扭转。需要利用因子分析或者变量聚类分析等手段来选择代表性的自变量，以减少候选变量之间的相关性。

（2）对数据和场景的适应能力有局限性，不如决策树算法适应性那么强。

5.4.3 K 近邻分类

K 近邻 （K-Nearest Neighbor, KNN） 算法是 1968 年由 Cover 和 Hart 提出的一种经典的、简单的有监督分类算法之一。

1. KNN 算法原理

KNN 算法根据距离函数计算待分类样本 X 和训练集中每个训练样本间的距离，找到与待分类样本 X 距离最小的 K 个训练样本作为 X 的 K 个近邻，最后根据这 K 个近邻样本的类别进行投票来确定待分类样本 X 的类别，也即以 X 的 K 个近邻中的大多数样本所属的类别作为待分类样本 X 的类别。如果要输出待分类样本 X 属于各类的概率，可以通过样本 X 属于各类的数量分布在进行估计。

（1） KNN 算法步骤。

①确定 K 的大小和距离计算的方法；

②计算待分类样本 X 与训练集中每个训练样本的距离；

③圈定距离最近的 K 个训练样本作为待分类样本 X 的近邻；

④统计 K 个最近邻样本中每个类别出现的次数；

⑤选择出现频率最大的类别作为待分类样本 X 的类别。

（2） K 值的选择。在 KNN 算法中，不同的 K 值选择对最终分类结果会产生影响。在图 5-10 中，当 K=3 和 K=6 时，同一个预测样本会被分类到不同的类别。

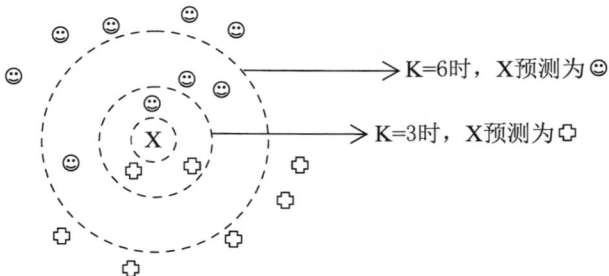

图 5-10　不同的 K 值预测结果的影响

如果 K 太小，预测目标容易产生变动性；如果 K 值太大，KNN 分类器可能会误分类待分类样本，因为最近邻列表总可能包含远离其近邻的数据点。一般而言，从 K = 1 开始，随着 K 值的逐渐增大，KNN 算法的分类效果会逐渐提升；在增大到某个值后，随着 K 的进一步增大，KNN 算法的分类效果会逐渐下降；当 K 增大到训练样本数量相等时，KNN 算法对每一个待分类样本的预测结果都会相同。对于一个具体的应用问题，确定最优的 K 是比较困难的，现实中，可以通过计算不同的 K 值后的模型分类的错误率来选择，可以选择产生最小错误率的 K 值。一般而言，训练集越大，K 值越大[1]。

（3）距离函数的选择。计算待分类样本 X 与训练集中的每个训练样本之间的距离，一般定义一个距离函数 d（x，y）需要满足如下准则：

①d(x，x) = 0

②d(x，y) ⩾ 0

③d(x，y) = d(y，x)

④d(x，z) + d(z，y) ⩾ d(x，y)

距离计算公式分为连续型特征值计算方法和离散型特征值计算方法，公式分别如下：

①连续型特征值的相似度度量方法。闵可夫斯基距离是衡量数值点之间距离的一种常见的方法，假设数值点 X 和 Y 的坐标分别为 X = (x_1，x_2，$\cdots$，x_n) 和 Y = (y_1，y_2，$\cdots$，y_n)，则闵可夫斯基距离公式定义为：

$$d(X，Y) = \left(\sum_{i=1}^{n} | x_i - y_i |^p \right)^{1/p} \tag{5.19}$$

公式 (5.19) 中 p 的值可为 1 和 2，当等于 1 时，为曼哈顿距离，即

($\sum_{i=1}^{n} | x_i - y_i |$)；当等于 2 时，为欧几里得距离，即 $\sqrt{\sum_{i=1}^{n} | x_i - y_i |^2}$ ；

当 p 值趋近于无穷大时，为切比雪夫距离，即 $\max_{i} | x_i - y_i |$ 。

---

[1]　参见 [美] 韩家炜等：《数据挖掘概念与技术》，范明等译，机械工业出版社 2015 年版。

多维空间中两个样本的相似度可以使用余弦相似度来度量，它通过两个样本之间的夹角余弦值来计算，则余弦相似度公式定义为：

$$CosSim(\boldsymbol{X}, \boldsymbol{Y}) = \frac{\sum\limits_{i=1}^{n} x_i y_i}{\sqrt{\sum\limits_{i=1}^{n} x_i^2} \sqrt{\sum\limits_{i=1}^{n} y_i^2}} = \frac{<\boldsymbol{X}, \boldsymbol{Y}>}{\|\boldsymbol{X}\| \|\boldsymbol{Y}\|} \tag{5.20}$$

$<\boldsymbol{X}, \boldsymbol{Y}>$表示为两个向量 $\boldsymbol{X}$ 和 $\boldsymbol{Y}$ 的内积，余弦相似度越大，代表两个样本向量之间的夹角越小，当两个样本向量的方向完全重合时，余弦相似度为 1；当两个样本向量的方向完全相反时，余弦相似度为 -1。在度量文本数据的相似度时，通常采用余弦相似度。余弦相似度度量受到向量平移的影响，公式（5.20）中，如果将 $\boldsymbol{X}$ 平移到 $\boldsymbol{X}+1$，则余弦值就会改变，怎样才能实现这种平移不变呢？可以使用皮尔逊相关系数，公式定义为：

$$Corr(\boldsymbol{X}, \boldsymbol{Y}) = \frac{\sum\limits_{i=1}^{n} (x_i - \overline{x})(y_i - \overline{y})}{\sqrt{\sum\limits_{i=1}^{n} (x_i - \overline{x})^2} \sqrt{\sum\limits_{i=1}^{n} (y_i - \overline{y})^2}} =$$

$$\frac{<\boldsymbol{X} - \overline{x}, \boldsymbol{Y} - \overline{y}>}{\|\boldsymbol{X} - \overline{x}\| \|\boldsymbol{Y} - \overline{y}\|} = CosSim(\boldsymbol{X} - \overline{x}, \boldsymbol{Y} - \overline{y}) \tag{5.21}$$

皮尔逊相关系数具有平移不变性和尺度不变性，它计算两个向量的相关性，$\overline{x}$，$\overline{y}$ 表示 x，y 的平均值。

②离散型特征值的相似度度量方法。汉明距离主要用来度量两个等长字符串 S1 和 S2 之间的相似度，定义为两个字符串对应位置的不同字符的数量。汉明距离公式定义为：

$$Hamming(x_1, x_2) = n - \sum_{i=1}^{n} I(x_i, y_i) \tag{5.22}$$

公式（5.22）中，n 为字符串长度，I（.）为指示函数，取 1 表示某位置两个字符相同。在实际应用汉明距离时，字符串可以为英文单词、信息序列、DNA 序列。例如，1011101 与 1001001 之间的汉明距离是 2。在一些情况下，某些特定的值相等并不能代表什么，例如，用 1 表示某个服刑人员发生过某类安全事件，用 0 表示该服刑人员没有发生过该类安全事件，那么服刑人员发生安全事件的信息就可以用 0、1 表示成一个序列。考虑到监狱的两个服刑人员如果都没有发生过若干类安全事件，则并不能说明这两个服刑人员相似；但是，如果这两个服刑人员都发生过某类安全事件，则说明这两个服刑人员具有很大的相似性。在这个例子中，序列中等于 1 所占的权重应该远远大于 0 的权重，这就引出了杰卡德相似系数。

杰卡德相似系数通常用来比较两个集合之间的相似度。例如，如果将文章看作是词的集合，两篇不同文章的相似度则可以通过两篇文章中共同出现的词的数量和两篇文章的总词的数量来计算。假设 A 和 B 是两个集合，则它们之间的杰卡德相似系数定义为：

$$Jaccard(A, B) = \frac{|A \cap B|}{|A \cup B|} \tag{5.23}$$

对应地，我们可求出两个服刑人员发生安全事件的杰卡德相似系数为：

$$J = \frac{M11}{M01 + M10 + M11}$$

其中，M11 表示两个服刑人员都发生过某类安全事件数，M10 表示服刑人员 A 发生过而服刑人员 B 没有发生过的安全事件数，M01 表示服刑人员 A 没有发生过而服刑人员 B 发生过的安全事件数。

2. KNN 算法应用举例

在表 5-11 中，每条数据有两个特征及它们所属的类别，待分类样本 T= {18，8}，采用 KNN 算法求其所属类别[1]。

表 5-11　KNN 算法训练集

序号	特征 1	特征 2	类别
T1	2	4	C1

---

[1]　参见王振武：《大数据挖掘与应用》，清华大学出版社 2017 年版。

序号	特征 1	特征 2	类别
T2	4	3	C2
T3	10	6	C3
T4	12	9	C2
T5	3	11	C3
T6	20	7	C2
T7	22	5	C2
T8	21	10	C1
T9	11	2	C3
T10	24	1	C1

解：本例采用欧几里得距离进行计算，并且设定 k = 4。则待分类样本 T 与各训练样本之间的距离为：

$$d(T, T1) = \sqrt{(18-2)^2 + (8-4)^2} = 16.49$$

$$d(T, T2) = \sqrt{(18-4)^2 + (8-3)^2} = 14.87$$

$$d(T, T3) = \sqrt{(18-10)^2 + (8-6)^2} = 8.25$$

$$d(T, T4) = \sqrt{(18-12)^2 + (8-9)^2} = 6.08$$

$$d(T, T5) = \sqrt{(18-3)^2 + (8-11)^2} = 15.3$$

$$d(T, T6) = \sqrt{(18-20)^2 + (8-7)^2} = 2.24$$

$$d(T, T7) = \sqrt{(18-22)^2 + (8-5)^2} = 5$$

$$d(T, T8) = \sqrt{(18-21)^2 + (8-10)^2} = 3.61$$

$$d(T, T9) = \sqrt{(18-11)^2 + (8-2)^2} = 9.22$$

$$d(T, T10) = \sqrt{(18-24)^2 + (8-1)^2} = 9.22$$

所以，距离 T 最近的 4 个样本为：{T6，T8，T7，T4}，它们对应的标签为 {C2，C1，C2，C2}，所以 T 的类别为 C2。

3. KNN 算法优缺点

（1）优点：

①算法简单，易于理解，易于实现，无需参数估计，无需训练；

②算法精度高，对异常值不敏感（个别噪音数据对结果的影响不是很大）；

③算法适合对稀有事件进行分类；

④算法特别适合于多分类问题（对象具有多个类别标签），KNN要比 SVM 表现要好。

（2）缺点：

①对测试样本分类时的计算量大，空间开销大，因为对每一个待分类的文本都要计算它到全体已知样本的距离，才能求得它的 K 个最近邻点。目前常用的解决方法是事先对已知样本点进行剪辑，事先去除对分类作用不大的样本；

②可解释性差，无法给出决策树那样的规则；

③最大的缺点是当样本不平衡时，如一个类的样本容量很大，而其他类样本容量很小时，有可能导致当输入一个新样本时，该样本的 K 个邻居中大容量类的样本占多数。该算法只计算"最近的"邻居样本，某一类的样本数量很大，那么或者这类样本并不接近目标样本，或者这类样本很靠近目标样本。无论怎样，数量并不能影响运行结果。可以采用权值的方法（和该样本距离小的邻居权值大）来改进；

④消极学习方法。这种学习方式不是根据样本建立一般化的目标函数并确定其参数，而是简单地把训练样本存储起来，直到需要分类新的实例时才分析其与所存储样例的关系，据此确定新实例的目标函数值。也就是说这种学习方式只有到了需要决策时才会利用已有数据进行决策，而在这之前不会经历积极学习所拥有的训练过程。

5.4.4 贝叶斯分类

贝叶斯分类是一类分类算法的总称，这类算法均以贝叶斯定理为基础，故统称为贝叶斯分类。而朴素贝叶斯分类算法是基于贝叶斯定理和特征条件独立性假设的分类方法，是贝叶斯分类中最简单，也是常见的一种分类方法。特征条件独立性[1]是指在给定样本类别的前提下，任一特征的取值与其他特征都不相关。该算法在文本分类、垃圾邮件过滤、情感分析等文本分析问题中得到了广泛的应用。

1. 贝叶斯定理

假设 X，Y 是一对随机变量，他们的联合概率 P（X = x，Y = y）是指 X 取值 x 且 Y 取值 y 的概率，条件概率 P（Y = y | X = x）是指在变量 X 取值 x 的情况下，变量 Y 取值 y 的概率。则 X 和 Y 的联合概率、条件概率满足：

$$P(X, Y) = P(Y \mid X) P(X) = P(X \mid Y) P(Y) \qquad (5.24)$$

对公式（5.24）变形，可以得到下面的公式，称为贝叶斯定理：

$$P(Y \mid X) = \frac{P(X \mid Y) P(Y)}{P(X)} \qquad (5.25)$$

贝叶斯定理是一种把先验知识和从样本获取的证据相结合的统计原理。通常 P（Y）称为先验分布，P（X）称为证据，P（X | Y）称为似然函数，P（Y | X）称为后验分布。

在公式（5.25）中，我们假设 X 代表样本特征，Y 代表样本的类别，k 为类别数，则有全概率公式：

$$P(X) = \sum_k P(X \mid Y = Y_k) P(Y_k) \qquad (5.26)$$

其中 $\sum_k P(Y_k) = 1$，从（5.26）可推导出对应的贝叶斯公式为：

$$P(Y_k \mid X) = \frac{P(X \mid Y_k) P(Y_k)}{\sum_k P(X \mid Y = Y_k) P(Y_k)} \qquad (5.27)$$

2. 朴素贝叶斯定理

朴素贝叶斯分类是一种十分简单的分类算法，叫它朴素贝叶斯分类是因为这种方法的思想真的很朴素，朴素贝叶斯的思想基础是这样的：对于给出的待分类项，求解在此项出现的条件下各个类别出现的

---

[1] 参见欧高炎等：《数据科学导引》，高等教育出版社 2017 年版。

概率，哪个最大，就认为此待分类项属于哪个类别。通俗来说，就好比这么个道理，你在街上看到一个黑人，我问你猜他来自哪里，你十有八九猜非洲。为什么呢？因为黑人中非洲人的比率最高，当然人家也可能是美洲人或亚洲人，但在没有其他可用信息下，我们会选择条件概率最大的类别，这就是朴素贝叶斯的思想基础。

朴素贝叶斯分类的正式定义如下：

设 $X = \{x_1, x_2, \cdots, x_m\}$ 是一个包含 m 维的向量，即每一个样本有 m 个特征；类别集合 $C = \{y_1, y_2, \cdots, y_c\}$ 包含 c 个类别。则有对一个待分类样本 X 进行类别分类预测的公式为：

$$P(Y = c \mid X = x) = \frac{P(X = x \mid Y = c)P(Y = c)}{P(X = x)} \tag{5.28}$$

对于一个给定的带分类样本 X，P（X = x）与其类别无关，因此公式（5.28）可简化为：

$$P(Y = c \mid X = x) \propto P(Y = c) P(X = x \mid Y = c) \tag{5.29}$$

公式（5.29）中，先验分布 P（Y = c）可计算，又因为朴素贝叶斯假定特征条件独立性，即在给定类别的情况下，样本的各个特征之间相互独立，因此 P（X = x | Y = c）可以写为连乘的形式：

$$P(X = x \mid Y = c) = \prod_{i=1}^{m} P(X = x_i \mid Y = c) \tag{5.30}$$

将公式（5.29）和（5.30）结合，可以得到朴素贝叶斯公式，并用它来预测样本 X 的类别为：

$$\hat{y} = \arg \max_{c \in \{y_1, y_2, \cdots, y_c\}} P(Y = c) \prod_{i=1}^{m} P(X = x_i \mid Y = c) \tag{5.31}$$

根据上述分析，朴素贝叶斯分类的流程可以用图 5-11 表示。

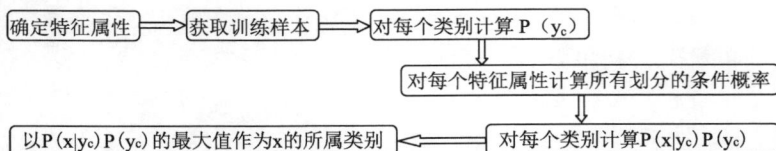

图 5-11　朴素贝叶斯分类流程

可以看到，整个朴素贝叶斯分类分为三个阶段：

第一阶段-准备工作阶段。这个阶段的任务是为朴素贝叶斯分类做必要的准备，主要工作是根据具体情况确定特征属性，并对每个特征属性进行适当划分，然后由人工对一部分待分类项进行分类，形成训练样本集合。这一阶段的输入是所有待分类数据，输出是特征属性和训练样本。这一阶段是整个朴素贝叶斯分类中唯一需要人工完成的阶段，其质量对整个过程有重要影响，分类器的质量很大程度上由特征属性、特征属性划分及训练样本质量决定。

第二阶段-分类器训练阶段。这个阶段的任务就是生成分类器，主要工作是计算每个类别在训练样本中的出现频率及每个特征属性划分对每个类别的条件概率估计，并将结果记录。其输入是特征属性和训练样本，输出是分类器。这一阶段是机械性阶段，根据前面讨论的公式可以由程序自动计算完成。

第三阶段-应用阶段。这个阶段的任务是使用分类器对待分类项进行分类，其输入是分类器和待分类项，输出是待分类项与类别的映射关系。这一阶段也是机械性阶段，由程序完成。

朴素贝叶斯最常见的应用场景是垃圾邮件过滤，基本思想是通过识别某些垃圾邮件中经常出现的单词，计算给定文本单词向量的后验概率分布，判定该文本是否是垃圾邮件，这是一个典型的二分类问题。在许多场所，朴素贝叶斯分类可以与决策树、神经网络分类算法相媲美，该算法能运用到大型数据库中，且方法简单、分类准确率高、速度快。但是朴素贝叶斯分类有一个限制条件，就是特征属性必须有条件独立或基本独立（实际上在现实应用中几乎不可能做到完全独立）。当这个条件成立时，朴素贝叶斯分类法的准确率是最高的，但不幸的是，现实中各个特征属性间往往并不条件独立，而是具有较强的相关性，这样就限制了朴素贝叶斯分类的能力。

3. 朴素贝叶斯优缺点

朴素贝叶斯的主要优点有：

（1）朴素贝叶斯模型发源于古典数学理论，有稳定的分类效率。

（2）对小规模的数据表现很好，能够处理多分类任务，适合增量式训练，尤其是当数据量超出内存时，我们可以一批批地去增量训练。

（3）对缺失数据不太敏感，算法也比较简单，常用于文本分类。

朴素贝叶斯的主要缺点有：

（1）理论上，朴素贝叶斯模型与其他分类方法相比具有最小的误差率。但是实际上并非总是如此，这是因为在朴素贝叶斯模型给定输出类别的情况下，假设属性之间相互独立，这个假设在实际应用中往往是不成立的，在属性个数比较多或者属性之间相关性较大时，分类效果不好。而在属性相关性较小时，朴素贝叶斯性能最为良好。对于这一点，有半朴素贝叶斯之类的算法通过考虑部分关联性适度改进。

（2）需要知道先验概率，且先验概率很多时候取决于假设，假设的模型可以有很多种，因此在某些时候会由于假设的先验模型的原因导致预测效果不佳。

（3）由于我们是通过先验和数据来决定后验的概率从而决定分类，所以分类决策存在一定的错误率。

（4）对输入数据的表达形式很敏感。

5.4.5 支持向量机

分类作为数据挖掘领域中一项非常重要的任务，目前在商业上应用最多。而分类的目的则是学会一个分类函数或分类模型（或者叫作分类器），该模型能把数据库中的数据项映射到给定类别中的某一个，从而可以用于预测未知类别。

本文将要介绍的支持向量机（Support Vector Machine，简称 SVM）算法便是一种分类方法。所谓支持向量机，分为两个部分：支持向量（简单来说，就是支持或支撑平面上把两类类别划分开来的超平面上的向量点）和机（Machine，机器，具体指一个算法）。在机器学习领域，常把一些算法看作是一个机器，如分类机（当然，也叫作分类器），而支持向量机本身便是一种监督式学习的方法，它广泛地应用于统计分类以及回归分析中。支持向量机是 Corinna Cortes 和 Vapnik 等学者于 1995 年首先提出的，它在解决小样本、非线性及高维模式识别中表现出许多特有的优势，并能够推广应用到函数拟合等其他机器学习问题中。在机器学习中，支持向量机（SVM，还支持矢量网络）是与相关的学习算法有关的监督学习模型，可以分析数据、识别模式，用于分类和回归分析。

1. 支持向量机基本思想

支持向量机可以理解为"使用了支持向量的算法"〔1〕。支持向量机是一种基于分类边界的机器学习方法，最初是针对线性可分情况下的二分类问题而提出来的，所谓线性可分是指原始数据可以用一条直线（如果数据是二维的）或者一个超平面（也叫决策面）来进行分类。支持向量机是定义在特征空间上的间隔最大分类器，它的学习策略就是间隔最大化，可形式化为一个求解凸二次规划的问题，或等价于正则化的损失函数的最小化问题〔2〕。支持向量机分类算法的目标是通过训练，找到这些分类之间的边界（如果是直线或超平面，称为线性可分；如果是曲线或曲面，则称为非线性可分）；对于多维数据，可以将它们视为 n 维空间中的点，而分类边界就是 n 维空间中的面，称之为超平面。线性分类器使用一条直线或一个超平面进行分类，而非线性分类器则使用超曲面进行分类，通常我们需要找到一个线性可分的分类器。支持向量机通过核函数的方法将低维数据映射到高维空间，并使得在高维空间中的数据是线性可分的，从而能够处理低维空间中线性不可分的情况。

支持向量机通过使用最大间隔来确定最优的划分超平面，使期望泛化误差最小化，以获得良好的泛化能力。所谓最小化泛化误差是指当新的样本（类别未知的数据）进行分类时，基于学习所得的分类器（超平面）使得我们对新数据所属分类的预测错误的概率被最小化。接下来我们以例子来说明最大间隔。

---

〔1〕 参见李春葆等：《数据仓库与数据挖掘实践》，电子工业出版社 2014 年版。
〔2〕 参见李航：《统计学习方法》，清华大学出版社 2015 年版。

（1）线性可分的二分类问题和间隔最大化。线性可分的二分类问题见图 5-12（a），（b），（c）所示。

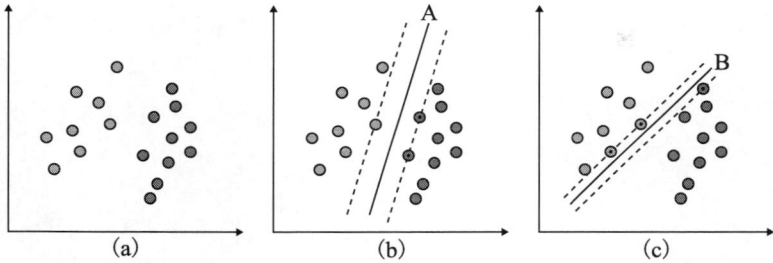

图 5-12

图 5-12 中的（a）是已有的原始数据，红色（左侧）和蓝色（右侧）分别代表两个不同的类别。数据显然是线性可分的，即可以找到一条直线将这两类数据分开，但是将两类数据点分开的直线显然不止一条。上图的（b）和（c）分别给出了 A、B 两种不同的分类方案，其中黑色实线为分界线，称为"超平面"。每个超平面对应一个线性分类器。虽然从分类结果上看，分类器 A 和分类器 B 的效果是相同的。但是它们的性能是有差距的，见图 5-13 所示。在"超平面"不变的情况下，又添加了一个红点（箭头指向的那个点）。可以看到，分类器 A 依然能很好地分类结果，而分类器 B 则出现了分类错误。显然分类器 A 的"超平面"放置的位置优于分类器 B 的"超平面"放置的位置，支持向量机算法也是这么认为的，它的依据就是分类器 A 的分类间隔比分类器 B 的分类间隔大。这里涉及第一个支持向量机独有的概念"分类间隔"。在保证超平面方向不变且不会出现错分样本的情况下移动决策面，会在原来的决策面两侧找到两个极限位置（越过该位置就会产生错分现象），如虚线所示。虚线的位置由超平面的方向和距离和原超平面最近的几个样本的位置决定。而这两条平行虚线正中间的分界线就是在保持当前超平面方向不变的前提下的最优超平面。两条虚线之间的垂直距离就是这个最优超平面对应的分类间

隔。显然每一个可能把数据集正确分开的方向都有一个最优超平面（有些方向无论如何移动超平面的位置也不可能将两类样本完全分开），而不同方向的最优超平面的分类间隔通常是不同的，那个具有"最大间隔"的超平面就是支持向量机要寻找的最优解。而这个真正的最优解对应的两侧虚线所穿过的样本点，就是支持向量机中的支持样本点，称为"支持向量"。

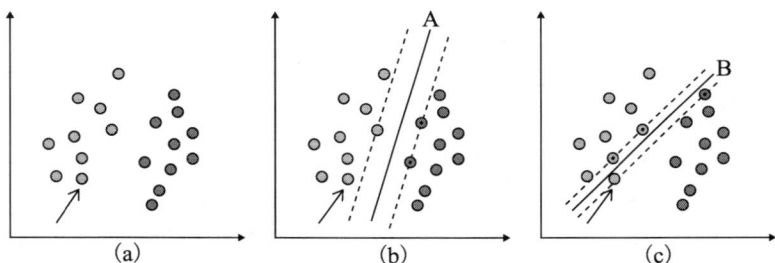

图 5-13

（2）支持向量机建模。求解这个"超平面"的过程，就是最优化[1]。一个最优化问题通常有两个基本的因素：①目标函数，也就是你希望什么东西的什么指标达到最好；②优化对象，你期望通过改变哪些因素来使你的目标函数达到最优。在线性 SVM 算法中，目标函数显然就是那个"分类间隔"，而优化对象则是超平面。所以要对 SVM 问题进行数学建模，首先要对上述两个对象（"分类间隔"和"超平面"）进行数学描述。按照一般的思维习惯，我们先描述超平面。数学建模的时候，先在二维空间建模，然后再推广到多维。

①超平面方程。我们都知道二维空间下一条直线的方程可以表示为如下形式：

$y = ax + b$

---

〔1〕 Jack Cui："机器学习实战教程（八）：支持向量机原理篇之手撕线性 SVM"，http://cuijiahua.com/blog/2017/11/ml_8_svm_1.html，最后访问日期：2018 年 7 月 7 日。

现在，我们对上述直线方程做一个改变，将让 x_1 替换 x，x_2 替换 y，则有：

$x_2 = ax_1 + b$

移项得：

$ax_1 - x_2 + b = 0$

将上述方程向量化得：

$$[a-1] \begin{bmatrix} x_1 \\ x_2 \end{bmatrix} + b = 0$$

进一步向量化，用 **ω** 列向量和 **x** 列向量和标量 γ 进一步向量化得：

$\boldsymbol{\omega}^T\mathbf{x} + \gamma = 0$

其中，向量 **ω** 和 **x** 分别为：

$\boldsymbol{\omega} = \begin{bmatrix} \omega_1, & \omega_2 \end{bmatrix}^T$，$\mathbf{x} = \begin{bmatrix} x_1, & x_2 \end{bmatrix}^T$

这里 $\omega_1 = a$，$\omega_2 = -1$。我们都知道，最初的那个直线方程：$y = ax + b$ 中 a 和 b 的几何意义，a 表示直线的斜率，b 表示截距，a 决定了直线与 x 轴正方向的夹角，b 决定了直线与 y 轴交点位置。那么向量化后的直线的 **ω** 和 γ 的几何意义是什么呢？

现在假设：

$a = \sqrt{3}$，$b = 0$

可得：

$\boldsymbol{\omega} = \begin{bmatrix} \sqrt{3}, & -1 \end{bmatrix}^T$

在坐标轴上画出直线和向量 **ω**，见图 5-14 所示。

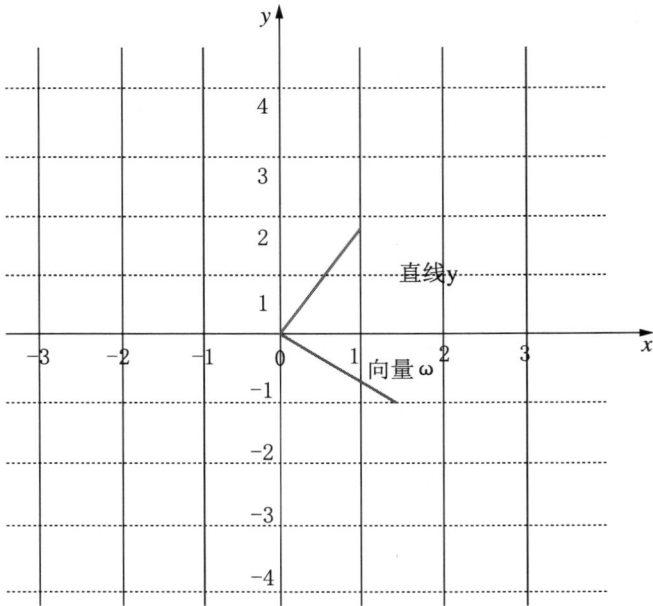

图 5-14　直线和向量 ω 的关系

　　蓝色的线（坐标轴下面的线）代表向量 **ω**，红色的线（坐标轴上面的线）代表直线 y。我们可以看到向量 **ω** 和直线的关系为垂直关系。这说明了向量 **ω** 也控制这直线的方向，只不过是与这个直线的方向是垂直的。标量 γ 的作用也没有变，依然决定了直线的截距。此时，我们称 **ω** 为直线的法向量。

　　二维空间的直线方程已经推导完成，将其推广到 n 维空间，就变成了超平面方程（一个超平面，在二维空间的例子就是一个直线）但是它的公式没变，依然是：

$$\boldsymbol{\omega}^{\mathrm{T}}\mathbf{x}+\gamma=0 \tag{5.32}$$

　　不同之处在于：

$$\boldsymbol{\omega}=\left[\omega_1,\ \omega_2,\ \cdots,\ \omega_n\right]^{\mathrm{T}}$$

$$\mathbf{x}=\left[x_1,\ x_2,\ \cdots,\ x_n\right]^{\mathrm{T}}$$

公式（5.32）即为超平面方程。

②分类间隔方程。分类间隔见图 5-15 所示。我们已经知道间隔的大小实际上就是支持向量对应的样本点到决策面的距离的二倍。那么图中的距离 d 我们怎么求？我们高中都学过，点到直线的距离公式如下：

$$d = \left| \frac{Ax_0 + By_0 + C}{\sqrt{A^2 + B^2}} \right| \tag{5.33}$$

公式中的直线方程为 Ax+By+C=0，点 P 的坐标为（x_0，y_0）。

现在，将直线方程扩展到多维，求得我们现在的超平面方程，对公式进行如下变形：

$$d = \frac{|\boldsymbol{\omega}^T \boldsymbol{x} + \gamma|}{\|\boldsymbol{\omega}\|} \tag{5.34}$$

公式（5.34）中的 d 就是其中 $\|\boldsymbol{\omega}\|$ 表示 $\boldsymbol{\omega}$ 的二范数，即求所有元素的平方和，然后再开方。比如对于二维平面，则有：

$$\boldsymbol{\omega} = \begin{bmatrix} \omega_1, & \omega_2 \end{bmatrix}^T$$

那么，则有：

$$\|\boldsymbol{\omega}\| = \sqrt[2]{\omega_1^2 + \omega_2^2}$$

我们目的是为了找出一个分类效果好的超平面作为分类器。分类器的好坏的评定依据是分类间隔 W＝2d 的大小，即分类间隔 W 越大，我们认为这个超平面的分类效果越好。此时，求解超平面的问题就变成了求解分类间隔 W 最大化的问题。W 的最大化也就是 d 的最大化。

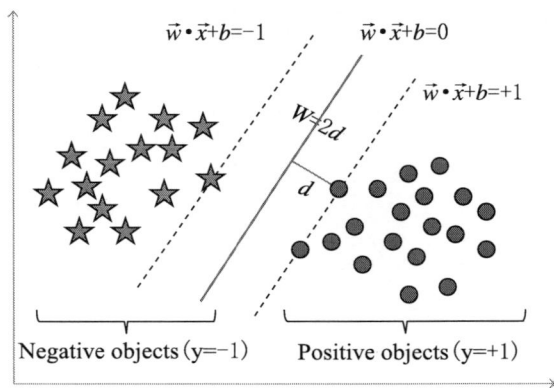

图5-15　分类间隔方程

③约束条件。看起来，我们已经顺利获得了目标函数的数学形式。但是为了求解 W 的最大值。我们不得不面对如下问题：

我们如何判断超平面是否将样本点正确分类？

我们知道要求距离 d 的最大值，我们首先需要找到支持向量上的点，怎么在众多的点中选出支持向量上的点呢？

上述我们需要面对的问题就是约束条件，也就是说我们优化的变量 d 的取值范围受到了限制和约束。事实上约束条件一直是最优化问题里最让人头疼的东西。但既然我们已经知道了这些约束条件确实存在，就不得不用数学语言对它们进行描述。但 SVM 算法通过一些巧妙的小技巧，将这些约束条件融合到一个不等式里面。

这个二维平面上有两种点，我们分别对它们进行标记：红颜色的圆点标记为1，我们人为规定其为正样本；蓝颜色的五角星标记为-1，我们人为规定其为负样本。

对每个样本点 x_i 加上一个类别标签 y_i：

$$y_i = \begin{cases} +1 & \text{红色点} \\ -1 & \text{蓝色点} \end{cases}$$

如果我们的超平面方程能够完全正确地对上图的样本点进行分类，就会满足下面的方程：

$$\begin{cases} \boldsymbol{\omega}^T \boldsymbol{x}_i + \gamma > 0, \ y_i = 1 \\ \boldsymbol{\omega}^T \boldsymbol{x}_i + \gamma < 0, \ y_i = -1 \end{cases} \tag{5.35}$$

如果我们要求再高一点，假设超平面正好处于间隔区域的中轴线上，并且相应的支持向量对应的样本点到超平面的距离为 d，那么公式进一步写成：

$$\begin{cases} \dfrac{\boldsymbol{\omega}^T \boldsymbol{x}_i + \gamma}{\|\boldsymbol{\omega}\|} \geq d, \ \forall y_i = 1 \\ \dfrac{\boldsymbol{\omega}^T \boldsymbol{x}_i + \gamma}{\|\boldsymbol{\omega}\|} \leq -d, \ \forall y_i = -1 \end{cases} \tag{5.36}$$

上述公式的解释就是，对于所有分类标签为 1 和 -1 的样本点，它们到直线的距离都大于等于 d（支持向量上的样本点到超平面的距离）。公式两边都除以 d，就可以得到：

$$\begin{cases} \boldsymbol{\omega} d^T \boldsymbol{x}_i + \gamma d \geq 1, \ \forall y_i = 1 \\ \boldsymbol{\omega} d^T \boldsymbol{x}_i + \gamma d \geq -1, \ \forall y_i = -1 \end{cases}$$

其中，

$$\boldsymbol{\omega} d = \dfrac{\boldsymbol{\omega}}{\|\boldsymbol{\omega}\| d}, \ \gamma d = \dfrac{\gamma}{\|\boldsymbol{\omega}\| d}$$

因为 $\|\boldsymbol{\omega}\|$ 和 d 是标量，所以上述公式的两个矢量，依然描述一条直线的法向量和截距。

$$\boldsymbol{\omega} d^T \boldsymbol{x} + \gamma d = 0$$

$$\boldsymbol{\omega}^T \boldsymbol{x} + \gamma = 0$$

上述两个公式，都是描述一条直线，数学模型代表的意义是一样的。现在，让我们对 $\boldsymbol{\omega} d$ 和 γd 重新起个名字，就叫它们 $\boldsymbol{\omega}$ 和 γ。因此，我们就可以说：对于存在分类间隔的两类样本点，我们一定可以找到一些超平面，使其对于所有的样本点均满足下面的条件：

$$\begin{cases} \boldsymbol{\omega}^{\mathrm{T}} \boldsymbol{x}_i + \gamma \geq 1, & \forall y_i = 1 \\ \boldsymbol{\omega}^{\mathrm{T}} \boldsymbol{x}_i + \gamma \leq -1, & \forall y_i = -1 \end{cases}$$

上述方程即给出了 SVM 最优化问题的约束条件。这时候，可能有人会问了，为什么标记为 1 和 -1 呢？因为这样标记方便我们将上述方程变成如下形式：

$$y_i(\boldsymbol{\omega}^{\mathrm{T}} \boldsymbol{x}_i + \gamma) \geq 1, \quad \forall \boldsymbol{x}_i$$

正是因为标签为 1 和 -1，才方便我们将约束条件变成一个约束方程，从而方便我们的计算。

④线性 SVM 优化问题基本描述。我们用公式（5.34）来求距离 d，也就是用支持向量上的样本点求解 d 的最大化，而对于支持向量上的样本点满足：$|\boldsymbol{\omega}^{\mathrm{T}} \boldsymbol{x}_i + \gamma| = 1$，因此，公式（5.34）可以进一步简化为：

$$d = \frac{1}{\parallel \boldsymbol{\omega} \parallel}$$

求 d 的最大化，也即求 $\parallel \boldsymbol{\omega} \parallel$ 的最小化，可等效于：$\min 1/2 \parallel \boldsymbol{\omega} \parallel^2$，为了在进行优化的过程中对目标函数求导时方便，我们将最终的目标函数和约束条件放在一起进行描述为：

$$\min \frac{1}{2} \parallel \boldsymbol{\omega} \parallel^2 \mathrm{s.\,t.\,} y_i(\boldsymbol{\omega}^{\mathrm{T}} \boldsymbol{x}_i + b) \geq 1, \ i = 1, 2, \cdots, n \qquad (5.37)$$

其中，n 是样本点的总个数，缩写 s. t. 表示"subject to"，是"服从某条件"的意思。公式（5.37）描述的是一个典型的不等式约束条件下的二次型函数优化问题，同时也是支持向量机的基本数学模型。

⑤求解准备。我们已经得到支持向量机的基本数学模型，接下来的问题就是如何根据数学模型，求得我们想要的最优解。在学习求解方法之前，首先就是要保证目标函数必须是凸函数。要理解凸函数，我们还要先明确另一个概念"凸集"在凸几何中，凸集（Convex Set）是在凸组合下闭合的放射空间的子集，见图 5-16 所示。

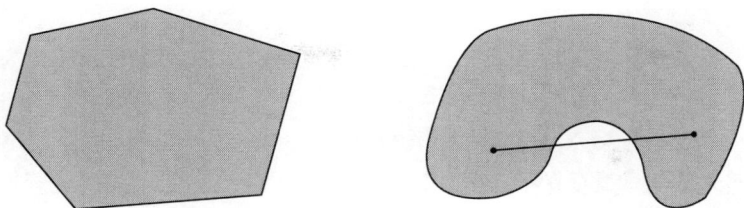

图 5-16　凸集

图 5-16 中左右两个图都是一个集合。如果集合中任意 2 个元素连线上的点也在集合中，那么这个集合就是凸集。显然，上图中的左图是一个凸集，上图中的右图是一个非凸集。凸函数的定义也是如此，其几何意义表示为函数任意两点连线上的值大于对应自变量处的函数值。设函数 f 为定义在某个区间 L 上的函数，若对 L 上的任意两点 x_1，x_2 和任意的实数 λ，λ 属于（0，1），总有：

$$f（\lambda x_1 + （1-\lambda）x_2）\leqslant \lambda f（x_1）+（1-\lambda）f（x_2） \tag{5.38}$$

则函数 f 称为 L 上的凸函数，当且仅当在函数图像上方的点集为一个凸集。在学习求解最优化问题之前，我们还要学习拉格朗日函数和 KKT 条件。

⑥拉格朗日函数。首先，我们先要从宏观的视野上了解一下拉格朗日对偶问题出现的原因和背景。如果能够构造一个函数，使得该函数在可行解区域内与原目标函数完全一致，而在可行解区域外的数值非常大，甚至是无穷大，那么这个没有约束条件的新目标函数的优化问题就与原来有约束条件的原始目标函数的优化问题是等价的问题。这就是使用拉格朗日方程的目的，它将约束条件放到目标函数中，从而将有约束优化问题转换为无约束优化问题。

随后，人们又发现，使用拉格朗日获得的函数，使用求导的方法求解依然困难。进而，需要对问题再进行一次转换，即使用一个数学技巧"拉格朗日对偶"。所以，显而易见的是，我们在拉格朗日优化我们的问题这个道路上，需要进行下面两个步骤：

第一步：将有约束的原始目标函数转换为无约束的新构造的拉格

朗日目标函数。

第二步：使用拉格朗日对偶性，将不易求解的优化问题转化为易求解的优化。

下面进行第一步：将有约束的原始目标函数转换为无约束的新构造的拉格朗日目标函数，公式变形如下：

$$L(\boldsymbol{\omega},\ b,\ a) = \frac{1}{2}\parallel\boldsymbol{\omega}\parallel^2 - \sum_{i=1}^{n}a_i(y_i(\boldsymbol{\omega}^T\boldsymbol{x}_i + b) - 1) \tag{5.39}$$

其中 a_i 是拉格朗日乘子，a_i 大于等于 0，是我们构造新目标函数时引入的系数变量，现在我们令：

$$\theta(\boldsymbol{\omega}) = \max_{a_i\geq0}L(\boldsymbol{\omega},\ b,\ a)$$

当样本点不满足约束条件时，即在可行解区域外：

$$Y_i(\boldsymbol{\omega}^T\boldsymbol{x}_i+b) < 1$$

此时，我们将 a_i 设置为正无穷，此时 $\theta(\boldsymbol{\omega})$ 显然也是正无穷。当样本点满足约束条件时，即在可行解区域内：$Y_i(\boldsymbol{\omega}^T\boldsymbol{x}_i+b) \geq 1$。

此时，显然 $\theta(\boldsymbol{\omega})$ 为原目标函数本身。我们将上述两种情况结合一下，就得到了新的目标函数：

$$\theta(\boldsymbol{\omega}) = \begin{cases} \frac{1}{2}\parallel\boldsymbol{\omega}\parallel^2,\ x\in\ 可行区域 \\ +\infty,\ x\in\ 非可行区域 \end{cases} \tag{5.40}$$

现在，我们的问题变成了求新目标函数的最小值，即：

$$\min_{\boldsymbol{\omega},\ b}\theta(\boldsymbol{\omega}) = \min_{\boldsymbol{\omega},\ b}\max_{a_i\geq0}L(\boldsymbol{\omega},\ b,\ a) = p* \tag{5.41}$$

这里用 p* 表示这个问题的最优值，且和最初的问题是等价的。接下来，我们进行第二步：将不易求解的优化问题转化为易求解的优化。我们看一下我们的新目标函数，先求最大值，再求最小值。这样的话，我们首先就要面对带有需要求解的参数 $\boldsymbol{\omega}$ 和 b 的方程，而 a_i 又是不等式约束，这个求解过程不好做。所以，我们需要使用拉格朗日函数对偶性，将最小和最大的位置交换一下，这样就变成了：

$$\max_{a_i\geq0}\min_{\boldsymbol{\omega},\ b}L(\boldsymbol{\omega},\ b,\ a) = d* \tag{5.42}$$

交换以后的新问题是原始问题的对偶问题，这个新问题的最优值用 d＊ 来表示。而且 d＊≤p＊。我们关心的是 d=p 的时候，这才是我们要的解。需要什么条件才能让 d=p 呢？

首先必须满足这个优化问题是凸优化问题，其次需要满足 KKT 条件。

凸优化问题的定义是：求取最小值的目标函数为凸函数的一类优化问题。目标函数是凸函数我们已经知道，这个优化问题又是求最小值。所以我们的最优化问题就是凸优化问题。接下来，就是探讨是否满足 KKT 条件了。

⑦KKT 条件。我们已经使用拉格朗日函数对我们的目标函数进行了处理，生成了一个新的目标函数。通过一些条件，可以求出最优值的必要条件，这个条件就是接下来要说的 KKT 条件。一个最优化模型能够表示成下列标准形式：

$$\min f(x)$$
$$s.\,t.\,h_j(x) = 0,\ j = 1,\ 2,\ \cdots,\ p$$
$$g_k(x) \leq 0,\ k = 1,\ 2,\ \cdots,\ q \tag{5.43}$$
$$x \in X \subset R^n$$

KKT 条件的全称是 Karush-Kuhn-Tucker 条件，KKT 条件是说最优值条件必须满足以下条件：

条件一：经过拉格朗日函数处理之后的新目标函数 L（ω，b，α）对 x 求导为零；

条件二：h（x）= 0；

条件三：a＊g（x）= 0；

对于我们的优化问题：

$$\min \frac{1}{2} \parallel \boldsymbol{\omega} \parallel^2 \tag{5.44}$$
$$s.t.\ y_i(\boldsymbol{\omega}^T \boldsymbol{x}_i + b) \geq 1,\ i = 1,\ 2,\ \cdots,\ n$$

现在，凸优化问题和 KKT 条件都满足了，问题转换成了对偶问题。而求解这个对偶学习问题，可以分为三个步骤：首先要让 L（ω，b，a）关于 ω 和 b 最小化，然后求对 a 的极大值，最后利用 SMO 算法求解对偶问题中的拉格朗日乘子。现在，我们继续推导。

⑧对偶问题求解。

第一步：

根据上述推导知：

$$\max_{ai \geq 0} \min_{\omega, b} L(\boldsymbol{\omega}, b, a) = d *$$

$$L(\boldsymbol{\omega}, b, a) = \frac{1}{2} \| \boldsymbol{\omega} \|^2 - \sum_{i=1}^n a_i(y_i(\boldsymbol{\omega}^T \boldsymbol{x}_i + b) - 1)$$

首先固定 a，要让 L($\boldsymbol{\omega}$, b, a) 关于 $\boldsymbol{\omega}$ 和 b 最小化，我们分别对 $\boldsymbol{\omega}$ 和 b 求偏导数，令其等于 0，即：

$$\frac{\partial L}{\partial \boldsymbol{\omega}} = 0 \Rightarrow \boldsymbol{\omega} = \sum_{i=1}^n a_i y_i \boldsymbol{x}_i$$

$$\frac{\partial L}{\partial b} = 0 \Rightarrow \sum_{i=1}^n a_i y_i = 0$$

将上述结果代回 L ($\boldsymbol{\omega}$, b, a) 得到：

$$L(\boldsymbol{\omega}, b, a) = \frac{1}{2} \| \boldsymbol{\omega} \|^2 - \sum_{i=1}^n a_i [y_i(\boldsymbol{\omega}^T \boldsymbol{x}_i + b) - 1]$$

$$= \frac{1}{2} \boldsymbol{\omega}^T \boldsymbol{\omega} - \boldsymbol{\omega}^T \sum_{i=1}^n a_i y_i \boldsymbol{x}_i - b \sum_{i=1}^n a_i y_i + \sum_{i=1}^n a_i$$

$$= \frac{1}{2} \boldsymbol{\omega}^T \sum_{i=1}^n a_i y_i \boldsymbol{x}_i - \boldsymbol{\omega}^T \sum_{i=1}^n a_i y_i \boldsymbol{x}_i - b \cdot 0 + \sum_{i=1}^n a_i \qquad (5.45)$$

$$= \sum_{i=1}^n a_i - \frac{1}{2} (\sum_{i=1}^n a_i y_i \boldsymbol{x}_i)^T \sum_{i=1}^n a_i y_i \boldsymbol{x}_i$$

$$= \sum_{i=1}^n a_i - \frac{1}{2} \sum_{i,j=1}^n a_i a_j y_i y_j \boldsymbol{x}_i^T \boldsymbol{x}_j$$

从上面的最后一个式子，我们可以看出，此时的 L ($\boldsymbol{\omega}$, b, α) 函数只含有一个变量，即 a_i。

第二步：

现在内侧的最小值求解完成，我们求解外侧的最大值，从上面的式子得到：

$$\max_a \sum_{i=1}^{n} a_i - \frac{1}{2}\sum_{i,\,j=1}^{n} a_i a_j y_i y_j \boldsymbol{x}_i^{\mathrm{T}} \boldsymbol{x}_j$$

$$s.t.\, a_i \geq 0,\ i=1,\ 2,\ \cdots,\ n \tag{5.46}$$

$$\sum_{i=1}^{n} a_i y_i = 0$$

现在我们的优化问题变成了公式（5.46）。对于这个问题，我们有更高效的优化算法，即序列最小优化（SMO）算法。我们通过这个优化算法能得到 a，再根据 a，我们就可以求解出 $\boldsymbol{\omega}$ 和 b，进而求得我们最初的目的：找到超平面，即"决策平面"。限于篇幅问题，关于 SMO 算法的求解过程，参考脚注文献[1]。

⑨核函数和核方法。支持向量机模型的一个独特的特性是可以通过核方法来处理线性不可分的数据，这也是支持向量机的原问题转换为对偶问题所带来的一个优点。现实中很多数据都是线性不可分的，核方法的基本原理是把原坐标系里线性不可分的数据使用核函数映射到另一个高维空间，尽量使得数据在新的空间里线性可分。要在支持向量机中使用核函数，只需要将对偶问题中目标函数的内积项替换成核函数。常用的核函数见表 5-12 所示。

表 5-12　常用的核函数

核函数名称	定义	说明
多项式核函数	$(\mathbf{x}_1^{\mathrm{T}}\mathbf{x}_2+1)^d$	d 为正整数
高斯核函数	$e^{-\frac{\|\mathbf{x}_1-\mathbf{x}_2\|_2^2}{2\delta^2}}$	$\delta>0$
拉普拉斯核函数	$e^{-\frac{\|\mathbf{x}_1-\mathbf{x}_2\|^2}{\delta}}$	$\delta>0$
Fisher 核函数	$\mathrm{Tanh}\,(\beta\mathbf{x}_1^{\mathrm{T}}\mathbf{x}_2+\theta)$	$\beta>0,\ \theta<0$

2. 支持向量机的特点及应用

SVM 有如下几个主要特点：

---

[1]　参见李航：《统计学习方法》，清华大学出版社 2015 年版。

（1）非线性映射是 SVM 方法的理论基础，SVM 利用核函数将非线性可分数据映射到高维空间。

（2）对特征空间划分的最优超平面是 SVM 的目标，最大化分类边际的思想是 SVM 方法的核心。

（3）支持向量是 SVM 的训练结果，在 SVM 分类决策中起决定作用的是少量的支持向量，并且受非支持向量的影响小，因此泛化能力较好。

（4）SVM 是一种有坚实理论基础的新颖的小样本学习方法。它基本上不涉及概率测度及大数定律等，因此不同于现有的统计方法。从本质上看，它避开了从归纳到演绎的传统过程，实现了高效的从训练样本到预报样本的"转导推理"，大大简化了通常的分类和回归等问题。

（5）SVM 的最终决策函数只由少数的支持向量所确定，计算的复杂性取决于支持向量的数目，而不是样本空间的维数，这在某种意义上避免了维数灾难。

（6）少数支持向量决定了最终结果，这不但可以帮助我们抓住关键样本、剔除大量冗余样本，而且注定了该方法不但算法简单，而且具有较好的鲁棒性。这种鲁棒性主要体现在：

①增、删非支持向量样本对模型没有影响；

②支持向量样本集具有一定的鲁棒性；

③有些成功的应用中，SVM 方法对核的选取不敏感。

两个不足：

（1）SVM 算法对大规模训练样本难以实施。由于 SVM 是借助二次规划来求解支持向量，而求解二次规划将涉及 m 阶矩阵的计算（m 为样本的个数），当 m 数目很大时该矩阵的存储和计算将耗费大量的机器内存和运算时间。针对以上问题的主要改进有：J. Platt 的 SMO 算法、T. Joachims 的 SVM、C. J. C. Burges 等的 PCGC、张学工的 CSVM 以及 O. L. Mangasarian 等的 SOR 算法。

（2）用 SVM 解决多分类问题存在困难。经典的支持向量机算法只给出了二类分类的算法，而在数据挖掘的实际应用中，一般要解决多类的分类问题。可以通过多个二分类支持向量机的组合来解决。主要有：一对多组合模式、一对一组合模式和 SVM 决策树；再就是通过构造多个分类器的组合来解决。主要原理是克服 SVM 固有的缺点，结合其他算法的优势，解决多类问题的分类精度。如与粗糙集理论结合形成一种优势互补的多类问题的组合分类器。

支持向量机主要应用在模式识别领域中的文本识别、文本分类、人脸识别等问题中，同时也应用到许多的工程技术和信息过滤等方面。

5.4.6 决策树分类

决策树是通过一系列规则对数据进行分类的过程，它提供一种在什么条件下会得到什么值的类似规则方法，决策树分为分类树和回归树，分类树对离散变量做决策树，回归树对连续变量做决策树。下面以一个例子来进行说明：

一个女孩的母亲要给这个女孩介绍男朋友，于是有了下面的对话：

女儿：多大年纪了？

母亲：26。

女儿：长得帅不帅？

母亲：挺帅的。

女儿：收入高不？

母亲：不算很高，中等情况。

女儿：是公务员不？

母亲：是，在税务局上班呢。

女儿：那好，我去见见。

则上述的决策树见图 5-17 所示。

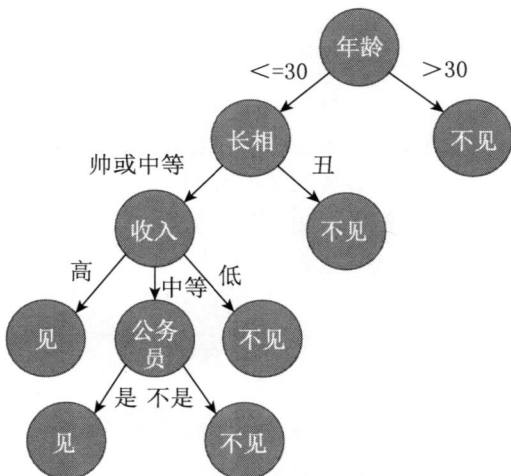

图 5-17　找对象的决策树

图 5-17 就是女孩的是否见对象的决策过程，这就是典型的分类树决策。相当于通过年龄、长相、收入和是否公务员将男人分为两个类别：见和不见。由此，我们可以说决策树是一种描述对样本实例（男人）进行分类（见或不见）的树形结构。决策树由节点和有向边组成。最上部是根节点，此时所有样本都在一起，经过该节点后样本被划分到各子节点中。每个子节点再用新的特征来进一步决策，直到最后的叶节点。叶节点上只包含单纯一类样本（见或不见），不需要再进行划分。决策树中节点包括两种类型：内部节点和叶节点，内部节点表示一个特征或属性，叶节点表示一个分类。

决策树是属于机器学习中监督学习分类算法中比较简单的一种，决策树是一个预测模型，它代表的是对象属性与对象值之间的一种映射关系。树中每个节点表示某个对象，而每个分叉路径（有向边）则代表某个可能的属性值，而每个叶节点则对应从根节点到该叶节点所经历的路径所表示的对象的值。决策树仅有单一输出，若欲有复数输出，可以建立独立的决策树以处理不同输出。

如果不考虑效率，那么样本所有特征的判断级联起来终会将某一个样本分到一个类终止块上。实际上，样本所有特征中有一些特征在分类时起到决定性作用，决策树的构造过程就是找到这些具有决定性作用的特征，根据其决定性程度来构造一个倒立的树。决定性作用最大的那个特征作为根节点，然后递归找到各分支下子数据集中次大的决定性特征，直至子数据集中所有数据都属于同一类。所以，构造决策树的过程本质上就是根据数据特征将数据集分类的递归过程，我们需要解决的第一个问题就是，当前数据集上哪个特征在划分数据分类时起决定性作用。决策树的构造一般包含三个部分：

（1）特征选择：特征选择是指从训练数据众多的特征中选择一个特征作为当前节点的分裂标准，如何选择特征有着很多不同量化评估标准，从而衍生出不同的决策树算法。

（2）决策树生成：根据选择的特征评估，从上至下递归地生成子节点，直到数据集不可分则决策树停止生长。对树结构来说，递归结构是最容易理解的方式。

（3）剪枝：决策树容易过拟合，一般需要剪枝，缩小树结构规模、缓解过拟合。剪枝技术有预剪枝和后剪枝两种。

1. 特征选择

决策树构造的核心问题在于：

①如何选择特征作为待分裂的节点；

② 如何选择待分裂节点的特征分裂点。

要选择特征和特征分裂点，就需要先掌握相关不纯度的概念。所谓不纯度是指用来表示落在当前节点的样本的类别分布的均衡程度[1]。决策树分裂节点的目标是使得节点分裂前后，样本的类别分布更加不均衡，也就是不纯度需要降低。因此，我们每次分裂节点时，选择使得节点分裂前后，不纯度下降最大的特征和分裂点。接下来我们以银行贷款为例进行说明，银行一般依据借贷人的收入、受教育程度、婚姻状况等对房贷进行决策，依据的规则如下：

---

〔1〕　参见欧高炎等：《数据科学导引》，高等教育出版社 2017 年版。

①若借贷人收入高，则借贷人不会违约；

② 若借贷人收入中等且学历为本科或研究生，则借贷人不会违约；

③ 若借贷人收入中等且为高中及以下学历，则借贷人会违约；

④ 若借贷人收入低，则借贷人会违约。

银行贷款数据见表 5-13 所示。

表 5-13　银行贷款数据

编号	性别	收入	教育程度	婚姻状况	是否违约
1	男	高	研究生	未婚	未违约
2	男	低	本科	已婚	违约
3	女	高	高中及以下	未婚	未违约
4	女	中等	高中及以下	已婚	未违约
5	男	高	本科	已婚	未违约
6	男	中等	本科	已婚	违约
7	男	中等	高中及以下	已婚	未违约
8	女	中等	研究生	未婚	违约
9	女	中等	研究生	未婚	违约
10	男	低	高中及以下	未婚	违约

假设分别选择收入、教育程度两个特征作为根节点进行分裂，收入按照低、中等、高，教育程度按照高中及以下、本科、研究生分别分为三个子节点，数据在分裂之前的数据集为 D0 = {1，2，3，4，5，6，7，8，9，10}，用编号表示样本数据，则分裂见图 5-18 所示。

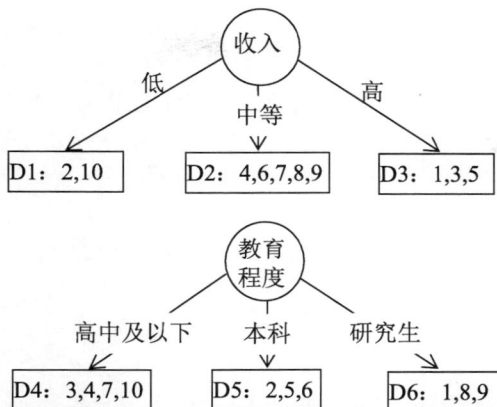

图 5-18 根据不纯度的下降程度选择特征和对应的分裂节点

选择特征"收入"作为待分裂的节点，将数据集 D0 分为 D1、D2 和 D3，对应的节点分别为 t_1，t_2，t_3；选择特征"教育程度"作为待分裂的节点，将数据集 D0 分为 D4、D5 和 D6，对应的节点分别为 t_4，t_5，t_6。假设用 Imp（.）表示节点的不纯度，那么按照特征"收入"分裂节点前后的不纯度下降值为 Imp（t_0）-Imp（$t_1 t_2 t_3$）；按照特征"教育程度"分裂节点前后的不纯度下降值为 Imp（t_0）-Imp（$t_4 t_5 t_6$）。对比不同特征不纯度下降值，选择不纯度下降值更大的作为分裂节点。对节点的不纯度进行度量可以采用：信息熵、Gini 指数、误分率。

（1）信息熵。熵的概念最早起源于物理学，用于度量一个热力学系统的无序程度，无序程度越高，不确定性越大，熵也就越大。在概率论中，信息熵给了我们一种度量信息不确定性的方式，是用来衡量随机变量不确定性的，熵就是信息的期望值。在决策树场景下，用信息熵度量一个节点分布的不纯度。若待分类的事物可能划分在 m 类中，则节点 t 中第 c_i 类样本的概率为：p（c_i | t），那么节点 t 的信息熵就定义为：

$$Entropy(t) = -\sum_{i=1}^{m} p(c_i \mid t) \log_2 p(c_i \mid t) \tag{5.47}$$

当节点中的样本均匀分布在每一个类别时，信息熵取得最大值 $\log_2^m$，说明此时节点的不纯度最大；当所有样本属于某一个类别时，信息熵取得最小值 0，说明此时节点的不纯度最小。将各数据集也视作是分裂节点，则图 5-18 中的特征"收入"和"教育程度"节点中两个类别的样本数及表 5-13 中的样本总数分类见表 5-14 所示。

表 5-14 收入和教育程度节点中两个类别的样本数

节点编号	违约样本数	未违约样本数
t_0	5	5
t_1	2	0
t_2	3	2
t_3	0	3
t_4	1	3
t_5	2	1
t_6	2	1

对于表 5-14 中的节点，信息熵的计算如下：

$$Entropy(t_1) = -\frac{2}{2}\log_2\frac{2}{2} - \frac{0}{2}\log_2\frac{0}{2} = 0$$

$$Entropy(t_2) = -\frac{3}{5}\log_2\frac{3}{5} - \frac{2}{5}\log_2\frac{2}{5} = 0.971$$

$$Entropy(t_3) = -\frac{0}{3}\log_2\frac{0}{3} - \frac{3}{3}\log_2\frac{3}{3} = 0$$

$$Entropy(t_4) = -\frac{1}{4}\log_2\frac{1}{4} - \frac{3}{4}\log_2\frac{3}{4} = 0.811$$

$$Entropy(t_5) = -\frac{1}{3}\log_2\frac{1}{3} - \frac{2}{3}\log_2\frac{2}{3} = 0.918$$

$$Entropy(t_6) = -\frac{2}{3}\log_2\frac{2}{3} - \frac{1}{3}\log_2\frac{1}{3} = 0.918$$

上述计算中，我们定义 $0\log_2 0 = 0$。基于节点信息熵的定义，计算节点分裂前后信息熵的下降值，称为信息增益：

$$InfoGain = Entropy(t_0) - \sum_{k=1}^{K} \frac{n_k}{n} Entropy(t_k) \qquad (5.48)$$

其中，节点 t_0（等价于 D0）含有 n 个样本数据，经过分裂生产 K 个子节点，每一个子节点中的样本数分别为 $\{n_1, n_2, \cdots, n_k\}$。根据公式（5.48）可以计算出特征"收入"和"教育程度"的信息增益分别为：

$$InfoGain_{收入} = Entropy(t_0) - \sum_{k=1}^{K} \frac{n_k}{n} Entropy(t_k)$$

$$= (-\frac{1}{2}\log_2 \frac{1}{2} - \frac{1}{2}\log_2 \frac{1}{2}) - (\frac{2}{10} \times 0 + \frac{5}{10} \times 0.971 + \frac{3}{10} \times 0)$$

$$= 1 - 0.4855 = 0.5145$$

在特征"收入"分裂节点后，三个子节点中的样本数分别为：$n_1 = 2$，$n_2 = 5$，$n_3 = 3$；在特征"教育程度"分裂节点后，三个子节点中的样本数分别为：$n_1 = 4$，$n_2 = 3$，$n_3 = 3$，而总样本数 n = 10。

$$InfoGain_{教育程度} = Entropy(t_0) - \sum_{k=1}^{K} \frac{n_k}{n} Entropy(t_k)$$

$$= (-\frac{1}{2}\log_2 \frac{1}{2} - \frac{1}{2}\log_2 \frac{1}{2}) - (\frac{4}{10} \times 0.811 + \frac{3}{10} \times 0.918 + \frac{3}{10} \times 0.918)$$

$$= 1 - 0.8752 = 0.1248$$

显然，特征"收入"的信息增益大，因此选择特征"收入"作为根节点，其他子节点的选择依次类推。

在实际应用中，利用信息增益通常选择的是节点分裂成很多子节点的分裂节点，然而，当节点的样本数较小时，容易造成过度拟合。一个克服上述缺点的方法是使用节点分裂的子节点的样本数信息对信息增益进行修正，称为信息增益率，如下：

$$InfoGainRatio = \frac{InfoGain}{SplitInfo} = \frac{Entropy(t_0) - \sum\limits_{k=1}^{K} \frac{n_k}{n} Entropy(t_k)}{- \sum\limits_{k=1}^{K} \frac{n_k}{n} \log_2 \left(\frac{n_k}{n} \right)}$$

$$(5.49)$$

其中 SplitInfo 为分裂信息，信息增益率通过分裂信息对信息增益进行调整，能避免节点分裂成很多数据量的叶子节点。

（2）Gini 指数。用信息增益来构建决策树计算量较大，因此引入另外一种构建决策树的方法 Gini 指数。Gini 指数是 20 世纪初意大利学者吉尼根据劳伦茨曲线所定义的判断收入分配公平程度的指标，是比例数值，在 0 和 1 之间。在决策树场景下，用 Gini 指数来度量决策树中落在某个节点的不同类别样本分布的不纯度。假设某个数据集 D 共有 m 个类，则节点 t 中第 c_i 类样本的相对频率为：$p(c_i \mid t)$，那么节点 t 的 Gini 指数就定义为：

$$Gini(t) = \sum_{i=1}^{m} p(c_i \mid t)(1 - p(c_i \mid t)) = 1 - \sum_{i=1}^{m} p(c_i \mid t)^2 \quad (5.50)$$

当节点中属于每个类别的样本数均匀分布，Gini 指数取得最大值（$1-1/m$），此时，该节点的不纯度最大；当样本节点中所有样本数据属于一个类别时，Gini 指数取得最小值 0，此时，该节点的不纯度最小。在表 5-14 银行贷款数据例子中，按照特征"收入"对根节点进行分裂，则三个叶子节点的 Gini 指数计算示例如下：

$$Gini(t_1) = 1 - \left(\left(\frac{2}{2} \right)^2 + \left(\frac{0}{2} \right)^2 \right) = 0$$

$$Gini(t_2) = 1 - \left(\left(\frac{3}{5} \right)^2 + \left(\frac{2}{5} \right)^2 \right) = 0.480$$

$$Gini(t_3) = 1 - \left(\left(\frac{0}{3} \right)^2 + \left(\frac{3}{3} \right)^2 \right) = 0$$

在表 5-14 银行贷款数据例子中，按照特征"教育程度"对根节点进行分裂，则三个叶子节点的 Gini 指数计算示例如下：

$$Gini(t_4) = 1 - \left(\left(\frac{1}{4} \right)^2 + \left(\frac{3}{4} \right)^2 \right) = 0.375$$

$$Gini(t_5) = 1 - \left(\left(\frac{2}{3} \right)^2 + \left(\frac{1}{3} \right)^2 \right) = 0.444$$

$$Gini(t_6) = 1 - \left(\left(\frac{2}{3} \right)^2 + \left(\frac{1}{3} \right)^2 \right) = 0.444$$

假设初始数据集为节点 t，样本数为 n，节点 t 经过某种方式分裂后生成了 K 个子节点，其中第 k 个子节点 t_k 中的样本数为 n_k，则节点 t 分裂后的 Gini 指数可表示为：

$$Gini(t)split = \sum_{k=1}^{K} \frac{n_k}{n} Gini(t_k) \tag{5.51}$$

不同的特征对于不同的分裂方式，需要选择使得 Gini 指数下降值最大的分裂方案，也即：（Gini（t_0）-Gini（t_0）split）为最大。其中，t_0 为根节点，由此，选择特征"收入"分裂后的 Gini 指数下降值为：

$$Gini_{收入下降} = Gini(t_0) - Gini(t_0)split = \left\{ 1 - \left[\left(\frac{5}{10} \right)^2 + \left(\frac{5}{10} \right)^2 \right] \right\} -$$

$$\left(\frac{2}{10} \times 0 + \frac{5}{10} \times 0.480 + \frac{3}{10} \times 0 \right) = 0.500 - 0.240 = 0.260$$

选择特征"教育程度"分裂后的 Gini 指数下降值为：

$$Gini_{教育程度下降} = Gini(t_0) - Gini(t_0)split$$

$$= \left\{ 1 - \left[\left(\frac{5}{10} \right)^2 + \left(\frac{5}{10} \right)^2 \right] \right\} - \left(\frac{4}{10} \times 0.375 + \frac{3}{10} \times 0.444 + \right.$$

$$\left. \frac{3}{10} \times 0.444 \right)$$

$$= 0.500 - 0.416 = 0.084$$

同理，可计算出特征"婚姻状况"和"性别"分裂根节点后 Gini 指数下降值分别为 0.020 和 0，特征"收入"的 Gini 指数下降值最大，因此选择特征"收入"为分裂根节点。

在分裂根节点后，我们发现在特征"收入"的取值"中等"子节点中包含了违约和未违约样本，因此，还需要对子节点再次进行分裂，选择特征的依据与分裂根节点时类似，因此，得到完整的决策树，而最终的叶子节点只包含一类样本，见图5-19所示。

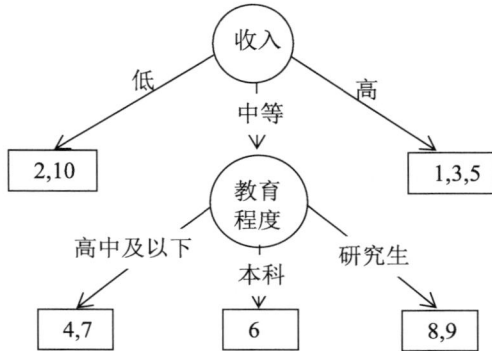

图 5-19　根据 Gini 指数得到的完整决策树

（3）误分率。误分率是第三种度量节点不纯度的方法。假设数据集 D 中共有 m 类，则在节点 t 中第 c_i 类数据的相对频率为 $p(c_i | t)$，由此可以得出节点 t 的误分率为：

$$Error(t) = 1-\max(p(c_1 | t), p(c_2 | t), \cdots, p(c_m | t))$$

$$(5.52)$$

其中，误分率代表的是：当按照多数类来预测当前节点样本的类别时，被错误分类的样本数据比例。当样本数据均匀地分布在每一个类别时，误分率取得最大值：（1-1/m），此时不纯度最大；当样本数据属于某一个类别时，误分率取得最小值：0，此时不纯度最小。对于表 5-14 中的 6 个节点，其误分率的计算如下：

$$Error(t_1) = 1 - \max(\frac{2}{2}, \frac{0}{2}) = 0$$

$$Error(t_2) = 1 - \max(\frac{3}{5}, \frac{2}{5}) = 0.400$$

$$Error(t_3) = 1 - \max(\frac{0}{3}, \frac{3}{3}) = 0$$

$$Error(t_4) = 1 - \max(\frac{1}{4}, \frac{3}{4}) = 0.250$$

$$Error(t_5) = 1 - \max(\frac{1}{3}, \frac{2}{3}) = 0.333$$

$$Error(t_6) = 1 - \max(\frac{1}{3}, \frac{2}{3}) = 0.333$$

由此，我们可以得出按照特征"收入"进行分裂后的误分率为：
0+0.400+0 = 0.400，按照特征"教育程度"进行分裂后的误分率为：
0.250+0.333+0.333 = 0.916，显然特征"收入"的误分率小，因此我们选择特征"收入"进行分裂根节点。

对于二分类问题，当正类样本的相对频率为 p，则负类样本的相对频率就为 1-p，此时，信息熵、Gini 指数、误分率三种不纯度度量值分别为：

$$Entropy(p) = -p\log_2{}^p - (1-p)\log_2{}^{(1-p)}$$
$$Gini(p) = 1 - (p^2 + (1-p)^2) = 1 - p^2 - 1 + 2p - p^2 = 2p - 2p^2 = 2p(1-p)$$
$$Error(p) = 1 - \max(p, 1-p)$$

对于上述三种不纯度度量值，当相对频率为 0 或 1 时，分类效果都最好，不纯度都为 0；当相对频率在 0.5 时，三种不纯度度量值的分类效果都最差；在相对频率在 0~0.5 或 0.5~1 不断变大的过程中，使用信息熵度量的不纯度最大，对不佳分裂行为的惩罚也最大，Gini 指数次之，误分率不纯度最小，效果最好。

2. 决策树的生成

决策树的生成一般是从根节点开始，根据某种规则（信息熵、

Gini 指数或误分率）选择最佳特征分裂根节点；然后选择子节点的特征继续分裂，直到节点中的样本只有一种类别。为了找到最佳的特征、划分出最好的结果，我们必须评估数据集中蕴含的每个特征，寻找分类数据集的最好特征。对于离散型特征，节点根据特征取值进行分裂，在图 5-17 中，节点特征"收入"，则根据其取值为"高""中等""低"分裂成三个子节点；对于连续型特征，则需要根据具体特征值（分裂点）来分裂子节点，在图 5-17 中，根节点特征"年龄"，分裂点选择 30，分裂成≤30 和>30 两个子节点。一般而言，当某个节点中数据只属于某一个类别（分类问题）或者方差较小（回归问题）时，节点不再进行进一步分裂。完成根节点分裂之后，原始数据集就被划分为几个数据子集。这些数据子集会分布在第一个决策点的所有分支上。如果某个分支下的数据属于同一类型，则该分支处理完成，称为一个叶子节点，即确定了分类。如果数据子集内的数据不属于同一类型，则需要重复划分数据子集的过程。如何划分数据子集的算法和划分原始数据集的方法相同，直到所有具有相同类型的数据均在一个数据子集内（叶子节点）。

3. 剪枝

在决策树建立的过程中，若不加任何限制，可能产生过于复杂的树（例如树的层数太多、树的节点数过多等），从而使得最后生成的树可能完全拟合原始数据，导致数据训练过程的过拟合。另外，决策树产生过拟合，也可能是由于训练数据中的噪音或孤立点。因此，在决策树的构建过程中，还要进行树剪枝（Tree Pruning），来避免数据过拟合。通常，树剪枝使用信息增益等统计度量，减去最不可靠的分支，这将导致较快的分类，提高决策树独立于训练数据正确分类的能力。

树剪枝分为预剪枝（PrePruning）和后剪枝（PostPruning）两种。预剪枝指在决策树生长过程中，设置一个不纯度下降阈值（例如树的深度达到用户所要的深度、节点中样本个数少于用户指定个数、信息增益小于一定阀值等），在对节点分裂之前，如果不纯度下降值小于给定的阈值，则停止对节点进行分裂，并将该节点标记为叶子节点，使得在产生完全拟合的决策树之前就停止生长。预剪枝的检验技术也有很多，但如何确定一个合适的阈值也需要一定的依据，阈值太高导致模型拟合不足，阈值太低又导致模型过拟合。

后剪枝是在决策树生长完成之后，按照自底向上的方式修剪决策树。通过删除节点的分支来剪去树节点，可以使用的后剪枝方法有多种，比如：代价复杂性剪枝、最小误差剪枝、悲观误差剪枝等。后剪枝操作是一个边修剪边检验的过程，一般规则标准是：在决策树的不断剪枝操作过程中，将原样本集合或新数据集合作为测试数据，检验决策树对测试数据的预测精度，并计算出相应的错误率，如果剪掉某个子树后的决策树对测试数据的预测精度或其他测度不降低，那么就剪掉该子树。

预剪枝可能过早地终止决策树的生长，后剪枝一般能够产生更好的效果，实践中被证明更成功。但后剪枝在子树被剪掉后，决策树生长的一部分计算就被浪费了。决策树是否需要剪枝，需要通过某种度量来进行判定，判断决策树的优劣指标可以定义为：

$$Costa(T) = \sum_{t=1}^{|T|} n_t \operatorname{imp}(t) + a \mid T \mid \qquad (5.53)$$

其中，$\mid T \mid$ 表示某棵决策树 T 包含的节点数，n_t 表示节点 t 中的样本数，$\operatorname{imp}(t)$ 表示节点 t 的某种不纯度度量，例如信息熵、Gini指数或误分率。公式（5.53）的第一项为决策树对训练集的拟合程度，第二项为决策树模型的复杂度。第一项减小，第二项就会增大，反之亦然。因此，可以权衡拟合度和复杂度，而 a 表示复杂度控制参数，代表了预先设置的一种权衡倾向，a 越大意味着对复杂度的决策树模型有更高的惩罚。

两种剪枝法的优缺点：

预剪枝：降低过拟合风险，由于某些结点的后续分支在训练前就被剪掉，因此可以显著减少训练时间。但是也正是由于后续分支的预测精度未被比较就剪掉了，存在这种情况：虽然当前节点泛化性能差，但是后续分支的泛化性能却极好。预剪枝忽略了这些好的情况，所以存在欠拟合的风险。

后剪枝：欠拟合风险小，泛化能力往往优于预剪枝。但是训练时间开销比未剪枝和预剪枝大。

4. 常见的决策树算法

基于不同的不纯度度量分裂评价标准、能够处理的特征类型和目标特征的类型，研究者提出了不同的决策树算法，常见的代表性的有 ID3、C4.5、CART 三种经典的决策树算法。

（1）ID3 算法。ID3（Iterative Dichotomiser 3）是由澳大利亚计算机科学家 Ross Quinlan 在 1986 年提出的一种经典的决策树学习算法。决策树是一种贪心算法，每次选取的分割数据的特征都是当前的最佳选择，并不关心是否达到最优。ID3 使用信息熵作为节点不纯度的度量，每次根据"最大信息熵增益"选取当前最佳的特征来分割数据，并按照该特征的所有取值来分裂节点，也就是说如果一个特征有 4 种取值，数据将被分裂为 4 个子节点，一旦按某特征切分后，该特征在之后的算法执行中，将不再起作用，所以有观点认为这种分裂方式过于迅速。ID3 算法十分简单，核心是根据"最大信息熵增益"原则选择划分当前数据集的最好特征。在建立决策树的过程中，根据特征属性划分数据，使得原本"混乱"的数据的熵（混乱度）减少，按照不同特征划分数据熵减少的程度会不一样。在 ID3 中选择信息熵减少程度最大的特征来分裂节点数据（贪心），也就是"最大信息熵增益"原则。ID3 算法侧重于处理特征值较多的特征，但是不能处理特征值为连续的情况，这是因为 ID3 使用信息熵增益作为节点分裂的标准导致的。另外，ID3 没有考虑每个叶子节点样本数的大小，可能导致叶子节点中的样本数量较少，从而造成过拟合问题。

（2）C4.5 算法。ID3 采用的信息熵增益度量存在一个缺点，它一般会优先选择有较多属性值的特征，因为属性值多的特征会有相对较大的信息增益，而 C4.5 是 Ross Quinlan 于 1993 年在改进 ID3 算法上述缺点的基础上而提出的。首先，对于连续型特征，不再通过枚举所有可能取值的方式来分裂节点，而是通过某一个分裂阈值来分裂节点。例如对于连续型特征"年龄"，假设选择特征阈值为 45，那么将把节点分裂为小于等于 45 和大于 45 的两个子节点。其次，为了避免分裂成较多子节点，C4.5 算法使用信息熵增益率［见公式（5.49）］来代替信息熵增益［见公式（5.48）］作为节点分裂的评价准则，信息增益率通过引入一个被称作分裂信息（Split information）的项来惩罚取值较多的特征，不再偏向于选择那些取值较多的离散型特征进行节点分裂。

（3）CART 算法。ID3 和 C4.5 算法主要用来预测分类问题，不能用来预测回归问题（目标值为连续值），而 CART（Classification and Regression Tree）则能够同时处理分类问题和回归问题。CART 算法是 L. Breiman，J. Friedman，R. Olshen 和 C. Stone 于 1984 年提出的。CART 是一棵二叉树，采用二元切分法，每次把数据切成两份，分别进入左子树、右子树。而且每个非叶子节点都有两个孩子，所以 CART 的叶子节点比非叶子节点多 1。相比 ID3 和 C4.5，CART 应用要多一些，既可以用于分类也可以用于回归。CART 分类时，使用 Gini 指数来选择最好的数据分割的特征，Gini 指数描述的是节点的不纯度，使用 Gini 指数下降值作为节点分裂评价的准则。CART 回归时，使用节点数据的目标特征的方差作为不纯度的度量，方差下降值作为节点分裂的评价准则。

CART 算法和另外两个经典决策树算法的其他的不同点是：节点每次分裂只分裂成两个子节点。对于连续型特征，通过选择特征分裂阈值，按照特征分裂阈值把当前节点分裂成两个子节点；低于离散型特征，CART 算法不再根据每一个特征取值进行分裂子节点，而是每次选择一个具体的特征值，根据样本数据是否满足该特征值来分裂成两个子节点。例如，对于离散型特征"教育程度"，进行节点分裂时不再选择特征取值范围｛高中及以下，本科，研究生｝，而是选择特征值"高中及以下"作为节点分裂的评价准则，则根据"教育程度是高中及以下"和"教育程度不是高中及以下"将当前节点分裂成两个子节点。

5. 决策树的优点和缺点

决策树的优点主要有：

（1）决策树算法中学习简单的决策规则建立决策树模型的过程非常容易理解；

（2）决策树模型可以可视化，非常直观；

（3）应用范围广，可用于分类和回归，而且非常容易做多类别的分类；

（4）能够处理数值型和连续的样本特征。

决策树的缺点主要有：

（1）很容易在训练数据中生成复杂的树结构，造成过拟合（overfitting）。剪枝可以缓解过拟合的负作用，常用方法是限制树的高度、叶子节点中的最少样本数量；

（2）学习一棵最优的决策树被认为是 NP-Complete 问题。实际中的决策树是基于启发式的贪心算法建立的，这种算法不能保证建立全局最优的决策树。Random Forest 引入随机能缓解这个问题。

5.4.7 神经网络分类

1. 神经网络算法概述

美国心理学家麦克洛奇（Mcculloch）和数学家皮兹（Pitts）提出了 M-P 模型。这种"阈值加权和"的神经元模型称为 M-P 模型（Mcculloch-Pitts Model），也称为神经网络的一个处理单元（PE，Processing Element），从此开创了神经科学理论的研究时代，此后半个世纪神经网络技术蓬勃发展。在机器学习和认知科学领域，人工神经网络（Artificial Neural Network，ANN），简称神经网络（Neural Network，NN）或类神经网络，是一种模仿生物神经网络（动物的中枢神经系统，特别是大脑神经突触）的结构和功能的数学模型或计算模型，用于对函数进行估计或近似，神经网络是分类技术中的重要方法之一。神经网络是一种计算模型，由大量的神经元个体节点和其间相互连接的加权值共同组成，每个节点都代表一种运算，称为激励函数（Acti-vation Function）。每两个相互连接的节点都代表一个通过该连接信号加权值，称之为权重（Weight），神经网络就是通过这种方式来模拟人类的记忆，网络的输出则取决于网络的结构、网络的连接方式、权重和激励函数。而网络本身通常是对自然界或者人类社会某种算法或函数的逼近，也可能是一种逻辑策略的表达〔1〕。现代神经网络是一种非线性统计性数据建模工具。典型的神经网络具有以下三个部分：

（1）拓扑结构。结构指定了网络中的变量和它们的拓扑关系。例如，神经网络中的变量可以是神经元连接的权重（Weights）和神经元的激励值（Activities of the Neurons）。

①前馈网络。前馈网络也叫前向网络，网络中的神经元分层排列，分别组成输入层、中间层（隐藏层）和输出层。每一层神经元只接受来自前一层神经元的输出，同层神经元之间没有互连，见图5-20所示，如 BP 网络等。

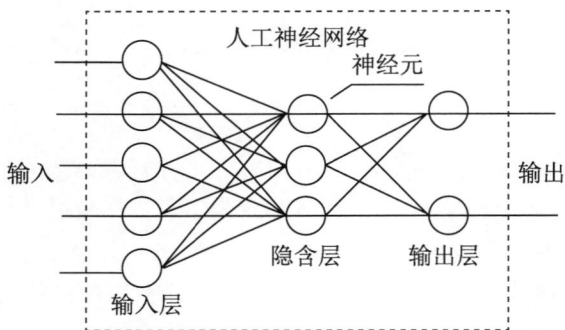

图 5-20　前馈神经网络

②反馈网络。反馈网络是从输出层到输入层中有反馈的神经网络，同层神经元之间没有互连，如 Hopfield 神经网络等。

③竞争网络。同层神经元之间有横向联系，所以同层神经元之间

---

〔1〕　王磊："人工神经网络原理、分类及应用"，载《科技资讯》2014 年第 3 期。

有相互作用，可以形成竞争。例如自适应谐振理论网络、自组织特征映射网络等。

④全互连网络。任意两个神经元之间都有可能相互连接，这种拓扑结构很少见。因为这种系统太复杂了，是一个极度非线性的动力学系统。

（2）激活函数。以两类数据的分类为例，这些数据真正能线性可分的情况还是比较少的，此时如果数据不是线性可分的我们又该如何分类呢？这个时候我们就无法再简单利用一条直线来对数据进行很好地划分，我们需要加入非线性的因素来对数据进行分类。所以可以判断出激活函数的作用是给神经网络加入一些非线性因素，由于线性模型的表达能力不够，故激活函数的加入可以使得神经网络更好地解决较为复杂的问题。大部分神经网络模型具有一个短时间尺度的动力学规则，来定义神经元如何根据其他神经元的活动改变自己的激活值。一般激活函数依赖于网络中的权重（即该网络的参数）。几种经典的激活函数如下。

①Sigmoid 函数。Sigmoid 函数定义如下：

$$f(x) = \frac{1}{1 + e^{-x}}$$

Sigmoid 函数将实数压缩到 0~1 区间。大的负数变成 0，大的正数变成 1。Sigmoid 函数由于其强大的解释力，常被用来表示神经元的活跃度程度：从不活跃（0）到假设上最大的（1）。

②tanh 函数。tanh 和 Sigmoid 函数是有异曲同工之妙的，不同的是它把实数压缩到 -1~1 的范围。tanh 函数的公式如下所示：

$$\tanh(x) = \frac{1 - e^{-2x}}{1 + e^{-2x}}$$

③ReLU 函数。ReLU 是最近几年非常流行的激活函数。它的定义如下：

$$y = \begin{cases} 0, & (x \leq 0) \\ x, & (x > 0) \end{cases}$$

（3）学习规则（Learning Rule）。学习是神经网络最重要的特征之一，神经网络通过训练学习，改变其内部表示，使输入、输出变换向好的方向发展，这个过程称之为学习过程。神经网络按照一定的学习规则自动调整神经元之间的连接权重或者拓扑结构，一直到网络实际输出满足期望的要求，或者趋于稳定为止。按照神经网络结构的变化来划分，学习技术可以分为权值修正、拓扑变化、权值与拓扑修正3 种，其中权值修正最普遍[1]。学习规则指定了网络中的权重如何随着时间推进而调整，这一般被看作是一种长时间尺度的动力学规则。一般情况下，学习规则依赖于神经元的激励值，它也可能依赖于监督者提供的目标值和当前权重的值。

①Hebb 学习规则。Hebb 学习规则调整神经元间连接权重的原则是：若第 i 和第 j 个神经元同时处于兴奋状态，则它们之间的连接应当加强，即：

$$\triangle \omega_{ij} = \eta \mu_i(t) \mu_j(t) \tag{5.54}$$

这一规则与"条件反射"学说一致，并已得到神经细胞学说的证实。η（$0 < \eta < 1$）表示学习速率的比例常数，又称为学习因子或者学习步长，在其他学习规则中，η 均表示同样的含义。

②δ 学习规则。δ 学习规则调整神经元之间的连接权重的原则是：若某个神经元的输出值与期望值不符，则根据期望值与实际值之间的差值量得出该神经元权重，即：

$$\triangle \omega_{ij} = \eta [d_j - \gamma_j(t)] x_{ij}(t) \tag{5.55}$$

这是一种梯度下降学习规则。

③Widrow-Hoff 学习规则。这是 δ 学习规则的特例，也称为最小均方误差学习规则，其原则是使神经元实际输出与期望输出之间的均方误差最小，即：

$$\triangle \omega_{ij} = \frac{\eta}{\mid x_{ij}(t) \mid^2} [d_j - \gamma_j(t)] x_{ij}(t) \tag{5.56}$$

---

[1]　参见鲍军鹏、张选平：《人工智能导论》，机械工业出版社 2015 年版。

④竞争学习规则。竞争学习规则的原则就是"胜者全赢"，如果在一层神经元中有一个神经元对输入产生的输出值最大，则该神经元即为胜者。然后只对连接到胜者的权重进行调整，使其更接近于对输入样本模式的估值，即：

$$\triangle \omega_{ij} = \eta [g(x_j) - \omega_{ij}(t)] \tag{5.57}$$

神经网络通常需要进行训练，训练的过程就是网络进行学习的过程。训练改变了网络节点的连接权重使其具有分类的功能，经过训练的神经网络可以用于进行分类预测。神经网络模型是自适应的，可以根据数据自学习模型的参数。神经网络是一组连接的输入/输出神经元，其中每一个输入的神经元都有一个权重相关联。一个简单的神经网络结构模型（感知机）如图 5-20 所示。

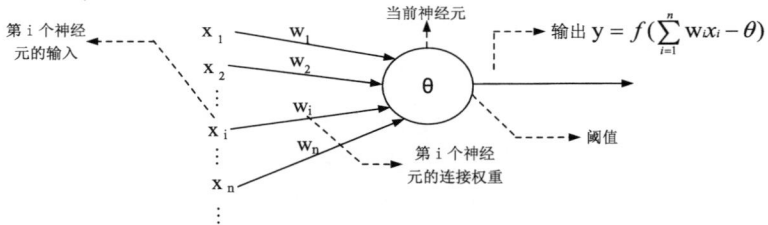

图 5-20　一个简单的神经网络结构模型

在上述模型中，神经元接收到来自 n 个其他神经元传递过来的输入信号（自变量的观测值），然后通过不断地训练或学习获得传递参数（经常称为权重），神经元的总输入值将与神经元的阈值进行比较，然后通过非线性激活函数 f 处理以产生神经元的输出。神经元的激活函数 f 是相同的，唯一不同的就是权重 w，那么我们做学习训练的目标就是求解这里的 w，通过不断地对各连接权重进行动态调整，最终学习或发现输入和输出之间的一些模式。神经网络有对噪声数据的高承受能力以及对未经训练数据的模式分类能力，算法是并行的，可以使用并行技术加快计算过程。多层感知器神经网络（Multi-Layer Perceptron Neural Network，简称 MLPNN）是常见的神经网络模型，属于多层前馈神经网络（模型见脚注[1]），有一个输入层（第一层）、输出层（最后一层）和一或多个隐藏层（中间层），可看成是若干个函数（见图 5-20 中的输出函数）的相互嵌套。MLPNN 使用梯度下降法把输出节点的激活值和实际值之间的残差代入代价函数，通过对代价函数求得偏导更新权重，经过不断地进行下一轮迭代，直到代价函数不再收敛为止，即误差值达到最小化，最后选择它的网络结构和连接权重。在图 5-20 中，如果输入的神经元有三个节点，即为 x_1，x_2，x_3，对应的权重都等于 0.3，偏执因子 $\theta = 0.4$，则上述模型的输出计算公式为：

$$\hat{y} = \begin{cases} 1, & 0.3x_1 + 0.3x_2 + 0.3x_3 - 0.4 > 0 \\ -1, & 0.3x_1 + 0.3x_2 + 0.3x_3 - 0.4 < 0 \end{cases}$$

当 $x_1 = x_2 = 1$，$x_3 = 0$ 时，则 $y = 1$，因为 $0.3x_1 + 0.3x_2 + 0.3x_3 - 0.4 = 0.2 > 0$；当 $x_1 = x_3 = 0$，$x_2 = 1$ 时，则 $y = -1$，因为 $0.3x_1 + 0.3x_2 + 0.3x_3 - 0.4 = -0.1 < 0$。

由此，我们可以得出感知机模型的输出可以用如下数学公式计算：

$$\hat{y} = sign(\omega_1 x_1 + \omega_2 x_2 \cdots + \omega_n x_n - \theta) \tag{5.58}$$

其中 sign 为符号函数，作为输出神经元的激活函数，进而公式（5.54）可以向量化为：

$$\hat{y} = sign(\omega x - \theta) \tag{5.59}$$

其中，**w** 是权值向量，**x** 是输入向量。

在模型训练阶段，权值参数不断调整直到输出和训练样例的实际输出一致。神经网络算法的主要计算是权值更新，公式为：

$$w_j^{(k+1)} = w_j^{(k)} + \lambda (y_i - \hat{y}_i^{(k)}) x_{ij} \tag{5.60}$$

其中，$w^{(k)}$ 是第 k 次循环后第 i 个输入链上的权重。参数 λ 称为学习率，其中在 0~1 之间，可用来控制每次循环时的调整量，如果接近于 0，那么新权重主要受旧权重的影响；如果接近于 1，那么新权重对

---

[1]　参见 [美] 韩家炜等：《数据挖掘概念与技术》，范明等译，机械工业出版社 2015 年版。

当前循环中的调整量更加敏感。在某些情况下可使用一个自适应的学习率，学习率在前几次循环时相对较大，之后的循环中逐渐减小。x_{ij}是训练样本x_i的第 j 个属性值。

用于分类的常见的神经网络模型主要包括：BP（Back Propagation）神经网络、RBF（Radial Basis Function）网络、Hopfield 网络、自组织特征映射神经网络、学习矢量化神经网络等。

2. 常见的神经网络算法

常见的神经网络主要包括反向传播网络 BP、径向基函数网络 RBF、Hopfield 网络、自组织特征映射网络等，接下来主要以 BP、RBF 网络为例进行介绍，其他神经网络可参考脚注文献〔1〕。

（1）BP 网络。前馈网络是一种最基本的神经网络形式，由于没有反馈环节，所以前馈网络必然是稳定的。BP 算法是最著名的一种前馈网络学习算法，该算法即解决了多层感知机不能学习的缺陷，又继承了感知机强大的分类能力。BP（Back Propagation）网络是 1986 年由 Rumelhartt 和 McCelland 为首的科学家小组提出的，是一种按误差逆传播算法训练的多层前馈网络，是目前应用最广泛的神经网络模型之一。BP 网络能学习和存贮大量的输入-输出模式映射关系，而无需事前揭示描述这种映射关系的数学方程。它的学习规则是使用梯度下降法，通过反向传播来不断调整网络的权值和阈值，使网络的误差平方和最小。BP 神经网络模型是由一个输入层（Input Layer）、一个输出层（Output Layer）和一个或多个隐层（Hide Layer）构成，它的激活函数采用 sigmoid 函数，采用 BP 算法训练的多层前馈神经网络。一个多层前馈神经网络见图 5-21 所示。

〔1〕 邓茗春、李刚："几种典型神经网络结构的比较与分析"，载《信息技术与信息化》2008 年第 6 期。

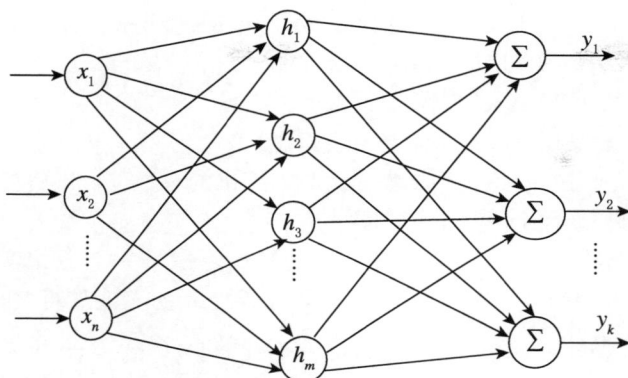

图 5-21   多层前馈神经网络

①BP 算法原理。BP 算法全称叫作误差反向传播（Error Back Propagation，或者也叫作误差逆传播）算法，使用 BP 算法的前馈神经网络一般被称为 BP 网络。BP 神经网络的学习规则，即权值和阈值的调节规则采用的是误差反向传播算法（BP 算法）。其算法基本思想为：在 BP 前馈网络中，输入信号经输入层输入，通过隐层计算由输出层输出，输出值与标记值比较，若有误差，将误差反向由输出层向输入层传播。在这个过程中，利用梯度下降算法对神经元权值进行调整，网络的权值和阈值通常是沿着网络误差变化的负梯度方向进行调节的，最终使网络误差达到极小值或最小值，即在这一点误差梯度为零。需要强调的是 BP 网络中的所有权值都是可以自动调整的。

②BP 算法的基本过程。BP 网络一般用于解决分类、函数拟合和预测等问题。假定有数据集 D：

$$D = \{(x_i,\ y_i) \mid x_i \in dataS,\ y_i \in labels\}$$

输入神经网络，同样假定就是图 5-21 这个 3 层前馈神经网络，我们来列一下图 5-21 这个网络要通过这些训练集来训练得到多少个参数。

图 5-21 的神经网络有 n 个输入神经元（记为 x_1，x_2…，x_n）、m 个隐藏层神经元（记为 h_1，h_2，…，h_m），k 个输出神经元（记为 y_1，

y_2，…，y_k），通过训练，我们要获得下面几种数值：

输入层到隐藏层的权值：n×m 个；

隐藏层到输出层的权值：m×k 个；

m 个隐藏层阈值与 k 个输出层阈值。

训练完成后，通过测试集样例与训练出的参数，可以直接得到输出值来判断所属分类（分类问题）。

BP 算法首先逐一根据样本集中的样本（x_i，y_i）计算出实际输出 o_i 及其误差 $E_i = | y_i - o_i |$，然后对各层神经元的权值进行一次调整，重复这个循环，直到所有样本的误差和足够小（$\sum E_i < \varepsilon$），到此，训练过程结束。

BP 算法用输出层的误差调整输出层的权矩阵，并用此误差估计输出层直接前导层的误差，再用输出层前导层误差估计更前一层的误差，从而获得所有其他各层的误差估计，并用这些估计实现对权矩阵的修改。这个过程就是将输出端表现出的误差沿着与输入信号相反的方向逐级向输入端传递的过程，这就是误差反向传播算法的由来。

BP 算法的基本训练过程如下：

第一步，网络权值初始化：

初始化权值，为避免饱和状态，取一个小的随机数，各个权值尽量不相同，从而保证神经网络可以学习。

第二步，前向传播阶段：

①从样本集合中取一个样本（x_i，y_i），将 x_i 输入网络；

② 计算相应的实际输出 o_i。

第三步，后向传播阶段-误差传播阶段：

③ 计算实际输出 o_i 与相应期望输出 y_i 之间的误差 E_i；

④按极小化误差的方式调整权值矩阵；

⑤累计整个样本数据集的误差，获得本轮神经网络的误差

$$E = \sum E_i。$$

第四步，如果神经网络误差足够小，则停止训练；否则重复步骤第二、三步。

在 BP 算法中，误差一般采用方程度量：

$$E_i = \frac{1}{2} \sum_{j=1}^{m} (y_{ij} - o_{ij})^2 \tag{5.61}$$

（2）RBF 网络。径向基函数 RBF（Radial Basis Function）网络是以函数逼近理论为基础而构造的一类前向网络，这类网络的学习等价于在多维空间中寻找训练数据的最佳拟合平面。径向基函数网络的每个隐层神经元激活函数都构成了拟合平面的一个基函数，网络也由此得名。径向基函数网络是一种局部逼近网络，即对于输入空间的某一个局部区域只存在少数的神经元用于决定网络的输出。而 BP 网络则是典型的全局逼近网络，即对每一个输入/输出数据对，网络的所有参数均要进行调整。由于二者的构造本质不同，径向基函数网络与 BP 网络相比规模通常较大，但学习速度较快，并且网络的函数逼近能力、模式识别与分类能力都优于后者。

由模式识别理论可知，在低维空间非线性可分的问题总可映射到一个高维空间，使其在此高维空间中为线性可分。在 RBF 网络中，输入到隐层的映射是非线性的（隐单元的激活函数是非线性函数），而隐层到输出则是线性的。可把输出单元部分看作一个单层感知器，这样只要合理选择隐单元数（高维空间的维数）及其激活函数，就可以把原来问题映射为一个线性可分问题，从而最后用一个线性单元来解决问题。

最常用的径向基函数形式是高斯函数，它的可调参数有两个：中心位置及方差（函数的宽度参数），用这类函数时整个网络的可调参数（待训练的参数）有三组：各基函数的中心位置、方差和输出单元的权值。

RBF 网络具有很好的通用性，已经证明：只要有足够多的隐层神经元，RBF 网络能以任意精度近似任何连续函数。更重要的是：RBF 网络克服了传统前馈神经网络的很多缺点，其训练速度相当快，并且在训练时不会发生震荡和陷入局部极小。另外，通过引入非线性优化技术可以在一定程度上提高学习精度，但这同时也带来了一些缺陷，如局部极小、训练时间长等。

3. 神经网络算法的优缺点

当我们进行分类时，应该使用神经网络还是传统的机器学习算法是一个难以回答的问题，因为它很大程度上取决于你正试图解决的问题。这也是由于"没有免费的午餐"定理，它大致表明没有"完美"的机器学习算法，在任何问题上都能表现出色。对于每一个问题，一个特定的方法是适合的，并取得了良好的效果，而另一种方法失败了。尽管如此，神经网络的主要优势在于其几乎超越其他所有机器学习算法的能力，但是神经网络也有一些缺点。

（1）黑盒子。神经网络可能最为人所知的缺点是它们的"黑盒子"性质，这意味着你不知道神经网络如何以及为什么会产生一定的输出。例如，当你将一张猫的图像放入神经网络，并预测它是一辆汽车时，很难理解是什么导致它产生这个预测。当你具有人类可解释的特征时，理解其错误的原因要容易得多。在比较中，像决策树这样的算法是非常容易理解的。这很重要，因为在某些领域，可解释性非常重要。

这就是为什么很多银行不使用神经网络来预测一个人是否有信誉，因为他们需要向客户解释为什么他们没有获得贷款；否则，这个人可能会觉得受到银行的错误威胁，因为他不明白他为什么没有获得贷款，这可能导致他改换银行。

（2）发展的持续时间。虽然有像 Keras 这样的库，这使得神经网络的开发变得相当简单，但有时您需要更多的控制算法的细节，例如，当您试图解决机器学习中的一个难题时，且之前从来没有人做过。然后你可能会使用 Tensorflow，它为你提供更多的机会，但因为它也更复杂，开发需要更长的时间（取决于你想要构建的网络）。对于公司管理层来说，如果真的值得他们昂贵的工程师花费数周时间来开发一些东西，那么问题就会出现，用更简单的算法可以更快地解决问题。

（3）数据量。与传统的机器学习算法相比，神经网络通常需要更多的数据，至少有数千甚至数百万个标记样本。这不是一个容易解决的问题，如果使用其他算法，许多机器学习问题可以用较少的数据很好地解决。在这种情况下，像朴素贝叶斯这样的简单算法可以很好地处理少数数据。

（4）计算昂贵。通常，神经网络比传统算法在计算上更昂贵。最先进的深度学习算法，实现真正深度神经网络的成功训练，可能需要几周的时间才能从头开始完全训练。大多数传统的机器学习算法花费的时间少于几分钟到几个小时或几天。神经网络所需的计算能力很大程度上取决于数据的大小，但也取决于网络的深度和复杂程度。例如，具有一层和 50 个神经元的神经网络将比具有 1 000 棵树的随机森林快得多。相比之下，具有 50 层的神经网络将比仅有 10 棵树的随机森林慢得多。

现在你知道神经网络对于某些任务很好，但对其他任务来说并不好。当前，大量的数据、更多的计算能力、更好的算法和智能营销增加了深度学习的受欢迎程度，并使其成为目前最热门的领域之一。最重要的是，神经网络几乎可以击败所有其他机器学习算法以及克服与之相伴随的缺点。最大的缺点是它们的“黑盒子”性质、更长的开发时间（取决于问题）、所需的数据量以及它们大部分计算成本昂贵。

在我看来，深度学习目前有点过度炒作，并且期望超过了现在可以完成的事情。但这并不意味着它没有用处。我认为我们生活在机器学习复兴中，因为它越来越民主化，越来越多的人可以用它来构建有用的产品。机器学习可以解决很多问题，我相信这将在未来几年内发生。其中一个主要问题是只有少数人了解可以用它做些什么，并知道如何建立成功的数据科学团队，为需求方带来真正的价值。一方面，我们拥有博士级工程师，他们是机器学习背后的理论天才，但缺乏对监狱、强制隔离戒毒所方面的理解。另一方面，监狱和强制隔离戒毒所拥有的大量一线警察，他们不知道深度学习可以做些什么。因此，如果能够把高校教师、一线工程师和业务领域专家组成一个数据科学专家团队，实现资源的互补，将对最终问题域的解决是非常有帮助的。

5.5 集成学习

5.5.1 集成学习概述

传统的机器学习分类方法是一个由各种可能的函数构成的空间中寻找一个最接近实际分类函数的分类器，而集成学习的思路是在对新的实例进行分类的时候，把若干个单个分类器集成起来，通过对多个分类器的分类结果进行某种组合来决定最终的分类，以取得比单个分类器更好的性能。如果把单个分类器比作一个决策者的话，集成学习的方法就相当于多个决策者共同进行一项决策。严格意义上来说，集成学习不算是一种机器学习算法，而更像是一种优化手段或者策略，它通常是结合多个简单的弱机器学习算法，去做更可靠的决策。集成模型是一种能在各种的机器学习任务上提高准确率的强有力技术，集成算法往往是很多数据竞赛关键的一步，能够很好地提升算法的性能。拿分类问题举个例，直观的理解，就是单个分类器的分类是可能出错、不可靠的，但是如果多个分类器投票，那可靠度就会高很多。现实生活中，我们经常会通过投票、开会等方式，以做出更加可靠的决策。集成学习就与此类似。集成学习就是有策略地生成一些基础模型，然后有策略地把它们都结合起来以做出最终的决策。集成学习又叫多分类器系统。集成学习是机器学习中一个非常重要且热门的分支，是用多个弱分类器构成一个强分类器，其哲学思想是"三个臭皮匠赛过诸葛亮"。一般的弱分类器可以由决策树、神经网络、贝叶斯分类器、K-近邻等构成。

集成学习是一种新的机器学习范式，它使用多个学习器来解决同一个问题，从而提高整体分类器的泛化能力，因此从 20 世纪 90 年代开始，对集成学习的理论和算法的研究成为机器学习领域的一个热点。1988 年 Kearns 和 Valiant 指出，在 PAC 学习模型中，若存在一个多项式级的学习算法来识别一组概念，并且识别正确率很高，那么该学习算法是强可学习的；而如果学习算法识别一组概念的正确率仅比随机猜测略好，那么该学习算法是弱可学习的。随后提出了弱学习算法与强学习算法的等价性问题，即是否可以将弱学习算法提升成强学习算法。如果两者等价，那么在学习概念时，只需找到一个比随机猜测略好的弱学习算法，就可以将其提升为强学习算法，而不必直接去寻找通常情况下很难获得的强学习算法。1990 年，Schapire 通过一个构造性方法对该问题作出了肯定的证明：如果一个概念是弱可学习的，充要条件是它是强可学习的，即多个弱学习器可以集成为一个强学习器。集成机器学习的理论基础由此奠定。

由于集成学习技术可以显著地提高学习系统的泛化能力，因此早在 1997 年，国际机器学习界的权威就将集成学习列为机器学习四大研究方向之首。而在今天，随着集成学习技术在行星探测、地震波分析、Web 信息过滤、生物特征识别、计算机辅助医疗诊断等众多领域的广泛应用，集成学习仍然是机器学习中最热门的研究领域之一。

在机器学习领域，最早的集成学习方法是 Bayesian。在此之后，集成学习的研究才逐渐引起了人们的关注。狭义地说，集成学习是指利用多个同质的学习器来对同一个问题进行学习，这里的"同质"是指所使用的学习器属于同一种类型，例如所有的学习器都是决策树、都是神经网络，等等。广义地来说，只要是使用多个学习器来解决问题，就是集成学习〔1〕〔2〕。在集成学习的早期研究中，狭义定义采用得比较多，而随着该领域的发展，越来越多的学者倾向于接受广义定义。采用广义定义有一个很大的好处，就是以往存在的很多名称上不同、但本质上很接近的分支，例如多分类器系统一、多专家混合、基于委员会的学习等，都统一地归属到集成学习之下。所以以广义的情况下，集成学习已经成为一个包含内容相当多的、比较大的研究领域〔3〕。

〔1〕　Zhou Z H, et al, "Combining Regression Estimators: GA-Based Selective Neural Network Ensemble", *International Journal of Computational Intelligence & Applications*, pp. 341~356.

〔2〕　Zhou Z H, Wu J, Tang W, "Ensembling Neural Networks: Many Could Be Better Than All", *Artificial Intelligence*, pp. 239~263.

〔3〕　王丽丽："集成学习算法研究"，广西大学 2006 年硕士学位论文。

1. 集成学习的构成

大致上来说，集成学习的构成方法可以分为四种：

（1）输入变量集重构法。这种构成方法，用于集成的每个算法的输入变量是原变量集的一个子集。这种方法比较适用于输入变量集高度冗余的时候，否则的话，选取一个属性子集，会影响单个算法的性能，最终影响集成的结果。

（2）输出变量集重构法。这种构成方法，主要是通过改变输出变量集，将多分类问题转换为二分类问题来解决。

（3）样本集重新抽样法。在这种构成方法中，用于集成的每个算法所对应的训练数据都是原来训练数据的一个子集。目前的大部分研究主要集中在使用这种构成方法来集成学习，例如 Bagging、Boosting 等。样本集重新抽样法对于不稳定的算法来说，能够取得很好的效果。不稳定的算法指的是当训练数据发生很小变化的时候，结果就能产生很大变化的算法。如神经网络、决策树。但是对于稳定的算法来说，效果不是很好。

（4）参数选择法。对于许多算法如神经网络、遗传算法来说，在算法应用的开始首先要解决的就是算法参数的选择问题。而且，由于这些算法操作过程的解释性很差，对于算法参数的选择没有确定的规则可依。在实际应用中，就需要操作者根据自己的经验进行选择。在这样的情况下，不同的参数选择，最终的结果可能会有很大的区别，具有很大的不稳定性。

2. 集成学习的作用

集成学习的基本思想是用多个模型解决方案来解决同一个问题，集成学习模型的一般框架见图 5-22 所示。

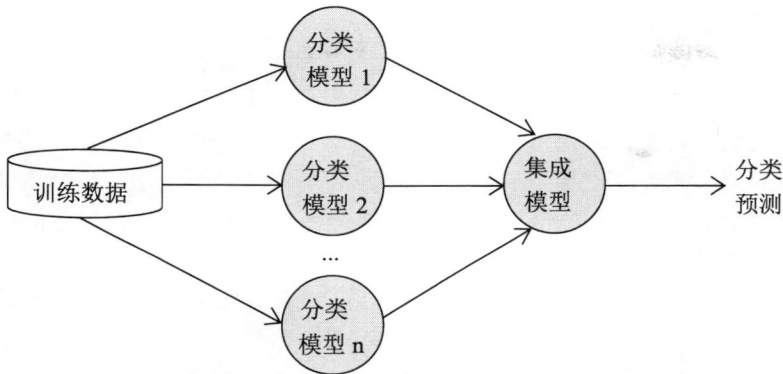

图 5-22　集成学习模型一般框架

集成学习模型的作用主要体现在以下四个方面:

(1) 提高预测结果的准确性。机器学习的一个重要目标就是对新的测试样本尽可能给出最精确的估计。构造单个高精度的学习器是一件相当困难的事情,然而产生若干个只比随机猜想略好的学习器却很容易。研究者们在应用研究中发现,将多个学习器进行集成后得到的预测精度明显高于单个学习器的精度,甚至比单个最好的学习器的精度更高。集成模型 H 的分类错误率定义为:

$$ErrorH = \sum_{k \leqslant \frac{T}{2}} C_T^k p^{T-k} (1 - p)^k \tag{5.62}$$

其中, T 表示单个模型的数量, p 表示单个模型的分类错误率。当 T = 5, p = 0.1 时, ErrorH < 0.1, 显然, 当单个模型相互独立时, 集成学习模型能够大幅度提升模型的预测精度。

(2) 提高预测结果的稳定性。有些学习算法单一的预测结果时好时坏,不具有稳定性,不能一直保持高精度的预测。就拿全球地震预测系统来说,一个模型对于某一个地区的地震可能预测得很好。但是,对于其他地区,可能别的模型会预测得比较好。通过模型的集成,可以在全球范围内以较高的概率普遍取得很好的结果。

(3) 解决过适应问题。在对已知的数据集合进行学习的时候,我们常常选择适应度值最好的一个模型作为最后的结果。也许我们选择的模型能够很好地解释训练数据集合，但是却不能很好地解释测试数据或者其他数据，也就是说这个模型过于精细地刻画了训练数据，对于测试数据或者其他新的数据泛化能力不强，这种现象就称为过适应。为了解决过适应问题，按照集成学习的思想，可以选择多个模型作为结果，对于每个模型赋予相应的权重，从而集合生成合适的结果，提高预测精度。

（4）改进参数选择。对于一些算法而言，如神经网络、遗传算法，在解决实际问题的时候，需要选择操作参数。但是这些操作参数的选取没有确定性的规则可以依据，只能凭借经验来选取，对于非专业的一般操作人员会有一定的难度。而且参数选择不同，结果会有很大的差异。通过建立多个不同操作参数的模型，可以解决选取参数的难题，同时将不同模型的结果按照一定的方式集成就可以生成我们想要的结果。

将多个单个模型组合成集成模型的简单策略主要包括：多数投票方法、平均值方法和加权平均方法等；而复杂的策略可以是：将单个基模型的输出当作输入，将数据真实标签当作输出从而训练一个新的模型。简单策略的集成学习模型算法主要有：Bagging、Boosting，而复杂策略的集成学习模型主要有 Stacking，下面分别进行概述。

5.5.2 Bagging

1. Bagging 算法概述

Bagging 是 Bootstrap Aggregating 的缩写，是 Breiman 于 1996 年提出的一种改进多个随机分类器性能的集成学习方法[1]。Bagging 的基础是重复取样，它通过产生样本的重复实例作为训练集，每回运行都随机地从大小为 n 的原始训练集中抽取 m 个样本作为此回训练的

---

[1] Breiman L, "Bagging predictors", *Machine Learning*, pp. 123~140.

集合。这种训练集被称作原始训练集合的复制，这种技术也叫 Bootstrap [1]，即 Bagging。平均来说，每个 Bootstrap 复制包含原始训练集的 63.2%，原始训练集中的某些样本可能在新的训练集中出现多次，而另外一些样本则可能一次也不出现。Bagging 通过重新选取训练集增加了分量学习器集成的差异度，从而提高了泛化能力。

Breiman 指出：稳定性是能否提高预测准确率的关键因素。Bagging 对不稳定的学习算法能提高其预测的准确度，而对稳定的学习算法效果不明显，有时甚至使预测精度降低。学习算法的不稳定性是指如果训练集有较小的变化，学习算法产生的预测函数将发生较大的变化。

Bagging 对训练集的选择是随机的，各轮训练集之间相互独立，Bagging 的各个预测函数没有权重，各个预测函数可以并行生成。对于像神经网络这样极为耗时的学习方法，Bagging 可通过并行训练节省大量的时间开销。Bagging 原理图见图 5-23 所示。

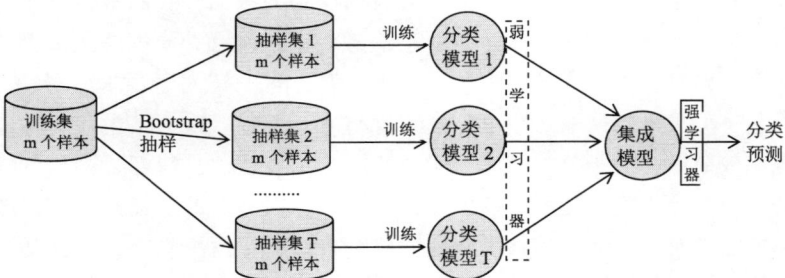

图 5-23　Bagging 原理图

---

〔1〕 Bootstrap 方法最初由美国斯坦福大学统计学教授 Efron 在 1977 年提出。作为一种崭新的增广样本统计方法，Bootstrap 方法为解决小规模子样试验评估问题提供了很好的思路。英语 Bootstrap 的意思是靴带，这里"bootstrap"法是指用原样本自身的数据抽样得出新的样本及统计量，根据其意现在普遍将其译为"自助法"。就是从我们的训练集里面采集固定个数的样本，但是每采集一个样本后，都将样本放回。也就是说，Bootstrap 的一般的抽样方式都是"有放回地全抽"（其实样本量也要视情况而定，不一定非要与原样本量相等），意思就是抽取的 Bootstrap 样本量与原样本相同，只是在抽样方式上采取有放回地抽，之前采集到的样本在放回后有可能继续被采集到。

从图 5-23 可以看出，Bagging 的弱学习器之间没有联系，它的特点在"随机抽样"。随机抽样（Bootsrap）就是从我们的训练集里面抽取固定个数的样本，但是每抽取一个样本后，都将样本放回。也就是说，之前抽取到的样本在放回后有可能继续被抽取到。对于 Bagging 算法，一般会随机抽取和训练集样本数 m 一样多个数的样本。这样得到的抽样集和训练集样本的个数相同，但是样本内容不同。如果我们对有 m 个样本训练集做 T 次的随机抽样，则由于随机性，T 个抽样集各不相同。

Bagging 的子采样是放回抽样。对于一个样本，它在某一次含 m 个样本的训练集的随机抽样中，每次被采集到的概率是 $1/m$，不被采集到的概率为 $1-1/m$，如果 m 次采样都没有被抽取中的概率是 $(1-1/m)^m$。当 $m \to \infty$ 时，$(1-1/m)^m \to 1/e = 0.368$。也就是说，在 Bagging 的每轮随机抽样中，训练集中大约有 36.8% 的数据没有被抽样集抽取中。

对于这部分大约 36.8% 的没有被抽样到的数据，我们常常称之为袋外数据（Out Of Bag，简称 OOB）。这些数据没有参与训练集模型的拟合，因此可以用来检测模型的泛化能力。Bagging 对于弱学习器没有限制，但是最常用的一般也是决策树和神经网络。Bagging 的集合策略也比较简单，对于分类问题，通常使用简单投票法，得到最多票数的类别或者类别之一为最终的模型输出。对于回归问题，通常使用简单平均法，对 T 个弱学习器得到的回归结果进行算术平均得到最终的模型输出。由于 Bagging 算法每次都进行采样来训练模型，因此泛化能力很强，对于降低模型的方差很有作用。当然对于训练集的拟合程度就会差一些，也就是模型的偏倚会大一些。

2. Bagging 算法流程

Bagging 即套袋法，其算法过程如下：

（1）从原始样本集中抽取训练集，每轮从原始样本集中使用 Bootstraping 的方法抽取 n 个训练样本（在训练集中，有些样本可能被多次抽取到，而有些样本可能一次都没有被抽中），共进行 k 轮抽取，得到 k 个训练集（k 个训练集相互独立）。

（2）每次使用一个训练集得到一个模型，k 个训练集共得到 k 个模型（注：根据具体问题采用不同的分类或回归方法，如决策树、神经网络等）。

（3）对分类问题：将上步得到的 k 个模型采用投票的方式得到分类结果；对回归问题，计算上述模型的均值作为最后的结果。

该算法的形式化描述如下：

Bagging 算法

输入：训练集 D = { (x_1, y_1), (x_2, y_2), …, (x_n, y_n) }；

基学习算法 ζ；

训练轮数 T，即 T 个基模型。

过程：

for t = 1 to T do

$ht = \zeta(D, Dt)$，使用有放回抽样，每次从训练数据集 D 进行抽样，获得和原始训练数据集 D 大小一样的抽样数据集 Dt（但包含的数据不完全一样），基于 Dt，使用学习算法训练得到一个基模型 h_t；输出集成的

模型：$H(x) = \arg\max\limits_{y \in Y} \sum\limits_{t=1}^{T} h_t(x) = y$

---

3. Bagging 算法特点

总结 Bagging 算法具有如下特点：

（1）Bagging 使用最简单的组合策略来得到集成模型，特别适合用来提高那些方差大但偏差小的基模型的预测性能；

（2）Bagging 通过降低基分类器的方差，改善了泛化误差；

（3）Bagging 中的多个抽样数据的获取及基模型的训练互相没有关联，可以方便进行并行计算；

（4）Bagging 算法性能依赖于基分类器的稳定性；如果基分类器不稳定，Bagging 有助于降低训练数据的随机波动导致的误差；如果稳定，则集成分类器的误差主要由基分类器的偏倚引起；

（5）由于每个样本被选中的概率相同，因此 Bagging 并不侧重于

训练数据集中的任何特定实例。

5.5.3 Boosting

1. Boosting 类算法概述

Boosting 是一种提高任意给定学习算法准确度的通用机器学习算法，Boosting 的思想起源于 1984 年 Valiant 提出的"可能近似正确"—PAC（Probably Approximately Correct）学习模型。在 PAC 模型中，Valiant 和 Kearns 提出了弱学习算法和强学习算法。其概念是：如果一个学习算法通过学习一组样本，识别错误率小于 1/2，即准确率仅比随机猜测略高的学习算法，则该算法属于弱学习算法；反之，如果识别率很高，则该算法属于强学习算法。1989 年，Valiant 和 Kearns 首次提出了 PAC 学习模型中弱学习算法和强学习算法的等价性问题，即任意给定仅比随机猜测略好的弱学习算法（准确率大于 0.5），是否可以将其提升为强学习算法？如果二者等价，那么只需找到一个比随机猜测略好的弱学习算法就可以将其提升为强学习算法，而不必寻找很难获得的强学习算法。1990 年，Schapire 最先构造出一种多项式级的算法来将任意一个弱学习算法提升到一个任意正确率的强学习算法，这就是最初的 Boosting 算法。一年后，Freund 提出了一种效率更高的 Boosting 算法。但是，这两种算法存在共同的实践上的缺陷，那就是都要求事先知道弱学习算法学习正确的下限。1995 年，Freund 和 Schapire 改进了 Boosting 算法，提出了 AdaBoost 算法，该算法效率和 Freund 于 1991 年提出的 Boosting 算法几乎相同，但不需要任何关于弱学习器的先验知识，因而更容易应用到实际问题当中。之后，Freund 和 Schapire 进一步提出了改变 Boosting 投票权重的 AdaBoost.M1、AdaBoost.M2 等算法，在机器学习领域受到了极大的关注。

Boosting 方法是一种用来提高弱分类算法准确度的方法，这种方法通过构造一个预测函数系列，然后以一定的方式将它们组合成一个预测函数。它是一种框架算法，主要是通过对样本集的操作获得样本子集，然后用弱分类算法在样本子集上训练生成一系列的基分类器。

它可以用来提高其他弱分类算法的识别率，也就是将其他的弱分类算法作为基分类算法放于 Boosting 框架中，通过 Boosting 框架对训练样本集的操作，得到不同的训练样本子集，用该样本子集去训练生成基分类器。每得到一个样本集就用该基分类算法在该样本集上产生一个基分类器，这样在给定训练轮数 n 后，就可产生 n 个基分类器，然后 Boosting 框架算法将这 n 个基分类器进行加权融合，产生一个最后的结果分类器，在这 n 个基分类器中，每个单个的分类器的识别率不一定很高，但它们联合后的结果有很高的识别率，这样便提高了该弱分类算法的识别率。在产生单个的基分类器时可用相同的分类算法，也可用不同的分类算法，这些算法一般是不稳定的弱分类算法，如神经网络（BP）、决策树（C4.5）等。

与 Bagging 算法可以并行训练多个弱分类器不同，Boosting 算法中的弱分类器是以串行的方式训练得到的，其基本思想为：算法会为每个训练样本赋予一个权值。每次用训练完的新分类器标注各个样本，若某个样本点已被分类正确，则将其权值降低，并以该权重进行下一次数据的抽样（抽中的概率减小）；若样本点未被正确分类，则提高其权值，并以该权重进行下一次数据的抽样（抽中的概率增大）。权值越高的样本在下一次训练中所占的比重越大，也就是说越难区分的样本在训练过程中会变得越来越重要。整个迭代过程直到错误率足够小或达到一定次数才停止。Bagging 使用多数投票或平均的策略来组合多个基分类器，相当于每一个基分类器具有相同的权重；而 Boosting 则根据基分类器的预测性能，给予不同的基分类器不同的权重，即：如果一个基分类器的误差越高，则该基分类器的权重越低[1]。Boosting 算法原理见图 5-24 所示。

---

〔1〕　注意，在计算每一个基分类器的误差时，需要考虑该基分类器对应的训练数据中样本的权重。

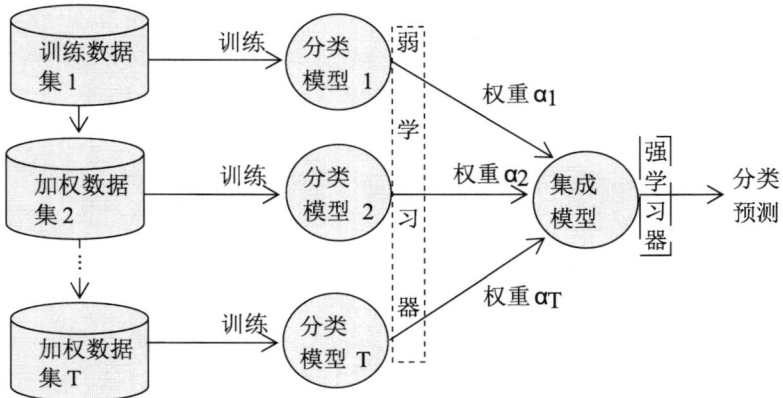

图 5-24 Boosting 算法原理图

Boosting 算法在实际应用时有一个明显的缺陷，即要预先知道弱分类器的误差上界，这在实际问题中是很难确定的。1995 年，Freund和 Schapire 提出了著名的 AdaBoost 算法，该算法不需要预先知道弱分类器的误差上界，在实际问题中应用广泛。AdaBoost 算法是 Boosting类算法中的经典代表。

2. AdaBoost 算法流程

AdaBoost 通过改变样本的分布突出被错误分类的样本上，并进而训练弱分类器得到弱分类器的权重，根据权重整合在一起得到最终的强分类器。AdaBoost 方法大致有：Discrete AdaBoost、Real AdaBoost、LogitBoost 和 Gentle AdaBoost，所有的方法训练的框架都是相似的。通常使用最多的应该是 Discrete AdaBoost（离散的 AdaBoost）即 Ada-Boost. M1 算法，主要因为它的简单却不俗的表现。

AdaBoost. M1 算法的形式化描述如下：

AdaBoost. M1 算法

输入：样本容量为 m 的训练集 D = { (x$_1$, y$_1$), (x$_2$, y$_2$), …, (x$_m$, y$_m$) }，并且有 y$_i$ = {1, 2, …, k}，k 表示类别数；

基学习算法 WeakLearn；

训练轮数 T，即 T 个基模型。

过程：

(1) for i = 1 to m Do

(2) D$_1$ (i) = 1/m，其中，D$_1$ (i) 表示初始化第一次训练模型中第 i 个样本的权重为 1/m

(3) for t = 1 to T Do 循环 T 次：

①每次使用弱学习算法对加权的样本集进行训练，得到弱分类器 h$_t$：x->y

$$h_t = \arg \min \varepsilon_j, \quad \varepsilon_j = \sum_{i=1, \; h_j(x_i) \neq y_j}^{m} D_t(i)$$

②并计算该弱分类器 h$_t$ 的错误率 ε_t（分类错误样本的权重之和）

$$\varepsilon_t = \sum_{i=1, \; h_t(x_i) \neq y_i}^{m} D_t(i)$$

其中，h$_t$ (x$_i$) ≠ y$_i$ 表示模型 h$_t$ 的预测结果与实际类别 y$_i$ 不同，如果该错误率大于 0.5，证明该分类器效果不好，跳出循环。

③计算该分类器 h$_t$ 的重要性 β_t

$$\beta_t = \frac{1}{2}\ln\left(\frac{1 - \varepsilon_t}{\varepsilon_t}\right)$$

④更新该分类器的权重

$$D_{t+1}(i) = \frac{D_t(i)}{Z_t} \times \begin{cases} e^{-\beta t}, & if h_t(x_i) = y_i \\ e^{\beta t}, & if h_t(x_i) \neq y_i \end{cases} = \frac{D_t(i)\exp(-\beta_i y_i h_t(x_i))}{Z_t}$$

其中，D$_{t+1}$ (i) 表示第 t+1 次弱分类器中第 i 个样本数据的权重；Z$_t$ 为归一化因子，为确保所有 D$_{t+1}$ (i) 的和 1，Z$_t$ 通常为：

$$Z_t = 2\left[\varepsilon_t(1 - \varepsilon_t)\right]^{1/2}$$

(4) 学习 T 次后，得到 T 个分类模型 ht，得到集成的模型 H (x)

$$sign(H(x) = \sum_{t=1}^{T} \beta_t h_t(x))$$

3. Boosting 算法特点

对于 Boosting 算法，需要解决两个问题：

（1）如何调整训练集，使得在训练集上训练的弱分类器得以进行；

（2）如何将训练得到的各个弱分类器联合起来形成强分类器。

Boosting 算法的主要特点有：

（1）Boosting 是一种框架算法，拥有系列算法，如 AdaBoost、GradientBoosting、LogitBoost 等算法；

（2）可以提高任意给定学习算法的准确度；

（3）训练过程为阶梯状，弱分类器按次序一一进行训练（实现上可以做到并行），弱分类器的训练集按照某种策略每次都进行一定的转化，最后以一定的方式将弱分类器组合成一个强分类器；

（4）Boosting 中所有的弱分类器可以是不同类的分类器。

4. Bagging 和 Boosting 算法的区别

（1）Bagging 的训练集是随机的，各训练集是独立的；而 Boosting 训练集的选择不是独立的，每一次选择的训练集都依赖于上一次学习的结果；

（2）Bagging 的每个预测函数都没有权重；而 Boosting 根据每一次训练的训练误差得到该次预测函数的权重；

（3）Bagging 的各个预测函数可以并行生成；而 Boosting 只能顺序生成。对于神经网络这样极为耗时的学习方法，Bagging 可通过并行训练节省大量时间开销。

5.5.4 Stacking

1. Stacking 算法概述

Stacking（有时候也称之为 Stacked generalization）是指训练一个模型用于组合其他各个模型。即首先我们训练多个不同的模型，然后再以之前训练的各个模型的输出为输入来训练一个模型，以得到一个最终的输出。Bagging 和 Boosting 算法通常使用同一种类型的基模型，并且通过直接组合基模型的预测结果来得到最终的预测结果。而Stacking 算法通常用来集成不同类型的基模型，可分别使用支持向量机、逻辑回归、决策树等作为基模型。Stacking 在得到多个基模型的预测结果后，并不是将这些基模型直接组合，而是将这些基模型的预测结果当作输入特征，将每一个样本真实的类别作为学习目标，重新训练一个高层的综合模型。在 Stacking 方法中，我们把每个弱分类器叫作初级分类器，用于结合的分类器叫作次级分类或元学习器（Meta-Learner），次级分类器用于训练的数据叫作次级训练集，次级训练集是在训练集上用初级分类器得到的。Stacking 算法的示意图见图 5-25 所示。

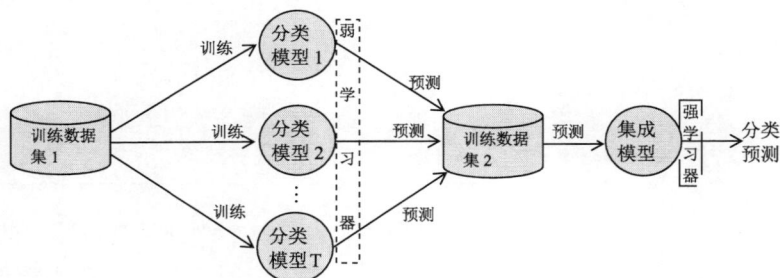

图 5-25　Stacking 算法原理示意图

2. Stacking 算法流程

Stacking 是一种分层模型集成框架。以两层为例，第一层由多个基分类学习器组成，其输入为原始训练集；第二层的模型则是以第一层基分类学习器的输出作为训练集进行再训练，从而得到完整的 Stacking 模型。

Stacking 算法的形式化描述如下：

Stacking 算法

输入：样本容量为 m 的训练集 D = ｛（x_1，y_1），（x_2，y_2），…，（x_m，y_m）｝，并且有 yi = ｛1，2，…，k｝，k 表示类别数；

训练轮数 T，即 T 个基模型；

初级分类学习算法 L_1，L_2，…，L_T；

次级分类学习算法 L。

过程：

（1）for t = 1 to T Do　　循环 T 次

$H_t = L_t$（D）；每次使用弱学习算法对样本集进行训练，得到弱分类器 h_t：x->y

D′ = φ；

（2）for i = 1 to m Do

（3）for t = 1 to T Do

$Z_{it} = h_t$（x_i）；

D′ = D′ ∪（（Z_{i1}，Z_{i2}，…，Z_{it}），y_i）；

（4）h′ = L（D′）；使用新的数据集进行分类预测

输出：H（x）= h′（h_1（x），h_2（x），…，h_T（x））

过程（1）是训练出来个体学习器，也就是初级分类学习器。过程（3）是使用训练出来的初级分类学习器预测的结果，这个预测的结果当作次级分类学习器的训练集。过程（4）是用初级分类学习器预测的结果训练出次级分类学习器，得到我们最后训练的模型。如果想要预测一个数据的输出，只需要把这条数据用初级分类学习器预测，然后将预测后的结果用次级分类学习器预测便可。

但是这样的实现是有很大的缺陷的，在原始数据集 D 上面训练的基模型，然后用这些基模型再进行预测得到的训练效果肯定是非常好的，但会出现过拟合的现象。那么，我们换一种做法，我们用交叉验证的思想来实现 Stacking 模型。以两层 Stacking 模型为例，要得到 Stacking 模型，关键在于如何构造第二层的特征（下记为元特征，Meta Feature），构造元特征的原则是尽可能地避免信息泄露，因此对原始训练集常常采用类似于 K 折交叉验证的划分方法，具体见图 5-

26 所示。

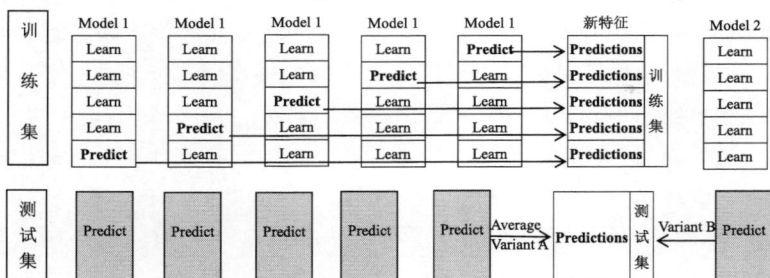

图 5-26　Stacking 交叉验证示意图

以 5 折划分为例，我们将原始训练集分为 5 折，分别记为 fold1、fold2、fold3、fold4 和 fold5。此时我们使用 fold2~fold5 的数据来训练基模型 1，并对 fold1 进行预测，该预测值即作为基模型 1 对 fold1 生成的元特征；同样地，使用 fold1、fold3~fold5 的数据来训练基模型 1，并对 fold2 进行预测，该预测值即作为基模型 1 对 fold2 生成的元特征；以此类推，得到基模型 1 对整个原始训练集生成的元特征。同样地，对其他基模型也采用相同的方法生成元特征，从而构成用于第二层模型（下记为元模型，Meta Model）训练的完整元特征集。对于测试集，我们可以在每次基模型训练好时预测，再将预测值做均值处理；也可以将基模型拟合全部的训练集之后再对测试集进行预测。对于每一轮的 5-fold，Model 1 都要做满 5 次的训练和预测。我们假定：Train Data 有 890 行（请对应图 5-26 中的上层部分）。每 1 次的 fold，都会生成 713 行小 train，178 行小 test。我们用 Model 1 来训练 713 行的小 train，然后预测 178 行小 test，预测的结果是长度为 178 的预测值。这样的动作走 5 次，长度为 178 的预测值 * 5 = 890 预测值，刚好和 Train data 长度吻合。这个 890 预测值是 Model 1 产生的，我们先存着，因为一会它将是第二层模型的训练来源。这一步产生的预测值我们可以转成 890 * 1（890 行，1 列），记作 P1。Test Data 有 418 行（请对应图 5-26 中的下层部分）。每 1 次的 fold，713 行小 train 训练出来的 Model 1 要去预测我们全部的 Test Data（因为 Test Data 没有加入 5-fold，所以每次都是全部）。此时，Model 1 的预测结果是长度为 418 的预测值。这样的动作走 5 次，我们可以得到一个 5 * 418 的预测值矩阵。然后我们根据行来平均值，最后得到一个 1 * 418 的平均预测值。这一步产生的预测值我们可以转成 418 * 1（418 行，1 列），记作 p1。走到这里，第一层的 Model 1 完成了它的使命。第一层还会有其他 Model 的，比如 Model 2，同样地走一遍，我们又可以得到 890 * 1（P2）和 418 * 1（p2）预测值矩阵。这样吧，假设你第一层有 3 个模型，这样你就会得到：

来自 5-fold 的预测值矩阵 890 * 3，（P1，P2，P3）和来自 Test Data 预测值矩阵 418 * 3（p1，p2，p3）。来自 5-fold 的预测值矩阵 890 * 3 作为你的 Train Data，训练第二层的模型时 Test Data 预测值矩阵 418 * 3 就是你的 Test Data，用训练好的模型来预测它们吧。

需要注意的是，在生成第二层特征的时候，各个基模型要采用相同的 K-fold，这样得到的元特征的每一折（对应于之前的 K 折划分）都将不会泄露该折数据的目标值信息，从而尽可能地降低过拟合的风险。虽然如此，实际上我们得到的元特征还是存在一定程度上的信息泄露，比如我们在预测第二折的时候，是利用了第一折的目标值信息来训练基模型的，也就是说第一折的目标值信息杂糅在对第二折进行预测的基模型里。但是，实践中，这种程度的信息泄露所造成的过拟合程度很小。

Stacking 模型调参包括对基模型和元模型进行调参。对于基模型，因为我们在生成元特征的时候要使用相同的 K 折划分，所以我们使用交叉验证+网格搜索来调参时最好使用与生成元特征相同的 K-fold。对于元模型的调参，使用交叉验证+网格搜索来调参时，为了降低过拟合的风险，我们最好也使用与元特征生成时同样的 K-fold。

综上，Stacking 方法从一开始就得确定一个 K-fold，这个 K-fold 将伴随对基模型的调参、生成元特征以及对元模型的调参，贯穿整个 Stacking 流程。当然，由于我们生成基模型时未使用全部数据，我们可以使用多个不同的 K-fold 来生成多个 Stacking 模型然后进行加权，这样可以进一步提高算法的鲁棒性。另外，基模型的选择需要考虑的是：基模型之间的相关性要尽量小，同时基模型之间的性能表现不能差距太大。

5.6 聚类分析方法

5.6.1 聚类分析方法概述

聚类分析简称聚类，是指依据数据的相似度或相异度将数据集分组为多个子集的分析过程。每个子集称为一个簇，对应一个类别，使得同一个簇中的数据相似度大，而不同簇之间的相似度小。在相同的数据集上，由于不同的目的、数据输入方式、所选的聚类特征或数据属性，将会产生不同的聚类结果。聚类分析是通过分群以找出各个子聚类数据背后可能隐藏的特征或关联现象，聚类分析分群结果的特征及其所代表的意义仅能事后解释。聚类源于很多领域，包括数学、计算机科学、统计学、生物学和经济学等。在不同的应用领域，很多聚类技术都得到了发展，这些技术方法被用作描述数据，衡量不同数据源间的相似性，以及把数据源分类到不同的簇中。聚类与分类的不同在于，聚类所要求划分的类是未知的。

从机器学习的角度讲，簇相当于隐藏模式，可以看作是隐含的类。聚类是搜索簇的无监督学习过程。与分类不同，无监督学习不依赖预先定义的类或带类标记的训练实例，需要由聚类学习算法自动确定标记，而分类学习的实例或数据对象有类别标记。因此，聚类是观察式学习，而不是示例式学习。

聚类分析是一种探索性的分析，在分类的过程中，人们不必事先给出一个分类的标准，聚类分析能够从样本数据出发，自动进行分类。聚类分析所使用方法的不同，常常会得到不同的结论。不同研究者对于同一组数据进行聚类分析，所得到的聚类数未必一致。从实际应用的角度看，聚类分析是数据挖掘的主要任务之一。而且聚类能够作为一个独立的工具来洞察数据的分布状况，寻找数据的内部结构，观察每一簇数据的特征，集中对特定的聚簇集合作进一步地分析。聚类分析还可以作为其他算法（如特征化、属性子集选择和分类）的预处理步骤，之后这些算法将在检测到的簇和选择的属性或特征上进行操作〔1〕。聚类分析还可以用作离群点检测，其中离群点（远离任何簇的点）检测的应用包括信用卡欺诈检测、电子商务活动中的犯罪活动监控、服刑人员的异常行为监控等。

根据数据的不同，我们一般把聚类方法分为两类：一类是基于相似度的聚类方法，使用的是 $n*n$ 的相似度矩阵或者距离矩阵；另一类是基于特征的聚类方法，输入的是 $n*d$ 的特征数据。前者的优势在于能把不同领域的数据相似度的度量融合进去，甚至可以加入核函数来度量相似度；而后者可以直接考虑原始数据，避免因度量距离而丢失某些信息。

5.6.2 聚类分析方法

常用的聚类分析算法主要包括层次聚类分析、划分聚类分析、密度聚类分析、模式聚类分析等。

1. 层次聚类分析

层次聚类分析是对数据点进行层次的聚类，用树形图表示各个聚类中所包含的数据点，树形图的根节点仅包含单一聚类，代表所有数据点均落在同一聚类中，而树形图中的叶节点都各自为单一聚类，代表各数据点均为独立聚类。

层次聚类分群方式可以分为凝聚和分裂两种，前者是由下而上，先将各样本点视为单独的聚类，在后面的步骤中将相似的聚类合并，直到所有的数据点均合并到同一聚类中或达到所规定的停止条件为止；后者是由上而下，一开始先将所有数据点为一个大聚类，在后面

---

〔1〕 参见［美］韩家炜等：《数据挖掘概念与技术》，范明等译，机械工业出版社 2015 年版。

的步骤中，从原有的聚类中依据相异度的差异分裂为两个较小的聚类，直到每个数据点各自成为一个独立的聚类或达到所规定的停止条件为止。

2. 划分聚类分析

划分聚类是先选择数个不同的聚类中心点，每一个数据点只会被分到一个聚类。首先，所有样本数据点均计算与每个中心点的距离或相似度，然后依据最小距离或相似度的结果划分到某个聚类，通常以平方误差作为度量结果，具有最小平方误差的划分即为最终的分群。

3. 密度聚类分析

层次聚类分析和划分聚类分析大多以数据点或聚类间的距离作为分群依据，然而，这样的度量尺度只能得到球状的分群结果。如果数据点的分布为任意形状，则应考虑到所获得数据的紧密程度，使用基于密度的聚类分析法，从而可以得到任意形状的聚类。

4. 模式聚类分析

以模式为基础的聚类分析是将数据点根据模型予以匹配而产生聚类。

在本节中，我们主要介绍划分聚类分析方法，代表性的算法主要有 K-均值（K-means）和 K-中心点（K-medoids）算法。

5.6.3 相似度的度量

相似度用来度量数据对象或个体间的相似程度，可以作为决定聚类分群的依据。相似度越大，表示数据间关联的程度越高，应该分为一类；反之，相似度越小，表示数据间关联程度越低，则应该分为不同的聚类。假设聚类的数据集数据量为 n，每个数据有 k 个变量。在度量距离时，如果不同维度数据的衡量尺度或者单位不同时，度量结果差异较大的变量可能会决定最后的距离，造成结果偏差。而要想解决数据在不同维度上的差异，可先对变量进行标准化处理，将不同维度的数据转换成同一比较基准，从而避免不同维度数据因尺度不同而导致数据分布范围过大的问题，标准化数据处理见"4.5.2 数据标准化"。

1. 样本数据距离的相似度度量

（1）闵式距离（Minkowski Distance）。要用数量化的方法对事物进行分类，就要用数量化的方法来定义每个样本的相似程度，这个相似程度在数学上可以称之为距离，最常用的闵氏距离公式为：

$$D_k(X, Y) = \left[\sum_{i=1}^{k} |x_i - y_i|^q \right]^{\frac{1}{q}} \tag{5.63}$$

（2）曼哈顿距离（Manhattan Distance）。曼哈顿距离是另一个用来测量距离的公式，又称为城市街道距离，定义为各变量差距的绝对值之和，公式为：

$$D(X, Y) = \sum_{i=1}^{k} |x_i - y_i| \tag{5.64}$$

显然，当闵式距离公式中 q = 1 时即为曼哈顿距离公式。

（3）欧式距离（Euclidean Distance）。欧式距离是勾股定理在多维空间的一个推广，其一般形式下的公式为：

$$D_2(X, Y) = \left[\sum_{i=1}^{k} |x_i - y_i|^2 \right]^{\frac{1}{2}} = \sqrt{\sum_{i=1}^{k} |x_i - y_i|^2} \tag{5.65}$$

显然，当闵式距离公式中 q = 2 时即为欧式距离公式。

（4）加权距离（Weighted Distance）。当各变量的重要性不同时，可给定对应的权重，从而衡量加权距离，则闵式距离修正后的公式为：

$$D_k(X, Y) = \left[\sum_{i=1}^{k} \omega_i |x_i - y_i|^q \right]^{\frac{1}{q}} \tag{5.66}$$

（5）马氏距离（Mahalanobis Distance）。如果度量的变量间有相关性时，可改用马氏距离公式来度量距离，公式为：

$$D_k(X, Y) = (X - Y)^T \varepsilon^{-1} (X - Y) \tag{5.67}$$

其中，$X = (x_1, x_2, \cdots, x_k)^T$，$Y = (y_1, y_2, \cdots, y_k)^T$ 均为 $k*1$ 的向量，ε^{-1} 表示协方差矩阵的逆，可以证明它对一切线性变换是不变的，故不受量纲的影响，它不仅对自身的变差做了调整，还对指标的相关性也做了考虑，非常适用于两个未知样本集的相似度计算。

2. 相关系数

（1）皮尔逊相关系数。在自然科学领域中，皮尔逊相关系数广泛用于度量两个变量之间的相关程度，其值介于–1 与 1 之间。它是由卡尔·皮尔逊从弗朗西斯·高尔顿在 19 世纪 80 年代提出的一个相似却又稍有不同的想法演变而来的。这个相关系数也称作"皮尔逊积矩相关系数"。两个变量之间的皮尔逊相关系数定义为两个变量之间的协方差和标准差的商，公式为：

$$r = \frac{\sum_{i=1}^{n} (x_i - \overline{x})(y_i - \overline{y})}{\sqrt{\sum_{i=1}^{n} (x_i - \overline{x})^2} \sqrt{\sum_{i=1}^{n} (y_i - \overline{y})^2}} \tag{5.68}$$

5.6.4 K-means 聚类

1. *K-means 算法原理*

K-means 是由 *J. B. MacQueen* 在 1967 年提出的，是一种较为经典的、广泛使用的基于划分的聚类算法，由于该算法的效率高，所以在对大规模数据进行聚类时被广泛应用。*K-means* 算法以 *K* 为参数，把 *n* 个对象分成 *K* 个簇，使簇内具有较高的相似度，而簇间的相似度较低。*K-means* 算法是很典型的基于距离的聚类算法，采用距离作为相似性的评价指标，即认为两个对象的距离越近，其相似度就越大。该算法认为簇是由距离靠近的对象组成的，因此把得到紧凑且独立的簇作为最终目标。*k* 个初始类聚类中心点的选取对聚类结果具有较大的影响，因为在该算法第一步中是随机的选取任意 *k* 个对象作为初始聚类的中心，初始地代表一个簇。该算法在每次迭代中对数据集中剩余的每个对象，根据其与各个簇中心的距离将每个对象重新赋给最近的簇。当考察完所有数据对象后，一次迭代运算完成，新的聚类中心被计算出来。这个过程不断重复，直到准则函数收敛。

K-means 聚类算法属于一种动态聚类算法，也称作逐步聚类算法，该算法的一个比较显著的特点就是迭代过程，每次都要检查每个样本

数据的分类正确与否；如果不正确，就进行调整。当把所有的数据调整后，再修改每一个聚类中心，最后进入下一次迭代过程。如果在一个迭代中，所有的数据对象都已经被正确分类，那么就不再进行调整，聚类中心也不会改变，此时，聚类准则函数已经收敛，算法结束。

2. K-means 算法过程

给定数据集 $D = \{\mathbf{x}_1, \mathbf{x}_2, \cdots, \mathbf{x}_n\}$，其中 $\mathbf{x}_i$ 是 d 维实数向量，假定 c_k（$k = 1, 2, \cdots, K$）为第 k 个簇的中心点（也叫质心），K-means 算法的目标是为每个样本找到一个簇，使得该样本与该簇的距离的平方和最小，也即与 c_k 的距离平方和最小，公式[13]如下：

$$J = \sum_{k=1}^{K} \sum_{i=1}^{n_k} | x_{ik} - c_k |^2 \tag{5.69}$$

其中，K 表示簇的个数，n_k 表示第 k 个簇中的数据个数，x_{ik} 表示第 k 个簇中第 i 个数据。

K-means 算法过程如下：

（1）从训练数据中随机选取 K 个初始点，作为 K 个初始簇的中心点（质心）；

（2）重复迭代如下步骤，直至收敛：

①计算每个点到中心点的欧式距离［见公式（5.65）］，将其归并到距离最近的簇中，直至所有点划分完成；

②重新计算每个簇新的中心点，如果相对于原来中心点没有变化或者变化数值小于给定阈值，则算法收敛，获得 K 个簇。

3. K-means 算法需要注意的问题

（1）K 值的确定

①根据问题确定。K 值的确定可以根据问题内容确定，例如：一个鞋厂有三种新款式，如果我们想知道每种新款式都有哪些潜在客户，于是我们调研客户，然后从数据里找出三类。

②肘部法则。如果问题中没有指定 K 的值，可以通过肘部法则这一技术来估计聚类数量。肘部法则会把不同 K 值的成本函数值画出

来。随着 K 值的增大，平均畸变程度会减小；每个类包含的样本数会减少，于是样本离其重心会更近。但是，随着 K 值继续增大，平均畸变程度的改善效果会不断减低。K 值增大过程中，畸变程度的改善效果下降幅度最大的位置对应的 K 值就是肘部。图 5-27 是用肘部法则来确定最佳 K 值的示意图。

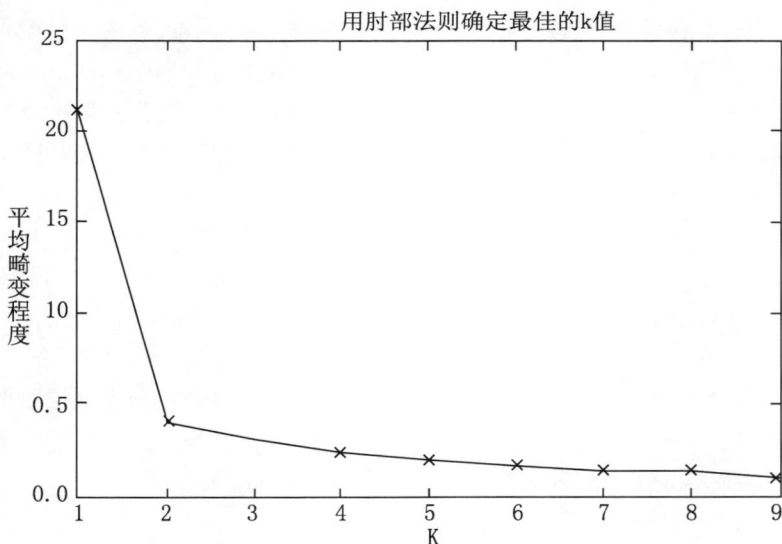

图 5-27　肘部法则来确定最佳 K 值的示意图

从图中可以看出，K 值从 1 到 2 时，平均畸变程度变化最大。超过 2 以后，平均畸变程度变化显著降低。因此最佳的 K 值是 2。

（2）初始质心的选取。选择适当的初始质心是基本 K-means 算法的关键步骤。常见的方法是随机地选取初始中心，但是这样簇的质量常常很差。处理选取初始质心问题的一种常用技术是：多次运行，每次使用一组不同的随机初始质心，然后选取具有最小 SSE（误差的平方和）的簇集。这种策略简单，但是效果可能不好，这取决于数据集和寻找的簇的个数。

　　第二种有效的方法是，取一个样本，并使用层次聚类技术对它聚类。从层次聚类中提取 K 个簇，并用这些簇的质心作为初始质心。该方法通常很有效，但仅对下列情况有效：①样本相对较小，例如数百到数千（层次聚类开销较大）；②K 相对于样本大小较小。

　　第三种选择初始质心的方法是，随机地选择第一个点，或取所有点的质心作为第一个点。然后，对于每个后继初始质心，选择离已经选取过的初始质心最远的点。使用这种方法，确保了选择的初始质心不仅是随机的，而且是散开的。但是，这种方法可能选中离群点。此外，求离当前初始质心集最远的点开销也非常大。为了克服这个问题，通常该方法用于点样本。由于离群点很少，它们多半不会在随机样本中出现。计算量也大幅减少。

　　4. K-means 算法优缺点

　　（1）K-means 算法优点

　　①K-means 算法快速、简单；

　　②K-means 对大数据集有较高的效率，并且是具有可伸缩性的；

　　③K-means 算法时间复杂度近于线性，而且适合挖掘大规模数据集。K-means 聚类算法的时间复杂度是 $O(n_{Kt})$，其中 n 代表数据集中对象的数量，t 代表算法迭代的次数，K 代表簇的数目。

　　（2）K-means 算法缺点

　　①在 K-means 算法中 K 是事先给定的，这个 K 值的选定是非常难以估计的。很多时候，事先并不知道给定的数据集应该分成多少个类别才最合适，这也是 K-means 算法的一个不足。有的算法是通过类的自动合并和分裂，得到较为合理的类型数目 K，例如 ISODATA 算法。关于 K-means 算法中聚类数目 K 值的确定可以根据方差分析理论，应用混合 F 统计量来确定最佳分类数，并应用模糊划分熵来验证最佳分类数的正确性；也可以使用一种结合全协方差矩阵的 RPCL 算法，并逐步删除那些只包含少量训练数据的类；还可以使用一种称为次胜者受罚的竞争学习规则，来自动决定类的适当数目。它的思想是：对每个输入而言，不仅竞争获胜单元的权值被修正以适应输入

值，而且对次胜单元采用惩罚的方法使之远离输入值；

②在 K-means 算法中，首先需要根据初始聚类中心来确定一个初始划分，然后对初始划分进行优化。这个初始聚类中心的选择对聚类结果有较大的影响，一旦初始值选择不好，可能无法得到有效的聚类结果，这也成为 K-means 算法的一个主要问题。对于该问题的解决，许多算法采用遗传算法进行初始化，以内部聚类准则作为评价指标；

③从 K-means 算法框架可以看出，该算法需要不断地进行样本分类调整，不断地计算调整后的新的聚类中心，因此当数据量非常大时，算法的时间开销是非常大的。所以需要对算法的时间复杂度进行分析、改进，提高算法应用范围。可以从该算法的时间复杂度进行分析考虑，通过一定的相似性准则来去掉聚类中心的候选集；

④对离群点很敏感；

⑤从数据表示角度来说，在 K-means 中，我们用单个点来对簇进行建模，这实际上是一种最简化的数据建模形式。这种用点来对簇进行建模实际上就已经假设了各簇的数据是呈圆形（或者高维球形）或者方形等分布的，不能发现非凸形状的簇。但在实际生活中，很少能有这种情况。所以在 GMM 中，使用了一种更加一般的数据表示，也就是高斯分布；

⑥从数据先验的角度来说，在 K-means 中，我们假设各个簇的先验概率是一样的，但是各个簇的数据量可能是不均匀的。举个例子，簇 A 中包含了 10 000 个样本，簇 B 中只包含了 100 个。那么对于一个新的样本，在不考虑其与簇 A、簇 B 相似度的情况下，其属于簇 A 的概率肯定是要大于簇 B 的；

⑦在 K-means 中，通常采用欧氏距离来衡量样本与各个簇的相似度。这种距离实际上假设了数据的各个维度对于相似度的衡量作用是一样的。但在 GMM 中，相似度的衡量使用的是后验概率，通过引入协方差矩阵，我们就可以对各维度数据的不同重要性进行建模。

5. 6. 5 K-medoids 聚类算法

1. K-medoids 算法原理分析

上一节我们详细讲解了 K-means 算法，而 K-medoids 算法，从名字上就可以看出来，这两个算法应该有些相似的地方。其实，K-medoids 可以算是 K-means 的一个变种。K-medoids 和 K-means 不一样的地方在于中心点的选取，在 K-means 中，我们将中心点取为当前簇中所有数据点的平均值；然而在 K-medoids 中，我们将中心点的选取限制在当前簇所包含的数据点的集合中。换句话说，在 K-medoids 算法中，我们将从当前簇中选取这样一个点——它到其他所有（当前簇中的）点的距离之和最小——作为中心点。K-means 和 K-medoids 之间的差异就类似于一个数据样本的均值（Mean）和中位数（Median）之间的差异：前者的取值范围可以是连续空间中的任意值，而后者只能在样本给定的那些点里面选。

那么，这样做的好处是什么呢？一个最直接的理由就是 K-means 对数据的要求太高了，它使用欧氏距离描述数据点之间的差异，从而可以直接通过求均值来计算中心点。这要求数据点处在一个欧氏空间之中。然而并不是所有的数据都能满足这样的要求，对于数值类型的特征，比如身高，可以很自然地用这样的方式来处理，但是对类别类型的特征就不行了。举一个简单的例子，如果我现在要对犬进行聚类，并且希望直接在所有犬组成的空间中进行，K-means 就无能为力了，因为欧氏距离在这里不能用了：不同的类型显然无法进行数学运算，K-means 在这里寸步难行。由于中心点是在已有的数据点里面选取的，因此相对于 K-means 来说，K-means 不容易受到那些由于误差之类的原因产生的异常点的影响，更加鲁棒些。

2. K-medoids 算法流程

算法流程如下：

（1）确定聚类的个数 K；

（2）在所有数据集合中选择 K 个点作为各个聚簇的中心点；

（3）计算其余所有点到 K 个中心点的距离，并把每个点到 K 个中心点最短的聚簇作为自己所属的聚簇；

（4）在每个聚簇中按照顺序依次选取点，计算该点到当前聚簇中所有点距离之和，最终距离之和最小的点，则视为新的中心点；

（5）重复（2）（3）步骤，直到各个聚簇的中心点不再改变。

3. K-medoids 算法优缺点

（1）K-medoids 算法具有能够处理大型数据集，结果簇相当紧凑，并且簇与簇之间明显分明的优点，这一点和 K-means 算法相同。

（2）同时，该算法也有 K-means 同样的缺点，如：必须事先确定类簇数和中心点，簇数和中心点的选择对结果影响很大；一般在获得一个局部最优的解后就停止了；对于除数值型以外的数据不适合；只适用于聚类结果为凸形的数据集等。

（3）与 K-means 相比，K-medoids 算法对于噪声不那么敏感，这样离群点就不会造成划分的结果偏差过大，少数数据不会造成重大影响。

（4）K-medoids 由于上述原因被认为是对 K-means 的改进，但由于按照中心点选择的方式进行计算，算法的时间复杂度也比 K-means 上升了 O（n）。

4. K-medoids 算法举例

（1）假设有（A，B，C，D，E，F）一组样本。

（2）随机选择 B、E 为中心点。

（3）计算 D 和 F 到 B 的距离最近，A 和 C 到 E 的距离最近，则 B、D、F 为簇 x_1，A、C、E 为簇 x_2。

（4）计算 x_1 发现，D 作为中心点的绝对误差最小，x_2 中依然是 E 作为中心点的绝对误差最小。

（5）重新以 D、E 作为中心点，重复（3）、（4）步骤后，不再变换，则簇划分确定。

5.6.6 聚类分析总结

对聚类进行研究是数据挖掘中的一个热门方向，由于以上所介绍的聚类方法都存在着某些缺点，因此近些年对于聚类分析的研究很多都专注于改进现有的聚类方法或者是提出一种新的聚类方法。以下将对传统聚类方法中存在的问题以及人们在这些问题上所做的努力做一个简单的总结：

（1）从以上对传统的聚类分析方法所做的总结来看，K-means 方法在进行聚类之前都需要用户事先确定要得到的聚类的数目。然而在现实数据中，聚类的数目是未知的，通常要经过不断的实验来获得合适的聚类数目，得到较好的聚类结果。

（2）传统的聚类方法一般都是适合于某种情况的聚类，没有一种方法能够满足各种情况下的聚类，比如 BIRCH 方法对于球状簇有很好的聚类性能，但是对于不规则的聚类则不能很好地工作；K-medoids 方法不太受孤立点的影响，但是其计算代价又很大。因此如何解决这个问题成为当前的一个研究热点，有学者提出将不同的聚类思想进行融合以形成新的聚类算法，从而综合利用不同聚类算法的优点。在一次聚类过程中综合利用多种聚类方法，能够有效地缓解这个问题。

（3）随着信息时代的到来，对大量的数据进行分析处理是一个很庞大的工作，这就关系到一个计算效率的问题。有文献提出了一种基于最小生成树的聚类算法，该算法通过逐渐丢弃最长的边来实现聚类结果，当某条边的长度超过了某个阈值，那么更长边就不需要计算而直接丢弃，这样就极大地提高了计算效率，降低了计算成本。

（4）处理大规模数据和高维数据的能力有待于提高。目前许多聚类方法处理小规模数据和低维数据时性能比较好，但是当数据规模增大，维度升高时，性能就会急剧下降，比如 K-medoids 方法处理小规模数据时性能很好，但是随着数据量增多，效率就逐渐下降，而现实生活中的数据大部分又都属于规模比较大、维度比较高的数据集。有文献提出了一种在高维空间挖掘映射聚类的方法 PCKA（Projected

Clustering Based on the K-means Algorithm），它从多个维度中选择属性相关的维度，去除不相关的维度，沿着相关维度进行聚类，以此对高维数据进行聚类。

（5）目前的许多算法都只是理论上的，经常处于某种假设之下，比如聚类能很好地被分离，没有突出的孤立点等，但是现实数据通常是很复杂的，噪声很大，因此如何有效地消除噪声的影响，以及处理现实数据的能力还有待进一步地提高。

5.7 基于离群点检测的服刑人员安全监管改造分析

5.7.1 离群点概述

离群点（Outlier）是一个数据对象，它显著不同于其他数据对象，就像是被不同的机制产生一样，在样本空间中，与其他样本点的一般行为或特征不一致的点。值得注意的是，离群点并不是异常值（比如说，A 月薪 50 万元，B、C、D 月薪 5 000 元，虽然 A 月薪异常于样本集，是离群点，但是它并不是异常值）。或者说离群点是指一个时间序列中，远离序列一般水平的极端大值和极端小值，异常对象被称作离群点。离群点检测或异常检测，是找出其行为很不同于预期对象的过程。离群点检测和聚类分析是两项高度相对的任务。聚类发现数据集中的多数模式并据此组织数据，而离群点检测则试图捕获显著偏离多数模式的异常情况。离群点不同于噪声数据，噪声是被观测变量的随机误差或方差。一般而言，噪声在数据分析（包括离群点分析）中不是令人感兴趣的。因此，与许多其他数据分析和数据挖掘任务一样，应该在离群点检测前就删除噪声。离群点检测是有趣的，因为怀疑产生它们的机制不同于产生其他数据的机制。因此，在离群点检测时，重要的是搞清楚为什么检测到的离群点被某种其他机制产生。通常，在其余数据上做各种假设，并且证明检测到的离群点显著违反了这些假设。

离群点检测已经被广泛应用于电信和信用卡的诈骗检测、贷款审批、电子商务、网络入侵、天气预报等领域，如可以利用离群点检测分析运动员的统计数据，以发现异常的运动员。在监狱的安全监管改造中，可以使用离群点检测方法发现异常的服刑人员和服刑人员在某个时间节点段或某个空间区域上的异常行为。

5.7.2 离群点类型

一般而言，离群点可以分成三类：全局离群点、情境（或条件）离群点和集体离群点。

1. 全局离群点

在给定的数据集中，一个数据对象是全局离群点，如果它显著地偏离数据集中的其他对象。全局离群点是最简单的一类离群点，大部分的离群点检测方法都旨在找出全局离群点。

2. 情境离群点

在给定的数据集中，一个数据对象是情境离群点，如果关于对象的特定情境，它显著地偏离其他对象。情境离群点又称为条件离群点，因为它们条件地依赖于选定的情境。一般地，在情境离群点检测中，所考虑数据对象的属性划分成两组：

情境属性：数据对象的情境属性定义对象的情境。一般为静态属性变量，如信用卡欺诈检测中，不同年龄、不同地区的人消费情况是不同的，先按照静态属性将人群大致分类，再检测每一类的离群点，会得到更好的结果。

行为属性：定义对象的特征，并用来评估对象关于它所处的情境是否为离群点。在上述例子中，行为属性可以是消费金额、消费频率等。

情境离群点分析为用户提供了灵活性，因为用户可以在不同情境下考察离群点，这在许多应用中都是非常期望的。

3. 集体离群点

给定一个数据集，数据对象的一个子集形成集体离群点，如果这些对象作为整体显著地偏离整个数据集。如一家供应链公司，每天处理数以千计的订单和出货。如果一个订单的出货延误，则可能不是离群点，因为统计表明延误时常发生。然而，如果有一天有 100 个订单延误，则必须注意。这 100 个订单整体来看，形成一个离群点，尽管如果单个考虑，它们每个或许都不是离群点。你可能需要更详细地考察这些订单，搞清楚出货问题。

与全局和情境离群点检测不同，在集体离群点检测中，不仅必须考虑个体对象的行为，而且还要考虑对象组群的行为。因此，为了检测集体离群点，需要对于对象之间联系的背景知识，如对象之间的距离或相似性测量方法。

5.7.3 离群点检测方法

1. 统计学方法

离群点检测的统计学方法对数据的正常性做假定，假定数据集中的正常对象由一个随机过程（生成模型）产生。因此，正常对象出现在该随机模型的高概率区域中，而低概率区域中的对象是离群点。

离群点检测的统计学方法的一般思想是：学习一个拟合给定数据集的生成模型，然后识别该模型低概率区域中的对象，把它们作为离群点。有许多不同方法来学习生成模型，一般而言，根据如何指定和如何学习模型，离群点检测的统计学方法可以划分成两个主要类型：参数方法和非参数方法。

参数方法假定正常的数据对象由一个参数分布产生。该参数分布的概率密度函数给出对象被该分布产生的概率。该值越小，越可能是离群点。

非参数方法并不假定先验统计模型，而是试图从输入数据中确定模型。非参数方法的例子包括直方图和核密度估计。

（1）参数方法

①基于正态分布的一元离群点检测

假定数据集由一个正态分布产生，然后，可以由输入数据学习正态分布的参数，并把低概率的点识别为离群点。视具体情况而定，将其不同大小区域外的数据视为离群点。这种直截了当的统计学离群点检测方法也可以用于可视化。

②多元离群点检测

可以使用马哈拉诺比斯距离、统计量、混合参数分布检测多元离群点。

（2）非参数方法。使用直方图检测离群点包括如下两步：

第一步：构造直方图。尽管非参数方法并不假定任何先验统计模型，但是通常要求用户提供参数，以便用数据学习。如指定直方图的类型（等宽或等深的）和其他参数（如直方图中的箱数或每个箱的大小）。与参数方法不同，这些参数并不指定数据分布的类型（如高斯分布）。

第二步：检测离群点。为了确定一个对象是否是离群点，可以对照直方图检验它。在最简单的方法中，如果该对象落入直方图的一个箱中，则该对象被看作是正常的，否则被认为是离群点。

对于更复杂的方法，可以使用直方图赋予每个对象一个离群点得分。一般可以令对象的离群点得分为该对象落入的箱的容积的倒数。得分越高，表明是离群点的概率越大。

使用直方图作为离群点检测的非参数模型的一个缺点是：很难选择一个合适的箱尺寸。一方面，如箱尺寸太小，则有很多正常对象都会落入空的或稀疏箱，因而被误识别为离群点，这将导致很高的假正例率或低精度。相反，如果箱尺寸太大，则离群点对象可能渗入某些频繁的箱中，这将导致很高的假负例率或召回率。为了解决这些问题，使用核密度估计来估计数据的概率密度分布。

2. 基于邻近性的方法

给定特征空间中的对象集，可以使用距离度量来量化对象间的相似性。基于邻近性的方法假定：离群点对象与它最近邻的邻近性显著偏离数据集中其他对象与它们近邻之间的邻近性。有两种类型的基于邻近性的离群点检测方法：基于距离的和基于密度的方法。基于距离的离群点检测方法考虑对象给定半径的邻域。一个对象被认为是离群点，如果它的邻域内没有足够多的其他点。基于密度的离群点检测方法考察对象和它近邻的密度。这里，一个对象被识别为离群点，因为它的密度相对于它的近邻低得多。

（1）基于距离的离群点检测。对于待分析的数据对象集 D，用户可以指定一个距离阈值 r 来定义对象的合理邻域。对于每个对象 o，可以考察 o 的 r-邻域中的其他对象的个数。如果 D 中大多数对象都远离 o，即都不在 o 的 r-邻域中，则 o 可以被视为一个离群点。

（2）基于密度的离群点检测。现实世界的许多数据集都呈现更复杂的结构，那里对象可能关于其局部邻域，而不是关于整个数据分布而被视为离群点。因此，很难用距离来检测离群点。基于密度的离群点检测方法的基本假定是：非离群点对象周围的密度与其邻域周围的密度类似，而离群点对象周围的密度显著不同于其邻域周围的密度。

3. 基于聚类的方法

基于聚类的方法通过考察对象与簇之间的关系检测离群点。直观地，离群点是一个对象，它属于小的偏远簇，或不属于任何簇。下面是三种基于聚类的离群点检测的一般方法：

（1）该对象属于某个簇吗？如果不，则它被识别为离群点；

（2）该对象与最近的簇之间的距离很远吗？如果是，则它是离群点；

（3）该对象是小簇或稀疏簇的一部分吗？如果是，则该簇中的所有对象都是离群点。

基于聚类的离群点检测方法具有如下优点：首先，它们可以检测离群点，而不要求数据是有标号的，即它们以无监督方式检测。其次，它们对许多类型的数据都有效。再次，簇可以看成是数据的概括，一旦得到簇，基于聚类的方法只需要把对象与簇进行比较，以确定该对象是否是离群点，这一过程通常很快，因为与对象总数相比，簇的个数通常很小。基于聚类的方法的缺点是：它的有效性高度依赖于所使用的聚类方法。这些方法对于离群点检测而言可能不是最优的。对于大型数据集，聚类方法通常开销很大，这可能成为一个瓶颈。

4. 基于分类的方法

如果训练数据具有类标号，则离群点检测可以看作分类问题。基于分类的离群点检测方法的一般思想是：训练一个可以区分"正常"数据和离群点的分类模型。基于分类的离群点检测方法通常使用一类模型（单分类模型 SVDD），即构造一个仅描述正常类的分类器，不属于正常类的任何样本都被视为离群点。基于分类的方法和基于聚类的方法可以联合使用，以半监督的方式检测离群点。

5. 挖掘情境离群点和集体离群点

与一般的离群点检测相比，识别情境离群点需要分析对应的情境信息。情境离群点检测方法可以根据情境是否可以清楚地识别而分成两类。

（1）把情境离群点检测转换成传统的离群点检测。这类方法适用于情境可以被清楚识别的情况，其基本思想是把情境离群点检测问题转换成典型的离群点检测问题。具体地说，对于给定的数据对象，用两步来评估该对象是否是离群点。第一步，使用对象的情境属性识别对象的情境。第二步，使用一种传统的离群点检测方法，估计该对象的离群点得分。

（2）关于情境对正常行为建模。在某些应用中，清楚地把数据划分成情境是不方便的或不可行的。这时，可以关于情境对正常行为建模；使用一个训练数据集，这种方法训练一个模型，关于情境属性的值，预测期望的行为属性值。然后，为了确定一个数据对象是否是情境离群点，可以在该对象的情境属性上使用该模型。如果该对象的行为属性值显著地偏离该模型的预测值，则该对象被宣布为情境离群点。通过使用连接情境和行为的预测模型，这些方法可避免直接识别具体情境。许多分类和预测技术都可以用来构建这种模型，如回归、马尔科夫模型和有穷状态自动机，等等。

与情境离群点检测一样，集体离群点检测方法也可以划分为两类。

（1）第一类方法把问题归结为传统的离群点检测。其策略是识别结构单元，把每个结构单元（例如，子序列、时间序列片段、局部区域或子图）看作是一个数据对象，并提取特征。这样，集体离群点检测问题就转换成在使用提取的特征构造的"结构化对象"集上的离群点检测。一个结构单元代表原数据集中的一组对象，如果该结构单元显著地偏离提取的特征空间中的期望趋势，则它是一个集体离群点。

（2）为集体离群点检测预先定义结构单元可能是困难的，或者是不可能的。因此，第二类方法直接对结构单元的期望行为建模。例如，为了在时间序列中检测离群点，一种方法是从序列中学习马尔科夫模型。因此，一个子序列被宣布为集体离群点，如果它显著地偏离该模型。

6. 高维数据中的离群点检测

一般地，高维数据的离群点检测方法应该应对以下挑战：

（1）离群点的解释：不仅应该能够识别检测离群点，而且能够提供离群点的解释。离群点的解释可能是，例如，揭示离群点的特定子空间，或者关于对象的"离群点性"的评估。这种解释可以帮助用户理解离群点的含义和意义。

（2）数据的稀疏性：这些方法应该能处理高维空间的稀疏性。随着维度的增加，对象之间的距离严重地被噪声所左右。因此，高维空间中的数据通常是稀疏的。

（3）数据子空间：它们应该以合适的方式对离群点建模，例如，自适应现实离群点的子空间和捕获数据的局部变化。在所有的子空间上使用固定的距离阈值来检测离群点不是一种好想法，因为两个对象之间的距离随着维度增加而单调增加。

（4）关于维度的可伸缩性：随着维度的增加，子空间的数量是指数增加。包含所有可能的子空间的穷举组合探索不是可伸缩的选择。

高维数据的离群点检测方法可以划分成三种主要方法，包括扩充的传统离群点检测、发现子空间中的离群点和对高维离群点建模。

（1）扩充的传统离群点检测。一种高维数据离群点检测方法是扩充的传统离群点检测方法。它使用传统的基于邻近性的离群点模型。然而，为了克服高维空间中邻近性度量恶化问题，它使用其他度量或构造子空间并在其中检测离群点。另一种方法则是通过维规约，把高维离群点检测问题归结为较低维上的离群点检测。其基本思想是：把高维空间规约到低维空间，那里标准的距离度量仍然能够区分离群点。如果能够找到这样的较低维空间，则可以用传统的离群点检测方法。为了降低维度，可以对离群点检测使用或扩充一般的特征选择和提取方法。例如，可以用主成分分析（PCA）来提取一个低维空间。

（2）发现子空间中的离群点。高维数据中离群点检测的另一种方法是搜索各种子空间中的离群点。其唯一的优点是，如果发现一个对象是很低维度的子空间的离群点，则该子空间提供了重要信息，解释该对象为什么和在何种程度上是离群点。

（3）高维离群点建模。另一种方法是试图直接为高维离群点建立一个新模型。这种方法通常避免邻近性度量，而是采用新的启发式方法来检测离群点。

◄◄◄ 第6章

基于大数据挖掘的服刑人员再犯罪预测

6.1 基于大数据的服刑人员危险性预测研究

监狱作为国家的刑罚执行机关，监管安全是监狱工作的首要任务，也是构建和谐社会的重要基石。目前，监狱为了确保监管安全，提出了各种管理方法，制定了各种管理制度，来规范监管。近年来，按照国家、司法部和各省的有关部署，经过各级司法行政机关的共同努力，监狱信息化建设工作已取得了很大的进展，但与公安等政法系统相比，各地监狱信息化建设发展不均衡、水平不一、缺乏信息化评估体系；各系统重复数据录入，各系统之间没有实现数据整合与共享，形成很多"信息孤岛"；重防控、轻整合，重建设、轻应用的现象比较普遍，信息化应用的总体水平仍然相对较低，信息技术在监管安全中的应用有待进一步提升。随着云计算、物联网、智能化视频监控等新型 IT 技术在监狱中的深入应用，监狱网络、信息资源库、应用软件、应用服务器、视频监控系统、无线传感器网络、基于无线定位的电子腕带和 RFID 等组成的物联网智能安防监控等系统所产生的数据呈爆炸性增长，并且数据量从线性级到指数级增长，数据已经成为一种新的资产，而大数据将产生新的价值，监狱系统正面临着"大数据""大系统"的管理和维护问题。利用数据挖掘、模式识别和机器学习等大数据技术从监狱信息化资源库、安防监控等系统及服刑人员的日常行为中收集服刑人员的相关数据并整合成数据集，然后进行聚类、关联、分类和深度分析，提炼信息规律，获取知识建立数据模型来对监狱服刑人员的危险性进行模式识别和预测，服刑人员危险性的识别与预测将日益基于数据分析做出，而不是像过去更多凭借经验和直觉。

6.1.1 监狱监管改造安全的现状

"惩罚和改造服刑人员，预防和减少犯罪，确保监管安全稳定，维护执法公平正义"是《监狱法》赋予监狱的职能，而这其中监管安全更是重中之重。当前，监狱各类业务信息管理系统和安全防范系统在监狱的应用大大提高了监狱的监管改造管理水平和工作能力，然而监狱突发事件仍时有发生。在百度搜索引擎里输入"越狱案件统计"，百度找到相关结果约 1 280 000 个，排在前几个的统计信息有：2011年 9 月 15 日财新网公开报道 10 起重大越狱案件，报道最后总结这些越狱案件多与监狱管理漏洞有关〔1〕；2014 年 9 月 4 日中商情报网报道近年来的 7 大越狱案件〔2〕，2014 年 11 月 3 日中华网公开报道了近 7 年来的 12 起越狱案件〔3〕，2015 年环球军事网报道了中国最严重的监狱越狱案件分析〔4〕，报道中广东省监狱管理局副局长说："这说明我们监狱在内部管理上、在隐患整治上存在漏洞。"上述只是公开报道的监狱越狱事件，监狱安全监管事件除了服刑人员越狱脱逃外，还包括集体暴乱、自杀、罪犯斗殴、传染病、生产安全事故及自然灾害等安全突发事件。然而，在现有制度下，大部分省份的监狱将

〔1〕 黄晨："近年 10 起重大越狱案件一览"，http://www.caing.com/2011-09-15/100302744.html，最后访问日期：2015 年 12 月 16 日。

〔2〕 中商情报网："黑龙江嫌犯杀警越狱盘点：近年国内越狱大案件"，http://mil.askci.com/military/2014/09/04/93322wofp.shtml，最后访问日期：2015 年 12 月 16 日。

〔3〕 王婷婷、张莹："媒体盘点近 7 年 12 起越狱案 28 名越狱犯全被抓回"，http://news.china.com/domestic/945/201 41103/18922977，最后访问日期：2015 年 12 月 16 日。

〔4〕 环球军事网："中国最严重的监狱越狱案件分析"，http://www.huanqiumil.com/a/40936，最后访问日期：2015 年 12 月 17 日。

劳动改造、生活卫生等形成的计分作为减刑、假释的重要依据，证明服刑人员确有悔改不致危害社会，这显然会导致监狱执法的科学性受到质疑。服刑人员出于减刑、假释的需要，会有针对性地根据监狱制定的计分方式和计分细则来尽最大努力获取分数，这必然会造成服刑人员改造思想的不端正和诱发功利改造思想。在实践中，普遍存在罪犯减刑前后两个样，前后反差很大的情况。并且一旦服刑人员脱离了监狱环境回归社会，监狱监管的丧失，服刑人员的危险性将很难预料。从长远意义上来说，计分考核制度在一定程度上给监狱监管改造工作带来不良影响，因此有必要对服刑人员的监管改造模式进行革新，探索新的监管安全手段和方法。

6.1.2 服刑人员再犯罪预测与危险性评估

1. 服刑人员再犯罪预测

Beck&Bemand（1989）通过档案分析发现，5%的犯罪人要对 45%案件的发生负责；Farrington（1996）的研究也显示，在所有案件中，有将近一半是由 6%的犯罪人完成的。这一现象表明，通过对高危险性服刑人员的行为识别和预测是可以实现预防的。各国学者开始了相关问题的探讨，研究个体特别是特定服刑人员是否具有人身危险性、危险性程度如何等问题，并且形成了一系列评估手段、方法。阿根廷的拉普拉特在 2011 年实施了 "风险评估试点项目"，在当地法院的申请下，通过 HCR-20、PCL-R 和 VARG，对 65 名有假释资格的罪犯进行了评估；日本成立了 "专门监督官特别队"，对缓刑、假释者进行再犯风险评估；英国研发出了 "犯罪人需要评价量表"，根据量表得分划分风险程度并将不同风险的犯罪人划分为高、中、低 3 种监管等级[1]。在中国，为提高监管改造的科学性和执法的公正性，为预防狱内突发事件的发生，为减刑、假释的需要，为服刑人员在社区矫正

---

〔1〕　何川、马皑："罪犯危险性评估研究综述"，载《河北北方学院学报（社会科学版）》2014 年第 2 期。

中再犯罪预测，全国很多监狱都开展了针对服刑人员的危险性评估。司法部预防犯罪研究所于 1992 年出版的《中国重新犯罪研究》，定性地分析了影响刑释人员再犯的可能性因素及其动机，但由于缺少实证数据和科学手段的支持，也没有提出如何对再犯可能性进行评估。上海市监狱管理局（2003）制定了《违法犯罪可能性量表（修订版）》对减刑、假释、监外执行的服刑人员的危险性进行预测，但没有提出具体预测关系函数；黄兴瑞等（2004）采用判断抽样方法对浙江省 715 名（初犯 345，再犯 370）犯人进行了问卷调查，运用数理统计方法，提取出 12 项与再犯显著相关的特征，并分别制成判刑前、入狱前、服刑中、释放前四种再犯罪预测量表，但由于用初犯代替未重新犯罪者，对不同特征没有赋予不同的权重，导致"弃真"错误率超过 50%。邬庆祥（2005）对 15 000 名刑释人员进行问卷调查，选择 14 个再犯特征，利用多元线性回归函数对其再犯罪进行预测。章恩友（2007）提出通过在押人员自评量表、他评量表和实验模拟 3 个主要手段建立再犯预测评估体系，通过对在押人员的掩饰倾向、个性特质的变化、社会适应水平、改造质量等方面来确定再犯罪概率；曾赟（2011）对浙江省不同类型监狱 1 238 名随机在押犯样本进行调查与统计，采用多因素方差分析与二元 Logistic 回归分析，提出了 11 项罪犯出监前重新犯罪预测因子，但没有给出预测因子与应变量（再犯罪）的函数关系；孔一等（2011）选择浙江省监狱 313 名重新犯罪人员和 288 未重新犯罪的刑释人员分别作为实验组和对照组，利用 SPSS17.0 通过统计方法求得 λ 或 E^2 系数来选择初始预测特征，再通过合并预测特征，实现降维，但同样也没有给出预测特征和应变量的函数关系。

2. 服刑人员危险性评估

在西方国家，根据罪犯危险等级分配司法资源，既可以降低司法成本，又可以提高司法效能，其中的司法实践就是"危险管理"，而对罪犯进行危险性评估是危险管理的重要依据，其准确程度将直接影响危险控制的效果。段晓东将危险性评估定义为通过摸底排队，了解全部罪犯的有关动态，从而对监狱内所监管的罪犯危险性进行分析[1]；翟中东将危险性评估定义为通过一定技术对罪犯重新犯罪或者实施其他犯罪的可能进行预测，从而为控制这些危险提供依据[2]；学术界很多专家也从罪犯的人身危险性、社会危险性、心理危险性和再犯罪等多个角度对其危险性进行评估。浙江师范大学曹建路利用 SPSS13.0 和 LISEL8.70 统计工具对江苏省某重型犯监狱的 352 名罪犯将静态因素量表和自建动态因素量表相结合，但没有通过试验测量法进行权重赋值[3]；上海师范大学徐英兰以 1 830 名新收监罪犯为研究对象编制了罪犯狱内危险评估自评量表和他评量表，应用统计方法对量表进行信度和效度检验，相关拟合指数大于 0.8，模型拟合较好，通过量表测定给出危险等级和危险类型，但其特征因素的权重主要是依据经验设定[4]；孙岳芳等对假释罪犯制定了人身危险性量表，主要包括罪前人身、犯罪行为、生理状况、心理状况和罪后表现，但没有对这些量表中的特征进行统计学意义上的信度和效度检验[5]。目前，对于社区矫正危险性评估就是对其再犯罪的预测，张学霏将社区矫正中人身危险性评估分为入矫前、矫正中、解矫前三个阶段，并根据不同阶段设定不同量表，但只是进行定性叙述[6]。由此，可以看出服刑人员危险性评估按照时空的转换可分为狱前危险性评估、狱内危险性评估、服刑人员假释危险性评估、社区矫正人员危险性评估。

综上所述，我们可以看出，早期对罪犯的再犯罪的预测或危险性评估主要是通过定性分析，最近几年主要是通过随机抽样选择样本，然后利用统计学方法提取特征，制定量表进行再犯罪预测或危险性评

〔1〕　段晓东：“科学分析狱情之管见”，载《中国监狱学刊》2005 年第 1 期。

〔2〕　参见翟中东：《国际视域下的重新犯罪防治政策》，北京大学出版社 2009 年版。

〔3〕　曹建路：“成年服刑人员人身危险性评估体系的建构”，浙江师范大学 2013 年硕士学位论文。

〔4〕　徐英兰：“罪犯狱内危险度评估量表的研制”，上海师范大学 2015 年硕士学位论文。

〔5〕　孙岳芳、俞凯：“假释罪犯人身危险性评估机制研究”，载《法制与社会》2013 年第 15 期。

〔6〕　张雪霏：“社区矫正中人身危险性评估的三阶段划分及应用”，载《开封教育学院学报》2015 年第 10 期。

估。一方面，量表测评本身具有其局限性，如果量表没有进行信度和效度的检验，其准确性很难保证；即使进行了效度和信度检验，一套量表一旦制定出来就相对固定了，变成通用的了，然而和犯罪行为相关的因素会随着社会环境、地理区域、犯罪类型等因素的变化而变化，因此量表的信、效度会随着时空的转换而变得越来越低。另一方面，抽样调查本身具有登记性误差和代表性误差，登记性误差是指由犯人人为因素造成的误差；代表性误差是指不论随机抽样多么科学，总是不能代替所有目标对象，因此从样本空间提取出来的特征总是和实际有一定的误差。在大数据时代，我们首先收集全部服刑人员的结构化、半结构化、非结构化数据，也即静态属性和动态行为数据；然后利用统计方法、数据挖掘等相关技术提取罪犯危险性特征，建立服刑人员危险性识别与动态预测模型；再然后利用机器学习等技术根据后期测试结果不断训练模型，提高精度，使其成为一个循环反馈环路，从而建立一套服刑人员危险性识别与动态预测体系。该体系一方面针对的是所有服刑人员，避免了抽样调查本身带来的误差；另一方面该体系收集的是每个服刑人员的静态属性和动态行为数据，可提供个性化、精细化的危险性识别和预测，避免了模型随时空的转换而信、效度降低的可能。

6.1.3 监狱大数据分享中的隐私保护

20世纪90年代中叶，美国马萨诸塞州团体保险委员会发布州政府雇员的"经过匿名化处理的"医疗数据供公共医学研究，删除了数据中所有的敏感信息，例如姓名、住址和社会安全号码。然而1997年，麻省理工学院博士生拉坦娅·斯威尼利用数据集中的出生日期、性别和邮编三元组信息成功破解了这份匿名数据，并找到了时任州长威廉·威尔德的医疗记录，还将该记录直接寄给了州长本人。2006年8月4日，美国在线公司在互联网上发布了超过65万用户在过去三个月的搜索关键字，以供公众对搜索技术进行研究。该公司用一个随机号码来替代用户的账号实现匿名化处理，随后，《纽约时报》成功破解该数据集，这起隐私泄漏事件导致美国在线公司在北加州地方法院被起诉。目前，相比较于其他领域，学者对服刑人员的危险性研究之所以较少，一个很大的原因就是因为服刑人员数据的敏感性。然而在大数据时代，对监狱服刑人员的数据进行研究同样也是必要的，这有利于监狱对服刑人员危险性的识别和预测，但是数据分享会带来被泄露的风险，因此对监狱服刑人员的数据进行隐私保护成为监狱大数据研究中的必要条件。隐私保护的目标在于既要保证修改后的数据不会遭受去匿名化攻击，又要在保护隐私的同时，保留原数据的有用信息。监狱服刑人员数据属性可以分为 4 类属性〔1〕：①个体标识属性，可以显式表明个体身份的属性，比如姓名、身份证号码和手机号码〔2〕。②准标识属性，攻击者可以通过与外部数据表进行链接从而获得个体隐私信息，比如性别、年龄和邮政编码。③敏感属性，描述个体隐私的细节信息，比如疾病和收入。④与上述无关的其他属性。

对于服刑人员个体标识信息一般可通过删除、随机数替换、哈希码替换等方法来实现数据保护。因为某些准标识属性组的取值是唯一的，为了防止攻击者通过链接攻击的方法获得个体隐私信息，对于服刑人员准标识属性可通过数据概化方法和有损连接来处理〔3〕。最早被广泛认同的隐私保护机制为 k-匿名〔4〕，它要求发布表中的每个元组都至少与其他（k-1）个元组在准标识属性上完全相同，使得其不再与任何人一一对应，然而 k-匿名存在严重一致性攻击漏洞；微软研究院的德沃柯（Dwork）等人于 2006 年提出了差分隐私模型及差分隐

〔1〕　王茜、张刚景："实现单敏感属性多样性的微聚集算法"，载《计算机工程与应用》2015 年第 11 期。

〔2〕　童云海等："隐私保护数据发布中身份保持的匿名方法"，载《软件学报》2010 年第 4 期。

〔3〕　童云海等："隐私保护数据发布中身份保持的匿名方法"，载《软件学报》2010 年第 4 期。

〔4〕　Latanya Sweeney, "K-anonymity: A Model for Protecting Privacy", *International Journal of Uncertainty, Fuzziness and Knowledge-Based Systems*, pp. 557~570.

私的通用随机算法[1]：拉普拉斯机制，但该机制主要针对实数值的场合；为此，麦克雪莉（McSherry）和图沃（Tulwar）提出适用于离散值域的指数机制，也是差分隐私的经典通用算法[2]。差分隐私假定攻击者及时知晓了原数据中的除了某一条记录之外的所有信息，仍然能提供保护，但如此高强度的保护必然带来大量的噪声，影响数据的可用性。所以在实际应用中，也出现了一些改进差分隐私的尝试[3]。在利用服刑人员的静态属性和动态行为数据进行危险性识别与预测时，可根据数据的类型、安全级别、数据的精确度和隐私度的值来选择不同泛化的算法。数据隐私保护力度可通过平均泄露概率比（Average Probability Rate，APR）来衡量，数据精确度（泛化后数据的可用程度）可通过加权属性熵（Weighted Attributes Entropy，WAE）来衡量[4]。

$$\text{APR} = f(e_{\min},\ k) \sqrt[N]{\prod_{i=1}^{N}\left(\frac{\frac{1}{k}}{p_i}\right)} \tag{6.1}$$

$$f(e_{\min},\ k) = \begin{cases} 1 & e_{\min} \geq k \\ -1 & e_{\min} < k \end{cases} \tag{6.2}$$

其中，N 表示数据集 T* 中的元组数，$p_i = 1/e_i$（e_i 为第 i 个分组中的元组数）表示第 i 条元组对应个体信息的被泄漏率，k 为数据泛化处理中每个分组中的元组数，$e_{\min}$ 表示等价组中的最小元组数。

$$WAE(T*) = \frac{1}{N}\sum_{i=1}^{gcnt} I(G^i) \tag{6.3}$$

[1] Dwork C, Mcsherry F, Nissim K, "Calibrating Noise to sensitivity in private Data analysis", *Theory of Cryptography*, pp. 94~103.

[2] McSherry F, Talwar K, "Mechanism design via differential privacy", *IEEE Symposium on Foimdations of Computer Scince*, *IEEE Conputer Society*, pp. 94~103.

[3] Xi He, A. Machanavajjhala, B. Ding, "Blowfish Privacy: Tuning Privacy-utility Trade-offs Using Policies", pp. 1447~1458.

[4] 黄灿：《数据发布中隐私保护关键技术的研究》，南京航空航天大学 2010 年硕士学位论文。

$$I(G) = |G| \cdot \sum_{j=1}^{D} w_j \cdot logvcnt_j \tag{6.4}$$

其中，WAE（T＊）定义为所有元组加权信息量的平均值，I（G^i）为等价组 G 个属性的加权信息总量，gcnt 为 T＊包含的等价组总数；｜G｜表示等价组 G 的元组数，D 表示属性 A_j 的最大数，w_j 是各个属性分配的不同权重，有 $\sum w_j = 1$，$vcnt_j$ 是属性 A_j（$1 \leq j \leq D$）在等价组 G 上的值 V_j 所代表的精确值个数。实验结果[1]发现数据的隐私度和精确度在总体上呈现相反的变化趋势，但在整个区间并不都是单调递减关系，段与段之间是逐渐增长或消减的，因此在选择较优的泛化隐私保护模型及算法时，我们可根据实际需要选择那些隐私度和精确度都优的点，也可选择那些隐私度或精确度单个优的点。

6.1.4 基于大数据的服刑人员危险性识别与预测

1. 基于大数据的服刑人员危险性识别与预测架构

目前，全国大部分监狱都已建立各类业务信息管理系统，内部历史数据量越来越大，然而在建设过程中由于主要从业务部门考虑，导致数据分散存储、数据冗余、数据不完整、数据字段标准不一等现象，使得数据难以集成为统一的大数据平台。面对有结构化数据（例如各业务管理系统中的数据）、半结构化数据（例如服刑人员病例）和非结构化数据（例如服刑人员和家属会见及电话记录、视频监控）组成的海量多源数据，不仅需要有效组织存储，而且需要筛选过滤，经深度挖掘后提取出更为有效的知识为服刑人员的危险性识别和预测服务。20 世纪 90 年代以来，数据仓库作为一种具有支持数据挖掘、联机分析处理、传统查询及报表功能并解决数据整合、数据展现及数据分析的系统架构受到学术界和产业界的广泛关注，逐渐成为信息化

---

〔1〕 黄灿：“数据发布中隐私保护关键技术的研究”，南京航空航天大学 2010 年硕士学位论文。

建设的主流技术，为决策支持提供了重要帮助〔1〕。一个典型的数据仓库架构见图 6-1 所示，它分为四个层次，首先使用 ETL 工具对数据源中的数据进行数据抽取（Extract）、清洗（Cleaning）、转换（Transform）、装载（Load）到数据仓库集中存储，然后按照某种模型（星型或雪花型）组织数据；然后 OLAP（On-Line Analytical Processing）工具从数据仓库中读取数据，生成数据立方体，供前段用户查询、分析和挖掘等应用。

图 6-1 的模型存在两个问题：首先由于在数据源层和分析层之间引入一个存储管理层，在提升数据质量的同时也付出了较大的数据迁移代价和执行时的连接代价；其次传统的数据仓库假设主题是较少变化的，因此很难适应基于主题的大数据需求变化。面对数据量大、数据类型多、处理速度快、价值密度低、异构（结构化、半结构化、非结构化）等大数据下的各种挑战，监狱需要新的大数据分析与预测架构。文献〔2〕提出视频监控大数据应用框架和监狱大数据应用架构，但架构没有分层，更没有针对业务逻辑进行建模和大数据处理。

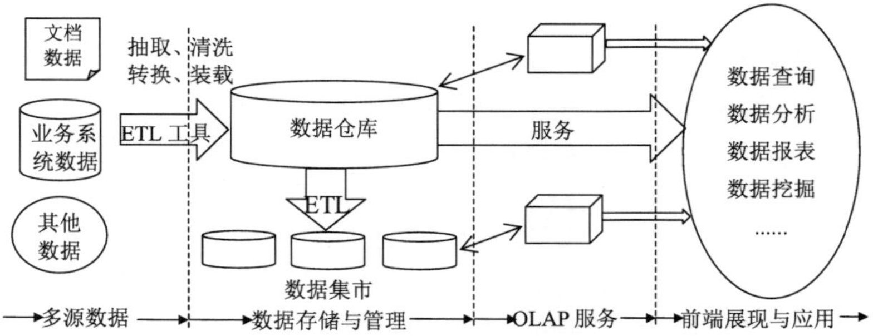

图 6-1 数据仓库典型架构

基于大数据的服刑人员危险性识别与预测架构见图 6-2 所示，在

---

〔1〕 唐世渭、童云海："数据仓库技术在金融行业的深度应用和发展趋势"，载《中国金融电脑》2010 年第 7 期。

〔2〕 参见孙培梁：《智慧监狱》，清华大学出版社 2014 年版。

多维数据源层的结构化数据中，罪犯信息库包括：罪犯服刑数据、罪犯家属数据、罪犯社会关系数据；警察职工信息库包括：警察职工数据、警察职工人事管理数据、警务督察数据；监管改造信息库包括：狱政管理数据、劳动改造数据、教育改造数据、刑法执行数据、狱内侦查数据、生活卫生数据、罪犯医疗健康数据等；物联信息库包括：罪犯定位数据、车辆定位数据、劳动工具定位数据、安防设备物联数据；半结构化数据中的日志数据主要包括：各信息系统的日志；社会数据主要包括：监狱门户网站及互联网中有关服刑人员的数据；非结构化数据中的文本数据主要包括：监狱日常开会的记录数据、监狱警察每月对服刑人员的谈话数据；服刑人员可穿戴设备产生的数据、监狱警察在服刑人员和家属会见时的记录数据等一切由监狱日常工作所产生的所有文本数据；音频数据主要包括：监狱会见系统及远程电话等系统中的所有录音数据；视频数据主要包括：监狱所有视频监控产生的数据。对多源数据进行数据预处理后可存放到分布式数据库中，然后分别建立基于不同的危险等级和危险分类主题的数据集市，并通过数据仓库来实现，利用图计算系统对服刑人员的社会关系、劳动关系、饭友关系等网络进行分析；逻辑模型层通过统一的数据总线接口进行数据分析挖掘和机器学习。

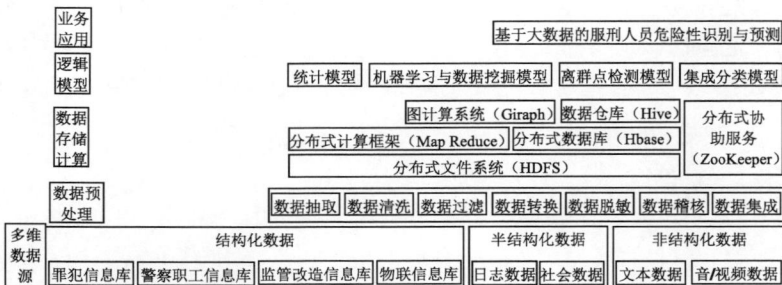

图 6-2　基于大数据的服刑人员危险性识别与预测架构

2. 基于大数据的服刑人员危险性识别与预测逻辑模型

基于大数据的服刑人员危险性识别与预测逻辑模型主要包括统计模型、机器学习与数据挖掘模型、离群点检测模型、集成分类模型等，这些模型针对不同的数据结构类型、不同的业务领域通过相关算法从不同维度、不同的时空变化来实现对服刑人员危险性的识别与预测。

（1）服刑人员危险性统计模型。大数据时代的到来暴露了传统统计学已有方法的缺陷，从抽样调查、数据管理和存储、统计分析和计算，海量数据分析的需求对统计学带来了严峻的挑战。针对大数据时代的高维数据降维分析，Jiangqing Fan 教授提出了优于传统主成分分析的投影主成分分析（Projected Principal Component Analysis），是大数据背景下统计学的重构和创新。而要想从高维数据中找到起作用的特征，有效的变量选择通过剔除多余的变量能够给出最优的预测变量，从而得到最简洁的模型，同时，有效的变量选择能够提高模型的预测精度。确定独立筛选方法（Sure Independence Screening，SIS）大大提高了超高维变量选择的计算速度及统计性质[1]。

然而在大数据时代下，统计学模型仍然具有重要意义，比如可利用回归分析进行变量选择。对服刑人员所犯案件及其同伙服刑人员（不一定要在一个监狱关押）的犯罪网络图谱进行分析，可建立服刑人员危险性逻辑模型，实现对服刑人员的犯罪网络维度上的统计分析、危险性识别与预测。服刑人员的危险性可通过服刑人员网络中心度 C_p 来识别，它是用来表示服刑人员在整个服刑人员网络（监狱或监区）里的影响力，则：

$$C_p = f_p \frac{m}{n} + f_c \frac{Dr_i}{Max(Dr_1, \ Dr_2, \ \cdots, \ Dr_n)} \qquad (6.5)$$

其中，服刑人员 i 的危险程度 $Dr_i = \sum_{j=1}^{n} d_{ij}$，其中 d_{ij} 表示第 i 个服刑人员所参与的第 j 个案件的危险程度，$d_{ij} = t_j * Dp_j$，案件类型参数 t

〔1〕 赵彦云等：“大数据时代统计学的重构与创新”，载《统计研究》2015 年第 2 期。

说明案件在《诉讼法》中的判刑级别；类型危害参数 Dp_j 说明案件内在的危害程度；Dr_i 表示第 i 个服刑人员所参与的所有案件的危险程度之和。n 表示服刑人员网络中的节点数，m 表示服刑人员网络中和第 i 个服刑人员有直接关系的节点数，$\dfrac{m}{n}$ 表示社会网络中心度；f_p 和 f_c 分别为两个程度参数，并且 $f_p + f_c = 1$，一般 f_p 在 0.2~0.4 之间，f_c 在 0.6~0.8 之间，相对来说，服刑人员的危险程度更能说明服刑人员网络的中心度，由此可识别、预测出服刑人员中的关键成员，从而进行重点监管，降低监狱安全事件的发生，提高安全监管能力。

（2）机器学习与数据挖掘模型。机器学习是指利用经验来改善计算机系统自身的性能，最本质的问题是要最小化预测误差的某种度量。数据挖掘是指从大量数据中揭示出隐含的、先前未知的并有潜在价值的信息的过程。大体上看，数据挖掘可以视为机器学习和数据库的交叉，它主要利用机器学习提供的技术来分析海量数据，利用数据库提供的技术来管理海量数据。利用数据挖掘进行数据分析常用的方法主要有分类、回归分析、聚类、关联规则、特征分析、变化和偏差分析等。利用回归分析，可对服刑人员危险性建立函数关系，发现变量或属性间的依赖关系，可通过散点图进行特征选择；对未标记危险性类别的服刑人员进行聚类分析，可用于发现服刑人员的异常行为，可用于离群点检测；特征分析用于确定服刑人员危险性的属性特征；变化和偏差分析用于识别服刑人员的日常反常行为。在监狱这个独特的环境中，可利用时空数据挖掘实现对服刑人员危险性的识别与预测，时空数据挖掘主要分为：时空模式挖掘、时空聚类、时空异常检测[1]。服刑人员危险性时空异常检测在于识别某个服刑人员和他在空间上相邻并在一段连续时间内出现的邻居有着显著差异的服刑人员，常用基于距离、密度和聚类的方法。

（3）服刑人员危险性离群点检测模型。离群点是数据集中偏离大

---

〔1〕　吉根林、赵斌："面向大数据的时空数据挖掘综述"，载《南京师大学报（自然科学版）》2014年第1期。

部分数据的数据，被用来发现稀有模式或者数据集中异常于其他数据的对象。离群点检测可以分成三类：全局离群点、情景（或条件）离群点和集体离群点，全局离群点是指一个数据对象显著偏离数据集中的其他所有对象；情景离群点是指在某个特定情景下，一个数据对象显著偏离该情景中的其他对象；集体离群点是指数据集的一个子集偏离整个数据集[1]。通过对服刑人员危险性数据集中的离群点分析，可以迅速、准确地甄别发生在监狱中的时间、空间中的异常事件，从而识别与预测出服刑人员的危险性行为。服刑人员危险性的全局离群点检测主要是指某个服刑人员相比较于其他所有犯人的危险性行为。情景离群点检测在服刑人员危险性识别与预测中，主要是指在监狱的特定区域或特定时间段内发生的异常行为。特定区域是指监狱食堂、监舍、工作场地等服刑人员活动的场所和监狱周界围墙等高危险性场所；特定时间段是指服刑人员早课、就餐、工作、就寝、学习、休闲等时间段。服刑人员危险性集体离群点检测主要是指一小部分服刑人员的集体异常危险性行为，一般可用于服刑人员的网络图谱（犯罪网络、饭友网络等）离群点检测。服刑人员危险性识别与预测主要通过情景离群点检测来实现，具体算法如下：

①对于给定的数据集 D，确定该数据集的情景属性 sa_i（$i \leqslant m$，m 为情景属性的最大维度）和行为属性 bp_j（$j \leqslant n$，n 为行为属性的最大维数）；

②使用训练数据，在情景属性 sa_i 上学习数据的一个混合模型 U，在行为属性 bp_j 上学习数据的一个混合模型 V；

③在 U 和 V 的基础上，学习一个映射 p（$V_j \mid U_i$），然后捕获属于情景属性 U_i 上的簇的对象 o 被行为属性 V_j 上的簇产生的概率；

④用公式（6.6）计算离群点得分，如果该值显著偏离正常值，确定最终离群点，预测出服刑人员的危险性行为。

---

〔1〕 参见［美］韩家炜等：《数据挖掘概念与技术》，范明等译，机械工业出版社 2015 年版。

$$S(o) = \sum_{U_i} p(o \in U_i) \sum_{V_j} p(o \in V_j) p(V_j | U_i) \tag{6.6}$$

（4）服刑人员危险性集成分类模型。分类是数据挖掘、模式识别和机器学习领域中一种重要的技术，是根据数据集的特点构造一个分类模型（分类函数，或称为分类器），能把未知类别的数据映射到给定类别中的一种技术。常用的分类算法主要有决策树、Bayes、神经网络、支持向量机、马尔可夫等分类算法，分类算法的评价标准是预测的准确率、速度、强壮性、可伸缩性、可解释性。文献〔1〕〔2〕基于马尔可夫模型对软件故障、软件漏洞进行分类预测，但是马尔可夫链所反映的最本质的属性是马尔可夫性（称为无后效性），即系统的状况与过去的状况无关。而服刑人员危险性前后是非常紧密相关的。比如一个想自杀的犯人可能会多次自杀，越狱的犯人会多次想越狱等，显然马尔可夫模型不适合用于服刑人员危险性分类预测。经典的神经网络分类模型计算量大，用户很难辨别输入条件对分类结果的影响，而集成分类器通过构建一组基分类器（包括决策树、Bayes、神经网络、支持向量机等分类器），最后通过投票来实现分类，从而提高分类准确率和模型的稳定性。随机森林就是一个经典的集成分类器，它的每一棵树的子分类器相互独立，最后汇总各分类子树的结果，用户可以对分类器进行在线改进，通过条件的不同组合进行训练，可随时根据数据和危险性特征的更新而对新的输入条件进行运算，得到预测结果〔3〕。随机森林的运算速度很快，在处理大数据时表现优异，给出了所有变量的重要性，并可以体现变量间的交互作用，对离群值不敏感〔4〕。因此，基于多个决策树集成的随机森林可用在对服刑人员

---

〔1〕　易锦等："基于马尔科夫链的软件故障分类预测模型"，载《中国科学院大学学报》2013 年第 4 期。

〔2〕　高志伟等："基于漏洞严重程度分类的漏洞预测模型"，载《电子学报》2013 年第 9 期。

〔3〕　孙菲菲、曹卓、肖晓雷："基于随机森林的分类器在犯罪预测中的应用研究"，载《情报杂志》2014 年第 10 期。

〔4〕　李欣海："随机森林模型在分类与回归分析中的应用"，载《应用昆虫学报》2013 年第 4 期。

的危险性识别和预测中。假定服刑人员数据集为 D，然后随机抽取 K 个 bootsrap 样本集，记为 D_i（$i = 1, 2, \cdots, k$）；其次，对每个 D_i 分别建立服刑人员危险性决策树模型 $\{h(x, \theta_i), i = 1, 2, \cdots, k\}$，其中 x 是服刑人员危险性特征变量，参数集 θ_i 是独立同分布的随机向量；最后，经过 k 轮训练，得到分类模型序列 $\{h_1(x), h_2(x), \cdots, h_k(x)\}$，再用它们构成一个多分类模型，通过投票方式得到最终分类结果，最终的分类决策可用如下公式表示：

$$H(x) = \arg \max_Y \sum_{i=1}^{k} I(h_i(x) = Y) \qquad (6.7)$$

其中，$H(x)$ 表示集成分类模型，$h_i(x)$ 是单个决策树分类模型，Y 表示输出变量（脱逃、自杀、暴力等危险类型），I（.）为示性函数。可用 R 语言中的软件包 randomForest 运行随机森林算法对服刑人员危险性进行分类预测，R 中代码执行如下：

```
Install. packages（"randomForest"）        //安装随机森林程序包
Library（randomForest）                    //调用随机森林程序包
Offender<-read. csv（"c：/data/offenders.
csv"，header = TRUE）                      //从硬盘读入数据集
RF3<-randomForest（offender［，c（'L1'，'L2'，'L3'，'L4'）］，
offender［，'category'］，importance = TRUE，
ntree = 10000）                           //调用随机森林模型
RF3                                       //显示模型结果
```

其中，offender［，c（'L1'，'L2'，'L3'，'L4'）］表示服刑人员危险性量度，offender［，'category'］表示服刑人员危险性类别。表 6-1 是服刑人员危险性分类混淆矩阵，表 6-2 显示模型对 A 类的判别错误率为 21.6%，对 B 和 C 类的判别错误率为 0。

表 6-1　随机森林的混淆矩阵

		服刑人员危险性预测类别		
		A	B	C
	A	n11	n12	n13
服刑人员危险性实际类别	B	n21	n22	n23
	C	n31	n32	n33

表 6-2　随机森林的混淆矩阵的危险性分类误差

	A	B	C	分类误差
A	4	1	0	0.216
B	0	5	0	0
C	0	0	4	0

6.1.5 未来展望

本文在对服刑人员再犯罪预测与危险性评估现状分析的基础上，提出了一种基于大数据的服刑人员危险性识别与预测架构，并重点对架构中的统计模型、离群点检测模型、集成分类模型等四个逻辑模型在服刑人员危险性识别与预测中的应用算法进行了描述，尤其是使用 R 软件包实验了服刑人员危险性集成分类识别与预测，并给出了分类预测误差。

下一步的主要工作是针对监狱大数据，丰富基于大数据的服刑人员危险性识别与预测架构，例如流计算框架（Spark）、图处理并行框架（Graphlab）、实时流计算框架（Storm）等；另外还须研究针对监狱不同数据类型、不同价值密度的开源实现架构和数据分析工具；最核心的内容是进一步研究将更多的机器学习算法应用到服刑人员的危险性识别与预测领域中，通过不断的训练，找出越来越精准的服刑人员危险性识别与预测模型，实现对服刑人员的危险性识别与预测。

6.2 机器学习模型在预测服刑人员再犯罪危险性中的效用

监狱作为国家刑罚执行机关，不仅是法治建设的实践之地，更是法治文明的浓缩之所。新形势下，监狱的职能发生了重大变化，从而对监狱的管理水平提出了更高要求。而要想实现对服刑人员的科学性和精准性教育改造和监管，就必须更深入、更全面地掌握服刑人员的相关信息，这势必给监狱有限的警力造成更大的负担。随着监狱信息化建设在监狱的深入推进，监狱积累了大量的数据。因此，利用数据分析、数据挖掘、模式识别、机器学习等大数据技术从监狱信息资源库、安防等系统及服刑人员的在监日常行为中收集服刑人员相关数据并整合成数据集，然后进行分析，提取模式和规律，建立模型来对服刑人员的再犯罪危险性进行模式识别、分类和预测，从而将有限的警力用于重点服刑人员，提高服刑人员的教育改造质量和监管水平。服刑人员的危险性识别、分类、预测及由此进行的减刑和假释将日益基于服刑人员的数据分析作出，而并非基于经验和主观意图，从而提升依法治监的科学性和规范性。根据风险原则，监狱的矫正措施应重点运用于那些危险性最高的服刑人员，从而最大限度上有效降低服刑人员的再犯罪危险性。对于刑事司法研究人员和从业人员而言，怎样利用现有数据进行高效地训练，建立适合于不同领域、不同场景、不同类别的更准确、有效的机器学习模型来对服刑人员的再犯罪危险性进行识别和预测一直是一个具有挑战性的任务。

6.2.1 服刑人员危险性评估现状

1. 国外服刑人员再犯罪危险性评估

在过去的几十年中，服刑人员危险性评估模型已经越来越流行，今天可以说是已经普遍应用于欧美的矫正系统。加拿大、美国、英国、澳大利亚等国家的"风险–需求–响应模式"在 19 世纪 90 年代已经标准化，并且，这些国家普遍采用了比较通用的预测工具，比如用于评估性犯罪人风险的 Static-99、Risk Matrix 2000 和 Rapid Risk of Sex Offender Recidivism〔1〕；用于评估暴力犯罪人风险的 HCR-20〔2〕；用于评估精神紊乱犯罪人风险的 Reactions on Display〔3〕。Bonta 和 Andrews（2007）研究发现：尽管服刑人员危险性评估最早开始于 19 世纪 20 年代，但在 1950 年之前，服刑人员的危险性评估主要是由专业矫正人员根据经验进行主观判断做出，被称为第一代危险性评估工具。第二代危险性评估工具是基于理论和实践研究，使用和犯罪行为相关的危险性识别因素建立模型来预测服刑人员的危险性，与第一代危险性评估工具相比，它已被证明，在预测服刑人员的再犯罪危险性上更准确。然而，第二代危险性评估工具几乎完全依赖于服刑人员的静态历史数据，通常是采用一般回归模型（线性或逻辑），忽略了不同因素可能对于不同的服刑人群的影响是不同的。第三代服刑人员危险性评估工具试图包括动态因素，有助于确定目标的区域。第四代服刑人员危险性评估工具遵循服刑人员危险性统计数据，包括静态因素和动态因素，将服刑人员场所管理纳入危险性评估和预测中〔4〕〔5〕〔6〕〔7〕〔8〕。

〔1〕　Blacker J, et al., "Actuarial Risk Assessment and Recidivism in a Sample of UK Intellectually Disabled Sexual Offenders", *Journal of Sexual Aggression*, pp. 97~106.

〔2〕　Wijk L, et al, "A Pilot for a Computer-Based Simulation System for Risk Estimation and Treatment of Mentally Disordered Offenders", *Medical Informatics*, pp. 106~115.

〔3〕　Kelly Reynolds, Helen Louise Miles, "The Effect of Training on the Quality of HCR-20 Violence Risk Assessments in Forensic Secure Services", *Journal of Forensic Psychiatry & Psychology*, pp. 473~480.

〔4〕　Duwe G, "The Development, Validity, and Reliability of the Minnesota Screening Tool Assessing Recidivism Risk (MnSTARR)", *Criminal Justice Policy Review*, pp. 579~613.

〔5〕　Zeng J, Ustun B, Rudin C, "Interpretable Classification Models for Recidivism Prediction", http://arxiv.org/pdf/1503.07810v2.pdf, 最后访问日期：2016 年 8 月 16 日。

〔6〕　Hamilton Z, et al, "Isolating Modeling Effects in Offender Risk Assessment", *Journal of Experimental Criminology*, pp. 299~318.

〔7〕　Hochstetler A, Peters D J, Delisi M, "Erratum to: Classifying Risk Development and Predicting Parolee Recidivism with Growth Mixture Models", *American Journal of Criminal Justice*, pp. 1~19.

〔8〕　Duwe G, Kim K D, "Out With the Old and in With the New? An Empirical Comparison of Supervised Learning Algorithms to Predict Recidivism", *Criminal Justice Policy Review*, pp. 1~31.

2. 国内服刑人员再犯罪危险性评估

在中国，为提高服刑人员的教育改造质量，为提升监管安全水平，减少狱内安全事件的发生率和降低再犯罪率，许多学者和监狱从业人员开始研究个体特别是特定服刑人员是否具有人身危险性、危险性的类别以及危险性程度量化等问题，并形成了一系列评估手段和方法。司法部预防犯罪研究所于 1992 年出版了《中国重新犯罪研究》，对影响服刑人员再犯罪的可能性因素及其动机进行了定性分析，但没有实证数据，也没有给出怎样进行再犯罪危险性评估；2003 年，上海市监狱管理局制定了《违法犯罪可能性量表（修订版）》对减刑、假释和监外执行的服刑人员的危险性进行预测，但没有提出具体的预测关系[1]。2004 年浙江警官职业学院黄兴瑞等人采用抽样方法对浙江省 715 名（初犯 345，再犯 370）服刑人员进行了问卷调查，通过数理统计方法，提取出 12 项与再犯罪显著相关的影响维度，然后制作了判刑前、入狱前、服刑中、释放前四种再犯罪预测量表，但由于用初犯替代没有再犯罪的服刑人员，也没有对不同的影响维度设定不同的权重，导致弃真错误率超过 50%[2]。2005 年华东政法学院邬庆祥[3]对上海市 1994 年至 1999 年所释放的全部约 15 000 名上海籍刑释人员进行详细调查，从中筛选出与再犯罪有显著相关关系的因素且编制成《刑释人员个体人身危险性测评量表》，用多元回归方法建立刑释人员人身危险性标志值与再犯罪危险性相关因素的函数关系，但只对相关因素进行了显著性分析，没有对模型进行性能度量和比较检验[4]。2011 年浙江警官职业学院曾赟随机抽取了浙江省不同类型监狱的 1 238 名服刑人员进行数理统计分析，采用多因素方差分析与二元 Logistics 回归分析，提取出了 11 项服刑人员出监前再犯罪预测

〔1〕 胡庆生：“行刑方式的文明进步——上海市积极拓展社区矫治新空间”，载《法制日报》2003 年第 8 期。

〔2〕 黄兴瑞、孔一、曾赟："再犯预测研究——对浙江罪犯再犯可能性的实证分析"，载《犯罪与改造研究》2004 年第 8 期。

〔3〕 邬庆祥："刑释人员人身危险性的测评研究"，载《心理科学》2005 年第 1 期。

〔4〕 参见周子华：《机器学习》，清华大学出版社 2016 年版。

因子，但没有给出预测因子（自变量）与再犯罪（因变量）的函数关系[1]。同年，浙江警官职业学院的孔一等人抽取了浙江省监狱313 名再犯罪服刑人员和 288 名没有再犯罪的刑释人员分别作为实验组和对照组，使用 SPSS17.0 统计软件，基于 P 值和相关系数检选出初始预测特征，然后依据实验组和对照组的百分比及属性数值设定权重进行 Z 计分，从而划分危险等级。该方法一方面设定的权重没有进行统计检验，另一方面也同样没有给出预测特征（自变量）和再犯罪（因变量）的函数关系[2]。2015 年司法部预防犯罪研究所"中国监狱罪犯分类理论与实务研究"课题组在上海青浦监狱研制了针对服刑人员再犯罪的动态风险评估"智能"平台，该平台可将一个或数个同类或不同类型的评估量表（服刑人员心理、人格、狱内危险性、狱内防自杀、刑释前再犯罪危险性评估）制作成网络版，部署在"智能平台"上，实现多人同时进行危险性评估[3]。该平台只是利用了已有的量表，没有针对监狱不同类型、不同时期的服刑人员进行模型度量和检验，因此很难保证平台预测的准确性。

6.2.2 机器学习模型

论文中主要使用逻辑回归（Logistic Regression，LR）模型、决策树（Decision Trees，主要是 CART、CHAID）模型和神经网络（Neural Network，主要是 MLPNN）模型。通过使用 ROC 和 AUC 等可信度评价指标[4][5]来评价这四种模型，进而找出最有效的应用领域模型。

---

[1] 曾赟："服刑人员刑满释放前重新犯罪风险预测研究"，载《法学评论》2011 年第 6 期。

[2] 孔一、黄兴瑞："刑释人员再犯风险评估量表（RRAI）研究"，载《中国刑事法杂志》2011 年第 10 期。

[3] 中国监狱罪犯分类理论与实务研究课题组："中国监狱罪犯分类理论与实务研究"，载《刑事法评论》2015 年第 1 期。

[4] 参见周子华：《机器学习》，清华大学出版社 2016 年版。

[5] 参见［新西兰］威滕、弗兰克：《数据挖掘：实用机器学习工具与技术（原书第三版）》，机械工业出版社 2014 年版。

1. 逻辑回归模型

逻辑回归（Logistic Regression）模型是机器学习中一种有监督的学习分类模型（当应变量取有限个离散值时，预测问题便成为分类问题[1]），由于算法的简单和高效，在实际中应用非常广泛。逻辑回归的作用是用于估计事件发生的概率，例如可以预测服刑人员在出狱后12个月内是否再犯罪。逻辑回归就是一种减小预测范围，将预测值限定为［0，1］间的一种回归模型，它是在线性回归的基础上，套用了一个逻辑函数，逻辑回归的一般线性模型如下：

$$\log[p/(1-p)] = \beta_0 + \beta_1 x_1 + \beta_2 x_2 + \cdots + \beta_i x_i \qquad (6.8)$$

其中 p 是感兴趣结果的估计条件概率（比如再犯罪的概率），β_0 是常数项（也称为截距），β_1，…，β_i 是预测自变量 x_i 所对应的逻辑偏回归系数。p/（1-p）表示事件发生（p）与不发生（1-p）的概率之比，称为优势比（Odds Ratio），优势比的含义是，在其他自变量固定不变的情况下，自变量 x_i 改变一个单位，应变量对应的优势比平均改变 exp（β_i）个单位。为了将所有案例数据分成事先定义好的类别，逻辑回归模型应用分类概率来估计可能的类别。对于是否再犯罪两种分类，在假阳性和假阴性两种错误分类造成的代价相同的情况下，逻辑回归默认的分类概率阈值为0.5，即如果某个服刑人员的再犯罪概率大于或等于0.5，我们就认为他会再犯罪。然而，实际应用时，特定的情况可以选择不同阈值，如果对正例的判别准确性要求高，可以选择阈值大一些；对正例的召回要求高，则可以选择阈值小一些。例如为了提高监狱的安全监管水平，最大程度上降低服刑人员回归社会后的再犯罪率，在预测服刑人员的再犯罪危险性时，应该选择更小的阈值，来尽可能降低假阴性，最大限度上预测出那些具有再犯罪危险性的服刑人群。相比较于线性回归，逻辑回归模型中自变量不需要满足正态分布和同方差性，但类似于线性回归，当自变量存在线性关系时会造成模型的不稳定，这称为多重共线性。逻辑回归模型适合于特

---

[1] 参见李航：《统计学习方法》，清华大学出版社2015年版。

征量较少的情况，一旦特征量较多，多项式的 Logistic 回归就会很困难。因为如果问题原有 n 个特征量，采用二次多项式特征量个数约等于 $(n^2)/2$，也就是 $O(n^2)$，而用三次多项式特征量的个数更是 $O(n^3)$，当 n 较大时（如 n > 1 000），计算机无法承受这么大的向量运算。另外，逻辑回归模型是一种判别模型，表现为直接对条件概率 p(y|x) 建模，而不关心背后的数据分布 p(x, y)，同时，应变量只是若干个自变量的函数组合，没有反映出应用领域的实际情况。

2. 决策树模型

机器学习中，决策树是一个预测模型（例如用于预测是否再犯罪），它代表的是对象属性与对象值之间的一种映射关系。树中每个节点表示某个对象，而每个分叉路径则代表的是某个可能的属性值，而每个叶节点则对应从根节点到该叶节点所经历的路径所表示的对象的值。在分类问题中，表示基于特征对实例进行分类的过程，它可以认为是 If-Then 规则的集合，也可以认为是定义在特征空间与类空间上的条件概率分布。学习时，利用训练数据，根据损失函数最小化的原则建立决策树模型；预测时，对新数据利用决策树模型进行分类。决策树模型学习通常包括三个步骤：特征选择、决策树的生成和决策树的修剪。决策树学习的思想主要来源于 Quinlan 提出的 ID3 算法和 C4.5 算法以及由 Breiman 等人提出的 CART 算法，之后又有很多改进的决策树算法，各种决策树的不同主要在于分支的策略不同。文献〔1〕认为 CART 和 CHAID 算法在预测暴力犯危险性方面更加有效，CART 算法应用于服刑人员再犯罪预测时主要是用基尼指数（Gini Index）最小化准则，进行特征选择，实现分类树，缺点是数据量较小时模型不稳定。而 CHAID 算法的优点是可以用来解释变量间的交互作用，得到的细分结果容易理解，并可以防止以错误的参数进行

---

〔1〕　Fellow S T, LeeseM, "A Green-fingered Approach can Improve the Clinical Utility of Violence Risk Assessment Tools", *Criminal Behaviour & Mental Health*, pp. 153~158.

估计带来的错误估计值，卡方检验公式[1]为：

$$\chi^2 = \sum_p \sum_q \frac{(X_{pq} - E_{pq})^2}{E_{pq}} \tag{6.9}$$

其中，X_{pq}代表第 p 个属性特征的第 q 个属性值，E_{pq}是第 p 个属性的所有属性值的均值。CHAID 是从统计显著性角度确定分支变量和分割值，进而优化树的分支过程，非常适合用来对服刑人员再犯罪危险性进行识别和预测。认为 CHAID 对数据集训练学习模型采用交叉验证可以获得一个无偏估计的高精确度。[2]由于 CART 树是二叉树，不适用于离散特征有多个可能取值的场景，因此在预测服刑人员再犯罪危险性时，CHAID 相比较于 CART 算法的适用性更强。

3. 神经网络

神经网络（Neural Network，NN）模型也被称为人工神经网络，是借鉴了生物神经网络的工作原理而形成的一种非线性机器学习模型。神经网络模型是自适应的，可以根据数据自学习模型的参数，比如回归函数 y=a+bx 中的 a 和 b。将神经网络定义为由具有适应性的简单单元组成的广泛并行互联的网络，它的组织能够模拟生物神经系统对真实世界物体所作出的交互反应。[3]神经网络是一组连接的输入/输出神经元，其中每一个输入的神经元都有一个权重相关联，神经元模型如图 6-3 所示。

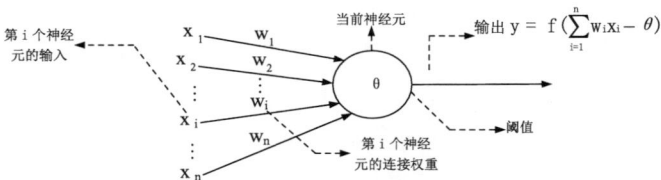

图 6-3　神经元模型

[1]　杨友星："CHAID 算法并行化及其在信用风险分析中的应用"，长春工业大学 2016 年硕士学位论文。

[2]　Gottfredson, et al., "Statistical Risk Assessment: Old Problems and New Applications", *Crime & Delinquency*, pp. 178~200.

[3]　参见周子华：《机器学习》，清华大学出版社 2016 年版。

　　模型中，神经元接收到来自 n 个其他神经元传递过来的输入信号（自变量的观测值），然后通过不断地训练或学习获得传递参数（经常称为权重），神经元的总输入值将与神经元的阈值进行比较，然后通过非线性激活函数 *f* 处理以产生神经元的输出。神经元的激活函数 *f* 是相同的，唯一不同的就是权重 w，那么我们做学习训练的目标就是求解这里的 W，通过不断地对各连接权重进行动态调整，最终学习或发现输入和输出之间的一些模式。神经网络有对噪声数据的高承受能力以及对未经训练数据的模式进行分类的能力，算法是并行的，可以使用并行技术加快计算过程。多层感知器神经网络（Multi-Layer Perceptron Neural Network，简称 MLPNN）是常见的神经网络模型，属于多层前馈神经网络（模型见脚注文献〔1〕），有一个输入层（第一层）、输出层（最后一层）和一或多个隐藏层（中间层），可看成是若干个函数（见图 6-3 中的输出函数）的相互嵌套。MLPNN 使用梯度下降法把输出节点的激活值和实际值之间的残差代入损失函数，通过对损失函数求得偏导更新权重，经过不断地进行下一轮迭代，直到损失函数不再收敛为止，即误差值达到最小化，最后选择它的网络结构和连接权重。当训练数据集较小且存在噪音时，单一最小化训练误差作为目标通常会使 MLPNN 出现过拟合泛化能力等。为此，可通过在损失函数中加入规则化项来提高 MLPNN 输出的平滑性以获得较好的泛化能力。损失函数〔2〕如下：

$$J(W,\ b) = \left[\frac{1}{m}\sum_{i=1}^{m}\left(\frac{1}{2}\parallel h_{W,\ b}(x^{(i)} - y^{(i)}\parallel^{2})\right)\right] +$$

$$\frac{\lambda}{2}\sum_{l=1}^{n_{l-1}}\sum_{i=1}^{s_{l}}\sum_{j=1}^{s_{l+1}}(Wji^{(l)})^{2} \tag{6.10}$$

　　其中，$h_{W},\ b = f(\sum_{l=1}^{n_{l-1}}\sum_{i=1}^{s_{l}}\sum_{j=1}^{s_{l+1}}w_{ji}^{(l)}x_{i}^{(l)})$ 为非线性激活函数，m 是样本数，左项是均方差，右项是规则化项，l 代表神经网络中的层数，i 代

---

〔1〕　参见［美］韩家炜等：《数据挖掘概念与技术》，范明等译，机械工业出版社 2015 年版。

〔2〕　参见周子华：《机器学习》，清华大学出版社 2016 年版。

表变量数，j 代表前一层的输出，x_i 是输入自变量（特征），y 是因变量（分类结果）的预测值，W_{ji} 是权重，在规则化项里总和为 1，即 $\sum W = 1$，λ 是根据经验给定的值，它大了权重就都一样，小了就过拟合了，b 为模型参数。

6.2.3 机器学习模型数据源

目前，全国大部分监狱的信息化建设第一期工程已经完成，已经初步建立业务管理信息系统和安防系统，但由于初期建设时更多考虑的是业务数据化，而较少考虑将数据业务化，没有将数据当作是一种资源，为业务服务。一方面，受限于监狱的人力及技术水平，监狱警察很难独自对服刑人员的危险性识别和预测情况进行数据化，更不可能长期收集这些数据对原有模型进行验证和反馈修正。另一方面，由于监狱信息化部分数据涉及服刑人员个人隐私，在没有国家法律或政策的强制要求下，监狱不愿意将服刑人员数据公开。因此，外界很难实时收集服刑人员数据来进行研究。因此文章以 2004 年美国人口普查局（ICPSR#4572）对司法统计局（BJS）所管辖的州和联邦监狱服刑人员的调查（SJSFCF）数据作为数据源进行模型的效用评估。SJSFCF 提供从 2003 年 10 月到 2004 年 5 月关押在监狱的服刑人员相关数据，该数据主要包括服刑人员的罪行、判刑、犯罪史、家庭背景、毒品服用史、医疗卫生状况、枪支使用情况、在监狱的表现及劳动情况等信息。该数据集共包括 14 499 人，经过对数据进行清洗，实际有效数据为 10 328 人。为提高机器学习模型的效用，我们采用 5 折交叉验证方法，随机从原始数据中选择 10 000 例，并均分成 5 个数据集，分别标记为 1，2，…，5，为降低某种机器学习技术的误差率，避免过拟合，K 折交叉验证法在实践中被认为是标准方法[1][2]。使用

〔1〕 参见 [新西兰] 威滕、弗兰克：《数据挖掘：实用机器学习工具与技术（原书第三版）》，机械工业出版社 2014 年版。

〔2〕 参见 [美] 韩家炜等：《数据挖掘概念与技术》，范明等译，机械工业出版社 2015 年版。

数据集训练机器学习模型时，每次随机选择其中一个数据集为测试集，其余 4/5 的数据作为训练集进行模型训练，从而建立模型。通过对各子数据集进行观察，可以发现，每个数据集人口统计特征类似，其中大多为男性（80%～83%）；非籍美国人近一半（45%～46%）；年龄在 20～35 岁之间；近 20% 的人为已婚；超过一半（68%～70%）以上的人有工作；超过一半（73%～76%）人受过高中教育；在入狱 2次以上的服刑人员中，第一次入狱的年龄在 13～20 岁之间；几乎一半人（47%～52%）使用毒品；约三分之一（28%～30%）的人有精神或人格障碍方面的疾病；几乎一半（46%～48%）人在监狱有暴力犯罪；超过一半（52%～54%）人至少违反了监狱一项规定。

6.2.4 经典机器学习模型在预测服刑人员再犯罪危险性中的效用

传统的服刑人员危险性评估主要是通过量表来实施，而量表的建立是通过抽样，是基于某个特定时期、特定地域、特定类型的服刑人员，当将建立后的量表用在其他地域、其他类型的服刑人员危险性评估时，由于评估的服刑人群发生了变化，原有的信度和效度及准确性很难保证。由于监狱从业警察人数及其专业能力的限制，监狱没有能力定期对量表进行反馈修正以更好适用本监狱的服刑人员危险性识别和预测。而机器学习模型可以基于训练数据集建立模型，基于验证数据集动态反馈修正模型，不断优化模型。由于机器学习模型是基于数据集建立的，因此将已建立的模型应用于不同地域、不同类型的服刑人员时，可让模型基于本地数据进行修正参数，从而实现数据驱动的模型自学习，减少人的主观作用，提高模型的适应性和精准性。

1. 数据集中的变量

为了更好地用数据训练模型，对数据集中的自变量和因变量进行了规范化处理。因变量被用来描述服刑人员在监狱的任何不当行为，主要是指不良行为、再犯罪及其他暴力行为，也包括违反监狱的任何规则。数据集中因变量被设置成一个二分类变量，如果服刑人员在监狱至少有一项不当行为，则服刑人员将选择该项为"是"，否则选择"否"。从数据集中选择了 11 个维度作为自变量，其中性别为二分类变量，用 1 表示男，0 表示女；种族为二分类变量，用 1 表示非洲裔美国人，用 0 表示其他种族，这是因为在美国黑人比白人和其他种族的人有更高的犯罪率；婚姻为二分类变量，用 1 表示结婚，0 表示没结婚（离婚、分居、从来没有结婚等）；入狱前工作为二分类变量，用 1 表示有，0 表示没有；年龄为多分类变量，用 0 表示 20 岁及以下，1 表示 21 岁至 35 岁之间，2 表示 36 岁及以上；同样首次入狱年龄为多分类变量，用 0 表示 13 岁以下，1 表示 13 岁至 20 岁之间，2 表示 21 岁及以上；入狱前教育（最高学历）也为多分类变量，用 0 表示高中以下（即幼儿园到八年级），1 表示高中（即九年级到十二年级），2 表示大一至大四，3 表示大学以上或研究生学位；入狱前曾经入狱次数也为多分类变量，用 0 表示 0 次，1 表示 1 次，2 表示 2 次至 5 次，3 表示 5 次以上；当前犯罪类型也为多分类变量，用 0 表示违反公共安全，1 表示毒品罪，2 表示财产罪，3 表示暴力罪；入狱前滥用药物为二分类变量，用 0 表示没有滥用任何药物，用 1 表示至少滥用一种药物（海洛因、其他鸦片、冰毒、其他苯丙胺、安眠酮、巴比妥类药物、镇定剂、可卡因、普斯普剂、摇头丸、麦角乙二胺、大麻及其他药物）；精神或人格障碍等疾病也为二分类变量，用 0 表示没有任何精神病或心理障碍，用 1 表示至少有一种心理疾病或障碍（抑郁症、躁郁症、精神分裂症或其他精神病性疾病、创伤后障碍、其他焦虑障碍，如惊恐障碍、人格障碍及其他疾病）。

2. 模型评价指标

机器学习有很多分类预测模型，可用错误率来对模型进行评估。分类错误的样本数占样本总数的比例称为错误率（Error Rate），更一般是把学习器的实际预测输出与样本的真实输出之间的差异称为误差，学习器在训练集上的误差称为训练误差，在新样本上的误差称为泛化误差，理想的模型评价是选择泛化误差最小的模型。错误率虽常用，但并不能满足所有任务需求，查准率（Precision，也称精度）和查全率（Recall，也称召回率）是更为适用的度量指标，对于不平衡数据也可使用灵敏率（Sensitivity，也称真正例率）、特效率（Specificity，也称真负例率）和整体准确率（Accuracy）来度量，它们是通过混淆矩阵来表示的，二分类混淆矩阵是一个 2 * 2 矩阵，如表 6-3 所示。

表 6-3　混淆矩阵

		预测的结果	
		正例	反例
实际结果	正例	真正例（True Positive, TP）	假反例（FalseNegative, FN）
	反例	假例（False Positive, FP）	真反例（True Negative, TN）

查准率 P、查全率 R 分别定义为：

$$P = \frac{TP}{TP + FP} \tag{6.11}$$

$$R = \frac{TP}{TP + FN} \tag{6.12}$$

灵敏率 Sen、特效率 Spe 和准确率 Acc 分别定义为：

$$Sen = \frac{TP}{TP + FN} \tag{6.13}$$

$$Spe = \frac{TN}{TN + FP} \tag{6.14}$$

$$Acc = \frac{TP + TN}{TP + FN + FP + TN} \tag{6.15}$$

查准率和查全率是一对矛盾的度量，一般情况下，查准率高时，查全率偏低；而查全率高时，查准率偏低。为此，以查准率为纵轴、查全率为横轴作图，将各模型的查准率和查全率值画到图上，得到查准率-查全率曲线，简称 P-R 曲线[1]，由此，取得查准率=查全率的点，也叫平衡点（Break-Even Point，BEP），该点的值即为模型的综合考虑度量指标，找到值较大的平衡点，也即找到了较好的模型。然而，实际工作中，很多分类模型为预测的因变量产生一个实值或概率预测值，然后将这个预测值与一个分类阈值进行比较，若大于阈值则分为正例，否则为反例。由此可根据预测值大小进行排序，最可能是正例的排在最前面，最不可能是正例的排在最后面，分类的过程就是选择某个截断点将数据分成两部分，针对不同的应用任务，我们可以根据任务需求来采用不同的截断点，这体现了模型评估的泛化，ROC（Receiver Operating Characteristic，受试者工作特征）曲线正是从这个角度来评估模型的泛化性能。与 P-R 曲线类似，ROC 曲线以真正例率（True Positive Rate，TPR）为纵轴，以假正例率（False Positive Rate，FPR）为横轴作图，两者分别定义如下：

$$TPR = \frac{TP}{TP + FN} \quad (6.16) \qquad FPR = \frac{FP}{FP + TN} \quad (6.17)$$

可以发现，TPR 等于灵敏率，与 P-R 图类似，对分类模型进行评价时，若一个模型的 ROC 曲线被另一个模型的 ROC 曲线完全包住，则后者的预测性能要优于前者；若两个模型的 ROC 曲线发生交叉，则比较合理的依据是比较 ROC 曲线下的面积，即 AUC（Area Under ROC Curve）。当正负样本数据差距不大的情况下，ROC 和 P-R 曲线的趋势差不多，但当负样本数据很多时，两者截然不同，ROC 曲线要优于 P-R 曲线，因此在后面的模型评价中，我们主要以 ROC 曲线及其 AUC 作为评价指标。

3. 模型评价

（1）模型的灵敏率、特效率和准确率评价。对 LR、CART、CHAID、MLPNN 四个模型使用灵敏率 Sen、特效率 Spe 及在 95% 的置信区间下的准确率 Acc 三个指标进行模型评价，分类阈值设定为 0.5，如表 6-4

---

[1] 参见周子华：《机器学习》，清华大学出版社 2016 年版。

所示。

表 6-4　模型的灵敏率、特效率和准确率评价

子集		LR			CART			CHAID			MLPNN		
算法指标 子集		Sen	Spe	95％置信区间 Acc	Sen	Spe	95％置信区间 Acc	Sen	Spe	95％置信区间 Acc	Sen	Spe	95％置信区间 Acc
1/2 345	Train	0.71	0.57	0.64 (0.63,0.65)	0.61	0.65	0.63 (0.62,0.64)	0.57	0.69	0.63 (0.62,0.63)	0.68	0.61	0.64 (0.63,0.65)
	Test	0.68	0.55	0.62 (0.60,0.64)	0.58	0.66	0.62 (0.60,0.64)	0.58	0.66	0.62 (0.60,0.64)	0.66	0.60	0.64 (0.61,0.66)
	Total	0.70	0.56	0.64 (0.62,0.64)	0.61	0.65	0.63 (0.62,0.64)	0.58	0.69	0.63 (0.62,0.64)	0.67	0.60	0.64 (0.63,0.65)
4/5 123	Train	0.70	0.55	0.64 (0.63,0.65)	0.76	0.49	0.63 (0.62,0.64)	0.67	0.59	0.63 (0.62,0.64)	0.68	0.60	0.64 (0.62,0.66)
	Test	0.70	0.56	0.64 (0.62,0.66)	0.58	0.64	0.61 (0.59,0.63)	0.58	0.64	0.61 (0.59,0.63)	0.68	0.60	0.64 (0.62,0.66)
	Total	0.70	0.56	0.64 (0.63,0.65)	0.72	0.52	0.63 (0.62,0.64)	0.65	0.60	0.63 (0.62,0.64)	0.69	0.60	0.64 (0.63,0.65)
2/3 451	Train	0.69	0.56	0.63 (0.62,0.64)	0.76	0.47	0.62 (0.61,0.64)	0.67	0.58	0.63 (0.62,0.64)	0.69	0.60	0.64 (0.63,0.65)
	Test	0.72	0.57	0.65 (0.63,0.68)	0.59	0.68	0.63 (0.61,0.65)	0.59	0.68	0.63 (0.61,0.65)	0.72	0.58	0.66 (0.64,0.68)
	Total	0.70	0.57	0.64 (0.63,0.64)	0.73	0.51	0.63 (0.62,0.63)	0.65	0.60	0.63 (0.62,0.64)	0.69	0.59	0.65 (0.64,0.66)
3/4 512	Train	0.71	0.56	0.64 (0.63,0.65)	0.72	0.54	0.63 (0.62,0.64)	0.78	0.47	0.63 (0.62,0.64)	0.69	0.59	0.64 (0.63,0.65)
	Test	0.69	0.57	0.63 (0.61,0.66)	0.55	0.64	0.60 (0.57,0.62)	0.55	0.64	0.60 (0.57,0.62)	0.66	0.59	0.63 (0.61,0.65)
	Total	0.71	0.56	0.64 (0.63,0.65)	0.68	0.56	0.63 (0.62,0.64)	0.73	0.51	0.63 (0.62,0.64)	0.68	0.59	0.64 (0.63,0.65)

续表

子集 / 算法指标		LR			CART			CHAID			MLPNN		
子集		Sen	Spe	95%置信区间 Acc	Sen	Spe	95%置信区间 Acc	Sen	Spe	95%置信区间 Acc	Sen	Spe	95%置信区间 Acc
4/5 123	Train	0.70	0.56	0.64 (0.63,0.65)	0.77	0.47	0.63 (0.62,0.64)	0.77	0.47	0.63 (0.62,0.64)	0.69	0.58	0.64 (0.62,0.66)
	Test	0.71	0.56	0.64 (0.62,0.65)	0.56	0.66	0.61 (0.59,0.63)	0.56	0.66	0.61 (0.59,0.63)	0.69	0.58	0.64 (0.62,0.66)
	Total	0.70	0.56	0.64 (0.63,0.65)	0.73	0.51	0.63 (0.61,0.65)	0.73	0.51	0.63 (0.62,0.64)	0.69	0.58	0.64 (0.63,0.65)

从表 6-4 可以看出在 LR 模型中,5 个训练集的灵敏率范围为 0.69 至 0.71,5 个测试集的灵敏率范围为 0.68 至 0.72;而 5 个训练集和测试集的特效率范围都为 0.55 至 0.57。显而易见,LR 模型的灵敏率 Sen 要高于特效率 Spe,由于 LR 模型能产生较高的灵敏率,相比较于识别正常的服刑人员,LR 模型能更好地预测有危险性的服刑人员。在准确率方面,LR 模型 5 个训练集的范围为 0.63 至 0.64(95%置信区间为:0.62~0.65);5 个测试集的范围为 0.62 至 0.65(95%置信区间为:0.60~0.68);整体数据集为 0.64(95%置信区间为:0.63~0.65)。

在 CART 和 CHAID 模型中,5 个训练集的灵敏率范围分别为 0.61 至 0.77 和 0.57 至 0.78;特效率范围分别为 0.47 至 0.65 和 0.47 至 0.69,两者比较相似。而两个模型 5 个测试集的灵敏率和特效率一样,分别为 0.55 至 0.59 和 0.64 至 0.68。在准确率方面,CART 模型 5 个训练集的范围为 0.62 至 0.63(95%置信区间为:0.61~0.65),5 个测试集的范围为 0.60 至 0.63(95%的置信区间为:0.57~0.65),5 个数据集整体范围为 0.63(95%置信区间为:0.61~0.65);CHAID 模型 5 个训练集的准确率为 0.63(95%置信区间为:0.62~0.64);5 个测试集的准确率范围为 0.60 至 0.63(95%置信区间为:0.57~0.65);5 个数据集整体范围都为 0.63(95%置信区间为:0.62~0.64)。比较而言,在预测有危险性的服刑人员方面,LR 模型的预测准确率要高于 CART 和 CHAID 模型。

关于 MLPNN 模型,5 个训练集灵敏率的范围为 0.68 至 0.69,5 个测试集灵敏率的范围为 0.66 至 0.72;5 个训练集的特效率范围为 0.58 至 0.61,5 个测试集特效率范围为 0.58 至 0.60。与 LR 模型类似,MLPNN 模型 5 个数据集的灵敏率要高于特效率,相比较于识别正常的服刑人员,MLPNN 模型能更好地识别有危险性的服刑人员。在准确率方面,5 个训练集都为 0.64(95%置信区间为:0.63~0.65),5 个测试集范围为 0.63 至 0.66(95%置信区间为:0.61~0.68),5 个数据集整体范围为 0.64 至 0.65(95%置信区间为:0.63~0.66)。由此,我们发现在预测有危险性的服刑人员方面,MLPNN 要优于 LR、CART、CHAID 模型。

(2)模型的 AUC 评价。LR、CART、CHAID、MLPNN 四个模型的 AUC 及其 95%置信区间下的 AUC 值如表 6-5 所示。

表 6-5　模型的 AUC 及其 95%置信区间下的 AUC 评价

算法指标 / 子集		LR AUC (95%置信区间 AUC)	CART AUC (95%置信区间 AUC)	CHAID AUC (95%置信区间 AUC)	MLPNN AUC (95%置信区间 AUC)
1/2 345	Train	0.68 (0.67,0.69)	0.66 (0.65,0.67)	0.68 (0.67,0.69)	0.69 (0.68,0.70)
	Test	0.66 (0.64,0.68)	0.62 (0.60,0.64)	0.65 (0.63,0.67)	0.67 (0.65,0.69)
	Total	0.68 (0.67,0.69)	0.65 (0.64,0.66)	0.67 (0.66,0.68)	0.69 (0.68,0.70)
5/1 234	Train	0.68 (0.67,0.69)	0.65 (0.64,0.66)	0.67 (0.66,0.68)	0.69 (0.68,0.70)
	Test	0.68 (0.66,0.70)	0.61 (0.59,0.63)	0.63 (0.61,0.65)	0.67 (0.65,0.69)
	Total	0.68 (0.67,0.69)	0.64 (0.63,0.65)	0.67 (0.66,0.68)	0.69 (0.68,0.70)

算法指标 子集		LR AUC (95%置信区间 AUC)	CART AUC (95%置信区间 AUC)	CHAID AUC (95%置信区间 AUC)	MLPNN AUC (95%置信区间 AUC)
2/3 451	Train	0.68 (0.67,0.69)	0.64 (0.63,0.65)	0.67 (0.66,0.68)	0.69 (0.68,0.70)
	Test	0.70 (0.67,0.72)	0.63 (0.61,0.65)	0.65 (0.63,0.67)	0.69 (0.67,0.71)
	Total	0.68 (0.67,0.69)	0.64 (0.63,0.65)	0.67 (0.66,0.68)	0.69 (0.68,0.70)
3/4 512	Train	0.68 (0.67,0.69)	0.65 (0.64,0.66)	0.68 (0.67,0.69)	0.69 (0.68,0.70)
	Test	0.67 (0.65,0.69)	0.60 (0.58,0.62)	0.62 (0.60,0.64)	0.67 (0.65,0.69)
	Total	0.68 (0.67,0.69)	0.64 (0.63,0.65)	0.67 (0.66,0.68)	0.69 (0.68,0.70)
4/5 123	Train	0.68 (0.67,0.69)	0.65 (0.64,0.66)	0.67 (0.66,0.68)	0.69 (0.68,0.70)
	Test	0.67 (0.65,0.69)	0.65 (0.64,0.66)	0.64 (0.62,0.66)	0.68 (0.66,0.70)
	Total	0.68 (0.67,0.69)	0.64 (0.63,0.65)	0.67 (0.66,0.68)	0.68 (0.67,0.69)

从表6-5可以看出,在LR模型中,5个训练集的AUC值为0.68(95%置信区间为:0.67~0.69),5个测试集的AUC值范围为0.66至0.70(95%置信区间为:0.64~0.72),5个数据集总体的AUC值都为0.68(95%置信区间为:0.67~0.69);在CART模型中,5个训练集的AUC值范围为0.64至0.66(95%置信区间为:0.63~0.67),5个测试集的AUC值范围为0.60至0.63(95%置信区间为:0.58~0.65),5个数据

集总体的 AUC 值范围为 0.64 至 0.65(95% 置信区间为:0.63~0.66);在 CHAID 模型中,5 个训练集的 AUC 值范围为 0.67 至 0.68(95% 置信区间为:0.66~0.69),5 个测试集的 AUC 值范围为 0.62 至 0.65(95% 置信区间为:0.60~0.67),5 个数据集总体的 AUC 值都为 0.67(95% 置信区间为:0.66~0.68);在 MLPNN 模型中,5 个训练集的 AUC 值都为 0.69(95% 置信区间为:0.68~0.70),5 个测试集的 AUC 值范围为 0.67 至 0.69(95% 置信区间为:0.65~0.71),5 个数据集总体的 AUC 值范围为 0.68 至 0.69(95% 置信区间为:0.67~0.70)。由此,我们可以得出:在预测有危险性的服刑人员方面,MLPNN 模型要略优于 LR 模型,而 MLPNN 和 LR 两个模型的预测能力都要优于 CART 和 CHAID 模型。就 CART 和 CHAID 这两个模型而言,CHAID 模型的预测能力要优于 CART 模型。

6.2.5 未来展望

由于刑事司法领域数据的隐私性及从业人员的特殊性,将机器学习模型用于预测服刑人员的危险性及其再犯罪的研究较少。在论文中,为了寻求服刑人员危险性及其再犯罪预测最佳模型和工具,依据模型相似的刑事司法应用领域,我们对传统的 LR 模型和三个分类模型 CART、CHAID、MLPNN 进行了预测服刑人员危险性及其再犯罪能力比较。我们发现:相比较于预测那些顺从的服刑人员,四种模型在预测有危险性和再犯罪的服刑人员方面有更好的预测能力。在预测有危险性和再犯罪的服刑人员方面,CART 和 CHAID 模型的容易出现过拟合;相比较于 CART 和 CHAID 模型,LR 模型有较好的稳定性和鲁棒性;相比较于 LR、CART、CHAID 模型,不论是在预测正常的服刑人员还是有危险性的服刑人员方面,MLPNN 模型都有更强的预测能力。

受限于存储、计算能力等实际复杂情况,论文选择数据集中的 11 个变量进行预测,怎样更有效地从数据集中选择出更合适、更多的特征变量来提高模型的精确度和适应性是我们下一步要研究的内容。数据的不同可能得到的模型评价结果也不同,我们希望国内有监狱和我们合作,对我国不同地域空间、不同犯罪类型、不同服刑年限、不同时间周期等多种维度上的服刑人员引入更多模型进行效用评价,从而选出针对性强、预测精度高的模型;我们也将不断地用新的数据来反馈修订模型,并将各维度、领域上的单个模型进行组合,最大限度上提高服刑人员危险性和再犯罪的预测效果,从而建立基于大数据驱动的新型教育与监管范式,不断降低服刑人员的危险性和再犯罪率。